环境保护法概论

李 峻 编著

中国建筑工业出版社

图书在版编目（CIP）数据

环境保护法概论/李峻编著 .—北京：中国建筑工业出版社，2009
 ISBN 978-7-112-11644-7

Ⅰ. 环… Ⅱ. 李… Ⅲ. 环境保护法-中国 Ⅳ. D922.68

中国版本图书馆 CIP 数据核字（2009）第 219467 号

责任编辑：徐 纺 邓 卫
责任设计：赵明霞
责任校对：陈 波

环境保护法概论
李 峻 编著

*

中国建筑工业出版社出版、发行（北京西郊百万庄）
各地新华书店、建筑书店经销
北京密云红光制版公司制版
北京同文印刷有限责任公司印刷

*

开本：787×1092 毫米 1/16 印张：17¾ 字数：432 千字
2009 年 12 月第一版 2009 年 12 月第一次印刷
定价：**38.00** 元
ISBN 978-7-112-11644-7
（18916）

版权所有 翻印必究
如有印装质量问题，可寄本社退换
（邮政编码 100037）

前　言

　　《环境保护法概论》一书，在以环境保护法为框架前提下，写了环境保护法的基本原则和环境保护法的制度，写了公民的环境权是基本人权及环境权的内容，环境权的发展历史，中国参加国际人权组织的情况，宪法对人权的保护等法律制度。

　　《环境保护法概论》一书还介绍了环境影响评价与环境、规划与环境、建筑与环境、人居环境与人居环境建设的五大系统及原则、国外城市环境与人居环境。这些内容与每个人的生活环境密不可分，了解这些知识，会拓宽新的视野。另外，本书还介绍了环境影响评价、规划环境影响评价、建筑项目的环境影响评价、噪声环境影响评价等，以上这些内容也是本书的亮点。

　　由于作者水平有限，书中不妥之处，诚请广大读者批评指正。

　　最后，我要深深地感谢中国建筑工业出版社的编辑，为本书的及时出版做了大量的工作；深深地感谢王建云老师对我的关心，没有他就没有我的今天；深深地感谢女儿为本书的打字、校对、排版、修改、资料的收集等付出的辛勤劳动。

目 录

第一章　环境保护法绪论 ... 1
第一节　环境与环境保护法 ... 1
第二节　我国环境保护法发展的历史 ... 3
第三节　环境问题和环境保护 ... 8
第四节　公民环境权是基本人权及环境权的内容 ... 15
第五节　国家环境保护"十一五"规划 ... 19

第二章　环境保护法总则及基本原则 ... 25
第一节　环境保护法的目的、任务和作用 ... 25
第二节　我国环境保护法的适用范围 ... 28
第三节　企业的环境义务 ... 28
第四节　环境保护法的基本原则 ... 30

第三章　环境保护法的基本制度 ... 40
第一节　环境保护法基本制度的内容 ... 40
第二节　环境影响评价制度 ... 40
第三节　"三同时"制度与征收环境保护费制度 ... 44
第四节　许可证制度与限期治理制度 ... 58
第五节　突发环境事件应急预案制度 ... 60

第四章　环境信息公开和政府信息公开 ... 63
第一节　环境信息公开的法律制度 ... 63
第二节　政府信息公开的法律制度 ... 66

第五章　环境监督与管理 ... 70
第一节　环境质量标准制度与排污标准制度 ... 70
第二节　环境监测与管理 ... 72
第三节　环境监督管理 ... 75

第六章　环境影响评价与环境 ... 79
第一节　我国环境影响评价法简介 ... 79
第二节　总则 ... 80
第三节　规划环境影响评价的原则与内容 ... 82
第四节　审查 ... 83
第五节　跟踪评价 ... 85
第六节　建设项目的环境影响评价 ... 85
第七节　噪声环境影响评价 ... 89
第八节　长江三峡工程环境影响的评价 ... 95

第九节　国外环境影响评价法律制度……………………………………… 100
第七章　城乡规划与环境…………………………………………………………… 105
  第一节　城市规划………………………………………………………………… 105
  第二节　城乡规划的实施………………………………………………………… 109
  第三节　城乡规划的修改………………………………………………………… 111
第八章　建筑与环境………………………………………………………………… 115
  第一节　绿色建筑与环境………………………………………………………… 115
  第二节　国外绿色建筑的发展…………………………………………………… 118
  第三节　绿色建筑及臭氧、酸雨对环境的影响………………………………… 121
  第四节　建筑设计的景观生态补偿……………………………………………… 126
  第五节　绿色建筑到低碳生态城………………………………………………… 128
第九章　人居环境的理念与五大系统……………………………………………… 131
  第一节　人居环境的构成………………………………………………………… 131
  第二节　人居环境的五大系统…………………………………………………… 133
  第三节　人居环境建设的五大原则……………………………………………… 135
第十章　城市环境与居住环境……………………………………………………… 138
  第一节　巴黎城市与居住环境…………………………………………………… 138
  第二节　英国城市与人居环境…………………………………………………… 143
  第三节　日本城市与人居环境…………………………………………………… 146
第十一章　水污染防治法…………………………………………………………… 149
  第一节　水污染防治法的发展历史……………………………………………… 149
  第二节　水污染防治的标准和规划……………………………………………… 154
  第三节　水污染防治措施………………………………………………………… 160
  第四节　饮用水水源和其他特殊水体保护……………………………………… 162
第十二章　海洋环境保护法………………………………………………………… 165
  第一节　海洋环境保护法的制定与修改简介…………………………………… 165
  第二节　海洋生态保护…………………………………………………………… 170
  第三节　防治陆源污染物对海洋环境的污染损害……………………………… 172
  第四节　防治海岸工程、海洋工程建设项目对海洋环境的污染损害………… 173
  第五节　防治倾倒废弃物对海洋环境的污染损害……………………………… 176
第十三章　湿地保护与特殊自然保护区…………………………………………… 178
  第一节　环境与湿地保护………………………………………………………… 178
  第二节　风景名胜区的保护……………………………………………………… 186
  第三节　保护人文遗迹的法律规定……………………………………………… 187
  第四节　国家公园的法律规定…………………………………………………… 190
  第五节　森林资源保护法………………………………………………………… 191
第十四章　国外环境法……………………………………………………………… 195
  第一节　国外环境法的产生和发展……………………………………………… 195
  第二节　美国环境法……………………………………………………………… 198

第三节　英国环境法⋯⋯⋯⋯⋯⋯⋯⋯⋯⋯⋯⋯⋯⋯⋯⋯⋯⋯⋯⋯⋯⋯⋯⋯⋯　203
　　第四节　德国环境法⋯⋯⋯⋯⋯⋯⋯⋯⋯⋯⋯⋯⋯⋯⋯⋯⋯⋯⋯⋯⋯⋯⋯⋯⋯　205
　　第五节　日本环境法⋯⋯⋯⋯⋯⋯⋯⋯⋯⋯⋯⋯⋯⋯⋯⋯⋯⋯⋯⋯⋯⋯⋯⋯⋯　207
第十五章　环境保护的法律责任⋯⋯⋯⋯⋯⋯⋯⋯⋯⋯⋯⋯⋯⋯⋯⋯⋯⋯⋯⋯⋯　213
　　第一节　环境侵权⋯⋯⋯⋯⋯⋯⋯⋯⋯⋯⋯⋯⋯⋯⋯⋯⋯⋯⋯⋯⋯⋯⋯⋯⋯⋯　213
　　第二节　环境民事法律责任⋯⋯⋯⋯⋯⋯⋯⋯⋯⋯⋯⋯⋯⋯⋯⋯⋯⋯⋯⋯⋯⋯　215
　　第三节　环境保护的行政法律责任⋯⋯⋯⋯⋯⋯⋯⋯⋯⋯⋯⋯⋯⋯⋯⋯⋯⋯⋯　217
　　第四节　环境刑事法律责任⋯⋯⋯⋯⋯⋯⋯⋯⋯⋯⋯⋯⋯⋯⋯⋯⋯⋯⋯⋯⋯⋯　221
附录：法律法规⋯⋯⋯⋯⋯⋯⋯⋯⋯⋯⋯⋯⋯⋯⋯⋯⋯⋯⋯⋯⋯⋯⋯⋯⋯⋯⋯⋯　226
　　中华人民共和国环境保护法⋯⋯⋯⋯⋯⋯⋯⋯⋯⋯⋯⋯⋯⋯⋯⋯⋯⋯⋯⋯⋯⋯　226
　　中华人民共和国水污染防治法⋯⋯⋯⋯⋯⋯⋯⋯⋯⋯⋯⋯⋯⋯⋯⋯⋯⋯⋯⋯⋯　231
　　中华人民共和国海洋环境保护法⋯⋯⋯⋯⋯⋯⋯⋯⋯⋯⋯⋯⋯⋯⋯⋯⋯⋯⋯⋯　243
　　中华人民共和国环境噪声污染防治法⋯⋯⋯⋯⋯⋯⋯⋯⋯⋯⋯⋯⋯⋯⋯⋯⋯⋯　255
　　规划环境影响评价条例⋯⋯⋯⋯⋯⋯⋯⋯⋯⋯⋯⋯⋯⋯⋯⋯⋯⋯⋯⋯⋯⋯⋯⋯　263
　　中华人民共和国自然保护区条例⋯⋯⋯⋯⋯⋯⋯⋯⋯⋯⋯⋯⋯⋯⋯⋯⋯⋯⋯⋯　268
参考文献⋯⋯⋯⋯⋯⋯⋯⋯⋯⋯⋯⋯⋯⋯⋯⋯⋯⋯⋯⋯⋯⋯⋯⋯⋯⋯⋯⋯⋯⋯⋯　274

第一章 环境保护法绪论

第一节 环境与环境保护法

一、环境及环境的种类

"环境"是人们在日常生活中广泛使用的一个词汇，但是在不同的语境中，其含义是不同的。就通常意义上来说，环境是指围绕某一中心事物的外部空间、条件或状况。由此可见，环境是一个相对的、可变的概念。另外，一般意义上所称之环境，既可反映某一中心事物的物质性条件和状况，也可反映该中心事物的某些非物质性条件和状况。

环境科学中的环境，主要是以人类为中心事物，所以通常也被称为"人类环境"。

在生态学中，环境是指以整个生物界（包括人类，其他动物、植物和微生物）为中心、为主体的环境，围绕生物界并构成生存必要条件的外部空间和无生命物质（如大气、水、土壤、阳光及其他无生命物质等），是生物的生存环境，也称为"生境"。环境在《辞海》中的解释为"围绕着人类的外部世界。是人类赖以生存和发展的社会和物质条件的综合体。可分为自然环境和社会环境；自然环境中，按其组成要素，又可分为大气环境、水环境、土壤环境和生物环境等。"

《宪法》第二十六条规定："国家保护和改善生活环境和生态环境，防治污染和其他公害。"其中的"生活环境"是指与人类生活密切相关的各种天然的和经过人工改造的自然因素。"生态环境"是指影响生态系统发展的各种生态因素，即环境条件，是包括气候条件（如光、热、降水）、土壤条件（如土壤的酸碱度、营养元素、水分）、生物条件（如土壤中的动植物和微生物）、地理条件（如地势高低、地形起伏、地质历史条件）和人为条件（如开垦、采伐、引种、栽培）的综合体。

1989年12月26日发布实施的《环境保护法》第二条规定："本法所称的环境是指影响人类生存和发展的各种天然的和经过人工改造的自然因素的总体，包括大气、水、海洋、土地、矿藏、森林、草原、野生生物、自然遗迹、人文遗迹、自然保护区、风景名胜区、城市和乡村等。"它既包括生活环境，也包括生态环境，体现了"大环境"的概念。与1979年9月13日发布试行的《环境保护法（试行）》所称的环境相比较，现行《环境保护法》对环境的定义做了较科学的规定，揭示了法律意义上环境的本质属性——是人类赖以生存和发展的各种自然因素的总体。

二、环境法

环境法作为人类环境保护的重要手段，是随着环境问题的产生而产生，并随着环境问题的日趋严重和人类对环境问题认识的逐步提高而不断发展的。环境法得以产生和迅速发展的直接原因，就是为了解决人类所面临的日益严重的环境问题。环境法是人类为解决环境问题而创设的法律制度。

环境法是调整因开发、利用、保护和改善人类环境而产生的社会关系的法律规范的总称。制定环境法的目的是为了协调人类与环境的关系，保护人体健康，保障社会经济的可持续发展。

三、环境保护法特征

环境法是全面协调人与环境关系的一门独立的法律，而人与环境的关系则包括人与自然的关系和人与人的关系两个方面。这是它与大多数以协调人与人的关系为全部内容的其他部门法的明显区别，从而也使得它具有不同于其他部门法的显著特征。

（一）调整范围的广泛性

由于环境法既要协调人与自然的关系，也要协调人与人的关系；既要防止人对环境的侵害，又要防止对他人环境权益的侵害，为此其调整的范围相当广泛。

1. 保护对象的广泛性。由于人类赖以生存和发展的整个环境都是环境法所要保护的对象，因此环境法保护的对象相当广泛。从环境法的规定来看，其所要保护的对象有三类：一是自然环境要素，比如空气、水、土地等；二是人为环境要素，比如生活居住区、公园、人文遗迹等；三是整个地球的生物圈，比如臭氧层、海洋、热带雨林以及其他的生命物种等。因为，整个地球是一个统一的整体，而各种环境要素遭到人为的破坏，就会影响到人类生存和发展，可见环境法调整范围之广泛，是其他部门法调整范围所无法比拟的。

2. 法律主体的广泛性。由于环境法的终极目的是实现人类社会的可持续发展，其主体不仅包括自然人、法人及其他组织、国家乃至全人类，还包括尚未出生的后代人。因为，环境是人类赖以生存和发展的重要场所，属人类所共有，为此无论公民和法人及其他组织还是国家乃至全人类，均拥有利用环境的权利。人类只有一个地球，地球上的环境资源既属于当代人，也属于后代人，当代人的发展不能建立在剥夺和剥削后代人持续发展之上，要给子孙后代以公平、持续、共同生存和发展的机会，否则人类社会将无法永续发展。

3. 调整内容的广泛性。由于环境法的任务主要在于防止人类活动对环境产生的不良影响，而人类活动则是多方面的，从政治、经济、军事到文化科学，从生产、流通到消费，从劳动、休息到体育、娱乐等。人类的各种活动都在利用环境，同时也都会对环境产生不良的影响，这就使得环境法调整的内容相当广泛。它不仅要防止大气污染、陆地污染、海洋污染、环境噪声污染、固体废物污染、放射性污染、有毒化学品污染等，而且还要保护土地资源、森林资源、草原资源、水资源、矿产资源、物种资源、风景名胜区和文化遗迹等。

（二）运用手段的科学技术性

社会的发展要求人们更多地运用与环境承载能力达到有机协调的方式来发展经济，要求将经济体系的运行纳入生物界的物质循环和能量运动的大框架中，努力把对环境的负荷减少到最低限度，从而实现人与自然的和谐。这就决定了环境法必须体现自然规律的要求，将生态规律作为制定环境法的自然科学理论基础，把大量的技术规范和操作规程以及工艺设备要求等纳入环境法中，比如各种环境标准、环境监测规程、合理开发利用环境资源的操作规程、防止环境污染和破坏的生产工艺技术要求等。

（三）牵涉法律的多样性

由于环境法调整的范围相当广泛，涉及的社会关系极为复杂，运用的手段各式各样，从而决定了所采用的法律措施的多样性，它不仅可以适用诸如宪法、行政法、刑法等公法予以解决，也可以援引民商法等私法给予救济，甚至还可以诉诸国际法予以调整。也就是说，环境法不但包括具有特色的环境法规范，也包括有关的行政法规范、民法规范、刑法规范、经济法规范和国际法规范。

（四）保护权益的共同性

由于环境法所保护的环境是整个人类赖以生存和发展的基础，而环境的整体性决定了整个环境不可能为某个阶级、阶层或个人所独占。为此，环境法所保护的权益具有共同性，即全人类和整个社会都有权利用它而并不因人而异，并不会因为个人的职业、性别、地位、宗教信仰等不同而有所差别；也不会因制度而异，无论是实行社会主义的国家，还是实行资本主义的国家，环境保护法所保护的权益都是一样的，都是为了确保当代人及其子孙后代过健康而又富有生产成果的生活。

四、环境法律关系

环境法律关系是指环境法的主体在开发、利用资源和保护、改善环境的各种社会经济活动中形成的，由环境法律规范调整和决定的具有环境权利和环境义务内容的社会关系。环境法律关系虽然体现在人与人之间的关系，但反映和协调的却是人与自然的关系。环境法调整的社会关系是特定的社会关系，只有人类在开发、利用资源，破坏或保护或改善环境的过程中产生的关系才受环境法的调整，才能够形成环境法律关系。所以，环境法律关系和人与自然的关系是息息相关、密不可分的。

环境法律关系同环境法一样具有综合性和广泛性。构成环境法律关系的社会关系错综复杂，该社会关系的主体包括国家、政府等各行政单位、机关部门，也包括企事业单位及个人。环境法由多个单行法构成，不同的环境单行法决定的法律关系不同，主体之间的相互关系也不同。这些充分体现了其广泛性。

五、环境法律关系的主体与客体

环境法律关系的主体是指环境法律关系的构成者，即环境法中的当事人。他们可能是环境权利的拥有者，也即权利主体；也可能是环境义务的承担者，又称为义务主体或职责主体。环境法律关系的主体具有广泛性和相对性。广泛性是指从国家、政府机关、企事业单位到社会组织和个人，都可能成为环境法律关系的主体。相对性是指权利主体和义务主体是相对的，往往同时存在于一个环境法律关系之中。

环境法律关系的客体是指环境法律关系主体的行为及其行为的对象。在这里，行为包括一切保护和破坏环境的行为。

第二节 我国环境保护法发展的历史

一、新中国成立后的环境保护法发展历史

我国现代环境法可以分为四个发展阶段：一是新中国成立初期起步阶段的环境法，时间跨度为1949年至1972年；二是前期发展阶段的环境法，时间跨度为1973年至1989

年;三是社会经济转型时期的环境法,时间跨度为1990年至1999年;四是最新发展时期的环境法,时间跨度为2000年至今,即进入21世纪以后。

(一)环境法发展的第一阶段(1949～1972)

新中国成立后,为适应国民经济恢复和发展的需要,这一阶段在环境立法上侧重于与经济发展密切相关的合理利用、开发和保护资源方面。制定的有关保护自然环境和自然资源的法律、法规主要有:《土地改革法》(1949年)、《矿产资源保护试行条例》(1956年)、《水土保持暂行纲要》(1953年)以及《森林保护条例》(1963年)等。同时,防治环境污染的法律、法规也开始制定,主要有《工厂安全卫生规程》(1956年)、《生活饮用水卫生规程》(1959年)和《放射性工作卫生防护暂行条例》(1959年)等。从总体上来看,这个阶段的环境法在内容上已经包括了污染防治的有关内容,具有近代环境法的特点。但是,法律规范的效力层次较低,多为行政法规和规章等,且各种法律规范比较凌乱,缺乏有机联系,不够体系化。

(二)环境法发展的第二阶段(1973～1989)

前期发展是新中国环境法第一次大发展时期,它迎来了环境法发展的春天。1972年召开的具有重大历史意义的联合国人类环境会议,对我国环境法的发展起到了很大的促进作用,加之国内环境污染、环境破坏问题日益严重,我国于1973年召开了第一次全国环境保护会议,通过了《关于保护和改善环境的若干规定》,借鉴国际做法确立了"三同时"制度。1978年《宪法》中第一次规定:"国家保护环境和自然资源,防治污染和其他公害。"1979年,我国第一部环境保护基本法《环境保护法(试行)》颁布实施。1983年第二次全国环保会议上,环境保护被确立为基本国策。1989年12月26日,《环境保护法》颁布实施,取代了试行10年的《环境保护法(试行)》。此外,我国还制定了《海洋环境保护法》(1982年)、《水污染防治法》(1984年)、《森林法》(1984年)、《草原法》(1985年)、《渔业法》(1985年)、《大气污染防治法》(1987年)、《水法》(1988年)和《野生动物》(1988年)等一些比较重要的环境法律。

经过这一时期的大规模立法,我国环境法确立了独立的法律地位,开始从分散立法、单一立法走向综合立法、体系立法,形成了独立的法律部门。这一阶段的环境法开始与世界环境法的发展逐渐接轨,已经真正成为现代意义上的环境法。

(三)环境法发展的第三阶段(1990～1999)

这一时期,我国的社会经济发生了巨大的变迁,进行着从传统计划经济向社会主义市场经济的急剧转型。因此,这一阶段我国环境法的发展有一个显著的特征,即紧紧围绕建立和发展社会主义市场经济,开展各个方面工作。除对已制定的有关法律法规适时修订或制定细则外,这一时期又制定了许多十分重要的环境法律,主要有:《水土保持法》(1991年)、《自然保护区条例》(1994年)、《固体废弃物污染环境防治法》(1995年)、《煤炭法》(1996年)、《防洪法》(1997年)、《节约能源法》(1997年)等。同时,受1992年联合国环境与发展大会的促动,可持续发展理念也开始为我国环境法所接受。

这一时期,国家对环境保护重要性和有关规律的认识更为深入,环境法制中开始蕴涵更多的市场经济因素;立法速度不断加快,并且更加注重综合化立法和体系化立法,环境法律法规初具规模,已经基本形成了相对完整的环境法体系。

(四)环境法发展的第四阶段(进入21世纪以后)

进入21世纪以后，我国的环境立法即进入了新的快速发展时期，这种发展不仅仅表现为环境法律法规数量上的逐年递增，同时还表现为环境立法思想内容和原则制度上的不断更新。可持续发展的战略思想、公众参与的基本原则、全程控制和总量控制的基本制度等内容，已经成为新修订的环境立法的重要内容。其中，最具代表性的是2000年《大气污染防治法》的修改，以及2002年6月29日《清洁生产促进法》和2002年10月28日《环境影响评价法》的制定。这一时期，我国环境法制定在质与量上都发生了很大变化，建立了规模庞大的法律法规体系，立法的综合性、体系性进一步加强，环境法部门的独立地位更显重要。

二、国务院先后召开的六次全国环境保护会议

（一）国务院委托国家计划委员会于1973年8月5日至20日在北京举行了第一次环境保护会议。会议交流了环境保护工作的经验，制定了环境保护工作的方针和政策，安排了近期的环境保护工作。在会议行将结束时，国务院在人民大会堂召开有各界代表出席的万人大会，对会议作了总结，向全国发出了消除污染、保护环境的动员令。

1. 会议的背景：

随着中国社会主义建设事业的发展，环境污染日益严重。国务院总理周恩来在1970年前后曾多次指示国家有关部门和地区切实采取措施防治环境污染。1972年6月，国务院批转了国家计划委员会、国家基本建设委员会关于官厅水库污染情况和解决意见的报告，建立了官厅水库水源保护领导小组，开始了中国第一个水域污染的治理；接着又批准召开防治大连、上海等主要港口和松花江、黄河、长江、珠江、渤海、东海等水域污染会议。1972年6月，中国派代表团出席了在斯德哥尔摩召开的联合国人类环境会议。在环境保护工作受到普遍重视的情况下，1973年1月，国务院决定筹备召开全国环境保护会议。

2. 会议的成果主要是：

确立了环境保护工作方针："全面规划，合理布局，综合利用，化害为利，依靠群众，大家动手，保护环境，造福人民。"（即"32字方针"）

制定了保护环境的政策性措施：《关于保护和改善环境的若干规定》。其要点为：

（1）做好全面规划，自然资源的开发利用要考虑环境影响，经济发展与环境保护要统筹兼顾、全面安排。

（2）工业要合理布局，控制大城市规模，建设中小城镇，厂址选择要切实注意对环境的影响。

（3）逐步改善老城市的环境，要注意保护水源，消烟除尘，处理、利用垃圾，改善劳动环境，减少噪声。要首先抓好北京、上海等18个城市的环境改造工作。

（4）综合利用，除害兴利，为防止工业废水、废气、废渣对环境的危害，规定一切新建、扩建和改建企业的主体工程与环境保护设施要同时设计，同时施工，同时投产。

（5）加强对土壤和植物的保护，对农业病虫害的防治要推广综合防治技术，减少化学农药污染。

（6）保护江河、湖泊、海洋的水质，主要水系要建立水源保护机构。

（7）保护森林，保护草原，大力植树造林，绿化祖国。

（8）认真开展环境监督工作，制定工业企业污染物排放标准和环境质量标准。
（9）大力开展环境保护的科学研究工作和宣传教育。
（10）环境保护需要的投资、设备和材料要尽可能予以保证。

3. 会议的影响

第一次全国环境保护会议之后，从中央到各地区、各有关部门，都相继建立起环境保护机构，并制定各种规章制度，加强了对环境的管理。对某些污染严重的工矿区、城市和江河进行了初步的治理。环境科学研究和环境教育蓬勃发展起来。第一次全国环境保护会议所确立的一些基本方针和政策，不仅有力地推动了中国当时的环境保护事业的发展，而且对以后的环境保护事业也有指导作用。

（二）1983年12月31日至1984年1月7日，国务院召开了第二次全国环境保护会议。保护明确提出环境保护是我国的一项基本国策，还确定了环境保护事业的战略方针，即"经济建设、城乡建设、环境建设同步规划、同步实施、同步发展，实现经济效益、社会效益、环境效益的统一。"

会议提出搞社会主义现代化建设，除了要抓好工农业生产和国防、科学技术外，还必须解决好两大问题：一是人口问题，一是环境问题。人口问题当时已经受到重视，而环境问题还没有引起足够的重视，环境污染和生态平衡的破坏还在继续扩大。这种情况如果不能尽快扭转，不仅会妨碍工农业的发展和现代化建设，而且，还会危害人民的健康。搞现代化建设，必须有一个好的环境条件、健全的自然生态。

第二次全国环境保护会议上还要求加强对环境保护工作的领导，建立健全环保机构；落实环境保护资金渠道，制订翻两番的规划和计划、经济区规划和城乡建设规划都要明确列出环境保护内容；各地各部门每年要集中力量办几件群众关心的环保实事；提出企业污染治理要坚持"谁污染，谁治理"的原则，自然资源开发利用要实行"谁开发，谁保护"的原则。

第二次全国环境保护会议期间，国家环保部门认为，环境保护涉及范围较广，工作难度比较大，矛盾又多，不解决组织协调问题工作就难以开展。因此，在上报给国务院的《国务院关于环境保护工作的决定》草案中建议：国务院成立环境保护委员会，制定有关环境保护的方针政策，组织协调各方面的关系，推动全国环境保护工作。中央财经领导小组办公室会议进行了讨论，总的认为这是一项很好的、很重要的建议，提交国务院常务会议讨论。1984年5月，在当时国家正大力清理撤销非常设机构的时候，国务院还是根据形势发展和工作的需要，把环保作为一个特例，决定成立环境保护委员会。环委会的主要任务就是研究审定有关环境保护的方针、政策，提出规划要求，领导和组织、协调全国的环境保护工作，并决定由李鹏兼任国务院环委会主任。

第二次全国环境保护会议针对当时环境保护工作中的一些重大问题，做出了20项政策规定，先后就防治煤烟型污染、加强乡镇企业环境管理、引滦入津水质保护、特区和经济开放地区环境管理、城市环境综合整治、建设项目环境管理、防治水污染、自然环境和资源保护、环境保护计划、污染治理资金等重大问题，组织调研、讨论和审议，制定政策，做出决定。《关于加强乡镇街道企业环境管理的决定》、《关于防治煤烟型污染技术政策的规定》、《对外开放地区环境管理暂行规定》、《建设项目环境保护管理办法》、《关于防治水污染技术政策的规定》、《关于加强城市环境综合整治的决定》和《城市烟尘控制区管理办法》等一系列重大环境保护政策、决定和制度陆续出台，逐步建立健全了环境保护政策、管理制度和机构建设，强化了环境管理，有力地促进了环境保护基本国策和"三同步"、"三统一"战略方针的贯彻执行，极大地推动了环境保护工作以及一些重点、难点环境问题的解决。

（三）1989年4月28日至5月1日，国务院召开了第三次全国环境保护会议。

1989年12月26日，第七届全国人大常委会第十一次会议通过了《环境保护法》并施行。1992年联合国环境与发展大会后，党中央、国务院批准了《中国环境与发展十大对策》，发布了《中国21世纪议程》，强调实施可持续发展战略。1996年3月，第八届全国人大第四次会议审议通过了国民经济和社会发展"九五"计划，确定了2000~2010年环保目标。

（四）1996年7月15日，国务院召开了第四次全国环境保护会议，发布了《国务院关于环境保护若干问题的决定》。

1999年和2000年，国家修订的《海洋环境保护法》和《大气污染防治法》中，新设置了污染物总量控制、清洁生产、淘汰落后生产工艺和设备、"两控区"和超标违法等法律制度，国务院发布了《全国生态环境保护纲要》。

（五）2002年1月8日，国务院召开了第五次全国环境保护会议，批复了《国家环境保护"十五"计划》。

该"计划"在肯定成绩的基础上指出："环境形势仍然相当严峻。国家污染物排放总量还很大，污染程度仍处在相当高的水平，一些地区的环境质量仍在恶化。生态恶化加剧的趋势尚未得到有效遏制，部分地区生态破坏程度还在加剧。环境污染和生态破坏在一些地区已成为危害人民健康、制约经济发展和社会稳定的一个重要因素。"2005年年底，国务院发布了《关于落实科学发展观加强环境保护的决定》。

（六）2006年17日至18日，国务院召开了第六次全国环境保护会议。会上，温家宝总理意味深长地强调，做好新形势下的环境保护工作，关键是要加快实现三个转变。对于当前的环境状况，《关于落实科学发展观加强环境保护的决定》严肃指出：环境形势依然十分严峻，主要污染物排放量超过环境承载能力，流经城市的河段普遍受到污染，许多城市的空气污染严重，酸雨污染加重，持久性有机污染物的危害开始显现，土壤污染面积扩大，近海海域污染加剧，核与辐射环境安全存在隐患。生态破坏严重，水土流失量大面广，沙漠化、草原退化加剧，生物多样性减少，生态系统功能退化。发达国家上百年工业化过程中分阶段出现的环境问题，在我国近20年来集中出现，呈现结构型、复合型、压缩型的特点。环境污染和生态破坏造成了巨大的经济损失，危害群众健康，影响社会稳定和环境安全。

三、国家环境保护部的设立

环境保护进入国家发展战略，环境与发展走向高度融合。

2008年3月27日，挂了10年的"国家环保总局"的牌子被换成了"中华人民共和国环境保护部"。从1988年国家环境保护局成立到2008年国家组建环境保护部，国务院环境保护机构完成了30年"三级跳"，10年一大跳。

2006年，第六次全国环境保护会议提出，要把环境保护放在更加重要的战略位置上，加快实现"三个转变"，这是环保工作顺应时代发展要求的战略性、方向性、历史性转变。

我国进入了以保护环境优化经济增长、环境保护与经济发展走向高度融合的新阶段。

2007年，是中国环境保护事业发展历程的又一个转折点。在这一年，党的十七大报告首次将生态文明写入了政治报告中，把建设资源节约型、环境友好型社会写入党章。环境保护作为基本国策，作为党和国家的意志，真正进入了国家政治经济社会生活的主干线、主战场和大舞台。

为了落实中央作出的战略决策，2008年9月10日，国务院批准了《武汉城市圈资源节约型和环境友好型社会建设综合配套改革试验总体方案》。而对于武汉城市圈和与2007年底已被批准成立综改区的长株潭城市群来说，建设改革实验区，不仅是其在中部崛起中实现率先发展的重要支点，也将为整个中国探索未来的新型发展道路。

第三节 环境问题和环境保护

地球孕育了生命，孕育了人类；人类是自然环境的产物，同时又是自然环境的改造者。自从地球上有了人类以来，人类就一直生活在环境之中，人类为了自身的生存和发展而不断地开发、利用和改造环境。随着开发、利用和改造环境规模的不断扩大，人类创造了大量的精神和物质财富，但同时也使得人类生存和发展的基础——环境受到了严重的破坏，这就是环境问题。

由于环境问题是一个抽象的概念，比较笼统，为了使其更加具体、明确，有必要对其加以分类说明。然而，造成环境问题的原因甚为复杂，学者们对其分类时所取的角度和标准都不尽相同，因而有不同的分类方法。简要分述如下：

一、社会活动分类法

该分类法根据社会生活中存在着各种不同的社会活动，而社会活动正是产生环境问题的原因所在，因此社会活动的结果作为环境问题的分类标准，将其分为以下五种类型：

（一）产业公害，即因各种工商产业活动所产生的公害现象。它包括工业公害和非工业公害两种。前者，是指直接发生于生产场所（如工厂）的公害，例如空气污染、水质污染、振动、噪声等；后者，则是指发生于间接生产场所（如营业所）的公害，例如因冷气机用水而产生的地层下陷、高层建筑物造成的日照妨害等。

（二）消费公害，即因人们的消费活动所产生的公害现象。它包括政治性公害和非政治性公害两种。前者，是指因国家政治权力的行使，对生产及消费所产生的妨害，例如国有民航企业飞机起降所产生的噪声、振动，选举期间宣传工作所造成的噪声等；后者，则是指消费活动所产生的废弃物公害，例如家庭炊烟和废水所造成的空气和水源污染，私人汽车排放的废气，垃圾废弃物而产生的空气和土壤污染等。

（三）运输公害，即在运输活动过程中产生的公害现象。它包括运输工具排气所产生的空气污染，运行过程中所产生的噪声、振动等。

（四）建设公害，即各种建设活动过程中所产生的公害现象。它包括建筑公害、观光公害和开发公害三种。建筑公害，是指建筑机场、铁路、工厂、海港、道路乃至一般建筑物所产生的公害现象。观光公害，是指在观光区域由于观光客的大量聚集的结果，使得自然景观、名胜古迹等迅速受到破坏的现象。例如，在观光区汽车所排放的废气、垃圾囤积等对人体健康和财产造成的损害。开发公害，是指由于山林、原野、海滨等的滥加开发，使得人类的生活环境恶化所产生的公害现象。例如，为建筑住宅而破坏绿地、为建设工业区而在海滨造地等，不仅影响植物的生长，而且对人体健康和财产也会造成具体的损害。

（五）农业公害，即农业生产活动妨害生活和动植物被害的公害现象。例如，畜牧业造成的恶臭、因淀粉制造而产生的水污染等，特别是目前大量使用农药而造成的严重污染环境的现象。

环境问题主要表现为环境污染和环境破坏这两种现象。环境污染，是指因人的活动，向环境排放了超过环境自净能力的物质或能量，导致发生环境危害人类生存和发展的事实。它通常包括大气污染、陆地污染、海洋污染、噪声污染、固体废物污染、放射性污染、有毒化学品污染等。环境破坏，是指人类不适当地开发利用环境，导致环境效能受到破坏或降低，从而危及人类的生存和发展的事实。它通常包括土地资源的破坏、森林资源的破坏、草原资源的破坏、水资源的破坏、矿产资源的破坏、物种资源的破坏、自然景观的破坏、风景名胜地和文化遗迹的破坏等。

二、环境问题的历史演变

环境问题自古有之，自从地球上有了人类以来，人类为了自身的生存和发展，通过劳动不断地改造环境为其所用；加上人类对自然环境的认识水平在一定时期存在着局限性，不可能完全弄清楚环境的发展变化规律，尤其难以预测其活动对环境的远期和间接的影响，而没有按照自然规律利用环境，于是遭到了大自然的报复，便产生了环境问题。纵观人类历史的发展，环境问题大致经历了以下四个阶段的历史演变：

（一）第一阶段，原始人类时期。这一阶段，人类只是自然食物的采集者和捕食者，是以生产活动和生理代谢过程与环境进行物质交换和能量流动。由于当时生产水平极低，人类作为自然界中的一员，只是被动地依靠自然而生存和发展，很少有意识地改造环境。为此，这一阶段的环境问题，主要是由于人口的自然增长而盲目利用环境。比如，无知而乱砍滥捕，或因用火不慎，使大片草原森林被毁，破坏了生物资源而引起的饥荒。

（二）第二阶段，农牧社会时期。随着生产力水平的提高，这一阶段的环境问题主要是对自然资源，尤其是人类对环境的干预和改造能力的加强。加上农牧业是一种生物性生产，一方面在很大程度上要依赖自然条件，另一方面又对自然环境造成破坏。为此这一阶段的环境问题主要是对自然资源，尤其是对天然植被的破坏，导致水土流失，土地沙漠化、盐渍化等难以逆转的环境破坏。比如，发源于底格里斯河和幼发拉底河平原的古巴比伦文明遭到破坏就是因为人类滥用自然，不合理种植、灌溉造成土壤彻底被破坏而引起的。但是，由于当时人口不多，生产规模不大，社会组织能力不高，人类社会对环境的冲击力相对比较小，环境破坏所发生的区域范围还不是很大，人类对环境的作用还未达到能在全球范围内造成环境问题的程度。

（三）第三阶段，工业革命以后到 20 世纪 50 年代。18 世纪，西方工业革命浪潮席卷全球，创造出了比人类有史以来生产力之和还要大得多的生产力。机器延伸了人的器官，化石能源取代了畜力，社会化大生产代替了手工生产，人类的足迹涉及地球生物圈的各个部位，并开始干涉整个地球的生物化学循环，改变物质循环和能量流动。以牛顿力学和技术革命为先遣军的工业文明，使人类陶醉于对自然环境的胜利之中，而更加肆无忌惮地去征服和改造自然,而没有认识到人类对环境每一次作用的同时都会存在一个程度不同的反作用,更没有认识到,这一反作用会随着人类社会科学技术水平的提高和向自然索取物质欲望的日益增加而增大,以致直到威胁人类生存和发展的环境问题在全球范围内出现才引起人们的震惊与正视。

(四)第四阶段,20世纪60年代至今。这一阶段随着科技和经济的迅猛发展,又出现了新的污染源:其一是原子能利用和核动力发展带来的放射性污染;其二是因农药等有机合成化学物质的大量生产和使用带来的有机氯化合物的污染。因此,这一阶段的环境问题十分严峻,老的环境问题尚未解决,新的环境问题又频频发生。比如,1986年,苏联基辅地区的切尔诺贝利核电站的四号反应堆爆炸起火,大量放射性物质的外泄,使上万人受到辐射伤害,波及邻国,该核尘埃遍布欧洲,世界大部分地区都测到放射性物质;1984年,设在印度博帕尔的美国联合碳化物公司农药厂的储罐爆裂,大量剧毒物甲基异氰酸酯外泄,受害面积$40km^2$,造成3000人死亡,十几万人受伤,成为世界公害史上的空前大惨案;1986年,瑞士巴塞尔桑多兹化工厂仓库爆炸起火,大量有毒化学物质流入莱茵河造成了重大污染。

三、我国环境问题

(一)环境问题带来人体健康威胁

根据卫生部的数据,2001至2003年记录的出生缺陷中,1/4归因于环境污染。《中国环境绩效评估》中写道:到2020年,由于污染,我国预计在城市地区约有60万人过早死亡,每年2000万人患上呼吸道疾病,550万人患上慢性支气管炎,总的健康损失将占GDP的13%。

(二)环境问题引发社会不稳定

2005年,全国发生环境污染与破坏事故1406起,环境纠纷信访量60.8万多封;2006年,环境污染与破坏事故842起,环境纠纷信访量61.6万多封。据统计,进入21世纪以来,因环境问题引发的群体性事件以年均29%的速度递增,2005年上半年发生了422起,平均每天超过3起。近年来,已经出现了污染受害者围堵冲击国家机关、聚众堵塞交通干线、打砸抢烧等过激行为,严重影响了社会稳定。

(三)能源资源消耗偏高

2006年我国GDP约占世界总量的5.5%,但消耗的重要能源资源占世界的比重却高得多,比如,消耗能源24.6亿t标准煤,占世界消耗总量的15%左右;消耗钢材3.88亿t,占30%;消耗水泥12亿t,占54%。

与国际先进水平相比,我国大中型钢铁企业吨钢可比能耗高15%,水泥综合能耗高24%;机动车百公里油耗比欧洲高25%,比美国还高出10%;矿产资源总回收率比国际先进水平低20%;农业灌溉用水利用系数为0.45,是国际先进水平的一半左右。

(四)执法监督力度偏软

"十五"期间,"三河三湖"(淮河、海河、辽河、太湖、巢湖、滇池)的治理项目与计划相比,完成率分别只有70%、56%、43%、86%、53%、54%;"两控区"计划的256个项目中,只有54%的项目建成并投入运行。在这次修订水污染防治法之前,对造成水污染事故的单位,根据法律规定,只能按照直接损失的20%计算罚款,最高不超过20

万元，这种处罚标准很难对违法排污行为产生震慑和警戒作用。

（五）环保投入比例偏低

按照《环境保护"十一五"规划》，"十一五"期间，环保投资要占到GDP的1.35％。这个比例仍然偏低，不足以解决我国的环境问题。根据国外的经验，一些专家建议1.6％~3％才是我国目前比较合适的投入比例。

还有一个问题，即使计划中明确安排的投资，很多时候也得不到真正落实。比如，按照水污染防治"十五"计划的投资安排，淮河、辽河流域应分别投入255.9亿元和188.4亿元，但"十五"末期，两个流域分别还有111.3亿元和124.4亿元没有落实，占应投资金的43.5％和66.1％。

再比如，根据国家有关部门测算，为实现"十一五"期间COD削减10％的目标，需新增城市污水处理能力4500万t/d，相应需要中央财政投资城市污水处理设施建设1500亿元。截至2007年7月，中央财政仅投资300多亿，"十一五"期间过去了近1/3，而所需资金投入仅1/5。

（六）环境责任意识偏弱

以水污染防治为例，在执法检查过程中我们发现，一个"偷排"行为，就把所有的水污染防治制度都规避掉了。工程也做了申报登记，也有在线监测，做了环评，领了许可证，需要的手续和程序都做到了。可是，污水处理设备只是应付检查用的，执法部门来了，"开机欢迎"，走了，"关机欢送"。

四、2009年我国几次重大污染事件简介

（一）湖南浏阳镉污染事件

2009年8月，湖南省长沙市浏阳市镇头镇发生镉污染事件。官方有效检测结果显示，2888人中尿镉超标509人，其中61人因同时被检查出β2－微球蛋白超标而住院治疗。

长沙湘和化工厂是2003年由浏阳市镇头镇引进的一家民营股份制化工企业，2004年4月，这家企业未经审批建设了一条炼铟生产线。据当地村民反映，建厂不久，厂区周围树林大片枯死，部分村民相继出现全身无力、头晕、胸闷、关节疼痛等症状。今年5月至6月，双桥村两名中年村民接连死亡，经湖南省劳卫所先后检测，两名死者体内均为镉严重超标。

（二）湖南邵阳铅污染事件

2009年8月11日，经湖南省、邵阳市环保部门检测认定，位于文坪镇横江村内的一家精炼锰加工厂为血铅超标污染源。随后，当地政府关闭了这家加工厂。

（三）陕西凤翔铅污染事件

陕西省凤翔县长青镇马道口村和邻村孙家南头村，有数百名婴幼儿及儿童被检测出体内铅超标，其中部分患者超标严重，已达到中毒标准。两村民居南北环抱着的一家年产铅锌20万t的冶炼企业，被疑与此有关。

宝鸡市成立专项工作组，由市政府副秘书长为组长，市环保局局长为副组长，宣传部、卫生局、民政局等相关部门负责人为组员，负责全程协调、处理、监督整个事件。

（四）山东临沂砷污染

2009年7月23日，山东省南涑河出现突发性砷化物超标现象，临沂市随即启动相关

应急预案，使绝大部分超标水体被拦在临沂境内，极少部分流向江苏。目前，流域内 50 万人受到水污染的威胁。

经环保部门调查证实，今年 4 月，临沂亿鑫化工有限公司在未经有关部门许可及办理工商、环保等手续的情况下，私自上马阿散酸生产设备进行生产。7 月 23 日前，该公司经理指使员工在凌晨趁降雨之机，将大量含砷有毒废水排放到南涑河中，致使整个南涑河流域及其下游的江苏邳州水体砷超标，造成重大环境污染。这一案件被定性为刑事案件，已经移交司法机关审理。亿鑫公司经理等 5 人被依法逮捕或刑拘。

（五）贵州汞污染事件

贵州省东部铜仁地区万山特区万山镇曾经是国内规模最大的汞矿产地，但长年来由于排放均未经过处理，直接导致环境中的金属汞总量居高不下，至少达到 350t，几乎相当于全球目前每年汞排放量的 1/10。据当地卫生部门估算，当地 6 万总人口中，目前至少有 200 余人出现了不同程度的汞中毒症状，这还不包括已经去世以及未显现出症状的潜在患者。

据官方调查显示，目前，我国 0～6 岁儿童血铅总体均值为 $59.52\mu g/L$，超过正常值者占 10.45%，可以诊断为铅中毒者占其中的 0.62%。研究表明，年龄越小的儿童，越容易受到铅中毒的危害，而且这种危害可以持续很长时间。

铅污染其实是可以预防和避免的。彭应登说，虽然在技术上难以实现铅的零排放，但只要严格按环保法规安装了处理装置，就基本上可以把铅排放控制在无害的水平，这些设备一般的工厂都是可以承受的，也是必须配备的。

台湾学者研究发现，长期铅暴露会使工人受孕率降低。铅毒对儿童的影响更甚，儿童对铅的吸收量比成年人要高几倍。当儿童的血铅浓度每 100mL 达到 $60\mu g$ 时，就会由智力障碍引起行为异常。

五、镉、砷、铅、汞污染的主要来源

（一）镉污染的主要来源

镉是炼锌业的副产品，主要用在电池、染料或塑胶稳定剂，它比其他重金属更容易被农作物所吸附。相当数量的镉通过废气、废水、废渣排入环境，会造成污染。污染源主要是铅锌矿以及有色金属冶炼、电镀和用镉化合物作原料或触媒的工厂。

（二）砷污染的主要来源

砷污染是指由砷或其化合物所引起的环境污染。砷和含砷金属的开采、冶炼，用砷或砷化合物作原料的玻璃、颜料、原药、纸张的生产以及煤的燃烧等过程，都可产生含砷废水、废气和废渣，对环境造成污染。含砷废水、农药及烟尘会污染土壤，砷在土壤中累积并由此进入农作物组织中。砷和砷化物通过水、大气和食物等途径进入人体，造成危害。砷污染中毒事件（急性砷中毒）或导致的公害病（慢性砷中毒）已屡见不鲜。

（三）铅污染的主要来源

铅污染主要来源于汽油燃烧产生的废气，含铅涂料，采矿、冶炼、铸造等工业生产活动等。铅及其化合物是一种不可降解的环境污染物，性质稳定，可通过废水、废气、废渣大量流入环境，产生污染，危害人体健康。铅对机体的损伤呈多系统性、多器官性，包括对骨髓造血系统、消化系统及其他系统的毒害作用。作为中枢神经系统毒物，铅对儿童健

康和智能的危害更为严重。

（四）汞污染的主要来源

人类使用汞的历史可追溯到公元前 1000 多年，如中国早在殷商时代就使用辰砂作颜料。随着工业的发展，汞的用途越来越广，产量也越来越大。据统计，1970~1979 年世界汞产量为 8.76 万 t。煤和石油的燃烧、含汞金属矿物的冶炼和以汞为原料的工业生产所排放的废气，是大气中汞的主要来源；施用含汞农药和含汞污泥肥料，是土壤中汞的主要来源；氯碱工业、塑料工业、电池工业和电子工业等排放的废水，是水体中汞的主要来源。1970~1979 年全世界由于人类活动向大气排放的总汞量达 10 万 t 左右，排入水体的总汞量约 1.6 万 t，排入土壤的总汞量约为 10 万 t，总计超过 20 万 t。

（五）汞污染的危害和环境标准

各种汞化合物的毒性差别很大。元素汞基本无毒；无机汞中的昇汞是剧毒物质；有机汞中的苯基汞分解较快，毒性不大；甲基汞进入人体很容易被吸收，不易降解，排泄很慢，特别是容易在脑中积累，毒性最大。如水俣病就是由甲基汞中毒造成的。

中国规定环境中汞的最高容许浓度（按汞计）如下：居住区大气为 $0.0003mg/m^3$，地面水为 $0.001mg/L$，饮用水不超过 $0.001mg/L$；工业废水排放时汞及其无机化合物的最高容许排放浓度为 $0.05mg/L$。

六、对环境问题认识的转变

我国长期以来，往往把环境保护工作狭义地理解为对生活环境的污染防治，后来才逐渐认识到保护环境必须着眼于对大环境的保护和改善。既要防治环境污染和其他公害，也要保护和改善生活环境；既要保护和改善生活环境，也要保护和改善生态环境，防治环境污染和生态破坏。特别是 1998 年长江特大洪灾之后，国家提出了全面停止长江、黄河中下游天然林的采伐，"有计划分步骤地退耕还林、还草，把生态建设和环境保护列为西部大开发的根本任务和有力保障"。这标志着人们对环境保护意义认识上的大飞跃。保护环境是我国的一项基本国策，是可持续发展战略的重要内容，直接关系到现代化建设的成败和中华民族的复兴。强调在保持国民经济持续快速健康发展的同时，必须把环境保护放在更加突出的位置，保护和改善环境就是发展生产力。经济建设绝不能以破坏人类生存环境为代价，绝不能做"吃祖宗饭，断子孙生路"的事情。可见，环境保护关系到国家建设、民族复兴、人民健康和生命安全以至子孙后代幸福的大事，具有全局性、战略性的位置和意义。

（一）环境保护是落实科学发展观的重要举措。

以人为本是科学发展观的本质和核心。单纯的经济增长，"见物不见人"违反了发展的根本目的。如果经济增长了，物质生活丰富了，但人们喝的水是不干净的，呼吸的空气是肮脏的，吃的食物是不安全的，这就背离了经济建设的初衷。

（二）环境保护是全面建设小康社会的内在要求。

我国过去的经济增长有 2/3 是在对生态环境超支的基础上实现的，是以"环境换取经济增长"，其恶果是严重威胁人体健康和生态安全。以环境换取经济增长，走先污染后治理的老路最后必将断送已取得的经济发展成果。因此，只有摒弃以牺牲环境换取经济增长的发展模式，加强环境保护，我国社会才能继续走向全面建设小康社会，也是建设小康社会的内在要求。

（三）环境保护是坚持执政为民、提高执政能力的实际行动。

我国的经济增长是以牺牲环境为代价的，"环境换取经济增长"的恶果使广大人民群众的健康和生命受到严重威胁，突发环境事件频发，影响社会稳定大局。现在，我国社会已经进入了保护环境优化经济增长的新阶段，各级环境保护部门要采取法律、经济、技术和行政等办法努力让人民群众喝上干净的水、呼吸清洁的空气、吃上放心的食物，在良好的环境中生产生活，这既是以人为本的要求，也是坚持执政为民和提高执政能力的具体行动。

（四）环境保护是构建社会主义和谐社会的有力保障。

人与自然和谐是和谐社会的主要特征之一。当前，我国生态系统整体功能仍在下降，抵御各种自然灾害的能力在减弱。我国正在以最脆弱、最严峻的生态环境，供养着历史上最大规模的人口，负担着历史上最大规模的人类活动，造成了最严重的环境损失和经济损失。环境安全已成为影响国家安全和可持续发展的重要方面，也是我国21世纪最突出的问题之一。

人类既是环境的产物，又是环境的塑造者，现代科学技术的发展，给予了人类认识和改造环境的能力，人类只要对这一能力善加运用，是可以取得环境与经济的协调发展的，关键在于人类必须正确地认识客观规律，认识环境问题产生的根源，摆正人类在自然界中的地位，同自然协调发展。

自然规律的作用与人类认识水平之间的距离是存在的，环境问题不可能有一劳永逸的解决方法，人类只有在不断提高自己对自然规律认识水平的情况下，随着经济和社会的发展不断采取适当的防治措施，以求环境、经济与社会发展三者的协调。

七、环境保护的概念与起源

环境保护是指为保证自然资源的合理开发利用，防止环境污染和生态环境破坏，以协调社会经济发展与环境的关系，保障人类生存和发展为目的而采取的行政、经济、科学技术、法律，以及宣传教育等诸多措施和行动的总称。环境保护是人类针对环境问题而提出的积极对策。环境保护作为一个较为明确和科学的概念，是在1972年联合国人类环境会议上提出来的。

1972年发表的《人类环境宣言》，在分析了当代的环境问题并全面阐述了人口、资源、环境和发展的关系后，提出了全球环境保护战略。人类环境会议明确指出：环境问题不是局部问题，而是全球问题，不仅是技术问题，更主要的是社会经济问题。

随着现代社会的发展，人类对物质的需要量不断增长，导致对自然资源的开发和利用不断扩大，排放到环境的废物也日益增加，于是，人类发展和自然环境之间的相互影响日益加强。世界各国针对本国的环境问题，采取了一系列重大的环境保护措施，如建立环境保护管理机构，加强环境保护的科学研究，制定法律、法规等。综观世界各国的环境保护工作，内容各不相同，但归纳起来主要包括两个方面：一是保护和改善环境质量，保护人体健康，防止人类在环境的不良影响下产生变异和退化；二是合理利用自然资源，减少或消除有害物质进入环境，同时也保护自然资源的恢复和扩大再生产，以利于人类生命活动。

正如世界环境发展委员会所指出的：法律、行政和经济手段并不能解决所有问题，在环境保护领域，必须形成一种与现代工业科技社会相适应的新的环境伦理观，这种新的可持续发展的伦理道德的核心是尊重自然，真正把人类看作是自然的一部分，把人类从对自然的胜利所产生的飘飘然中解脱出来，它要求当代人之间、当代人和后代人之间机会平等，它的最重要认识是"只有一个地球"和"明天与今天一样重要"。

经过30多年的发展，环境保护已真正成为人类的共识，成为社会普遍关注的一个热点。环境保护是一项社会性强、科学技术性强、涉及范围广泛的工作，它需要多个领域、多种手段和多种措施的协同配合。

第四节 公民环境权是基本人权及环境权的内容

一、公民环境权的提出

20世纪60年代初，美国展开了一场令世界瞩目的大讨论——公民要求保护环境，要求在良好的环境中生活的法律依据是什么？在讨论中，密歇根大学教授约瑟夫·萨克斯提出了制定专门的环境保护法的倡议，他于1970年发表了著名的论文——《为环境辩护》，提出专门的环境立法的宗旨有三点：

1. 承认对于良好环境的公民权利是一项可强制执行的合法权利；
2. 使这项权利通过公民个人以公众身份起诉而成为可强制执行的；
3. 为关于环境质量的普通法的发展设立框架。

萨克斯教授提出的环境"共有说"和"公共委托说"也得到了推崇，他认为空气、阳光、水等人类生活所必需的环境要素在当今受到了严重的污染和破坏，以至于威胁到人类的正常生活的情况下，不应再视为"自由财产"而成为所有权的客体，环境资源就其自然属性和对人类社会的重要性来说，它应该是全体国民的"共享资源"，是全体国民的"公共财产"，任何人不能任意对其占有、支配和损害。为了合理支配和保护这一"公有财产"，共有人将其委托给国家来进行管理。国家作为全体共有人的委托代理人，必须对全体国民负责，不得滥用委托权。进而有人在"共有说"和"公共委托说"的基础上提出了环境权的观点，认为每一个公民都有在良好的环境下生活的权利，这种权利应该受到法律的保护。

1960年，原西德的一位医生向欧洲人权委员会提出控告，认为向北海倾倒放射性废物的行为违反了《欧洲人权条约》中关于保障清洁卫生的环境规定，从而引发了是否要将环境权追加进欧洲人权清单的大讨论。

1970年3月，国际社会科学评议会在东京召开了"公害问题国际座谈会"，会后发表的《东京宣言》明确提出："我们请求，把每个人享有其健康和福利等要素不受侵害的环境的权利和当代传给后代的遗产，应是一种富有自然美的自然资源的权利，作为一种基本人权，在法律体系中确定下来。"从而更为明确地提出了环境权的要求。

1970年9月，在新潟县召开了日本律师联合会第十三次拥护人权大会。会上，大阪律师协会的仁藤一、池尾隆良两位律师作了题为《公害对策基本法的争议点》的报告，首次提出了"环境权"的问题。他们说："我们在把公害问题作为今后的课题进行考虑时，如果仅仅局限于把直接损害人体健康的现象作为公害问题，并以此来思考对策的话，就不能使问题得到根本的解决。而必须从以下观点出发，即我们怎样做才能形成不受这种侵害的环境呢？侵害健康和舒适生活的主要是公害，而作为人，不管他是谁，怎样才能享受不受灾祸影响的环境呢？这就要求我们站在广泛保护人类环境的立场上来考虑这一问题。"因此，要想从对环境的破坏走向对环境的保护，我们就应该拥有支配环境、享受良好环境的权利。针对随意污染环境、妨害我们舒适的生活或想妨害我们生活的行为，以这一权利为根据，拥有请求排除妨害或预防妨害的权利。

此后在大阪律师联合会中由包括两位报告人在内的九个人组成了"环境权研究会"，并在日本律师联合会的委托下，进行了大量的联合研究。其研究成果以《对确立环境权的建议》为题发表于1971年5月的法律杂志《法官》上。这一"建议"参照了《人类环境宣言》、《东京宣言》及京都府防止公害条例、东德宪法、瑞典环境保护法、美国国家环境政策法、东德国土整治法等国内外的先进范例，旨在从法律理论上构筑更为周密而严谨的环境权，即重新确认大气、水、土壤、日照、通风、景观、文化遗产、公园等社会性设施等环境要素，是和不动产的使用没有联系的，应属于人人平等分配、众人共同拥有的财产，建立"环境共有"的法理。这个建议发表后，在日本也引发了关于环境权的大辩论。

二、环境权是一项基本人权

（一）环境权作为一项人权已为一系列国内和国际法文件所肯定。

环境权"是一项第三代权利或相关权利。它既可以在许多国家包括宪法在内的国内立法和其他法令中找到，也可以在宣言性及有约束力的国际文件中找到。"例如，《非洲宪章》宣称："各民族有权享有有利于其发展的普遍良好的环境。"而在《斯德哥尔摩人类环境宣言》中，第一条原则即为："人类有权在一种具有尊严和健康的环境中，享有自由、平等和充足的生活条件的基本权利，并且负有保护和改善这一代和将来世世代代的环境的庄严责任。"同时，它还出现在世界环境和发展委员会的报告中，该报告建议，作为环境保护和可持续发展的一项法律原则，所有人有权享有适于其健康和幸福的环境。

（二）环境权作为一项基本人权，是由生存权发展而来的一项新型权利。

环境是公民作为生物个体生存的基本物质条件和空间场所的提供者，是人类生存的必要条件，保护环境的目的在于保证人类的生存繁衍，因此，环境权的最低限度不是单纯的医学上划分疾病与健康的标准；环境权不是公民个人对其居住环境的占有、使用、处分权，因而不是财产权；环境权也不是要求他人不直接侵害公民生命健康的权利，因而它也不是人格权。环境权始终以环境作为权利媒体，要求实现人类价值观的彻底转换，是建立在人与自然和谐共处、相互尊重的基础上的新型权利。

（三）公民环境权具有人权的本质属性，这些属性可归纳为：

1. 整体性和个体性的统一。确立和实现环境权是为了达到保护人类生存环境的目的，正因为环境是每个人生存必不可少的物质条件，而环境污染和破坏正威胁着这种物质条件，才产生了当代人和后代人对环境权的要求；环境污染和破坏的后果将影响这一代人和后代人的生存质量，环境权保护的结果表现为环境质量的改善和人与自然关系的协调，即通常所称的产生环境效益，环境效益也是这一代人和后代人可以共享的。任何人在当今社会都不可能脱离环境条件独善其身，也不可能以任何方式独占环境利益。因此，环境权具有强烈的整体性，是通过个人权利形式体现的真正公共权利或"人类权利"。但环境权的整体性中又包含着个体性，其核心是人的生存与发展，是人成为人或继续作为人生存与发展的权利，这是人的首要权利，是每个公民都应平等享有的权利，这一权利不能受到限制或剥夺，剥夺了公民的环境权，就等于剥夺了人的生存条件。虽然其他权利可能因种种原因而丧失，如财产权可能因处分而转移，公民的政治权利可能因受刑事处罚而被剥夺，但公民的环境权则是与生俱来、不可剥夺的。正是由于这种整体性与个体性的统一，使得环境权的行使，既可以是集体行动，也可以是个人行为；而对这一权利的救济，既需要采取公法手段，也需要采取私法手段。

2. 长远利益和眼前利益的统一。环境权所包含的利益是多重的，其实现的目的是为了当代人和后代人的持续生存和发展，同时也是为了每个人更好地生存，因而环境权所体现的是整体利益、长远利益与个人利益、眼前利益的结合，环境权的这种属性，要求现代社会中的人作为人必须与自然建立和谐、尊重的关系，必须克服利己主义倾向，改变功利主义的环境观，我们在决定在世界各地的行动的时候，必须更加审慎地考虑它们对环境产生的后果。

3. 权利与义务的对应性。权利与义务相互依存，而且权利的实现往往是以义务的履行为条件的。环境权也不例外，在环境保护中，任何人都是权利主体，同时也是义务主体，不容许存在无义务的权利，也不容许存在无权利的义务。因此，每个公民的环境权都是平等的，每个人在享受环境权的时候，都必须尊重和维护别人的权利。环境保护又是与科学技术发展紧密联系的，公民环境权利与义务的确定，都必须具有环境科学依据和符合生态规律，因此，环境权的权利与义务统一性使得环境法整体具有强烈的科学技术性。这种科学技术性表现为环境法律规范中的技术规范占有很大比重，环境保护制度的建立莫不与技术规范直接联系。

三、公民环境权的内容

（一）环境使用权

环境权的核心在于保障人类现在和将来世世代代对环境的使用，以获得满足人类生存需要和经济社会发展的必要条件。因此，环境权首先要肯定其主体对环境的使用权，事实上，各国环境立法的实践也都立足于对环境使用权的规定而展开。将环境使用权确定为一项权利，才可以使义务主体承担义务，也才可以使权利主体的权利滥用受到限制，因为，在法律上没有无限制的权利。

现有的各国环境立法中关于日照权、眺望权、景观权、宁静权、嫌烟权、亲水权、清洁水权、清洁空气权、公园利用权、历史性环境权、享有自然权等都是关于环境使用权的规定。在美国、日本、印度、菲律宾、哥斯达黎加等国也都有保护环境使用权的司法实践。日本的中山教授提出用"环境的共同使用权"来概括这一权利，并将它定义为"是一种具有其他多数人可以进行同一种使用和可以共存的内容，因共存的方式不同，各个人可以使用特定环境的权利"，并将它又具体区分为"生活环境使用权"、"自然公物使用权"、"特定自然环境使用权"三类。另有学者从环境利益的保护角度出发，将日照权、眺望权、嫌烟权等生活环境中与我们的生活密切相关的、私权性质较强的权利，称为环境私权；而将清洁水权、清洁空气权、享有自然权、历史性环境权等"公共性"、"公益性"较高，支配"公共的空间意识"、公权性质较强的权利,称为环境公权。

(二)知情权

知情权又称信息权,是国民对本国乃至世界的环境状况、国家的环境管理状况以及自身的环境状况等有关信息获得的权利。这一权利既是国民参与国家环境管理的前提,又是环境保护的必要民主程序。"人们有权知道环境的真实状态。"知情权主要是由法定程序加以保障的一项权利。

(三)参与权

参与权至关重要,"人们通过参加决策、制定政策即控制各种活动包括本文讨论过的领域中的那些活动在内,自觉和民主地投入致力于发展的努力",是保护人权免受一切政策制定的偏向消极影响的方法之一。

(四)请求权

环境权中所包含的请求权,是公民的环境权益受到侵害以后向有关部门请求保护的权利。它既包括对国家环境行政机关的主张权利,又包括向司法机关要求保护的权利,具体为对行政行为的司法审查、行政复议和国家赔偿的请求权,对他人侵犯公民环境权的损害赔偿请求权和停止不法侵害的请求权等。

四、我国参加国际人权组织的情况

人权是指作为一个人所应该享有的权利,是为了自身的自由生存、自由活动、自由发展以及能够掌握自己的命运,而必须平等具有的权利。人权从其本来的意义上讲,就是"人的权利",即所有人都可以享受的权利。17、18世纪的西方资产阶级启蒙思想家提出了"天赋人权"学说,强调人人生而享有自由、平等、追求幸福和财产的权利。二战以后,一个以《世界人权宣言》为基础,由80多种人权公约法构成的国际人权法律体系,已经形成并不断地完善。中国已经加入了主要的人权国际公约,并采取法律的、行政的和其他一系列有力的措施,促进这些国际公约所规定的内容在中国实现。1997年10月,中国政府签署了《经济、社会、文化权利国际公约》;1998年10月,中国政府又签署了《公民权利和政治权利国际公约》。至今,中国先后加入21个国际人权组织。

《世界人权宣言》规定:"公民的权利,是分享科学进步及其产生的福利的权利。"马克思、恩格斯在《德意志意识形态》一书中指出:"人们为了能创造历史,必须能够生活,生活就是衣食住行及其他东西。"《联合国宪章》规定:"解决人类福利,是对全体人类之人权的尊重不可忘记。"

中国向世界庄严宣告:中国保护人权和权利。《"十一·五"规划纲要》第一次提出"促进人权事业全面发展的任务"。我国宪法第三十三条第三款规定:"国家尊重和保护人权"。享受应有的福利,普遍运用"每人得其所应得"的正义,这不仅为社会权利,而且为人权奠定了道德基础,给每个人应得是一种享有一切受尊重的权利。当他们被尊重时,他们就得到公平的对待;当他们不被尊重时,他们就受到不公平的对待。

宪法的基本原则之一就是基本人权原则。人权是作为一个人所应该享有的权利,人生来就享有自由、平等、追求幸福和财产的权利,享有住房的权利。人人都要求生存,要求自由。这是由人的天性、生理和心理的自然属性决定的,并促进人们把人权作为自己追求的基本目标。

联合国人权组织包括：安全理事会、联合国人权委员会、人权事务委员会、联合国难民事务高级专员办事处、国际劳工组织、消除对妇女歧视委员会、消除种族歧视委员会、防止歧视和保护少数小组委员会、禁止酷刑委员会以及联合国大会为处理人权问题设立的特别机构等。

中国政府人权保障机构则包括：全国人民代表大会、中国人民政治协商会议、民政部、文化部、教育部、国家人口和计划生育委员会、国家民族事务委员会、国家宗教事务局、国务院扶贫开发领导小组办公室、国务院妇女儿童工作委员会、人力资源和社会保障部、司法部等。

此外还有非政府国际人权组织：保护人权反奴役协会、国际人权联合会、人权观察、国际人权联盟。中国非政府人权保障机构：中国残疾人联合会、中华全国妇女联合会、中华全国总工会、中华全国新闻工作者协会、中华全国律师协会、中华全国归国华侨联合会等。以及人权研究机构：中国人权研究会、中国社会科学院人权研究中心等诸多机构、组织。

第五节 国家环境保护"十一五"规划

根据《国民经济和社会发展"十一·五"规划纲要》和《国务院关于落实科学发展观加强环境保护的决定》（国发〔2005〕39号）编制国家环境保护十一五规划。该规划是国家"十一五"规划体系的重要组成部分，旨在阐明"十一五"期间国家在环境保护领域的目标、任务、投资重点和政策措施，重点明确各级人民政府及环境保护部门的责任和任务，同时引导企业、动员社会共同参与，努力建设环境友好型社会。

一、重点领域和主要任务

围绕实现"十一五"规划确定的主要污染物排放控制目标，把污染防治作为重中之重，把保障城乡人民饮水安全作为首要任务，全面推进、重点突破，切实解决危害人民群众健康和影响经济社会可持续发展的突出环境问题。

（一）削减化学需氧量排放量，改善水环境质量。

以实现化学需氧量减排10%为突破口，优先保护饮用水水源地，加快治理重点流域污染，全面推进水污染防治和水资源保护工作。

1. 确保实现化学需氧量减排目标。加快城市污水处理与再生利用工程建设。到2010年，所有城市都要建设污水处理设施，城市污水处理率不低于70%，全国城市污水处理能力达到1亿t/d。污水处理厂的建设要坚持集中和分散相结合，因地制宜，优化布局，大力推进技术进步和推广先进适用技术。污水处理设施建设要厂网并举、管网优先，并与供水、用水、节水和污水再生利用统筹考虑。切实重视污水处理厂的污泥处置，实现污泥稳定化、无害化。加强污水处理厂的监管，所有污水处理厂全部安装在线监测装置，实现对污水处理厂运行和排放的实时监控。不断提高城镇污水收集的能力和污水处理设施的运行效率，保证污水处理厂投入运行后的实际处理负荷，在一年内不低于设计能力的60%，三年内不低于设计能力的75%。

加强工业废水治理。严格执行水污染物排放标准和总量控制制度，加快推行排污许可证制度。重点抓好占工业化学需氧量排放量65%的国控重点企业的废水达标排放和总量削减。加快淘汰小造纸、小化工、小制革、小印染、小酿造等不符合产业政策的重污染企业。进一步强化工业节水工作，制定高耗水行业废水排放限额标准，提高工业用水重复利用率。以造纸、酿造、化工、纺织、印染行业为重点，加大污染治理和技术改造力度。在钢铁、电力、化工、煤炭等重点行业推广废水循环利用，努力实现废水少排放或零排放。严格按照有关标准监测排入城镇排水系统的工业废水水质和水量，保证污水处理厂安全运行。

2. 全力保障饮用水水源安全。取缔饮用水水源一级保护区内的直接排污口。完成地表水饮用水水源保护区划定和调整工作，确定保护区等级和界限，设立警示标志，关闭二级保护区内的直接排污口。开展饮用水水源地环境状况普查，编制饮水安全保障规划和管理办法及饮用水水源地环境保护规划。加强饮用水水源保护区水土保持、水源涵养，控制面源污染。严格限制在饮用水水源保护区上游建设水污染严重的化工、造纸、印染等类企业。开展地下水污染状况调查，编制地下饮用水水源地保护规划，防治地下水污染。重视对水体中持久性有机污染物的研究和防范。

健全饮用水水源安全预警制度，制定突发污染事故的应急预案。完善饮用水水源地监测和管理体系，每年对集中式饮用水水源地至少进行一次水质全分析监测，并及时公布水环境状况。

3. 推进重点流域水污染防治。坚持不懈地推进"三河三湖"、松花江水污染治理，抓好三峡库区及其上游、南水北调水源地及沿线、黄河小浪底库区及上游的水污染治理。加强长江中下游、珠江及重要界河的水污染防治。落实流域治理目标责任制和省界断面水质考核制度，加快建立生态补偿机制。多渠道增加投入，加快治理工程建设。统筹流域水资源开发利用和保护，统筹生活、生产和生态用水，保证江河必须的生态径流。按照军地结合原则，继续开展重点流域和区域中军队单位的污水、垃圾治理，改善营区环境质量。加强国际合作，做好黑龙江、鸭绿江、伊犁河等界河的水质监测与治理。

以沿江沿河的化工企业为重点，全面排查排放有毒有害物质的工业污染源，并建立水质监测定期报告制度，督促其完善治污设施和事故防范措施，杜绝污染隐患。

（二）削减二氧化硫排放量，防治大气污染。

以火电厂建设脱硫设施为重点，确保完成二氧化硫排放量减少10%的目标，遏制酸雨发展。以113个环保重点城市和城市群地区的大气污染综合防治为重点，努力改善城市和区域空气环境质量。

1. 确保实现二氧化硫减排目标。实施燃煤电厂脱硫工程。实施酸雨和二氧化硫污染防治规划，重点控制高架源的二氧化硫和氮氧化物排放。超过国家二氧化硫排放标准或总量要求的燃煤电厂，必须安装烟气脱硫设施。"十一五"期间，加快现役火电机组脱硫设施的建设，使现役火电机组投入运行的脱硫装机容量达到2.13亿kW。新（扩）建燃煤电厂除国家规定的特低硫煤坑口电厂外，必须同步建设脱硫设施并预留脱硝场地。在大中城市及其近郊，严格控制新（扩）建除热电联产外的燃煤电厂。

2. 综合改善城市空气环境质量。以颗粒物特别是可吸入颗粒物作为城市大气污染防治的重点，加快城区工业污染源调整搬迁，集中整治低矮排放污染源，重视解决油烟污染。加强建筑施工及道路运输环境管理，有效抑制扬尘。提高城市清洁能源比例和能源利用效率，大力开展节能活动。因地制宜地发展以热定电的热电联产和集中供热。在城区内划定高污染燃料禁燃区。

统筹规划长三角、珠三角、京津冀等城市群地区的区域性大气污染防治，有条件的城市要开展氮氧化物、有机污染物等复合污染问题以及灰霾天气的研究，逐步开展对臭氧和PM2.5（直径小于 $2.5\mu m$ 的可吸入颗粒物）等指标的监测，建立光化学烟雾污染预警系统。

3. 加强工业废气污染防治。以占工业二氧化硫排放量65%以上的国控重点企业污染源为重点，严格执行大气污染物排放标准和总量控制制度，加快推行排污许可证制度。促使工业废气污染源全面、稳定达标排放，实现增产不增污。工业炉窑要使用清洁燃烧技术，以细颗粒污染物为重点，严格控制烟（粉）尘和二氧化硫的排放。开展新一轮的除尘改造，推广使用高效的布袋除尘设施。继续抓好煤炭、钢铁、有色、石油化工和建材等行业的废气污染源控制，对重点工业废气污染源实行自动监控。大力推进煤炭洗选工程建设，推广煤炭清洁燃烧技术。继续开展氮氧化物控制研究，加快氮氧化物控制技术开发与示范，将氮氧化物纳入污染源监测和统计范围，为实施总量控制创造条件。

4. 强化机动车污染防治。大型、特大型城市要把防治机动车尾气污染作为改善城市环境质量的重要内容。进一步提高机动车排放控制水平，规范在用机动车环保年检工作。改善油品质量，提高燃油的利用效率。大力开发和使用节能型和清洁燃料汽车，降低机动车污染物排放。

5. 加强噪声污染控制。加强对建筑施工、工业生产和社会生活噪声的监管，及时解决噪声扰民问题。限制机动车在市区鸣笛，对敏感路段采取降噪措施，控制交通噪声，在大中城市创建安静小区。

6. 控制温室气体排放。强化能源节约和高效利用的政策导向，加大依法实施节能管理的力度，加快节能技术开发、示范和推广，充分发挥以市场为基础的节能新机制，努力减缓温室气体排放。大力发展可再生能源，积极推进核电建设，加快煤层气开发利用，优化能源消费结构。强化冶金、建材、化工等产业政策，提高资源利用率，控制工业生产过程中的温室气体排放。加强农村沼气建设和城市垃圾填埋气回收利用，努力控制甲烷排放增长速度。继续实施植树造林、天然林资源保护等重点生态建设工程，提高森林资源覆盖率，增加碳汇和增强适应气候变化能力。加强温室气体排放的监测与统计分析。

（三）控制固体废物污染，推进其资源化和无害化。

以减量化、资源化、无害化为原则，把防治固体废物污染作为维护人民健康，保障环境安全和发展循环经济，建设资源节约型、环境友好型社会的重点领域。

1. 实施危险废物和医疗废物处置工程。加快实施危险废物和医疗废物处置设施建设规划，完善危险废物集中处理收费标准和办法，建立危险废物和医疗废物收集、运输、处置的全过程环境监督管理体系，基本实现危险废物和医疗废物的安全处置，完成历史堆存废渣无害化处置。

2. 实施生活垃圾无害化处置工程。实施城市生活垃圾无害化处置设施建设规划，新增城市生活垃圾无害化处理能力24万 t/d，城市生活垃圾无害化处理率不低于60%。推行垃圾分类，强化垃圾处置设施的环境监管。高度重视垃圾渗滤液的处理，逐步对现有的简易垃圾处理场进行污染治理与生态恢复，消除污染隐患。

3. 推进固体废物综合利用。重点推进煤矸石、粉煤灰、冶金和化工废渣、尾矿等大宗工业固体废物的综合利用。到 2010 年，工业固体废物综合利用率达到 60%。推进建筑垃圾及秸秆、畜禽粪便等综合利用。建立生产者责任延伸制度，完善再生资源回收利用体系，实现废旧电子电器的规模化、无害化综合利用。对进口废物加工利用企业严格监管，防止产生二次污染，严厉打击废物非法进出口。

（四）保护生态环境，提高生态安全保障水平。

以促进人与自然和谐为目标，以生态功能区划分为基础，以控制不合理的资源开发活动为重点，坚持保护优先，自然修复为主，力争使生态环境恶化趋势得到基本遏制。

1. 编制全国生态功能区划。在全国生态环境现状调查的基础上，依据生态环境敏感性和生态功能重要性编制全国生态功能区划，科学确定不同区域主导生态功能类型，划定对国家生态安全具有重要意义的重点生态功能保护区，指导生态保护工作，为实施环境保护分类管理提供科学依据，并与全国主体功能区划规划衔接协调。

2. 启动重点生态功能保护区工作。明确重点生态功能保护区的范围、主导功能和发展方向，按照限制开发区的要求，探索建立生态功能保护区的评价指标体系、管理机制、绩效评估机制和生态补偿机制。提高重点生态功能保护区的管护能力。

3. 提高自然保护区的建设质量。进一步完善自然保护区体系，基本建成类型齐全的自然保护区网络，使 95% 以上的典型自然生态系统类型、国家重点保护野生动植物物种及重要自然遗迹划入自然保护区保护范围。实现自然保护区建设由重数量向重质量转变，提高自然保护区的管护能力与建设水平。制定自然保护区规范化建设标准，按照相关规划继续推进自然保护区建设。90% 以上自然保护区有健全的管理机构。初步建成全国自然保护区监测网络和综合信息平台。

4. 加强物种资源保护和安全管理。开展物种资源调查。建设物种资源的数据库、种子库和基因库。建设物种资源就地、迁地和离体保护设施。建立物种资源进出口查验制度，强化外来物种和转基因生物体的生态影响监控、安全防治和应急机制。开展物种资源保护的宣传教育，提高公民保护物种资源的意识。

5. 加强开发建设活动的环境监管。坚持保护优先、开发有序的原则，抓好长江上游等流域的水利开发、黄土高原能源矿产开发、东北黑土地开发等重点开发规划和项目的环境影响评价，有效控制开发建设中的水土流失。加大生态保护执法力度，打击破坏生态的违法活动。

6. 加快建立矿山环境恢复保证金制度。推进矿山环境治理，促进新老矿山及资源枯竭型城市的生态恢复。强化旅游开发活动的环境保护，加大对旅游区环境污染和生态破坏情况的检查力度，重点加强对生态敏感区域旅游开发项目的环境监管，开展生态旅游试点示范。

（五）完善体制，落实责任。

适应环境保护新形势，分清中央和地方事权，分清政府和企业职责，健全统一、协调、高效的环境监管体制。

1. 加强国家监察。完善政策措施，加强对全国环境保护的评估、规划、宏观调控和指导监督。加快建立大区督察派出机构，加强区域、流域环保工作的协调和监督，查处突出的环境违法问题。

2. 加强地方监管。坚持地方政府对行政区域环境质量负责，落实政府环境责任。建立环境保护目标责任制，加强评估和考核。

3. 落实单位负责。综合运用约束机制和激励机制，促进企业和其他组织严格执行环境法规与标准，自觉治理污染，保护生态。建立企业环境信息公开制度，加强社会监督。建立企业环境监督员制度，实行职业资格管理。

4. 加强部门合作。逐步理顺部门职责分工，增强环境监管的协调性、整体性。建立部门间信息共享和协调联动机制，充分发挥部际联席会议的作用。各有关部门依照各自职责，做好相关领域环保工作。环保部门要切实履行职责，统一环境规划，统一执法监督，统一发布环境信息，加强综合管理。

二、国务院办公厅颁布的《2009年节能减排工作安排》计划

（一）《2009年节能减排工作安排》（以下简称"《安排》"）指出，"十一五"前三年，全国单位GDP能耗累计下降10.1%，二氧化硫、化学需氧量排放总量累计分别下降8.95%和6.61%，但"十一五"节能目标完成进度仍落后于时间进度。今年是实现节能减排目标具有决定性意义的一年，要确保节能减排目标完成进度与"十一五"规划实施进度同步。《安排》要求，加强目标责任考核。对省级政府去年节能减排目标完成情况进行现场评价考核，评价考核结果向社会公告，落实奖惩措施，实行严格的问责制。

（二）根据《安排》，通过实施十大重点节能工程，今年要形成7500万t标准煤的节能能力；实施"节能产品惠民工程"，对能效等级1级或2级以上高效节能空调、冰箱等十大类产品，通过财政补贴加大推广力度；推广节能灯1.2亿只；支持在北京、上海等13个城市开展节能与新能源汽车示范试点；全国36个大城市基本实现污水全部收集处理；新增燃煤电厂烟气脱硫设施5000万kW以上。

（三）《安排》要求，严控高耗能、高排放行业盲目扩张。加大淘汰落后产能力度，今年"上大压小"关停小火电机组500万kW，淘汰落后炼铁产能1000万t、炼钢600万t、水泥5000万t、造纸50万t、铁合金70万t、焦炭600万t。

（四）《安排》指出，继续推进资源性产品价格改革，落实成品油价格和税费改革方案。完善天然气价格形成机制。继续推进电价改革，完善电价管理制度。继续实行促进节约用水的水价制度，鼓励使用再生水。完善老旧汽车报废更新补偿制度。

三、未来五年环境整治重点

环境保护部、国家发展和改革委员会、监察部、司法部、住房和城乡建设部、国家工商总局、国家安监总局、电监会在京联合召开2008年全国整治违法排污企业、保障群众健康环保专项行动电视电话会议。会议总结了5年来专项行动成效，对今后5年和今年开展专项行动的工作作了具体部署。

环境保护部部长周生贤强调，今后5年的环保专项行动，要继续以解决危害群众健康和影响可持续发展的突出环境问题为重点：

（一）将紧紧围绕完成污染减排任务，开展对重点行业环境违法问题的集中整治。

要把电力、钢铁、建材等12个高耗能、高污染行业的污染防控作为执法监督的重点。强化针对工业企业的污染物排放总量控制和排污许可制度执行情况的监督检查，每年将选

择1~2个重污染行业进行集中整治,严厉打击环境违法行为,减少污染物的排放。

(二)将紧紧围绕保障群众环境权益,开展对饮用水源地环境违法问题的集中整治。

全面完成饮用水源保护区划定和调整工作,坚决依法取缔保护区内的排污口,确保今年年底实现113个环保重点城市地表水集中式饮用水源地主要指标100%达标;对可能影响饮用水源保护区水质的环境安全隐患问题进行集中整治,杜绝重特大污染事件发生。四川等地震灾区环保部门要逐一排查环境污染事故隐患,确保饮用水水源地水质安全和核设施环境安全。

(三)对江河湖采取休养生息政策。

紧紧围绕让不堪重负的江河湖海休养生息,开展对重点流域环境违法问题的集中整治。要将三湖(太湖、巢湖、滇池)以及七湖库(三峡库区、小浪底库区、丹江口库区、洪泽湖、鄱阳湖、洞庭湖和洱海)等重点湖库以及国家确定的淮河、辽河、海河、松花江等重点流域作为污染防控的重点,加强监督检查,督促地方各级政府完善流域治理目标责任制和省界断面水质考核制度,落实休养生息的各项政策措施。

第二章 环境保护法总则及基本原则

第一节 环境保护法的目的、任务和作用

一、环境保护法的立法目的

环境保护法的立法目的有以下三个方面：一是合理地利用环境与资源，防止环境污染和生态破坏；二是维护清洁适宜的生活环境，保障人民身体健康；三是协调环境保护与发展经济的关系，促进社会主义现代化建设的发展。

保护和改善生活环境与生态环境，防治污染和其他公害是环境保护法立法的直接目的；保障是因为环境保护与经济发展有内在的相互制约和依存的关系，这三项立法目的之间有着内在联系。首先，社会生产水平决定人们的物质生活水平，并进而决定人们对环境质量的需求；同时，随着经济的发展和社会物质的丰富，人们会在要求提高物质文化生活水平的同时，要求进一步建设清洁、安静、优美舒适的环境。因此，把发展经济同环境保护、维护人民身体健康三者联系起来作为环境保护法的立法目的，是社会主义社会发展与经济建设的客观规律的反映。

（一）合理利用环境与资源，防止环境污染和生态破坏。

我国是一个发展中国家，人口众多，人均耕地和自然资源大大少于世界平均水平，国家经济发展总体水平比较低。我国只能在发展经济的同时加强环境保护工作，在经济建设的过程中解决环境问题，即在发展中解决环境问题。

环境污染问题是指城市化和工农业高速发展而引起的"三废"污染，即噪声污染、放射性污染、农药污染等环境问题。环境污染是由于人为的因素，使环境的构成或状态发生了变化，从而影响人类健康和生活，或影响生物生存和发展的现象。

如果人们为了经济目的，肆意污染环境，破坏自然资源，就必然导致生态平衡失调，遭到环境的无情报复与严厉惩罚，影响经济建设，危害人类健康，甚至嫁祸于子孙后代，形成一种恶性循环。

（二）维护清洁适宜的生活环境，保障人民身体健康。

人民应当享有在舒适、安静环境中生存和发展的权利。《国务院关于落实科学发展观，加强环境保护的决定》中就提出："努力让人民群众喝上干净的水、呼吸清洁的空气、吃上放心的食物，在良好的环境中生产生活。"从上述《决定》中可以看出，这种"良好的环境"还需努力才能得到实现。

（三）协调环境保护与发展经济的关系，促进社会主义现代化建设的发展。

环境利益总是与企业、政府重要的利益相冲突，尤其认识到保护生态利益要付出高昂的经济和政治代价时，这类问题显得更为棘手。从长远看，不保护环境，经济系统的运行就会超出生态系统的承载能力，经济也发展不下去；同样不发展经济就无法消除贫困对环

境的危胁，环境也保护不好，因此，发展经济和保护环境，就如同人们的左手和右手，都不能放弃，二者必须统筹考虑。

现实中人们发展经济的动力总是大于保护环境的动力，人们对个人利益、短期利益的追求总是强于对国家利益、社会利益、长远利益的追求，因此，经济发展这只手就比较硬，而保护环境这只手就比较软。但是，发展经济不能突破环境底线，当触及环境底线时，经济发展应当叫停；未触及环境底线时，应当在确保经济适度发展的前提下，努力控制对环境的不利影响。环境底线是：

1. 空气、水、食物、居住环境等对人类和其他动植物有重大危害，严重影响到人体健康，并危胁到人和其他动植物的生命安全；

2. 资源以目前的速度利用很快就会耗尽且短期内找不到可以替代的其他资源，已经对当代人的可持续利用形成危胁，未来人已无法再利用。

随着经济发展逐步改善环境，使其向良性方向发展，环境条件较好的地区应当根据局部环境在全局环境的地位确定其主要功能，全国性或地方性环境功能区应当把环保放在第一位，在不降低环境质量的前提下可以适度发展经济，并有权得到生态补偿。

环境保护是落实科学发展观、着力改善民生、构建和谐社会的重要内涵，抓好协调环境保护才能改善民生，才能科学发展经济，促进社会主义现代化建设的可持续发展。

二、我国环境保护法的任务

立法的目的决定立法的指导思想、基本原则、调整对象的范围，研究立法目的是便于正确掌握与执行法律，一般地说立法目的和立法任务又是密切结合在一起的。

我国《环境保护法》第一条规定："为保护和改善生活环境和生态环境，防治污染和其他身体健康，促进社会主义现代化建设的发展，制定本法。"这一条规定是我国环境法立法的目的与任务，这里明确规定了我国环境法的目的就是保障人体健康和促进社会主义现代化建设的发展，而要达到这个目的就要实现保护和改善生活环境和生态环境，防治污染和其他公害的双重任务，创造与维护清洁、适宜的生活环境，是保护和改善环境的一个重要方面，是我国人民实行改革开放，有效、持续地发展生产，改善生活的环境条件，也是我国人民当家作主，管理国家事务，享受宪法规定的基本权利的物质条件。

创造与维护符合生态平衡、良性循环的生态环境，乃是保证生物多样化、保持生物圈的生命维持系统的大前提，也是人们生存、发展与繁衍后代，顺利进行社会主义现代化建设的基本条件。

三、我国环境法的作用

我国环境法的作用在于发挥法律调整环境关系的特殊作用，理顺环境关系，落实环境保护基本国策，具体如下：

（一）是我国广大人民同一切污染环境与破坏生态平衡的行为和现象作斗争的法律武器。

我国环境法规的陆续颁布实施，环境法体系逐步健全与完备，我国环境保护工作制度化、法律化已经进入了法制建设与依法管理的新阶段，这就使国家机关、企事业单位、各级环境行政主管部门和广大人民，明确了各自在环境保护方面的权利义务，对环境保护有显著成绩的，可依法得到国家的奖励，对污染、破坏环境、危害人体健康的行为，可以检举控告，依法追究法律责任。

（二）是我国人民在保护和改善环境、防治环境污染和其他公害活动中自觉遵守的行为准则。

我国环境法明确规定了环境保护的方针、政策、基本原则、基本制度以及监督管理的机构的设置、职责，从法律角度向全国人民提出了要求，一切组织和个人都要提高环境意识，增强环境法制观念自觉遵守，严格执行环境政策和法规。广大人民懂得了环境科学知识，学习和掌握了环境法规的基本内容和规定，就能够自觉履行环境法规定的义务，并能积极监督一切生产经营的单位和个人落实环境保护责任制。

（三）是调整国民经济各部门在发展经济和保护环境之间协调发展的法律杠杆。

环境法律是环境保护工作的一个强有力的支柱，它是运用法律作为保护和改善环境、防治环境污染和其他公害的重要手段，它把国家对环境保护的要求和做法，用法律的形式规范化、程序化、科学化，用国家的强制力保证客观环境规律和经济规律的实现，调整好环境保护同经济发展之间的比例关系，从而发挥其法律杠杆作用。

（四）是维护我国环境权益的重要武器。

温室效应、臭氧层破坏、海洋污染、放射性物质泄漏以及垮界河流污染等，其危害往往涉及国家（地区）间环境权益的维护问题。近年来，随着对外贸易、引进外资和旅游业的迅速发展，一些发达国家向我国转嫁污染和掠夺自然资源，我国一些地区还受到外来物种的入侵，一些不法分子内外勾结，将我国珍贵、濒危野生动物、植物偷运出境。为了维护我国环境权益，我国环境保护法已设置了有关的规定。例如，"禁止引进不符合我国环境保护规定要求的技术和设备"，"造成环境污染的设立合资企业申请不予批准"；"外商在我国境内投资建设必须遵守我国的环境保护法律、法规和有关规定，防治环境污染和生态破坏，接受环境保护行政主管部门的监督管理"；"属于对环境造成污染损害、破坏自然资源或者损害人体健康的项目，禁止外商投资"。这些规定，体现了环境保护法对维护我国环境保护权益的重要作用。

（五）是促进环境保护的国际交流与合作、保护世界环境的重要手段。

20世纪80年代以来，我国政府积极参与国际环境保护事业，签署了多项国际环境保护条约。例如：《海洋法公约》、《保护臭氧层维也纳公约》及其《协议书》、《巴塞尔公约》、《气候变化框架公约》、《生物多样性公约》和《关于持久性有机污染物的斯德哥尔摩公约》等。我国参与了自1972年以来的四次联合国环境会议，特别是1992年的第三次会议——联合国环境与发展大会，我国政府代表团在会上提出了加强环境与发展领域国际合作的五点主张，突出了国际环境保护中的国家主权地位，为其他发展中国家伸张了正义，受到会议的重视和国际社会的好评。此外，我国还加强了与周边国家和地区的环境保护交流与合作，履行相应的国际义务，维护国家环境与发展权益。我国代表在各种国际环境保护会议上多次表示，愿为保护和改善全球环境做出积极的贡献，但是，不能承诺与我国发展水平不相适应的义务。世界环境的恶化主要是发达国家造成的，它们理所当然地应该在这方面多承担责任。

第二节 我国环境保护法的适用范围

环境法的适用范围是指环境法发生法律效力的范围，也就是说环境法在什么地方，什么时间，对哪些人适用。正确理解与掌握环境法的适用范围，对于正确贯彻执行环境保护法，搞好环境执法，保障环境行政主管部门依法行政具有重要的现实意义。《环境保护法》第三条规定，"本法适用于中华人民共和国领域和中华人民共和国管辖的其他领域。"

（一）在空间上的适用范围

环境法在空间上的适用范围，也称在地域上的适用范围，即在哪些地方发生效力。我国环境法对地域的适用范围，同我国的其他法律一样，适用于我国全部领域，包括全部领陆、领水、领空和延伸意义上的其他领域。

（二）对人的效力范围

对人的效力范围，即法律对哪些人发生效力。世界各国对此确立的原则不尽相同，主要有如下四种：

1. 属地主义。

这是指一国法律对它所管辖的领域内的一切人，不论是本国人还是外国人以及无国籍人，都具有同等法律效力，在国外的本国人则不受本国法律约束。

2. 属人主义。

这是指本国公民不论在国内还是国外，本国的法律对他都有效力，但对在该国领域内的外国人，该法律对他没有约束力。

3. 保护主义。

这是指无论何人只要违反了该国法律，就要受到该国法律的制裁，而不管此人的国籍。

4. 以属地主义为主，属人主义、保护主义为辅。

这是指以属地主义为基础，把属地主义、属人主义和保护主义结合起来，它可以克服单一性方法的不足，是综合型的。是当今各国比较普遍的做法，我国也实行这种制度。

第三节 企业的环境义务

一、企业环境责任

现代社会环境问题日益严峻，环境保护法要求企业依法承担环境责任，要求现代企业在谋求投资者利益最大化的基础上，必须考虑增进投资者利益以外的环境公益。为了促使企业在保护环境方面符合国家的要求，我国法律明确规定了企业保护环境的法律义务。

《中华人民共和国环境保护法》第十二条规定："一切单位和个人都有保护环境的义务，并有权对污染和破坏环境的单位和个人进行检举和控告"。该法还规定，"一切企业、事业单位的选址、设计、建设和生产，都必须充分注意防止对环境的污染和破坏。在进行新建、改建和扩建工程时，必须提出环境影响的报告书，经环境保护部门和其他有关部门审查批准后才能进行设计；其中防止污染和其他公害的设施，必须与主体工程同时设计、同时施工、同时投产；各项有害物质的排放必须遵守国家规定的标准。已经对环境造成污染和其他公害的单位，应当按照谁污染谁治理的原则，制定规划，积极治理。"

除了在《环境保护法》中有企业应承担保护环境的义务以外，我国还颁布了一系列有关污染防治和自然资源保护的立法，如《环境影响评价法》、《清洁生产促进法》、《水污染防治法》、《大气污染防治法》、《海洋环境保护法》、《固体废物污染环境防治法》、《环境噪声污染防治法》、《水法》、《水土保持法》、《防沙治沙法》等。在这些立法中针对不同的范围对企业提出了保护环境的要求。如《水污染防治法》第二十二条规定："企业应当采用原材料利用效率高、污染物排放量少的清洁生产工艺，并加强管理，减少污染物的产生"。

在各项有关环境保护的法律中明确规定环境法律责任主体为"排放污染物的企业事业单位"、"造成环境严重污染的企业事业单位"、"排污单位"等，显然，我国法律规定防治污染主要是以企业为法律规制对象。企业应严格遵守法律，切实履行保护环境的法律义务。

二、企业社会责任认证标准

SA8000标准是全球第一个"企业社会责任认证标准"，它要求企业在获取合法利润的同时承担社会责任，对环境保护、劳动条件、工会权力、员工的健康和安全及员工的培训和薪酬等设立了最低要求。人们设计该标准的宗旨是"赋予市场经济以人道主义精神"，提倡企业承担社会责任主要是为了强化企业人性化的科学管理方式，促使其内部环境更加融洽，与周边自然环境和民众的关系更加和谐，这样既推动了社会的平稳发展也为企业谋求长远利益创造了条件。

社会责任国际（SAI）是SA8000社会责任认证标准的制定和执行机构，其前身为美国经济优先认可委员会。社会责任国际是民间团体，由发达国家的几十家大型企业、多个非政府组织、工会组织和人权组织构成，社会责任认证的第一版标准于1997年公布于世，原则上是每4年修订一次。目前，该认证标准的实施还不是强制性的，任何企业可以根据自身的情况自愿申请SA8000认证。然而，该认证标准并不因为不是强制性的而受到人们的冷落，现在发达国家的许多成熟企业纷纷开始主动要求进行社会责任标准认证，并将该标准的认证和实施视为企业文化的重要组成部分。SA8000社会责任标准认证已经成为具有战略眼光的企业提升产品竞争力和树立良好社会形象的有力武器。特别值得注意的是，据美国商会组织调查，全球有超过50%的跨国公司和成熟企业表示：将考虑重新与合作企业签订新的包含社会责任内容的合同。这就意味着，今后一旦该标准普遍实行，企业的环保对策和劳工权利等内容将与贸易订单挂钩，届时如果某些外贸企业不能对SA8000标准认证采取积极的态度，它们将会蒙受相当大的利润损失，再过几年国际市场的大门甚至会对其完全关闭。发展中国家的企业对此尤需加以重视。

三、企业公民的全球行动

为约束、监督企业行为，推进企业公民履行社会责任，既有全面关注企业社会责任的《联合国全球契约》、《经济合作与发展组织（OECD）跨国公司指南》，也有单独全面关注企业环境责任的《社会职责全球Sullivan原则》、《在环境和发展方面的Rio宣言》和《环境责任经济联盟原则（CERES）》等。世界各区域性组织和各国也在企业公民或企业社会责任领域做了大量探索、尝试和政策推动。

1999年初联合国秘书长安南倡议并提出了"全球契约"（Global Compact）这个概念，后经2000年修改后主要包括：保障人权、劳工标准、环境责任和反腐败。2000年联合国全球契约（UNGC）活动正式启动，主旨是要求企业承担起社会责任，在环境领域要求企业应对环境挑战未雨绸缪；主动增加对环保所承担的责任；鼓励无害环境技术的发展与推广。

1989年环境责任经济联盟在美国成立，成员主要来自美国各大投资团体及环境组织，旨在促使企业采用更环保、更新颖的技术与管理方式，以尽到企业对环境的责任，致力于推动企业环境报告书的工作，提升组织环境管理实务。联盟成立即制定了《瓦尔德斯原则》，经1992年修订为《环境责任经济联盟原则（CERES）》，该原则分为十项：保护生态环境、可持续使用的自然资源、减少和处理废物、节能、降低风险、安全的产品和服务、环境恢复、通知公众、管理部门的承诺、审查和报告。该原则特别强调："保证董事会和首席执行官完全知晓有关环境问题，对公司的环保政策负完全责任。在选择董事会时，要把对环境的承诺作为一个考虑因素。"

《世界经济论坛》对企业公民的定义为企业通过其主要的商业行为、社会投资、慈善事业以及履行国家政策所尽的义务为整个社会做出的贡献。企业的行为与经济、社会、环境的关系，以及它的不同参与者（包括股东、雇员、消费者、商业伙伴、政府和社区）一同影响着企业的长期发展。企业公民有四个方面，包括对环境的责任，主要包括维护环境质量、使用清洁能源、共同应对气候变化和保护生物多样性等等。

2006年3月欧盟公布新的企业社会责任政策，企业社会责任是指"公司在其业务经营活动中以及在与其相关利益人进行互动的过程中，自愿在其中整合有关社会和环境方面问题"。

英国的"企业公民会社"认为有下列四点：企业是社会的一个主要部分；企业是国家的公民之一；企业有权利，也有责任；企业有责任为社会的一般发展做出贡献。

美国波士顿学院给出的企业公民定义是："企业公民是指一个公司将社会基本价值与日常商业实践、运作和政策相整合的行为方式。一个企业公民认为公司的成功与社会的健康和福利密切相关，因此，它会全面考虑公司对所有利益相关人的影响，包括雇员、客户、社区、供应商和自然环境。"

随着企业公民研究的深入，将会有越来越多、越来越专业的机构以环境视角来审视企业公民和企业社会责任。

第四节 环境保护法的基本原则

环境保护法的基本原则是国家对环境保护实行法律调整的指导方针的法律化、程序化，是客观环境规律和经济规律以及国家环境政策在环境法中的集中反映。它是环境保护立法、执法和守法必须遵循的基本准则，是贯穿于环境法的灵魂，是环境法的本质反映。

我国环境保护法规定了环境保护工作的方针，并从这一方针引申出以下几项基本原则：环境保护同经济建设和社会发展相协调原则，预防为主、防治结合、综合治理原则，谁污染谁治理、谁开发谁保护原则，公众参与原则，依靠科学技术的进步保护环境原则，奖励与惩罚相结合原则，依靠群众保护环境原则等等。这是我国环境保护工作和环境法制建设的指导思想，也是我国社会主义本质和群众路线在环境法中的集中体现。

环境保护法的各项基本原则不是彼此孤立、互不相关，而是互相联系、互相制约的。贯彻执行某一原则，同时要求贯彻执行其他一些原则，而对某一原则的违反，又会影响到其他原则的实施。如贯彻执行预防为主、防治结合、综合治理原则，就同时要求贯彻执行谁污染谁治理、谁开发谁保护原则，如果不同时执行谁污染谁治理、谁开发谁保护原则，则预防为主、防治结合、综合治理原则就不可能得到实现。

弄清这些基本原则的含义和作用，对于正确理解我国环境保护法的基本精神和内容，认真贯彻执环境保护法，加强环境保护领域的社会主义法制，实现环境保护法的任务，具有十分重要的意义。

我国环境保护法的基本原则主要有以下六项：

一、环境保护同经济建设和社会发展相协调原则

（一）环境保护同经济建设和社会发展相协调原则的概念及相关关系

环境保护同经济建设和社会发展相协调原则，是指经济建设、城乡建设与环境建设必须同步规划、同步实施、同步发展，实现经济效益、社会效益和环境效益的统一。这一原则正确地反映了环境保护同经济建设和社会发展间的关系，它是我国环境保护的总方针、总政策，是我国环境法的一个极为重要的基本原则。

环境问题同人类的经济活动关系十分密切。随着科学技术水平的不断提高，经济的迅速发展，同时带来了环境污染和生态平衡破坏的问题，这些问题反过来影响经济建设的发展，阻碍生产力水平的提高，甚至威胁到人类的生存及发展。面对人类的这一共性问题，世界上主要有两种观点。一种观点是先发展经济，后治理污染，实际上是以牺牲环境为代价来谋取经济的发展。很多工业发达国家走过的正是这条道路，他们为此付出了巨大的代价。环境被污染和破坏以后，不但需要付出极大投资去治理，而且也会使公众遭到很大的危害，有些环境受到的损害甚至是不可逆转的。美国为了解决水污染和大气污染问题，分别耗费了几千亿美元的投资。有人认为"先污染，后治理"是一条规律，把经济、社会开发作为唯一目标，只注重眼前的、直接的经济效益，把环境保护与生产建设割裂开来，造成环境污染和破坏加剧，这种以牺牲环境质量作代价的经济发展，已被实践证明是站不住脚的。另一种观点主张经济停滞发展，提出"零度增长论"。认为解决环境问题的唯一出路是停止发展经济，维护环境现状。显然，这种观点是行不通的。人类文明的进步，生活水平的提高，必须依赖于经济的发展和对生态系统的合理改造。何况作为发展中国家，为了改变落后状态，必须大力发展经济。停止发展的观点把环境保护与社会经济发展对立起来，是非常错误的。

事实上，经济发展和环境保护是对立统一的关系，环境和自然资源是经济发展的物质基础，保护环境，维持生态平衡，促进生态系统良性循环，有利于经济的发展。同时，经济发展又为保护和改善环境创造了必要的条件。经济发展在很大程度上要受环境和自然资源条件的制约，如果不保护好环境，人体健康就受到限制；如果在经济发展过程中，合理利用自然资源，防止环境污染和破坏，就可以提高资源的再生补给能力和永续利用能力，促进社会经济持续稳定地向前发展。

我国《环境保护法》第一条就开宗明义地规定了立法宗旨："为保护和改善生活环境

与生态环境,防治污染和其他公害,保障人体健康,促进社会主义现代化建设的发展,制定本法。"该法开宗明义地体现了社会发展、经济建设同环境保护协调发展的基本原则。此外,《环境保护法》在关于环境保护的规定、计划、环境监督管理、保护和改善环境、防治污染和其他公害等章节的有关法律条款规定中,也都体现了这项基本原则。

(二)环境保护同经济建设和社会发展相协调原则的意义

1. 环境保护同经济建设和社会发展相协调是社会主义经济规律和自然生态平衡规律的客观要求。在社会主义社会中,有许多经济规律发生作用,而起主导作用的是社会主义基本经济规律。它决定社会主义生产发展的一切主要方面和主要过程。人的活动不能违背客观规律,不然会受客观规律的惩罚。同样社会主义的经济建设不能违背社会主义基本经济规律,即社会主义生产目的是为了保证最大限度地满足社会的物质和文化的需要。这种需要显然是包括了人们生活、生产所必需的良好环境。生态规律主要是指物质循环转化规律和物质输入输出平衡规律。当人类的社会经济活动超过了生态系统自动调节能力的限度时,就会出现物质循环转化失调现象,破坏生态平衡,对人类带来灾难性的恶果。为了人类的幸福和社会经济的发展,人们的活动必须符合生态规律的要求。

2. 经济发展、环境保护的共同目的要求两者必须协调发展。环境保护与经济发展的根本目的是一致的,都是为了造福于人类,不可偏执一端。一方面,环境和自然资源是经济发展的物质基础,保护环境,维护生态平衡,促进生态系统的良性循环,对于发展经济、满足人类日益增长的物质和文化需要、创造更为适宜和清洁的生存条件,具有十分重要的意义。另一方面,发展经济又可以为保护和改善环境提供必要的资金和技术,为解决环境问题提供必要的物质基础,从而使人们拥有一个良好的生存和发展环境。环境保护与经济发展是相互联系、不可分割的统一整体,二者必须协调发展。协调发展是从社会经济与环境保护之间相关各方对发展方式提出的要求,其目的是保证两者共同的目的实现。

3. 环境保护同经济建设和社会发展相协调原则,是实现建设富强、民主、文明的社会主义现代化国家的任务的需要。建设富强、民主、文明的社会主义现代化国家,不仅意味要有能满足人们需要的物质财富和强大的经济实力,同时意味着要有充分的自然资源和良好的自然环境。合理开发利用自然资源,消除污染,保护环境,促进经济建设、社会发展和环境保护同步进行,是我们建设富强、民主、文明的社会主义现代化国家的一项基本任务。

(三)贯彻原则的措施

1. 树立生态观点,加强环境法制观念。生态系统中的植物、动物、微生物以及无机环境之间不断地进行着新陈代谢,生态系统在自然状态下,达到一个动态平衡,即物质输入输出相对平衡。当人类的社会经济活动从自然环境获取大量资源和排放大量废物时,生态平衡就会遭到破坏,生存环境就会受到影响。因此,人们必须认识生态规律,树立正确的生态观。同时通过环境法制的宣传教育,增强人们自觉守法的观念,正确处理经济建设与环境保护的关系,把眼前利益与长远利益、局部利益与整体利益结合起来,贯彻环境保护同经济建设和社会发展相协调原则。

2. 把环境保护切实纳入国民经济和社会发展计划。环境保护作为我国的一项基本国策,是国民经济和社会发展的重要组成部分,关系经济和社会发展的全局,在我国经济和社会发展战略中占有重要地位。国家采取有利于环境保护的经济、技术政策和措施,使环境保护工作同经济建设和社会发展相协调,环境管理和资源管理还应渗透到各部门、各行业和每个企业事业单位经营管理的各个环节,并进行考核和落实,从根本上保证协调发展的实现。近年来,我国通过总结经验和教训,加强了环境保护计划的落实,在"六五"、"七五"、"八五"和"九五"计划中都已把环境保护工作列出专章,提出了环境保护的基本任务、目标和措施,从而使我国的环境保护工作纳入到国民经济和社会发展计划之中,协调原则在国家计划上得到了保证,并通过计划的贯彻落实得以实现。

3. 健全环境保护管理机构,加强队伍建设。环境保护工作综合性强,涉及面广,任务重,难度大。我国目前的环境污染严重,除了经济、技术上的原因外,主要是由于管理不善造成的,加强环境管理是环境保护的重要战略思想和方针。加强环境管理就是通过行政、法律、经济等手段,约束各种危害环境的行为。加强环境管理,一是要加强企业内部的经营管理,建立环境保护的责任制,合理利用资源,低消耗,减少排污;二是要加强政府的环境监督管理职能,制定必要的法规和政策,建立统一领导下的分工协作管理体制,各负其责,严格执法,同时环保部门要做好服务和指导工作。

健全环境保护机构,加强队伍建设是环境管理的组织保证。应当建立健全从国家到省、市、县、乡的环境保护管理体系,纳入国家和政府序列。因此,环境保护机构的设置和人员编制必须同其所承担的任务相适应。我国目前的环境保护机构不健全,有一些环境保护任务缺乏相应的环境保护机构和人员,使环境监督执法受到一定影响。因此应注重环境保护机构建设,培养一支有一定管理经验和业务能力的环境保护队伍,推进环境保护事业的发展。

4. 加强环境科学研究,实行有利于环境保护的经济技术政策。我国的环境问题,除了历史因素、认识不足、财力有限、管理不善等原因造成的以外,与经济、技术政策不完善,企业生产工艺落后和技术水平不高有很大关系。因此,各级政府必须狠抓环境科学技术研究与开发,特别是要重点研究开发各种防治污染和生态破坏应用技术。制定有利于环境保护的技术政策和措施,包括新建工业企业和现有工业企业的技术改造,采用节约资源、能源,污染排放量少的工艺技术装备,采用经济合理的废物综合利用技术和污染处理技术。依靠技术进步,使先进的工程设计,新技术、新工艺和新材料在环境保护方面发挥效益,把污染消除在生产过程中。

二、预防为主、防治结合、综合治理原则

(一)预防为主、防治结合、综合治理原则的概念及相互关系。

预防为主、防治结合、综合治理原则是指采取各种预防手段和措施,防止环境问题的产生及恶化,或者把环境污染和破坏控制在能够维持生态平衡、保护社会物质财富稳定增长和人体健康能允许的限度之内。必须坚持这个原则,是因为:

1. 环境污染一旦形成,短期内难以消除,生态环境一旦破坏,长时间难以恢复,甚至不能恢复。例如,由于污水灌溉而使土壤遭受重金属污染后,因重金属不能被土壤微生物所分解,加上某些重金属在土壤中可以转化为毒性更大的甲基化合物,它们通过食物链生物放大作用,逐级在较高一级的生物内富集,最终转入人体内富集,造成慢性积累性中毒。由此可见,土壤一旦遭受重金属污染,是很难彻底消除的。

2. 环境污染与破坏后再去治理,往往要付出更高昂的代价。有的环境因被破坏后根

本不能恢复。一是污染和破坏造成的损失巨大，二是治理污染和破坏的费用也很惊人。据统计，我国每年因环境污染和破坏造成的直接经济损失高达 90 多亿元人民币，我国每年用于治理环境污染和破坏花去的费用达 900 亿元人民币。

对于环境的污染和破坏必须强调预防，把环境污染和破坏降低到最小程度，对已经形成的污染和破坏，应当积极进行治理，不治理就谈不上保护环境。

（二）贯彻预防为主、防治结合、综合治理原则的措施。

1. 全面规划，合理布局，是保护环境的战略措施。要求从国民经济、社会发展和环境保护的全局出发，兼顾长远利益与眼前利益，寻求发展的优化方案，把自然环境和资源条件作为布局的重要依据，注意保护环境，提高资源的再增殖能力和利用能力，把环境保护纳入国家计划管理的轨道，做到经济效益、社会效益和环境效益的统一。

2. 严格控制新的环境污染和破坏。我国每年都有大批项目开始建设和投入使用，如果不注意新的污染源，就会防不胜防。因此，严格控制新污染、新破坏的产生，就要加强对基本建设项目、技术改造项目和区域开发项目的管理，把环境问题在开发建设前或建设中解决，使新建、扩建、改建项目不再遗留新的环境问题。为了避免由于各项建设和重大经济决策上的失误，给环境带来难以弥补的损失，《环境保护法》规定了环境影响评价制度和"三同时制度"，是预防为主原则的具体化。

3. 综合防治环境污染和破坏。城市是环境污染最集中、最严重的地区，也是综合治理的重点。由于城市环境问题复杂，只有采取综合整治的办法才能见效。措施有从城市总体规划入手，合理布局，调整搬迁污染严重的企业；从改变城市能源结构和燃烧方式入手，控制大气污染；从保护和节约水资源入手，防治城市水源污染；开展改善城市环境质量的"办实事"活动；市政府把城市环境综合整治作为重要职责，制订计划、目标和措施并组织实施。我国环境问题大部分是工业污染造成的，控制环境污染，首先要控制工业污染。工业企业要结合技术改造，更新设备，提高资源、能源的综合利用率，把污染消除在生产过程中，结合工业调整，进行合理布局。

4. 完善环境标准，加强监测管理。为了保证人类的身体健康，对于人类生活、生产活动所需要的环境质量要制定标准，使人类为提高和改善自己赖以生存的环境质量而努力。通过环境监测，及时掌握和了解环境质量水平，以便采取必要措施，防治环境污染和破坏，这也是预防为主、防治结合、综合治理原则的客观要求。我们要以该原则为指导，制定环境质量标准，完善和提高环境监测手段。

（三）预防为主、防治结合、综合治理原则的意义。

1. 实行预防为主、防治结合、综合治理原则，可以获得投资少、收效大的效果。我国是一个发展中国家，国家财力有限，不能拿出很多资金用于保护环境。实行这个原则，可以立足于防止环境污染和破坏，符合我国国情。实行这个原则，能够实现经济效益和环境效益的统一。

2. 实行预防为主、防治结合、综合治理原则，能够使我国的环境管理工作由消极应付转变为积极防治，使保护环境这一基本国策得以贯彻落实。避免发达国家"先污染、再治理"的覆辙，加快我国社会主义现代化进程。

三、谁污染谁治理、谁开发谁保护原则

（一）谁污染谁治理原则。

谁污染谁治理原则，是指任何造成环境污染危害的单位或者个人，都负有治理污染的义务。这一原则确定了污染者和治理者的相互关系。这要求凡是对环境有污染危害的企业、事业单位，都应当根据法律的有关规定，积极地治理污染，他们对其所造成的环境污染承担治理责任。我国《环境保护法》第二十八条规定的从排污单位"征收的超标准排污费，须用于污染的防治"，正是谁污染谁治理的法律体现。环境的污染和破坏，损害环境质量，危害人体健康，直接或间接地造成一定的经济损失。为了消除环境污染和破坏，也需要付出一定的费用。联合国经济合作与发展组织环境委员会于20世纪70年代初提出了"污染者负担原则"，主张费用和损失应当由污染和破坏环境者支付，而不能推给社会来承担。这一原则得到世界许多国家的承认，并被一些国家作为基本原则体现在环境保护法的规定之中。我国谁污染谁治理原则就是根据这一原则提出来的。实行这一原则，主要是明确了污染者应承担的环境责任，同时也部分地解决了治理资金的渠道问题。

实行谁污染谁治理原则，并不排除污染单位上级主管部门和各级人民政府环境保护主管机关治理污染的责任，企业、事业单位的上级主管部门负有做好本部门、本行业、本系统的环境保护工作。由于我国很多企业设备陈旧，技术落后，排污量大，缺乏预防污染的配套设施，而有些治理项目需要上级主管部门的配合。因此，上级主管部门应在政策、资金上给予帮助。

（二）贯彻实施谁污染谁治理原则的必要性。

1. 谁污染谁治理原则可以明确治理污染的责任，促进污染者积极治理污染。由于过去工矿企业对环境保护的重要意义认识不足，生产建设时很少考虑环境保护问题。通过实行这一原则，可以使工矿企业及其上级主管部门明确治理污染的责任，加强它们治理污染的责任感和紧迫感，通过技术改造开展综合利用，提高资源能源利用率，减少污染物的排放量，消除或减轻对环境的污染，使发展生产和治理环境有机地结合起来。

2. 推进企业加快技术改造和设备更新。陈旧的设备和落后技术是造成我国环境污染的重要原因之一，通过企业技术设备革新，把污染消除在生产过程中，是减少环境污染的重要途径和有效办法。

3. 有利于筹集环境污染治理资金。治理当前严重环境污染，需要大量资金，由国家财政支出，有一定困难。使用这个原则，促使企业依靠自己力量筹集资金，治理环境污染，同时减轻国家财政负担。同时加强企业管理，把环境保护纳入企业的生产管理和经营管理的范畴。

（三）谁开发谁保护原则。

谁开发谁保护原则，是指开发利用自然资源的单位和个人，不仅享有开发自然资源的权利，同时也要承担保护自然资源和自然环境的义务。自然资源的开发与保护是相互联系、相互制约的。开发的目的是为了利用，保护目的是为了更好地、更长久地利用，两者的根本目的是一致的。

实行这一原则，并不排除有关主管部门和人民政府环境保护部门在保护自然环境和自然资源方面的责任，有关主管部门应当制订开发利用和保护自然资源的计划，加强计划管

理，约束不合理的开发活动。

我国《环境保护法》第十九条规定："开发利用自然资源，必须采取措施保护生态环境。"这体现了开发与保护并重的环境保护精神，要求在开发利用自然资源时，应注意采取积极措施，护养、更新、增殖、永续利用自然资源，节约和综合利用自然资源。在国务院及国务院有关主管部门和省、自治区、直辖市人民政府规定的风景名胜区、自然保护区和其他需要特别保护的区域内，不得建设污染环境的工业设施。污染物排放超过规定的排放标准的，限期治理。各级人民政府应当加强对农业环境的保护，防止土壤污染、土地沙化、盐渍化、贫瘠化、沼泽化、地面沉降和防治植被破坏、水土流失、水源枯竭、种源灭绝以及其他生态失调现象的发生和发展。

（四）贯彻实施谁开发谁保护原则的必要性。

1. 自然资源和自然环境的利用，涉及面广，专业性强，其保护和管理工作不可能也不应该由环境保护部门包下，任何单位或个人对森林、草原、土地、水资源等开发利用都有责任保护自然环境，防止生态系统的失调和破坏。

2. 自然资源的开发利用与保护本身是相互联系、相互制约的。开发自然资源的目的是为了利用，而保护好自然资源，可以有效实现开发并使自然资源利用获得经济效益最大化。

四、公众参与原则

我国《宪法》第二条第三款规定："人民依照法律规定，通过各种途径和形式，管理国家事务，管理经济和文化事业，管理社会事务。"这是我国实行公众参与环境事务的宪法依据。1989年颁布的《环境保护法》第六条规定："一切单位和个人都有保护环境的义务，并有权对污染和破坏环境的单位和个人进行检举和控告。"这为我国公众参与环境保护和管理提供了法律依据。1994年编制的《中国21世纪议程》指出："公众、团体和组织的参与方式和参与程度，将决定可持续发展目标的进程。"有关环境保护的单位法律法规，也对公众参与原则做了规定。1996年国务院发布的《国务院关于环境保护若干问题的决定》中规定："建立公众参与机制，发挥社会团体的作用，鼓励公众参与环境保护工作；检举和揭发各种违反环境保护法律法规的行为。"2002年颁布的《环境影响评价法》对公众参与做了具体明确的规定。2005年国务院的《关于落实科学发展观加强环境保护的决定》中明确提出，实行环境质量公告制度，定期公布各省（区、市）有关环境保护指标，及时发布污染事故信息，为公众参与创造条件。1996年国家环境保护总局发布的《环境影响评价公众参与暂行办法》具体规定了公众参与环评的范围、程序、组织、形式等问题，这对于落实公众参与原则，推进和规范环境影响评价活动中的公众参与具有重要的作用。

五、依靠科学技术进步保护环境原则

（一）依靠科学技术进步保护环境原则的基本含义。

依靠科学技术进步保护环境原则，是指环境保护工作要充分发挥先进科学技术的促进作用，科学地保护环境。它正确地反映了科学技术与环境保护两者之间关系，为搞好环境保护工作提供了保障。我国《环境保护法》第五条规定："国家鼓励环境保护科学教育的发展，加强环境保护科学技术的研究和开发，提高环境保护科学技术水平，普及环境保护的科学知识。"这是依靠科学技术进步保护环境在环境法上的体现。"科学技术是第一生产力"，先进的科学技术促进了社会的发展和生产力的提高。特别是三次工业革命促使社会财富剧增。但是，降着科学技术的迅速发展，近代特别是"二战"以来，人类只注重向自然界索取，发展生产，不注意保护环境，结果造成了环境严重污染和生态破坏。如著名的新、老"八大公害"事件。人类逐渐认识到运用科学技术防治环境污染和破坏。当前，世界各国都强调依靠科学技术保护和改善环境。我国是一个科技不发达的发展中国家，环境污染和生态环境破坏在很大程度上是由于对环境的科学保护重要性认识不足、缺乏保护环境的先进的科学技术手段造成的。因此，提高现代科学技术水平，依靠科学技术进步保护环境，是一项迫切的工作。

环境保护与科学技术关系密切。环境保护的目的在于造福人类社会，如果用消极的抑制经济、科学技术的手段来保护环境，环境保护的最终目的也将失去。《人类环境宣言》指出："由于科学技术的发展迅速加快，人类获得了以无数方法和在空前规模上改造其环境的能力。这些能力如果明智地加以利用，就可以给各国人民带来开发的利益和提高生活质量的机会。如果使用不当，就会给人类和人类环境造成无法估量的损失。"世界环境与发展委员会在一项文件中指出："我们拥有技术和物力使我们能同自然系统协调并存，也能使大自然的恩惠同人类需要和愿望相一致，生产更多的商品，而使用更少的能源和资源。"这说明依靠科学技术的进步保护环境，首先在利用科学技术新成果时，注意该技术对环境保护的要求，避免该技术的应用给环境带来的不良影响，其次积极主动地利用先进的科学技术去保护和改善环境，防治污染和生态破坏，包括先进的科学管理方法和技术、装备、工艺等应用技术。

世界各国大力加强环境保护科学研究，防治环境污染。日本在推行"防止地球变暖行动计划"基础上，又推出了"绿色行星计划"，为揭示和预测地球变暖进行观测与研究。最近几年，法国政府把环境保护重新列入国家优先发展领域，按照1990年内阁批准的"国家环境计划"，1991～1995年间将追加预算300亿法郎，环境科研经费将占全国科研经费的5%。德国通过"海洋大气循环对全球气候的影响研究计划"、"大气污染物的传输"、"海洋研究与开发"等对环境科研工作进行大力支持。各国正加紧开发"绿色技术"，把无污染的绿色技术渗透到生产和生活的各个领域。

（二）贯彻依靠科学技术保护环境。

1. 国家和地方各级人民政府重视环境科学，发展环境科学的研究，设立机构，集中人力、财力、物力开展环境科学基础理论研究和应用开发技术研究，并迅速将研究成果应用于实践；

2. 制定国家和地区的环境保护技术经济政策、法规、标准和其他技术规范，建立科学的环境管理体制和运行机制，使环境管理科学化和现代化；

3. 加强环境保护的宣传和教育工作，大力培养具有良好素质的环境管理人才。

（三）所有工业企业及其主管部门在编制技术改造规定时，必须提出防治污染的要求和技术措施，作为规划的组成部分，并在年度计划中作出安排，组织实现。

技术改造的规划不仅要考虑本企业、本行业、本部门的效益，而且主要应当考虑国民经济全局的效益。对于那些从局部和眼前来看可以增产增收，但严重污染环境、破坏生态平衡、危害社会和国民经济发展的项目，不得列入技术改造的规划和计划。

（四）各工业企业要紧密结合技术改造、开展工业废弃物的综合利用，要求做到：

1. 充分回收利用工厂的余热和可燃性气体，作为工业或民用的燃料和热源；
2. 采用清污分流、闭路循环、一水多用等措施，提高水的重复利用率；
3. 把废弃物中的有用物质加以分离回收，或进行深度加工，使废弃物转化为新产品；
4. 凡企业不能综合利用的废弃物，打破企业界限和行业界限，免费供应利用单位，经过加工处理的，可收取少量加工费，但不得任意要价。

（五）国家对工矿企业开展综合利用、防治污染实行奖励的政策。

按照国家有关规定，给企业以留用利润和减免税收的鼓励。各企业对综合利用搞得好的车间、班组和职工给予表彰和奖励。

（六）结合技术改造进行的防治污染的工程项目及其配套的净化处理设施所需资金，应统一列入企业、地方或国家计划。

在折旧资金、企业利润留成的生产发展基金、结余的大修理费、地方征收的排污费、银行贷款和外资等资金渠道中解决。所需设备、材料应统一列入技术改造计划，一并解决。

（七）各工业主管部门要针对当前突出的工业污染严重的问题，把一些关键的急需解决的防治污染的技术，尤其是结合技术改造解决污染的技术、废弃物综合利用的技术和高效率净化处理技术，列为科学研究的重要议题，组织力量攻关。污染严重行业的大中型企业也要组织技术力量，针对本企业污染问题，积极开展防治污染的技术革新和科研活动。

（八）防治工业交通业对环境的污染。通过改造落后的生产工艺和装备，提高企业的管理水平，研究推广资源的综合利用技术及闭路循环工艺流程，实现废弃物的资源化和无害化。积极开发防治污染的新技术，在开发新产品、新技术、新工艺和新材料时，必须注意其可能带来的环境污染，同时开发治理污染的相应技术和装置。

六、奖励与惩罚相结合原则

（一）奖励与惩罚相结合原则的基本含义。

奖励与惩罚相结合原则，是指在环境保护工作中，运用经济和法律手段对于环境保护作出显著贡献和成绩的单位和个人给予精神和物质方面的奖励；对于违反环境法规，污染和破坏环境，危害人民身体健康的单位和个人，分别不同情况依法追究行政责任、民事责任或者刑事责任。

为了加强环境保护责任制，维护正常的环境保护秩序，促进环境保护工作在环境管理中必须实行奖励与惩罚相结合原则。奖励与惩罚相结合原则，是更好地落实社会主义"各尽所能，按劳分配"原则，运用经济手段管理环境的有效手段。《环境保护法》第八条规定："对保护和改善环境有显著成绩的单位和个人，由人民政府给予奖励。"通过物质和精神上的奖励，可以激励先进，树立榜样，调动大家的积极性。

（二）奖励与惩罚相结合原则的主要内容。

1. 奖励。奖励的对象是法律规定对保护环境有显著成绩进行奖励，具体是指：①在积极开展综合利用、化害为利、变废为宝中成绩显著者；②治理污染技术、少害或无害工艺、污染监测方法和监测仪器的发明者或创造者；③保护自然环境和生态平衡有显著成绩者；④积极同污染或破坏环境的行为作斗争，或在公害事件中能及时报告、救护有功者；⑤在环境管理、科研、宣传教育等方面成绩显著者。对符合上述条件之一的单位和个人，都是奖励的对象。

2. 惩罚。实行奖励与惩罚相结合原则，要有奖有罚，奖惩分明。任何单位和个人如果违反环境保护法规，污染破坏环境，造成严重危害，就要承担法律责任，受到法律制裁。这是为了消除环境违法犯罪行为的后果，补偿受害者遭受的损失，教育预防违法犯罪行为的发生，以便维护环境法制。

行政责任分行政处分与行政处罚两种。前者指警告、记过、记大过、降级、降职、撤职、开除八种，由违纪人员所在单位或上级主管机关对违法失职人员作出的处分；后者指警告、通报批评、罚款、责令赔偿损失、扣留或吊销与违法行为有关的证件、扣留或没收实施违法行为的工具设备、责令停止或关闭等，由国家特定行政管理机关给予违法行为方的行政制裁措施。

第三章 环境保护法的基本制度

第一节 环境保护法基本制度的内容

我国环境法是一个新兴的法律,我国环境法制建设起步晚、发展快,其环境法规体系正在不断加强与完善的过程中。由于许多新的环境法律、法规、规章与规范性文件正处于陆续制定与完备之中,因此我国环境法的基本制度也正处于不断充实、发展与完善之中,环境法基本制度的动态发展也是我国环境法基本制度的一个特点。

法律本身也要求相对稳定,否则"朝令夕改"就会大大影响法律的权威性。根据我国环境法基本制度的动态发展与相对稳定相结合的特点,根据我国环境管理与环境执法的实践,结合环境法学原理与国外环境法制经验,我国目前环境法基本制度共有十项,即在1989年4月召开的我国第三次全国环境保护会议上,曲格平同志在关于"努力开拓有中国特色的环境保护道路"的工作报告中指出:继实行环境影响评价、"三同时"、排污收费这三项行之有效的管理制度之后,通过改革和实践,各地又创造了许多行之有效的管理制度和措施,其中环境保护目标责任制、城市环境综合整治定量考核制、排放污染物许可证制、污染集中控制制、限期治理制等五项制度和措施,应在全国积极推行。另外还有两项侧重于环境程序法的法律制度是:无过失责任制度和举证责任转移制度。我国环境法基本制度有的是直接用立法的形式规定在环境法规中,如排污收费制度;有的是行政管理措施上升为法律制度加以规定,如排污许可证制度;有的行政管理制度与措施,还有待于上升为法律制度。

以下重点分析其中六项基本法律制度。

第二节 环境影响评价制度

一、环境影响评价制度的概念

(一)环境影响评价制度是指有关进行环境影响评价、编制和审批环境影响报告书内容和程序的法律规定。环境影响评价也叫环境质量预断评价,是指对可能影响环境的重大工程建设、规划或其他开发活动,事先进行调查、预测和评价,为防止和减少环境损害制定最佳方案。

环境影响评价是环境质量评价的一种。环境质量评价是对环境素质的优劣进行定量的评定,按时间分为回顾评价、现状评价和影响评价三类,影响评价也就是环境影响评价。

(二)环境影响评价制度,不同于一般的环境质量预断评价,它不仅是通过评价,一般了解未来环境状况,而是要求可能对环境有影响的建设、开发者,必须事先经过调查、预测、评价,对项目的选址、对周围环境产生的影响和应采取的预防措施等提出环境影响报告书，经审查批准后才能进行开发和建设。它是一项决定项目能否进行的具有强制力的法律制度。

（三）环境影响评价制度作为环境保护的一项法律制度，在立法上首先规定的是美国，美国在1969年环境法《国家环境政策法》中把环境影响评价作为政府在环境管理中必须遵守的一项法律制度。随后瑞典、澳大利亚、联邦德国、法国、新西兰、加拿大、日本等国家也先后以立法形式相继实行了这项环境法的基本制度。日本在1981年4月颁布了《环境影响评价方案》，规定在全国实行这个制度。我国在1979年9月颁布的试行环境法第六条、第七条就作了明确规定。1989年12月颁布的环境法第十三条更进一步作了明确规定。

联合国环境规划署和欧洲共同体于1979年9月召开环境影响评价讨论会，对适用的程序、环境分析的方法、评价计划、情报公开、公众参与以及越境环境污染评价等专门问题进行了讨论。世界银行在审查开发建设项目的贷款、投资计划时，针对这些项目将对人类环境造成的潜在影响，要求贷款申请国提交环境影响评价报告。由此可见，该项制度至今已受到国际社会的普遍重视，成为世界环境保护中预防新污染、加强世界环境保护的一项重要的环境法律制度。

二、环境影响评价制度的意义和作用

（一）保证环境保护同经济建设协调发展。实行环境影响评价，是对传统建设项目决策改革，即由原来只考虑经济效益与发展速度转变为同时考虑环境影响与环境效益。这样就可以真正把各种建设、开发活动的经济效益同环境效益统一起来，保证环境保护同经济建设的协调发展。

（二）贯彻"预防为主"、"合理布局"的重要措施。环境影响评价过程，实质上也是人们认识环境同经济、社会发展的相互联系、相互制约的过程，从而使人类的生产生活活动在符合环境规律的基础上持续发展。通过评价，可以预先知道建设开发活动的选址是否合适，对环境有无重大影响，以避免造成危害而无法补救。由此可见，环境影响评价制度是贯彻"预防为主"基本原则的具体法律制度，从法律制度上保证了环境保护工作预防为主原则的落实。

（三）对环境污染侵权行为的一般预防作用。作为具有国家强制力保障的国家法律，一般都具有特殊预防和一般预防的双重作用。对环境污染侵权行为来说，特定污染侵权人已使特定污染受害人受到了财产和人身的损害，根据我国环境保护法第四章的规定排污方就要依法律承担排除危害，赔偿损失的责任。这就是特殊预防的作用。而该法第四章的规定，对所有的将要与可能发生污染侵权的单位和个人来说，又是一般预防的作用。环境影响评价法律制度的重要意义和作用，也就是从法律上把环境污染损害的侵权责任的一般预防作用具体化、明确化，毫无疑义使环境保护工作宏观上的预防为主原则也更加落到实处。

三、环境影响评价制度的法律规定

（一）环境影响评价的范围

1. 根据国家环委、国家计委、国家经委1986年3月26日发布的《建设项目环境保护管理办法》的规定，一切对环境有影响的工业、交通、水利、农林、商业、卫生、文教、科研、旅游、市政等基本建设项目、技术改造项目，都必须编制"环境影响报告书"或填报"环境影响报告表"。编制环境影响报告书（表）的目的是，在项目的可行性研究阶段，即对项目可能对环境造成的近期和远期影响、拟采取的防治措施进行评价；论证和选择技术上可行、经济布局上合理、对环境的有害影响较小的最佳方案，为领导部门决策提供科学依据。

2. 必须编制环境影响报告书的建设项目是：

（1）一切对自然环境产生影响或排放污染物对周围环境产生影响的大中型工业建设项目；

（2）一切对自然环境和生态平衡产生影响的大中型水利枢纽、矿山、港口、铁路、公路建设项目；

（3）大面积开垦荒地、围湖围海和采伐森林的基本建设项目；

（4）对珍稀野生动植物资源的生存和发展产生严重影响，甚至造成灭绝的大中型建设项目；

（5）对各种生态类型的自然保护区和有重要科研价值的特殊地质、地貌地区产生严重影响的建设项目；

（6）县级或县级以上环保部门确认对环境有较大影响的小型建设项目（包括乡镇、街道、个体生产经营者的建设项目）。

3. 只需要填报环境影响报告表的建设项目是：

（1）小型基本建设项目和限额以下的技术改造项目（包括乡镇、街道和个体生产经营者的建设项目）；

（2）经省级环保部门确认，对环境影响较小的大中型基本建设项目和限额以上的技术改造项目。

（二）环境影响评价的内容

我国关于环境影响评价的内容，也是《建设项目环境保护管理办法》附件1"项目环境影响报告书内容提要"规定的内容，包括8个部分：

1. 总论。主要内容是编制的目的、依据［项目建议书内容、评价大纲及其审查意见、评价委托书（合同）或任务书等］、采用标准、控制与保护目标等。

2. 建设项目概况。主要内容包括：名称、建设性质，地点，建设规模，产品方案和主要工艺方法、燃料、水的用量及来源，三废及粉尘、放射性废等的种类、排放量和排放方式，噪声、震动数值，废弃物回收利用、综合利用和污染物处理方案、设施和主要工艺原则，职工人数和生活区布局，占地面积和土地利用情况，发展规划等。

3. 建设项目周围地区的环境状况调查（包括必要的测试）。主要内容有：地理位置（附平面图），地形、地貌、土壤和地质情况、水文情况、气象情况，矿藏、森林、草原、水产和野生动、植物、农作物等情况，自然保护区、风景游览区、名胜古迹、温泉、疗养区以及重要政治、文化设施情况，现有工矿企业分布情况，生活居住区分布情况和人口密度、健康状况、地方病等情况，大气、地表水、地下水的环境质量状况，交通运输情况，其他社会、经济活动污染、破坏环境现状资料。

4. 建设项目对周围地区和环境近期和远期影响分析和预测（包括建设过程、投产、服务期间的正常和异常情况）。主要内容有：对周围地区地质、水文、气象可能产生的影响，防范和减少这种影响的措施；对周围地区自然资源可能产生的影响，防范和减少这种影响的措施；对周围地区自然保护区、风景游览区、名胜古迹、疗养区等可能产生的影响，防范和减少这种影响的措施；各种污染物最终排放量及居民生活区的影响范围和程度；噪声、震动、电磁波等对周围生活区的影响范围和程度及防治措施。

5. 环境监测制度建议。内容包括：监测布点原则，监测机构的设置、人员、设备等，监测项目。

6. 环境影响经济利益简要分析。

7. 结论。扼要阐述的问题是：对环境质量的影响，建设规模、性质、选址是否合理、是否符合环保要求，所采取的防治措施是否可行？经济上是否合理？是否需要作进一步的评价。

8. 存在的问题与建议。

（三）环境影响评价的程序

1. 先由建设单位或主管部门通过合同委托评价单位进行调查和评价工作。评价单位要有环保部门审核颁发的资格证书。

2. 评价单位经过调查、评价，制作"环境影响报告书（表）"，要在项目的可行性研究阶段完成。

3. 项目主管部门负责对"环境影响报告书（表）"进行预审。

4. "环境影响报告书（表）"经环保部门审查批准后，项目提交设计和施工。

（1）审批权限：小型项目按照各地区规定审批权限审批；大中型项目由所在地的省级环保部门审批。有下列情形的报国家环保局审批：第一，跨省、自治区、直辖市界区的项目；第二，特殊性质的建设项目，如核设施、绝密工程等。特大型的项目要报国务院审批。对环境问题有争议的项目，报其上一级环保部门审批。

（2）违反规定，未获审批的项目，其法律后果是：计划部门不准审批计划任务书，土地部门不予办理征地手续，银行不予贷款。未经审批擅自施工的，除令其停止施工、补办审批手续外，对建设单位及其负责人处以罚款。（《管理办法》第二十二条第一款）

（3）建设项目的环境保护设施未经验收或验收不合格而强行投入生产或使用，要追究单位和有关人员的责任。（《管理办法》第二十二条第二款）

（四）环境影响评价单位的管理

《建设项目环境保护管理办法》第十四条、第十五条规定了环境影响评价单位的资格和责任。

1. 对从事环境影响评价的单位，实行资格审查制度，审查办法由国家环保局规定颁布；

2. 承担环境影响评价工作的单位，必须持有"建设项目环境影响评价资格证书"，按照"证书"规定的范围开展评价工作；

3. 评价单位在正式开展评价之前，须将编制的评价方案、提要或编写的评价大纲送环保部门征得同意；

4. 承担环境影响评价工作的单位必须对评价结论负责。

第三节 "三同时"制度与征收环境保护费制度

一、"三同时"制度的概念

（一）"三同时"制度，是指一切新建、改建和扩建的基本建设项目、技术改造项目、自然开发项目以及可能对环境造成影响的工程建设项目，其中防治污染和其他公害的设施，必须与主体工程同时设计、同时施工、同时投产的法律制度，简称为"三同时"制度。这个概念的内涵关键要掌握谁与谁三同时，即防污设施与主体工程要三同时，主体工程即建设工程项目。

（二）利用基本建设资金进行新建、改建、扩建的工程项目叫基本建设项目。利用更新改造资金进行挖潜、革新、改造的工程项目，叫技术改造项目。新建工程，是指在计划期内，从无到有，平地起家开始建设的项目。而改建、扩建工程，是指原有企业事业单位，为了扩大重要产品的设计能力或增加新的效益，在计划期内进行改建、扩建的项目。什么是"三同时"呢？在法律上的意义如何理解？同时设计，是指建设单位在委托设计时，要把主体工程和防污染设施同时委托设计，承担设计的部门必须按规定把防污设施与主体工程同时设计，否则不准接受设计任务，设计了也是无效法律行为。同时施工，是指施工单位在接受有污染建设项目的施工任务时，要同时按防治污染设施的施工任务，否则不准接受施工任务，施工了也是无效法律行为。同时投产，是指工程建设项目在投产、运行之前，主管部门同环境部门对防治污染的设施进行验收，要求排放污染物经过处理后达到排放标准，否则不准投产、运行，投产了也是无效法律行为。

二、"三同时"保证金

（一）"三同时"保证金是指利用新建、改建、扩建工程建设总投资中的一部分资金，由建设单位向环保部门提交，作为建设单位执行"三同时"制度的保证金，以促进建设项目中的防治污染设施与主体工程同时设计、同时施工、同时投产。这实质上是一种担保法律行为，是横向民事法律关系在纵向环境管理关系中的适用。也是运用经济办法强化环境监督管理的一项新措施。它也是"三同时"制度的扩充、延伸和发展。

（二）"三同时"保证金的提交，应在建设项目审批之前，由当地环保部门按该建设项目投资总额收取一定比例的金额，作为严格执行"三同时"制度的保证金，并与建设单位签订协议。保证金不能挪作他用，待建设项目竣工后，经验收达到"三同时"要求的，原提交"三同时"保证金全部退还建设单位。达不到"三同时"要求的，"三同时"保证金不予退还，还要限期其补上防污设施。"三同时"保证金制度实行后，使建设单位感到有压力，为了争取保证金全部退还并不受处罚，于是建设单位就要努力去贯彻执行"三同时"制度，充分调动建设单位执行"三同时"预防新污染，搞好环境保护的积极性。

（三）执行"三同时"保证金制度中存在的问题：

1. 由于保证金收费的标准尚未具体统一规定，各地方各部门对于不同行业所需治理设施和经费较难把握。

2. 对基本建设投资的积压与浪费。由于保证金在建设项目审批前，按投资总额的一定比例提交给环保部门,这就容易产生基本建设资金的分散和沉积。

3. "三同时"保证金的监督作用如何更好地加以完善,值得总结研究。现行的保证金只对建设前期起担保作用,项目一旦通过竣工验收,保证金退回后,对防污设施能否正常运转就不能发生监督保证的作用了。

三、"三同时"制度的意义与作用

(一)"三同时"制度是我国环境法所首创确立的二个特有的重要的控制新污染的实体法律制度,是具有中国特色的环境法制的一个重要内容。它只有在我国社会主义公有制为主体的经济基础上才有可能产生并贯彻执行。

(二)我国对环境污染的控制,一般包括两个方面:一是对原有老企业污染的治理,如实行排污收费、排污许可证等制度;二是对建设项目产生新污染的防治,如实行环境影响评价、"三同时"等制度。我国在20世纪50年代及以后建立的企业,一般都没有防治污染的设施,这也是我国环境欠债多、环境污染严重的原因之一。如果新建企业再不采取防治新污染发生的有力措施,势必随着经济的高速发展,新的环境污染也将随之增加和发展。这将是我国社会主义现代化建设中面临的一个严重障碍和挑战。"三同时"制度的创建,则是防止新污染产生的行之有效的一项环境法律制度。它与环境影响评价制度结合起来,就有力地成为我国环境管理中贯彻"预防为主"基本原则的完整的环境法基本制度。如果只有"三同时"而没有"影响评价",就会造成选址不当,那样充其量也只能减轻污染危害,而不能防止污染隐患。把"三同时"制度和环境影响评价制度结合起来贯彻执行,就能实现合理布局,最大限度地控制和减轻环境污染,真正做到防患于未然。

(三)"三同时"制度也是加强建设项目环境管理的有效措施。该制度明确了建设单位、主管部门、环保部门各自的职责,这就有利于促进建设项目主管部门认真落实环境保护的要求,有利于环保部门的监督管理。1984年10月,太原市人民政府和环保部门针对国家重点工程古交矿区建设中没有落实污染治理措施就要剪彩投产的紧张情况,毅然坚持必须严格执行"三同时"制度,在省、市人大与政府的监督下,采取紧急措施,昼夜施工,终于如期保质保量完成了防污设施建设。这在加强建设项目环境管理中,在严格贯彻执行"三同时"的环境法基本法律制度中,被誉为"古交精神",发挥了重要的推动作用。

四、"三同时"制度的法律规定

(一)"三同时"制度的最早规定是在1973年国务院批转的《关于保护和改善环境的若干规定(试行草案)》,其中规定,一切新建、扩建和改建的企业,防治污染项目必须与主体工程同时设计、同时施工、同时投产。正在建设的企业没有采取防治措施的必须补上。各级环保部门要参与审查和竣工验收。

我国第一部环境保护法(试行)明确规定了环境影响评价制度和"三同时"制度。

(二)1984年5月8日,国务院发布的《关于环境保护工作的决定》,把"三同时"制度扩大到一切可能对环境造成污染和破坏的工程项目和自然开发项目。

1986年3月26日,国家环委、国家计委、国家经委联合发布的《建设项目环境保护管理办法》,在具体规定环境影响评价制度的同时,进一步对"三同时"制度的有效执行问题作了规定:①凡从事对环境有影响的建设项目,都必须执行"三同时"制度。②各级环保部门对建设项目的环境保护实施统一的监督管理，包括设计任务书中有关环境保护内容的审查，环境影响报告书（表）的审批，建设施工的检查，环境保护设施的竣工验收，环保设施运转和使用情况的检查和监督。③建设项目的初步设计，必须有环境保护内容。④建设项目正式投产使用前，要报由环保部门验收，发给"环境保护设施验收合格证"后，方可正式投入使用。⑤凡环境保护设计内容未经环保部门审查的建设项目，有关部门不办理施工执照，物资部门不供应材料、设备；未取得"验收合格证"的建设项目，工商行政管理部门不办理营业执照。

1989年12月26日，修订颁布的我国正式的环境法《中华人民共和国环境保护法》以环境法的形式正式对"三同时"制度作了明确规定。该法第二十六条规定："建设项目中防治污染的设施，必须与主体工程同时设计、同时施工、同时投产使用。防治污染的设施必须经原审批环境影响报告书的环境保护行政主管部门验收合格后，该建设项目方可投入生产或使用"。"防治污染的设施不得擅自拆除或者闲置，确有必要拆除或者闲置的，必须征得所在地的环境保护行政主管部门同意"。该法第三十六条和第三十七条还具体规定了违反的法律责任。"建设项目的防治污染设施没有建成或者没有达到国家规定的要求投入生产或者使用的，由批准该建设项目的环境影响报告书的环境保护行政主管部门责令停止生产或者使用，可以并处罚款。""未经环境保护行政主管部门同意，擅自拆除或者闲置防治污染的设施，污染物排放超过规定的排放标准的、由环境保护行政主管部门责令重新安装使用，并处罚款"。

五、排污收费制度

（一）排污收费制度的概念

1. 我国环境法规定的排污收费制度是指国家环境保护行政主管部门依据环境法规的规定，对向环境排放污染物的单位或个人征收费用的一项环境法律制度。

2. 两种排污收费：

现行的1982年2月5日国务院发布的《征收排污费暂行办法》，主要是根据我国1979年试行的环境法第十八条规定的关于"超过国家规定的标准排放污染物，要按照排放污染物的数量和浓度，根据规定收取排污费"的规定制定的。这是一种超标准排污收费的规定。1984年11月1日，实施的我国《水污染防治法》第十五条规定："企业事业单位向水体排放污染物的，按照国家规定缴纳排污费；超过国家或者地方规定的污染物排放标准的，按照国家规定缴纳超标准排污费，并负责治理"。这里除规定有超标准排污费外，还新规定了向水体排放污染物就要缴纳排污染费的规定。因此在我国环境管理的实践中，实际是存在着两种排污收费：

（1）以环境质量为依据的排污收费，没有标准的规定；

（2）以排放标准为依据的排污收费，有标准的规定。

我国排污收费制度正处在改革之中，两种排污收费需要规范化，1982年国务院发布的《征收排污费暂行办法》也已经暂行10多年了，也急需在根据我国社会主义市场经济发展的过程结合存在两种排污收费的实际情况，加以修订并制定新的征收排污费办法。

3. 排污收费的制度化、法律化：

1972年，联合国经济合作与发展组织环境委员会首先提出了"污染者负担原则"，随之得到国际上的广泛承认，有的国家作为一项基本原则规定在环境法规中。我国借鉴了这一原则，在1979年试行的环境法中第六条第二款明确规定了谁污染谁治理的原则："已经对环境造成污染和其他公害的单位，应当按照谁污染谁治理的原则，制定规划，积极治理，或者报请主管部门批准转产、搬迁"。1989年正式颁布的我国环境法中进一步确认和完善了这一原则，为广泛推行排污收费制度提供了原则依据。在"污染者负担原则"的启迪下，许多国家开始了向排污者征收费用。

我国提出排污收费制度是在20世纪70年代末，1978年10月，中共中央批转国务院环境保护领导小组的《环境保护工作汇报要点》中首次提出在我国实行排污收费制度。1979年9月，试行的我国环境法第十八条第三款规定：超过国家规定的标准排放污染物，要按照排放污染物的数量和浓度，根据规定收取排污费。1982年2月，国务院发布的《征收排污费暂行办法》则是我国第一个排污收费的专门单行法规。1989年12月，修订后正式的我国环境法总结了我国实行排污收费制度的经验，对排污收费制度作了进一步完善的规定。

（二）超标准排污收费的法律规定

1. 超标准排污收费制度的概念：

我国环境法规定的超标准排污收费制度是国家环境保护行政主管部门，运用国家行政权力，对那些排放污染物超过国家或者地方规定的排放标准而没有进行治理的单位或个人，按照排放污染物的数量和浓度，强制收取一定费用的一项重要的环境法律制度。

2. 超标准排污收费制度的性质：

（1）法律性质。它是一种带有国家行政强制力的国家征收费用的制度，其强制力仅次于税收，是一种行政管理的纵向法律关系，非平等主体之间的民事法律关系。拒交、拖欠超标准排污费，要么不服提起环境行政诉讼，要么必须依法缴纳，否则就要予以强制执行。不能谈判、协商、搞议价收费，更不要得到缴纳排污费单位负责人的同意和批准。从法理上明确这个法律性质，对于分析和解决征收排污费实践中存在的某些问题和错误观点，是有帮助的。

（2）经济性质。对于征收排污费的经济性质问题，曾经有过交税、罚款、补偿三种观点。我们同意第三种看法，即经济补偿性质，是作为排污单位对污染损害环境、资源的经济补偿。其理由如下：

①排污单位超标准向环境排放污染物质，污染了环境，使自然资源遭受不同程度的损害，使环境质量与环境价值受到影响，征收排污费乃是对环境、资源损失的补偿。

②排污单位超标排放污染物质，给社会造成经济损失，给人民身体健康带来危害，征收超标排污费，承担治理污染，保护人体健康的社会责任是必要的、合理的。

③在我国，排污费实际承担者不仅是排污单位本身，还涉及国家财政收入。《征收排污费暂行办法》第8条规定了排污费从生产成本中列支。由于在计划经济体制下商品的销售价格主要由国家有关主管部门统一规定，会影响企业的利润，在当前建设社会主义市场经济条件下，生产单位对有的商品可以自行定价，由于竞争机制发挥作用，成本高、价格高也会影响企业发展。所以将排污费列入成本，企业增加开支后，不仅影响该企业的发展与职工福利，也使国家财政收入受到影响。而征收排污费又是必要的。污染治理设施的欠债，是国家和地方过去在其建设投资时没有考虑"三同时"而欠下的。企业省下了原应打

入成本的费用并上交给国家财政,由此可见,国家各级财政部门和排污单位共同承担支付排污费的经济责任,体现对环境损失的补偿是必要的、合理的。

3. 超标准排污费制度的意义和作用:

(1) 超标准排污收费制度是谁污染谁治理基本原则的延伸和具体化、制度化,是综合运用行政手段、经济手段和法律手段促进治理污染的有效措施。

(2) 征收超标准排污费的目的是为了促进企业事业单位加强经营管理,节约和综合利用资源,治理污染,改善环境。排污收费制度为企业治理污染开辟了一条重要的资金渠道,增强了企业治理污染的能力。根据《征收排污费暂行办法》的规定,征收的排污费,纳入预算内,作为环境保护补助资金,按专项资金管理,不参与体制分成。环境保护补助资金,主要用于补助重点排污单位治理污染源以及环境污染的综合性治理措施。这种补助一般不得高于其所缴纳排污费的80%。但属于《征收排污费暂行办法》第六条第二款所列情况的单位,不予补助。即《环境保护法(试行)》公布的,新建、扩建、改建的工程项目和挖潜、革新、改造的工程项目排污超过标准的,以及有污染物处理设施而不运行或擅自拆除、排放污染物又超过标准的,不予补助。

(3) 排污收费制度促进了企业的经营管理和技术改造,提高了经济效益。征收排污费直接关系到企业的经济效益,影响到职工的切身利益,所以能促进企业进行技术改造,积极开展综合利用,变废为宝,加强经营管理,把治理污染纳入企业的经营责任制。

(4) 排污收费制度也加强了环境保护部门的自身建设,促进了环境监督管理的强化与提高。根据《征收排污费暂行办法》第十条第三款规定:环境保护补助资金可适当(约20%)用于补助环境保护部门监测仪器设备的购置,但不得用于环境保护部门自身的行政经费以及盖办公楼、宿舍等非业务性开支。这就为提高各级环境保护行政主管部门和环境监测部门的业务活动能力,保证环境监测质量,从资金上创造了有力条件。我国从1979年到1990年底的11年中,累计为环境保护事业的建设和发展提供环境保护补助资金为21.25亿元,有力地支持了环境监理、环境监测、环境宣传教育等环境业务工作的顺利开展。

4. 征收排污费的依据和标准:

(1) 依据。征收排污费的依据有两种:一种是以环境质量作为依据。凡排放污染物,就要影响环境质量,因此,凡排污就要收费。联邦德国就是这样征收的,并且按年度累进递增。我国《水污染防治法》第十五条规定的第一种排污费也属于这一种。另一种是以污染物排放标准作为依据的,排放污染物不超过规定的标准,不收费,超过排放标准,才按规定收费。我国《征收排污费暂行办法》规定以及《水污染防治法》第十五条规定的第二种排污费即属于这一种。

(2) 标准。征收排污费标准的原则是略高于治理污染设施日常运转所需的费用。如果治理好,排污不再超标,或降低浓度、减少数量,就减少或停止收费。如果条件具备而不积极治理,则要逐年提高收费标准。《征收排污费暂行办法》第六条规定:"对缴纳排污费后仍未达到排放标准的排放单位,从开征第三年起,每年提高征收标准的5%。排污单位经过治理和加强管理,已经达到排放标准,或者显著降低排污数量和浓度,可向当地环境保护部门申请,经监测属实,应当停止或减少收费。这样规定就可以防止和纠正长期在治理污染与环境保护方面的一些不合理现象。例如交了排污费就买得了排污权、收取排污费出卖排污权等。

排污费的征收标准，要根据我国的实际情况具体确定。例如防治污染设施的运转费用，不仅各行各业不一样，就是同一行业的同类企业，也因设备、技术工艺和管理水平的不同而有差异。因此，必须考虑以下因素：

①根据我国当前企业一般还是管理水平低、利润少和国家财政困难等情况，国家规定的征收标准与各地试行的征收标准相比较，收费标准的起征点虽然大体接近，但国家规定降低了排放高浓度污染物的征收标准，这样也就降低了总的收费水平，以适应大多数企业的支付能力，但其副作用是易诱发交排污费买排污权的消极现象发生。

②要考虑与其他有关政策的协调。例如国家规定对工业和采暖锅炉烧煤与烧油排放的烟尘规定为同一标准，就是为了和我国奖励烧煤的能源政策相协调。实际上从环境保护角度考虑，在同等数量情况下，烧煤比烧油排放的烟尘多，污染重，征收标准应高一些才对。

③要考虑某些行业的特殊性以及地区之间经济、技术发展不平衡的情况。例如《征收排污费暂行办法》第五条第六款规定的经批准可作适当调整，以及对交费后仍未达标的排污单位，从开征第三年起每年提高征收标准5%。

5. 排污费的管理和使用：

(1) 排污费的管理。《征收排污费暂行办法》第九条第一款明确规定："征收的排污费纳入预算内，作为环境保护补助资金，按专项资金管理，不参与体制分成。"

(2) 排污费的使用。使用排污费的原则，应从有利于调动企业治理污染的积极性、有利于城镇集中治理污染的需要出发，坚持专款专用。

《征收排污费暂行办法》第九条第二款规定："环境保护补助资金，由环境保护部门会同财政部门统筹安排使用。要坚持专款专用，先收后用，量入为出，不能超支、挪用。如有节余，可以结转下年使用"。

《征收排污费暂行办法》第十条，具体规定了环境保护补助资金的使用方法，即环境保护补助资金，应当用于补助重点排污单位治理污染，用于区域性综合污染防治，用于补助环境保护部门监测仪器设备的购置与业务活动补助费。但不得用于环境保护部门自身的行政经费以及盖办公楼、宿舍等非业务性开支。

(3) 排污费使用的监督。对排污费使用进行监督，是为了保护排污费的合理使用。根据规定，监督的方法有：环境保护补助资金通过建设银行监督拨款，各主管部门安排使用的污染源治理补助费，由环境保护部门和财政部门监督使用。用于环境污染综合治理措施的费用，由建设银行监督；用于环境保护部门购置监测仪器设备等费用，由财政部门监督使用。

6. 排污费使用的改革。排污收费制度的实施，促进了企业的经营管理和污染治理，取得明显的经济和环境效益。但在执行中也存在一些问题，主要是由于以拨款方式无偿补助，造成资金分散、积压、效益不高。为改变这种状况，1988年7月，国务院发布了《污染源治理专项基金有偿使用暂行办法》，主要精神是变无偿使用为有偿使用。明确规定了设立"污染源治理专项基金"。"专项基金"的设立，是我国排污收费制度的重大改革，它克服了以往由于无偿使用而造成的资金积压、分散等弊病，增强了企业治理污染的责任感，提高了企业防治污染的能力，加快了企业治理污染的步伐。

7. 排污收费的法律责任。依法缴纳排污费，是我国环境法确定的一种环境法律责任。一般地说，一种行为承担了一种法律责任，就不应该再承担其他的法律责任了。但是环境法中污染损害行为承担的法律责任就不仅限于一种，这是由于污染和破坏环境的行为的特殊性和环境保护的重要性所决定的。我国环境法规对此有明确的规定，例如缴纳排污费，并不免除其应承担的治理污染、赔偿损害的责任和法律规定的其他责任。

《征收排污费暂行办法》第三条第三款规定："排污单位缴纳排污费，并不免除其应承担的治理污染、赔偿损害的责任和法律规定的其他责任"。这个规定清楚地说明了，不能因为缴纳了排污费就"合法"地买得了排污权；缴纳了排污费，对已造成的污染损害仍负有赔偿损失和治理污染的责任，也不能免除其法律规定的其他责任。这里还必须指出的是即使没有缴纳超标准排污费，但由于其排污行为的种种原因，还是造成了污染危害的，依法仍然要承担停止侵害、治理污染、赔偿损害的责任。

六、排污许可证制度

（一）许可证制度概述

1. 概念。许可证也称执照、特许证、批准书等，是国家为加强国家行政管理而采取的一种常见的行之有效的行政管理形式。许可证制度是指法律规定的当事人需要实施某种行为时，必须持有有关主管机关发给的准许实施该行为的凭证的法律制度。

许可证制度规定：由当事人提出书面申请，经有关主管机关审核后作出颁发或拒发许可证的决定；主管机关对持有许可证的当事人的行为，有权监督检查，可依法对不履行许可证规定义务的当事人进行处理。

2. 程序。许可证制度是一项复杂系统的行政管理活动规范，其运作程序大体如下：

（1）申请。由许可证申请人向有关主管机关提出书面申请，并附供审查所必需的材料，如图表、说明及其他资料。材料涉及技术或商业秘密者，主管机关负有保密的义务。

（2）审查。主管机关接到申请后，可以公布申请，也可以征求有关部门和关系人的意见。在听取各方面意见后综合考虑认真审查。

（3）决定。主管机关经审查后作出颁布或拒发许可证的决定。同意颁发许可证时，应告知持证人的义务和限制条件。拒发许可证时，应说明拒发的理由。

（4）监督。主管机关要对持证人执行许可证的情况进行监督检查，可以索取有关资料、现场检查设备、监测排污情况、发布行政命令等。在情况发生变化或持证人的活动影响周围公众利益时，主管机关可以修改许可证原规定的条件。

（5）处理。当持证人违反许可证规定的要求和条件时，主管机关可以中止、吊销许可证。对违法者还要依法追究其法律责任。

3. 作用。

（1）便于把许可证规定的行为纳入国家统一管理的轨道，把各种不利因素严格限制在国家规定的范围内。

（2）使有关主管机关能针对不同情况，采取灵活的管理办法，规定具体的限制条件和特殊要求。这样就可以使各种法规、标准和措施的执行更加具体化、合理化，适用性强。

（3）使有关主管机关能及时掌握各方面情况，及时制止不当行为和活动，及时发现违法者，从而加强国家行政管理部门的监督检查职能的行使。

(4) 可促进企业事业单位加强管理，便于群众参与民主管理。

（二）环境保护许可证制度

1. 概念。环境保护许可证制度是指对环境可能产生消极影响的开发建设项目或使用排污设施的建设者或使用者在开发兴建或使用前，必须提出申请，并附交各种有关技术资料和文件说明，经主管部门审查批准，发给许可证，才能开发兴建或投入使用的一种环境行政管理规范。

2. 种类。环境保护许可证一般分为以下 5 种：

(1) 规划、建筑许可证；

(2) 开发许可证；

(3) 排污许可证；

(4) 环境生产经营许可证；

(5) 环境职能许可证，如环境监测、环境影响评价、环境行政执法资格证书等。

我国正在逐步推行环境保护许可证制度，下面主要分析其中的排污许可证制度。

（三）排污许可证制度

1. 排污许可证制度的概念。

排污许可证制度是在对排放污染物实行总量控制的前提下，向环境排放污染物的单位或个人，必须持有环境部门审批发放的准许排污证书的一项环境管理制度。排污许可证制度还包括实行污染物排放总量指标的有偿转让政策。

我国已实行的向陆地、水体排放污染物的排污许可证制度的特点是：

①申请的强制性。实行排污许可证制度，不分行业，都要强制一些单位或全部单位对其排污行为程度进行申请，并规定时限。没有许可证申请的强制性，总量控制的环境政策也就无法执行。

②排污行为的限制性。排污许可证制度中，系列规范活动都是以总量控制为前提进行的，最终目的是为实现总量控制服务的。所以该制度的一个突出特点就是排污行为的限制性。

③许可排污行为的阶段性。由于不同时期环保目标要求不同，总量控制要求也有区别。而且不同的污染防治技术对排污单位的排污行为的要求也不同，这就决定了排污许可证只能实行阶段许可。要求排污单位在遵守现行许可证的排污程度的同时，必须研究和预防排污行为程度如何适应下一阶段总量控制目标的要求。

2. 实行排污许可证制度的必要性。

我国控制污染、环境管理的实践证明，单靠控制排放浓度的办法是难以控制水质恶化趋势的。我国的排污收费制度，从 1978 年开始执行以来，对于促进企业事业单位加强经营管理，节约和综合利用资源，治理污染，改善环境，发挥了重要的作用。据国家环保局统计，从 1979 年到 1991 年底，我国已对 20 多万个排污单位累计征收排污费 131 亿元，其中用于污染治理补助资金 88 亿元，为企业治理污染开辟了一条可靠的资金渠道。但是，由于排污收费制度主要实行以浓度来控制污染物的排放，尽管花大量投资治理污染，但水质污染仍失控，水质恶化的趋势仍然严峻。加上我国实行改革开放以来，社会主义经济建设突飞猛进，对环境的压力也越来越大。控制环境污染，改善环境质量，已成为制约我国经济发展的一个重要因素。因此，如何加大控制污染的力度，用法律手段来改进控制污染

的制度就显得十分迫切。综上所述,我们可归纳实行排污许可证制度(由浓度到总量控制)的必要性有:

(1) 国民经济和社会的发展,迫切需要实行排污总量控制;

(2) 治理投资有增加,但水质恶化仍无法控制,也迫切需要实行排污许可证制度。

3. 实行排污许可证制度的意义和作用。

排污许可证制度是实行环境目标管理的有效手段,使环境管理从定性走向定量。它是一条协调环境保护同经济建设发展之间矛盾的好途径。英国实行这一制度,使泰晤士河水重新变清,缚鱼返归,人可游泳。澳大利亚实行这一制度,只用5年时间,使悉尼成为世界闻名、风景优美的城市。

我国1985年5月,国家环保局正式确定在全国18个市、县进行排放水污染物许可证试点,到1991年8月,试点市、县先后通过验收。实践证明,排污许可证制度是可行的,具有很强的生命力。对于促进老污染源的治理实现污染负荷的削减,合理调整工业布局,加速建设项目环境管理目标的实现;全面提高企业和环保部门自身管理的素质;推动污染源的控制向系统化、定量化、科学化转变有着十分重要的意义。

上海自1988年下半年开始实行这一制度作试点,1989年1月11日,经国家环保局组织验收,一张张排污许可证,锁住了无数个排污口的任意排污。

4. 排污许可证制度的法律规定。

我国实行排污许可证制度的试点、验收和法律规定,是从1985年5月国家环保局正式确定试点,1989年7月12日,国务院发布《水污染防治法实施细则》到1991年8月先后对试点进行验收,到1995年只有10年的时间,这个新的环境法律制度并不是首先通过环境法律规定后逐步实施的,而是先由环境行政主管部门以行政管理作为试点,然后验收总结,取得经验后才在《水污染防治法实施细则》的环境法规中加以规定的。与此同时,上海市人大1985年4月19日颁布、1990年9月28日修正了《上海市黄浦江上游水源保护条例》的地方环境法规中也对排污许可证制度作了规定。该《条例》第六条第二款规定:"一切有废水排入上述水域的单位应在本条例生效后三个月内,向所在区、县环境保护部门提出污染物排放申请,由环境保护部门按照污染物排放总量控制的要求进行审核、批准、统一颁发《排污许可证》。各排污单位应按规定排放污染物,并缴纳排污费。未经许可,不准擅自排放污染物"。

1989年9月1日,国务院发布实施的《中华人民共和国水污染防治法实施细则》第九条规定:"企业事业单位向水体排放污染的,必须向所在地环境保护部门提交《排污申请登记表》。环境保护部门收到《排污申请登记表》后,经调查核实,对不超过国家和地方规定的污染物排放标准及国家规定的企业事业单位污染物排放总量指标的,发给排污许可证"。"对超过国家或者地方规定的污染物排放标准,或者超过国家规定的企业事业单位污染物排放总量指标的,应当限期治理,限期治理期间发给临时排污许可证"。"新建、改建、扩建的企业事业单位污染物排放总量指标,应当根据环境影响报告书确定"。"已建企业事业单位污染物排放总量指标,应当根据环境质量标准,当地污染物排放现状和经济、技术条件确定"。"排污许可证的管理办法由国务院环境保护部门另行制定"。

1988年3月20日,国家环保局发布了《水污染物排放许可证管理暂行办法》,供试点地区参照执行。该《办法》对排放水污染物许可证制度的管理作了四方面的规定:

（1）申报登记。排污申报登记是发放许可证的重要前提，根据《办法》规定，直接或间接向水体排污的企业事业单位，必须在规定时间内，向当地环保部门办理申报登记手续。要在认真监测、核实的基础上填报《排污申报登记表》。环保部门应对申报的内容进行核实，以获得本辖区污染源的详细情况和准确的排污现状资料，并建立排污申报登记档案及数据库。

（2）总量分配。确定污染物总量控制目标和分配污染物总量的削减指标，应根据水体功能或水质目标要求。这是发放和管理排污许可证的关键。《办法》第11条规定，进行污染物总量分配，根据水污染和污染物排放现状，确定污染物削减量。

（3）审核发证。审核发放排污许可证，应对排污单位允许排污量进行认真审核，要对排污单位规定必要的限制条件。如排污量、排放方式、排放去向、排污口的位置以及排放最高浓度等。经审核，对不超出排放总量控制指标的排污单位，颁发《临时排污许可证》，并限期削减排污量。

（4）监督检查。监督检查排污许可证批准内容的执行情况，是有效地实施排污许可证制度的重要环节。《办法》第四章作了具体规定：

①重点排污单位应配备监测人员和监测设备，要按国家规定的统一方法对本单位排放污染物进行监测。

②环保部门有权对管辖区内已颁发《排污许可证》的单位进行现场抽测、检查。

③持有《临时排污许可证》的单位，必须定期报告削减污染物排放量的进度情况。

④对违反《排污许可证》规定额度超量排放的，根据不同情节中止或吊销其《排污许可证》。

⑤对违反《办法》的给予行政处罚。根据规定，排污企业应建立自检自报制度加强内部管理。环保部门应建立排污许可证监督、监测检查制度，形成监督管理网络，以保证排污许可证制度的顺利实施。

七、无过失责任制度

（一）无过失责任制度的概念和种类

1. 概念。无过失责任即法律规定没有过错也要承担赔偿责任。它是传统民法过错责任制度的延伸和发展。一般民事责任构成的要件是：违法行为、损害结果、因果关系、故意过错。四个构成民事责任的要件缺一不可。故一般民事责任也称过错责任，无过错即无责任。

环境法中的无过失责任制度是指一切污染危害环境的单位或个人，只要客观上对他人（包括单位或个人）造成了财产和人身损害，即使主观上没有过错，也要承担赔偿损害责任的一项环境法律制度。

2. 种类。世界上许多国家环境法规定了对环境污染损害赔偿实行无过失责任制度，具体规定又分为两种：

（1）不完全无过失责任制度。原苏联和英、美、法等国家把不可抗拒造成的损害排除在无过失责任之外。《苏俄民法典》第454条规定："对高度危害来源所造成的损害责任，其活动对周围的人有高度危险的组织和公民（交通运输组织、工业、企业、建筑工程部门、汽车占有人等）如果不能证明高度危险来源所造成的损害是由于不可抗拒的力量或受害人故意所造成,应当赔偿所造成的损害",这叫做不完全无过失责任。

(2) 完全无过失责任制度。日本则把不可抗拒造成的损害也包括在无过失责任之内,只要求法院在确定责任程度、赔偿数额时,把不可抗拒的情况考虑在内,这叫做完全无过失责任。

(二) 实行无过失责任制度的依据

环境法中的污染损害赔偿,如果仍采用传统民法的过错责任制,显然是不合适、不公平的。它不仅不利于环境执法中正确、合理、及时地处理污损赔偿纠纷,保护污染受害人的合法权益,而且不利于健全和加强环境法制,搞好环境保护,落实基本国策。

环境法对污染损害赔偿实行无过失责任制度,这是由环境保护的重要性以及环境污染造成损害的特殊性、复杂性所决定的。

1. 环境污染所造成的损害,不仅范围广泛,而且后果十分严重,妨碍经济发展,危害人体健康,还会威胁人类的生存和发展。由于现代工业生产和科学技术的发展,环境污染和其他公害也随之严重,即使企业采用了防污设施,仍然不能做到零排放,完全消除发生污染损害的危险。在这种情况下如果依然采用过错责任制,这显然是不现实、不公平的。

2. 污染和破坏环境,侵害了他人的合法的环境权利,有必要从立法上加强对污染受害者的保护。对排污者实行无过失责任制度,既能有效地保护污染受害人的合法环境权益,又相应地加重了排污者的法律责任,以警示其加强污染防治,减轻污染危害。

3. 在污染损害赔偿纠纷中,由于科技水平的限制,对于某些污染破坏后果和潜伏危害难以测定,从而也就难以分清排污者是否存在过错。如果不能确定存在过错,就意味着不承担赔偿责任,这也明显地不公平。

(三) 无过失责任制度的意义

国内外环境执法实践证明,在环境法污染赔偿中实行无过失责任制度是加强环境保护、健全环境法制的有效的环境法律手段,具有深刻的理论和实践意义。

1. 有利于加强一切排污者对积极防治污染、保护环境、造福人民的责任感,有利于在社会上造成"保护环境,人人有责"的良好风尚;

2. 有助于环境污染损害原因的确定,从而为防治污染、明确责任者、贯彻"谁污染谁治理"的原则、加强环境法制提供条件;

3. 有利于维护公民的合法环境权益,使污染受害人及时得到合理的损害赔偿。

(四) 无过失责任制度的法律规定

1. 在国外,无过失责任制度采用的典型案例见于1968年英国法院判决的一个污染损害赔偿案件:原告拥有一个矿井,被告拥有一个水库,从水库流出来的水淹没了矿井。原告向法院对被告提起损害赔偿之诉。法院最后认定:如果土地所有人没有控制其土地上的建筑物中所流出的有害物质或有害活动,致使这些物质或活动进入了邻居的土地或使它受到损害,那么,土地所有人应像有过失一样承担赔偿责任。英国是不成文法国家,这个判例就成了英、美、法等国家处理污染损害赔偿案件中适用无过失责任制度的法律依据。

2. 我国立法对于无过失责任制度的规定:

(1) 1987年7月1日实施的《中华人民共和国民法通则》第一百零六条第三款规定:"没有过错,但法律规定应当承担民事责任的,应当承担民事责任"。这是我国民事基本法第一次明确规定了无过失责任法律制度。

（2）我国环境立法对于无过失责任制度的规定有一个发展、完善过程。从1979年9月颁布实施的我国第一部环境法（试行）第三十二条规定来看，该条第一款像是适用过错责任制。没有超过标准，即使污染了环境也不承担责任。但该条第二款又像是适用无过失责任制，没有标准的规定，只要污染损害了环境，不管是否超标，都要承担损害赔偿责任。

1982年8月23日，颁布的《中华人民共和国海洋环境保护法》第四十二条规定："因海洋环境污染受到损害的单位和个人，有权要求造成污染损害的一方赔偿损失。第四十三条规定：由于不可抗拒的自然灾害，经过及时采取合理措施，仍然不能避免对海洋环境造成污染损害的，免予承担赔偿责任。"

1984年5月11日，颁布的《中华人民共和国水污染防治法》第四十一条和第四十二条以及1987年9月5日颁布的《中华人民共和国大气污染防治法》第三十六条和第三十七条的规定，都是我国环境单行法规对无过失责任制度而且是不完全过失责任制度的规定。

1989年12月26日，修订颁布了我国环境法《中华人民共和国环境保护法》，对我国环境法实行不完全无过失制度作了进一步的基本规定，该法第四十一条第一款规定："造成环境污染危害的，有责任排除危害，并对直接受到损害的单位或者个人赔偿损失"。这里说明了两点，一是没有要求有过错的规定，即实行无过失责任制度；二是赔偿直接损失。"直接"包含了受到损失的对象是直接，间接受到损失的不是赔偿的对象；以及赔偿损失的范围是直接损失，间接损失不是赔偿的范围。

该法第四十一条第三款规定："完全由于不可抗拒的自然灾害，并经及时采取合理措施，仍然不能避免造成环境污染损害的，免予承担责任"。这是我国环境法实行不完全无过失责任的基本规定。这里要注意的是"要及时采取合理措施"，否则要给予赔偿。这是从考虑保护社会主义公共财产的目的出发的。

（3）我国相邻部门法关于实行无过失责任制度的规定：

1986年4月12日，我国颁布的《中华人民共和国民法通则》第一百零六条第三款规定："没有过错，但法律规定应当承担民事责任的，应当承担民事责任"。这是我国民事基本法第一次明确对无过失责任制度的规定。

此外在我国经济法体系中的产品质量法等经济单行法中，也规定了实行无过失责任制度。

八、举证责任转移制度

（一）举证责任转移制度的概念

1. 举证责任是诉讼法中一个重要的法律制度。举证责任也称证明责任，是指谁负有提出证据证明案件有关事实的义务。传统民法要求受害人行使赔偿请求权时，必须提出以下证据：①加害人有违法行为；②违法行为与损害结果之间有因果关系；③加害人有故意或过失的主观心理状态；④受害人没有故意或过失。这是自古罗马法以来，世界各国民事诉讼中举证责任主要都是由提出诉讼请求的原告承担的，也是通常讲的原告举证责任制度。

2. 举证责任转移制度是环境法中重要的程序法律制度。由于环境污染损害赔偿诉讼中采用了严格责任的归责原则即无过失责任制度，导致了环境诉讼中又一个重要程序法律制度的产生。举证责任转移制度，是指诉讼中原来由原告对其主张的事实提出证据加以证明的义务，由于某些规定或法律推定后而转移由被告承担的环境诉讼法律制度。有的也称之为举证责任倒置制度。但用"转移"更能符合环境诉讼程序法的特点。

（二）举证责任转移制度的依据

20世纪50年代以来，科技水平不断提高，经济发展突飞猛进，随之而来的环境问题也愈加严重和复杂，环境纠纷案件激增，与无过失责任制度一样，传统民法的原告举证的制度，已不适应环境污染损害赔偿纠纷的处理与解决的实际需要。实行举证责任转移制度，是由于环境法的证据特点和举证条件所决定的：

1. 环境法是新的科学技术性很强的法律，环境纠纷案件往往要涉及一系列技术性、工艺性的科学概念和数据等有关专业知识。环境纠纷案件的取证手段一般要通过环境监测、技术鉴定、分析化验，它们又有赖于国家专门的环境监测机构和技术力量。在这种情况下，如果仍然片面地强调由污染受害者为证明自己的要求损害赔偿的主张而必须提出具体的证据，显然是不现实也是不合理的。这不仅会使污染受害人处于十分不利的地位，而且还意味着受害人在提出足够证据证明排污者应当承担责任之前，排污者是无须负责的。这就等于在鼓励与纵容排污者不顾后果地掠夺自然资源和污染破坏环境。

2. 有相当一部分环境纠纷案件发生在自然人与法人组织之间，而自然人更不具备专门的监测手段和设备。如果强调原告举证，他们首先就要支付一大笔监测、化验费用，这对原告，尤其是自然人的原告来说，经济上是不可行的。何况现在的实际情况是，即使是自然人的原告经济上可行，在我国现时的经济体制下，个人也是不容易找到环境监测与化验机构的。这样一来，往往就会造成案件尚未审理就自行撤诉的情况，或者就根本不敢去法院起诉。我国环境污染损害赔偿纠纷案件上法院诉讼解决的很少，就是一个实证。

3. 污染损害赔偿案件的一个明显特点是，污染所造成的损害往往是长期积累的结果。行为和结果之间的因果关系非常复杂，证明的难度较大，而污染受害人对排污者的排污行为也无法知道是否出于故意或过失，受害人也难以知道污染将造成怎样的危害而事先采取规避的行为。事实上，排污单位排放"三废"，也是难以规避或不能规避的。

（三）举证责任转移制度的作用

1. 环境法实行举证责任转移制度，有利于促进污染治理，加强环境保护，落实基本国策。在适用举证责任转移法律制度中，法律的特殊预防和一般预防的作用表明：在诉讼中排污单位如不能证明受害人的污染损害与其排污行为无因果关系的，或者对原告提出的污染侵权事实，被告反对又不能举证的，则要承担败诉赔偿的责任。排污单位要事先防止诉讼中败诉的结果发生，就必须加强污染治理和环境管理，避免或减少污染损害结果的发生。由此可见，其促使排污单位加强污染的治理和管理、搞好环境保护、落实基本国策的作用是很明显的。

2. 环境法实行举证责任转移制度，可以有效地制裁污染和破坏环境的行为，有利于增强环境法制观念，加强环境法制建设。环境法是新兴的法律，历来人们的环境生态观点不强，环境法制观念淡薄。甚至认为违反环境法不等于违法。环境法实行举证责任转移制度，从环境诉讼与纠纷处理方面加重了排污者的法律责任，有效地制裁了违法排污、严重污染环境的行为。

3. 环境法实行举证责任转移制度，有利于污染损害赔偿纠纷的及时、公正的处理，有效地维护污染受害人的合法环境权益。

（四）举证责任转移制度的法律规定

1. 在世界各国的环境立法中，有的早就确立了举证责任转移的制度，规定了污损赔偿的举证责任转移由被告承担，实行因果关系推定的原则。美国密执安州《环境保护法》第3条规定：原告只需提出表面证据，证明污染者有污染行为或很可能有污染行为，则污染行为与损害结果的因果关系的举证责任转移由污染者被告承担。1970年12月25日，日本第64届国会通过的《关于危害人体健康公害罪处罚法》第5条规定：如某人在企业经营活动中，已排放有可能危害人体健康的物质，且其单独排放量已达到了足以危害公众健康的程度，而公众的健康已在排污后受到或正在受到危害，则可以推定，这种危害是由于该排污者所引起的。

2. 我国法律对举证责任转移制度规定的特点：

（1）先在诉讼法中作有利于环境保护的灵活规定，然后在司法解释中作较明确的规定。由于我国环境法的制定起步晚，又无先例可鉴。虽然环境法为实体法与程序法的合一，但作为重要环境法程序法律制度的举证责任转移制度，既没能在我国1982年3月8日五届人大第二十二次常委会通过的《民事诉讼法（试行）》中明确规定，更没有在1989年12月26日修正通过的我国环境法《环境保护法》中规定。但在《民事诉讼法（试行）》第五十六条规定："当事人对自己提出的主张，有责任提供证据"。"人民法院应当按照法定程序，全面地、客观地收集和调查证据"。第一款规定是"谁主张谁举证"的传统民法的原告举证制度的规定。第二款规定是有利于环境法举证责任的示意性规定。而到1991年4月5日全国七届人大四次会议通过的我国正式的《民事诉讼法》第六十四条规定："当事人对自己的主张，有责任提供证据。""当事人及其诉讼代理人因客观原因不能自行收集的证据，或者人民法院认为审理案件需要的证据，人民法院应当收集"。人民法院应当按照法定程序，全面地、客观地审查核实证据。这里增加的规定，更有利环境法实行举证责任转移制度。而1992年7月14日最高人民法院印发了《关于适用〈中华人民共和国民事诉讼法〉若干问题的意见》第七十四条规定："在诉讼中，当事人对自己提出的主张，有责任提供证据。但在下列侵权诉讼中，对原告提出的侵权事实，被告否认的，由被告负责举证：①因产品制造方法发明专利引起的专利侵权诉讼；②高度危险作业致人损害的侵权诉讼；③因环境污染引起的损害赔偿诉讼；④建筑物或者其他设施以及建筑物上的搁置物、悬挂物发生倒塌、脱落、坠落致人损害的侵权诉讼；⑤饲养动物致人损害的侵权诉讼；⑥有关法律规定由被告承担举证责任的"。这是我国环境法实行举证责任转移制度的一个明确具体规定的具有法律效力的依据，但是司法解释的法律效力是有限的。从发展看今后修订《民事诉讼法》作进一步规定，或者在修订《环境保护法》时作出明确规定。

（2）国家环境法中没有规定实行举证责任转移制度，但在地方环境法规中率先作了规定：1990年2月18日，海南省人民代表会议第九次常委会通过、1990年3月5日颁布的《海南省环境保护条例》第五十条第二款规定："因环境污染或破坏受到损害的受害人，举出受到损害的事实，可以向人民法院提起损害赔偿诉讼。被控加害人不能证明受害人所受到的损害与其环境污染或破坏的行为没有因果关系的，应当承担赔偿责任。"1992年5月

13日，贵州省七届人大第二十五次常委会通过的《贵州省环境保护条例》第六十三条第一款规定："因环境污染或者破坏受到损害的受害人，举出受到损害的事实，可以向人民法院提起诉讼。被指控致害人不能证明受害人所受到的损害与其环境污染或者破坏的行为间没有因果关系的，应当承担赔偿责任。"1994年12月8日，上海市十届人大第十四次常委会通过、1995年5月1日实施的《上海市环境保护条例》第六十三条第二款规定："因环境污染或者环境破坏受到损害的单位和个人，可以向人民法院提起诉讼。被指控致害人不能证明受害人的损害与其排污行为无因果关系的，应当承担赔偿责任。环境污染危害因双方责任造成的，各自承担相应的责任；因第三者造成的，由第三者承担责任。"上述海南省、贵州省、上海市三个地方环境法规在1989年国家环境法没有对举证责任制度作规定的情况下率先作了规定。我们暂不评述地方法规与国家法规在类似规定上的关系与效力。但有一点可以明确的是国家环境法在下一次修订时，应该考虑对实行举证责任转移制度的规定，以有利加强我国环境执法，加大环境执法力度，提高环境法的权威性，加强与完善具有中国特色的环境法制建设，落实环境保护基本国策，保障社会主义现代化建设的顺利进行。

第四节 许可证制度与限期治理制度

一、许可证制度的概念和意义

许可通常是指国家行政机关根据当事人的申请，准许其从事某种活动的行为。

我国于1987年开始在水污染防治领域进行许可证制度的试点工作。1988年3月，国家环境保护局发布了《水污染物排放许可证管理暂行办法》（以下简称《暂行办法》），并决定在上海、北京等18个市（县）开展"水污染排放许可证"试点工作。《水污染防治法实施细则》（以下简称《细则》）规定了对向陆地水体排放污染物的许可证分为排污许可证和临时排污许可证两种。该《细则》规定，县级以上地方人民政府环境保护部门根据总量控制实施方案，审核本行政区域内向该水体排污的单位的重点污染物排放量，对不超过排放总量控制指标的，发给排污许可证；对超过排放总量控制指标的，限期治理，限期治理期间，发给临时排污许可证。根据国务院《关于进一步加强环境保护工作的决定》中关于"逐步推行污染物排放总量控制和排污许可证制度"的要求，国家环境保护局于1991年4月决定在上海、天津等16个城市进行排放大气污染许可证制度的试点工作。到1994年，发放排放大气污染的许可证试点的城市共有16个；同年年底，试行水污染物排放许可证制度的城市达到240个；到1996年，全国地级以上城市普遍实行了水污染物排放许可证制度。修订后于1999年颁布的《海洋环境保护法》和2000年公布的《大气污染防治法》均规定了排污许可证制度。2005年发布的《决定》指出，"推行排污许可证制度，禁止无证或超总量排污"。

二、排污许可证制度的主要内容

（一）排污申报登记

1. 排放污染物的单位，必须在指定的时间内，向当地环境保护行政主管部门办理排污申报登记手续，并提供有关资料；

2. 排污单位必须如实填写申报登记表，经本单位主管部门核实后，报当地环境保护行政主管部门审批；

3. 企业事业单位的新建和技术改造项目，应在试产前3个月内向当地环境保护行政主管部门进行排污申报登记；

4. 排污单位排放污染物的种类、数量、浓度有重大变化或者改变排放方式、排放去向时，应提前15天向当地环境保护行政主管部门申请履行变更登记手续。

（二）确定本地区污染物排放总量控制指标和分配污染物总量削减指标

地区污染物总量控制指标，可以根据水体功能或者水质目标的要求确定；污染物总量削减指标，可以根据水环境和污染物排放现状确定。

（三）排污许可证的审核和发放

环境保护行政主管部门收到排污单位填报的《排污申报登记表》后，应当对其申报登记的内容进行审查、核实。对不超过排污总量控制指标的排污单位，颁发《排放许可证》；对超出排污总量控制指标的排污单位，颁发《临时排放许可证》，并限期削减排放量。《排放许可证》的有效期限最长不得超过5年，《临时排放许可证》的有效期限最长不得超过2年。

（四）排污许可证的监督与管理

1. 排污单位必须严格按照排污许可证的规定排放污染物，并按规定向当地环境保护行政主管部门报告本单位的排污情况；

2. 持有《临时排放许可证》的单位，必须定期向当地环境保护行政主管部门报告削减排放量的进度情况，经削减达到排污总量控制指标的单位，可向当地环境保护行政主管部门申请《排放许可证》；

3. 违反《排放许可证》规定额度超量排污的，当地环境保护行政主管部门根据情节，有权中止或吊销其《排放许可证》。

三、排污许可证制度与排污权交易

排污许可证制度是实行排污权交易的基础。排污权交易，亦称排污指标有偿转让，是指排污单位在环境保护行政主管部门的监督管理下，以排污指标为标的进行交易，它是一种环境管理的经济手段。通过运用市场刺激机制，鼓励企业采用低费用、少污染的措施，有利于污染源合理布局和资源的优化配置。

四、限期治理制度的概述

限期治理制度是指对污染严重的项目、行业、区域和位于特别保护区超标排放的污染源，由有关国家机关依法限定其在一定期限内，完成治理任务，达到治理目标的规定的总称。限期治理包括污染严重的排放源的限期治理、行业性污染的限期治理、污染严重的某一区域及流域和位于特别保护区内超标排污的污染源的限期治理。广义的限期治理，还包括由开发活动所造成的环境破坏方面的限期完成更新造林任务、责令限期改正等。

限期治理有如下特点：

（一）法律强制性。限期治理虽属一种行政管理措施，是由各级人民政府作出决定的，但依照《环境保护法》第三十九条的规定,对经限期治理逾期未完成治理任务的企业事业单位,除依照国家规定加收超标准排污费外,还可根据所造成的危害后果处以罚款,或者责令停业、关闭。《大气污染防治法》在法律责任中规定了限期治理是一种行政处罚形式,《水污染防治实施细则》在法律责任中也规定了责令限期治理。

(二)明确的时间要求。它具体规定了完成治理任务的时间,有明确的时间界限,以期限的界限作为承担法律责任的依据之一。

(三)具体的治理任务。体现治理任务的主要衡量尺度是是否符合排放标准和是否达到消除或者减轻污染的效果。

1978年中共中央批转的《环境保护工作汇报要点》的通知中指出:"要规定工矿企业和一切污染危害环境的单位的限期治理。"1979年颁布的《环境保护法(试行)》第一次从法律上确立了限期治理制度。

2005年,对排污单位实行限期治理,治理期间应予限产、限排,并不得建设增加污染物排放总量的项目;逾期未完成治理任务的,责令其停产整治。新修订的《固体废物污染环境防治法》第八十一条规定,"造成固体废物严重污染环境的,由县级以上人民政府环境保护行政主管部门按照国务院规定的权限决定限期治理"。这是该制度在决定权限方面的重大突破。

五、限期治理制度的主要内容

(一)限期治理目标

对于具体的污染源的限期治理,其目标是达标排放;对于企业污染源的限期治理,可以要求分期分批逐步做到所有的污染源都达标排放;至于区域环境污染的限期治理,则要求通过治理达到适用于该地区的环境质量标准。

(二)限期治理期限

限期治理的期限不宜过长,应尽量做到科学、合理。计划性限期治理项目多为一年,也有二、三年,随机性限期治理项目期限较短,一般从几个月到一年不等。

(三)限期治理决定权限

关于限期治理的决定权,现行法律规定为:省级人民政府管辖的企业事业单位,由省级人民政府决定;市、县级或者市、县级以下人民政府管辖的企业事业单位,由县级以上地方人民政府环境保护行政主管部门提出意见,报同级人民政府决定。但根据《环境噪声污染防治法》第十七条、《固体废物污染环境防治法》第八十一条和《大气污染防治法》第四十八条规定的精神,限期治理决定权有向当地人民政府环境保护行政主管部门逐渐转移的趋势,意义重大。

第五节 突发环境事件应急预案制度

一、突发环境事件应急预案的概念

根据《国家突发环境事件应急预案》的规定,突发环境事件,是指突然发生,造成或者可能造成重大人员伤亡、重大财产损失和对全国或者某一地区的经济和社会稳定、政治安定构成重大威胁和损害，有重大社会影响的涉及公共安全的环境事件。这类事件的主要特征是：发生的突然性，形式的多样性，危害的严重性，处理处置的艰巨性。

2004年，我国修订的《宪法》中增设了紧急状态下的条款，为规范突发环境事件的应急立法提供了宪法依据。《环境保护法》第三十一条规定："因发生事故或者其他突然性事件，造成或者可能造成污染事故的单位，必须立即采取措施处理，及时通报可能受到污染危害的单位和居民，并向当地环境保护行政主管部门和有关部门报告，接受调查处理。可能发生重大污染事故的企业事业单位应当采取措施，加强防范。"第三十二条规定："县级以上地方人民政府环境保护行政主管部门，在环境受到严重污染威胁居民生命财产安全时，必须立即向当地人民政府报告，由人民政府采取有效措施，解除或者减轻危害。"此外，《固体废物污染环境防治法》、《海洋环境保护法》、《放射性污染防治法》、《水污染防治法》和《大气污染防治法》等也对该制度做了规定。1987年国家环境保护局发布的《报告环境污染与环境事故的暂行办法》，为环境事故报告处理制度做了具体规定。

二、突发环境事件的分类

根据突发环境事件的发生过程、性质和机制，突发环境事件主要分为三类：突发环境污染事件，生物物种安全环境事件，辐射环境污染事件。

三、突发环境事件的分级

突发环境事件共分四级：特别重大环境事件（Ⅰ级），重大环境事件（Ⅱ级），较大环境事件（Ⅲ级），一般环境事件（Ⅳ级）。

四、突发环境事件应急组织体系和综合协调机构

突发环境事件应急组织体系由应急领导机构、综合协调机构、有关类别环境事件专业指挥机构、应急支持保障部门、专家咨询机构、地方各级人民政府突发环境事件应急领导机构和应急救援队伍组成。

五、突发环境事件管理的运行机制

（一）预防和预警机制

全国环境保护部联席会议有关成员单位按照早发现、早报告、早处置的原则，开展对国内（外）环境信息、自然灾害预警信息、常规环境监测数据、辐射环境监测数据的综合分析、风险评估工作；国务院有关部门和地方各级人民政府及其相关部门，负责突发环境事件信息接收、报告、处理、统计分析以及预警信息监控，并须开展污染源、放射源和生物物种资源的调查以及突发环境事件的假设、分析和风险评估工作，完善各类突发环境事件应急预案。

按照突发事件的严重性、紧急程度和可能波及的范围，突发环境事件的预警分为四级，预警级别由低到高，颜色依次为蓝色、黄色、橙色、红色。

各级人民政府当建立包括环境安全预警系统、环境应急资料库和应急指挥技术平台系统在内的预警支持系统。

（二）应急响应机制

（1）对突发环境事件应坚持属地为主的原则实行分级相应机制。

（2）对突发环境事件的报告实行1小时报告制。

（3）突发环境事件的报告分为初报、续报和处理结果报告三类。初报从发现事件后起1小时内上报。续报在查清有关基本情况后随时上报。处理结果报告在事件处理完毕后立即上报。

（4）根据需要国务院有关部门和部际联席会议成立环境应急指挥部，负责指挥、协调突发环境事件的应急工作。发生突发事件的有关部门、单位要及时、主动向环境应急指挥部提供应急救援有关基础资料，环保、海洋、交通、水利等有关部门提供事件发生前的有关监管检查资料，供环境应急指挥部研究救援和处置方案时参考。

第四章 环境信息公开和政府信息公开

第一节 环境信息公开的法律制度

《环境信息公开办法（试行）》已于 2007 年 2 月 8 日经国家环境保护总局 2007 年第一次局务会议通过，自 2008 年 5 月 1 日起施行，共有 5 章 29 条（下称办法）。为了推进和规范环境保护行政主管部门（以下简称环保部门）以及企业公开环境信息，维护公民、法人和其他组织获取环境信息的权益，推动公众参与环境保护，依据《中华人民共和国政府信息公开条例》、《中华人民共和国清洁生产促进法》和《国务院关于落实科学发展观加强环境保护的决定》以及其他有关规定，制定本办法。

一、环境信息

环境信息，包括政府环境信息和企业环境信息。

（一）政府环境信息，是指环保部门在履行环境保护职责中制作或者获取的，以一定形式记录、保存的信息。

（二）企业环境信息，是指企业以一定形式记录、保存的，与企业经营活动产生的环境影响和企业环境行为有关的信息。

二、环境信息管理机构

由国家环境保护总局领导并且负责推进、指导、协调、监督全国的环境信息公开工作。县级以上地方人民政府环保部门负责组织、协调、监督本行政区域内的环境信息公开工作。企业应当按照自愿公开与强制性公开相结合的原则，及时、准确地公开企业环境信息。公民、法人和其他组织可以向环保部门申请获取政府环境信息。

（一）环保部门应当建立、健全环境信息公开制度。

环保部门负责政府环境信息公开工作的组织机构的具体职责是：

1. 组织制定本部门政府环境信息公开的规章制度、工作规则；
2. 组织协调本部门各业务机构的政府环境信息公开工作；
3. 组织维护和更新本部门公开的政府环境信息；
4. 监督考核本部门各业务机构政府环境信息公开工作；
5. 组织编制本部门政府环境信息公开指南、政府环境信息公开目录和政府环境信息公开工作年度报告；
6. 监督指导下级环保部门政府环境信息公开工作；
7. 监督本辖区企业环境信息公开工作；
8. 负责政府环境信息公开前的保密审查；
9. 本部门有关环境信息公开的其他职责。

(二)环保部门发布环境信息需要批准。

1. 环保部门发布政府环境信息依照国家有关规定需要批准的,未经批准不得发布;

2. 环保部门公开政府环境信息,不得危及国家安全、公共安全、经济安全和社会稳定。

(三)环保部门应当在职责权限范围内向社会主动公开以下政府环境信息:

1. 环境保护法律、法规、规章、标准和其他规范性文件;

2. 环境保护规划;

3. 环境质量状况;

4. 环境统计和环境调查信息;

5. 突发环境事件的应急预案、预报、发生和处置等情况;

6. 主要污染物排放总量指标分配及落实情况,排污许可证发放情况,城市环境综合整治定量考核结果;

7. 大、中城市固体废物的种类、产生量、处置状况等信息;

8. 建设项目环境影响评价文件受理情况,受理的环境影响评价文件的审批结果和建设项目竣工环境保护验收结果,其他环境保护行政许可的项目、依据、条件、程序和结果;

9. 排污费征收的项目、依据、标准和程序,排污者应当缴纳的排污费数额、实际征收数额以及减免缓情况;

10. 环保行政事业性收费的项目、依据、标准和程序;

11. 经调查核实的公众对环境问题或者对企业污染环境的信访、投诉案件及其处理结果;

12. 环境行政处罚、行政复议、行政诉讼和实施行政强制措施的情况;

13. 污染物排放超过国家或者地方排放标准,或者污染物排放总量超过地方人民政府核定的排放总量控制指标的污染严重的企业名单;

14. 发生重大、特大环境污染事故或者事件的企业名单,拒不执行已生效的环境行政处罚决定的企业名单;

15. 环境保护创建审批结果;

16. 环保部门的机构设置、工作职责及联系方式等情况;

17. 法律、法规、规章规定应当公开的其他环境信息。

环保部门应当根据范围编制本部门的政府环境信息公开目录;应当建立健全政府环境信息发布保密审查机制,明确审查的程序和责任。环保部门不得公开涉及国家秘密、商业秘密、个人隐私的政府环境信息。但是,经权利人同意或者环保部门认为不公开可能对公共利益造成重大影响的涉及商业秘密、个人隐私的政府环境信息,可以予以公开。

三、公开的方式和程序

(一)通过政府网站、公报、新闻发布会以及报刊、广播、电视等便于公众知晓的方式公开。

(二)政府环境信息的公开时间,环保部门应当自该环境信息形成或者变更之日起20个工作日内予以公开。法律、法规对政府环境信息公开的期限另有规定的,从其规定。

（三）政府环境信息公开目录应当包括索引、信息名称、信息内容的概述、生成日期、公开时间等内容。

政府环境信息公开申请应当包括下列内容：

1. 申请人的姓名或者名称、联系方式；
2. 申请公开的政府环境信息内容的具体描述；
3. 申请公开的政府环境信息的形式要求。

环保部门应当在收到申请之日起15个工作日内予以答复；不能在15个工作日内作出答复的，经政府环境信息公开工作机构负责人同意，可以适当延长答复期限，并书面告知申请人，延长答复的期限最长不得超过15个工作日。

四、企业环境信息公开

（一）国家鼓励企业自愿公开下列企业环境信息：

1. 企业环境保护方针、年度环境保护目标及成效；
2. 企业年度资源消耗总量；
3. 企业环保投资和环境技术开发情况；
4. 企业排放污染物种类、数量、浓度和去向；
5. 企业环保设施的建设和运行情况；
6. 企业在生产过程中产生的废物的处理、处置情况，废弃产品的回收、综合利用情况；
7. 与环保部门签订的改善环境行为的自愿协议；
8. 企业履行社会责任的情况；
9. 企业自愿公开的其他环境信息。

（二）企业不得以保守商业秘密为借口，拒绝公开下列环境信息：

1. 企业名称、地址、法定代表人；
2. 主要污染物的名称、排放方式、排放浓度和总量、超标、超总量情况；
3. 企业环保设施的建设和运行情况；
4. 环境污染事故应急预案。

向社会公开环境信息的企业，应当在环保部门公布名单后30日内，在所在地主要媒体上公布其环境信息，并将向社会公开的环境信息报所在地环保部门备案。

自愿公开环境信息的企业，可以将其环境信息通过媒体、互联网等方式，或者通过公布企业年度环境报告的形式向社会公开。

（三）环保部门应当在每年3月31日前公布本部门的政府环境信息公开工作年度报告。政府环境信息公开工作年度报告应当包括下列内容：

1. 环保部门主动公开政府环境信息的情况；
2. 环保部门依申请公开政府环境信息和不予公开政府环境信息的情况；
3. 因政府环境信息公开申请行政复议、提起行政诉讼的情况；
4. 政府环境信息公开工作存在的主要问题及改进情况；
5. 其他需要报告的事项。

第二节　政府信息公开的法律制度

2007年1月17日,温家宝总理签发国务院令第492号。《中华人民共和国政府信息公开条例》颁布,2008年5月1日起施行,共有5章38条。

2008年4月29日,国务院办公厅颁布施行《中华人民共和国政府信息公开条例》若干问题的意见,国办发〔2008〕36号。

一、政府信息

政府信息,是指行政机关在履行职责过程中制作或者获取的,以一定形式记录、保存的信息。

国务院办公厅是全国政府信息公开工作的主管部门,负责推进、指导、协调、监督全国的政府信息公开工作。

县级以上地方人民政府办公厅(室)或者县级以上地方人民政府确定的其他政府信息公开工作主管部门负责推进、指导、协调、监督本行政区域的政府信息公开工作。

二、政府信息公开工作机构的具体职责

(一)具体承办本行政机关的政府信息公开事宜;

(二)维护和更新本行政机关公开的政府信息;

(三)组织编制本行政机关的政府信息公开指南、政府信息公开目录和政府信息公开工作年度报告;

(四)对拟公开的政府信息进行保密审查;

(五)本行政机关规定的与政府信息公开有关的其他职责。

三、政府信息公开的原则

(一)遵循公正、公平、便民的原则;

(二)及时、准确地公开政府信息的原则;

(三)行政机关发现影响或者可能影响社会稳定、扰乱社会管理秩序的虚假或者不完整信息的,应当在其职责范围内发布准确的政府信息予以澄清;

(四)行政机关公开政府信息,必须保证国家安全、公共安全、经济安全和社会稳定的原则。

四、公开的范围

(一)行政机关对符合下列基本要求之一的,政府信息应当主动公开:

1. 涉及公民、法人或者其他组织切身利益的;

2. 需要社会公众广泛知晓或者参与的;

3. 反映本行政机关机构设置、职能、办事程序等情况的;

4. 其他依照法律、法规和国家有关规定应当主动公开的。

(二)县级以上各级人民政府及其部门应当依照《政府信息公开条例》第九条的规定,

在各自职责范围内确定主动公开的政府信息的具体内容,并重点公开下列政府信息:

1. 行政法规、规章和规范性文件;
2. 国民经济和社会发展规划、专项规划、区域规划及相关政策;
3. 国民经济和社会发展统计信息;
4. 财政预算、决算报告;
5. 行政事业性收费的项目、依据、标准;
6. 政府集中采购项目的目录、标准及实施情况;
7. 行政许可的事项、依据、条件、数量、程序、期限以及申请行政许可需要提交的全部材料目录及办理情况;
8. 重大建设项目的批准和实施情况;
9. 扶贫、教育、医疗、社会保障、促进就业等方面的政策、措施及实施情况;
10. 突发公共事件的应急预案、预警信息及应对情况;
11. 环境保护、公共卫生、安全生产、食品药品、产品质量的监督检查情况。

(三)设区的市级人民政府、县级人民政府及其部门重点公开的政府信息还应当包括下列内容:

1. 城乡建设和管理的重大事项;
2. 社会公益事业建设情况;
3. 征收或者征用土地、房屋拆迁及其补偿、补助费用的发放、使用情况;
4. 抢险救灾、优抚、救济、社会捐助等款物的管理、使用和分配情况。

(四)乡(镇)人民政府应当依照《政府信息公开条例》第九条的规定,在其职责范围内确定主动公开的政府信息的具体内容,并重点公开下列政府信息:

1. 贯彻落实国家关于农村工作政策的情况;
2. 财政收支、各类专项资金的管理和使用情况;
3. 乡(镇)土地利用总体规划、宅基地使用的审核情况;
4. 征收或者征用土地、房屋拆迁及其补偿、补助费用的发放、使用情况;
5. 乡(镇)的债权债务、筹资筹劳情况;
6. 抢险救灾、优抚、救济、社会捐助等款物的发放情况;
7. 乡镇集体企业及其他乡镇经济实体承包、租赁、拍卖等情况;
8. 执行计划生育政策的情况。

五、公开的方式和程序

(一)通过政府公报、政府网站、新闻发布会以及报刊、广播、电视等便于公众知晓的方式公开。

(二)政府应当为公民、法人或者其他组织获取政府信息提供便利。

1. 各级人民政府应当在国家档案馆、公共图书馆设置政府信息查阅场所,并配备相应的设施、设备,为公民、法人或者其他组织获取政府信息提供便利。

行政机关可以根据需要设立公共查阅室、资料索取点、信息公告栏、电子信息屏等场所、设施,公开政府信息。

行政机关应当及时向国家档案馆、公共图书馆提供主动公开的政府信息。

2. 行政机关制作的政府信息，由制作该政府信息的行政机关负责公开；行政机关从公民、法人或者其他组织获取的政府信息，由保存该政府信息的行政机关负责公开。法律、法规对政府信息公开的权限另有规定的，从其规定。

3. 属于主动公开范围的政府信息，应当自该政府信息形成或者变更之日起 20 个工作日内予以公开。法律、法规对政府信息公开的期限另有规定的，从其规定。

4. 行政机关应当编制、公布政府信息公开指南和政府信息公开目录，并及时更新。

政府信息公开指南，应当包括政府信息的分类、编排体系、获取方式，政府信息公开工作机构的名称、办公地址、办公时间、联系电话、传真号码、电子邮箱等内容。

政府信息公开目录，应当包括政府信息的索引、名称、内容概述、生成日期等内容。

5. 公民、法人或者其他组织依照《政府信息公开条例》第十三条规定向行政机关申请获取政府信息的，应当采用书面形式（包括数据电文形式）；采用书面形式确有困难的，申请人可以口头提出，由受理该申请的行政机关代为填写政府信息公开申请。

（三）政府信息公开申请应当包括下列内容：

1. 申请人的姓名或者名称、联系方式；
2. 申请公开的政府信息的内容描述；
3. 申请公开的政府信息的形式要求。

（四）答复的时间：

1. 行政机关收到政府信息公开申请，能够当场答复的，应当当场予以答复。
2. 行政机关不能当场答复的，应当自收到申请之日起 15 个工作日内予以答复；如需延长答复期限的，应当经政府信息公开工作机构负责人同意，并告知申请人，延长答复的期限最长不得超过 15 个工作日。
3. 申请公开政府信息的公民存在阅读困难或者视听障碍的，行政机关应当为其提供必要的帮助。

六、监督和保障

（一）对政府信息公开工作进行考核、评议。

各级人民政府应当建立健全政府信息公开工作考核制度、社会评议制度和责任追究制度，定期对政府信息公开工作进行考核、评议。政府信息公开工作主管部门和监察机关负责对行政机关政府信息公开的实施情况进行监督检查。

（二）公布工作年度报告：

各级行政机关应当在每年 3 月 31 日前公布本行政机关的政府信息公开工作年度报告。政府信息公开工作年度报告应当包括下列内容：

1. 行政机关主动公开政府信息的情况；
2. 行政机关依申请公开政府信息和不予公开政府信息的情况；
3. 政府信息公开的收费及减免情况；
4. 因政府信息公开申请行政复议、提起行政诉讼的情况；
5. 政府信息公开工作存在的主要问题及改进情况；
6. 其他需要报告的事项。

（三）行政机关违反规定的处罚：

行政机关违反本条例的规定，有下列情形之一的，由监察机关、上一级行政机关责令改正；情节严重的，对行政机关直接负责的主管人员和其他直接责任人员依法给予处分；构成犯罪的，依法追究刑事责任：

1. 不依法履行政府信息公开义务的；
2. 不及时更新公开的政府信息内容、政府信息公开指南和政府信息公开目录的；
3. 违反规定收取费用的；
4. 通过其他组织、个人以有偿服务方式提供政府信息的；
5. 公开不应当公开的政府信息的；
6. 违反本条例规定的其他行为。

第五章 环境监督与管理

第一节 环境质量标准制度与排污标准制度

一、环境标准

环境标准是国家为了维护环境质量，控制污染，保护人体健康、社会财富和生态平衡而制定的各种技术指标和规范的总称，是我国环境法体系中独立的、特殊的和重要的组成部分。环境标准是和环境法相结合同时发展起来的，它是具有法律性质的技术规范，是制定环境目标、环境规划和单项的依据，也是判断环境是否受到污染和制定污染物排放标准的法定依据。一般说来，我国国家立法机关往往只对防治环境污染破坏的事宜做出一些原则性的规定，而对具体的实质性规定授权给国务院；国务院则将各种环境标准的制定和颁布的权力授权给国家环保部门。我国国家级环境标准由国家环境保护部组织制定，目前已颁布了300多项各类国家环境保护标准；地方环境标准由省级环保部门组织制定，报同级人民政府审批、颁布和废止。一般来说，地方环境标准可高于但不得低于国家环境标准。

（一）环境标准的作用

环境标准同环境法相配合，在国家环境管理中起着重要作用。从环境标准的发展历史来看，它是和环境法相结合同时发展起来的。最初，是在工业密集、人口集中、污染严重的地区，在制定污染控制的单行法中，规定主要污染物的排放标准。20世纪50年代以后，工业发达国家环境污染发展成为全国性公害，在加强环境立法的同时，开始制定全国性的环境标准，并且逐渐发展成为具有多层次、多形式、多用途的完整的环境标准体系，成为环境法体系中不可缺少的部分。环境标准在国家环境管理中起着如下作用：

1. 环境标准是制定国家环境计划和规划的主要依据。国家在制定环境计划和规划时，必须有一个明确的环境目标和一系列环境指标。它需要在综合考虑国家的经济、技术水平的基础上，使环境质量控制在一个适宜的水平上，也就是说要符合环境标准的要求。环境标准便成为制定环境计划与规划的主要依据。

2. 环境标准是环境法制定与实施的重要基础与依据。在各种单行环境法规中，通常只规定污染物的排放必须符合排放标准，造成环境污染者应承担何种法律责任等。怎样才算造成污染？排放污染物的具体标准是什么？则需要通过制定环境标准来确定。而环境法的实施，尤其是确定合法与违法的界限，确定具体的法律责任，往往依据环境标准。

3. 环境标准是国家环境管理的技术基础。国家的环境管理，包括环境规划与政策的制定、环境立法、环境监测与评价、日常的环境监督与管理都需要遵循和依据环境标准，环境标准的完善程度反映一个国家环境管理的水平和效率。

（二）我国的环境标准体系的构成

我国环境标准体系由以下三部分构成：

（1）环境质量标准。这类环境标准是对一定区域环境中在限定时间内各种污染物的最高允许浓度所做的综合规定。是为实现国家环境政策要求而确立的环境质量目标，也是环境管理、评价和制定污染物排放标准的主要依据之一。我国已制定的环境质量标准有《工业企业设计卫生标准》、《生活饮用水卫生标准》、《大气环境质量标准》等。

（2）污染物排放标准。这类环境标准是指为了实现环境质量标准，结合技术经济条件或环境特点而制定的，规定污染源容许排放的污染物的最高限额。其目的是为了控制污染物的排放量，保护人群健康和生态良性循环，同时也要根据目前的工艺水平和技术水平，在经挤上合理、技术上可行的情况下，达到技术上的先进性。我国已制定的污染物排放标准主要有《造纸工业水污染物排放标准》、《制革工业水污染物排放标准》、《纺织印染工业水污染物排放标准》、《农药安全使用标准》等。

（3）基础标准和方法标准。这类标准是指为确定环境质量标准、污染物排放标准以及其他环境保护工作而制定的各种有指导意义的符号、指南、导则以及关于抽样、分析、试验、监测的方法。它是制定环境标准时所依据的工作规范，是制定和执行环境标准的基础。由于基础标准在环境标准中的指导性地位，其制定和验证受到国际上的重视，国际标准化组织（ISO）环境技术委员会将基础标准和方法标准的制定和验证作为其工作的重点。

（三）污染物排放标准的实施

1. 县级以上人民政府环境保护行政主管部门在审批建设项目环境影响报告书（表）时，应根据建设项目的各种情况对其应执行的污染物排放标准进行判断；

2. 建设项目的设计、施工、验收及投产后，均应执行经环境保护行政主管部门在批准的建设项目环境影响报告书（表）中所确定的污染物排放标准；

3. 企业事业单位和个体工商业者排放污染物，应按所属的行业类型、所处环境功能区、排放污染物种类、污染物排放去向执行相应的国家和地方污染物排放标准，环境保护行政主管部门应加强监督检查。

（四）国家环境监测方法标准的实施

1. 被环境质量标准和污染物排放标准等强制性标准引用的方法标准具有强制性，必须执行。

2. 在进行环境监测时，应按照环境质量标准和污染物排放标准的规定，确定采样位置和采样频率，并按照国家环境监测方法标准的规定测试与计算。

3. 对于地方环境质量标准和污染物排放标准中规定的项目，如果没有相应的国家环境监测方法标准时，可由省、自治区、直辖市人民政府环境保护行政主管部门组织制定地方统一分析方法，与地方环境质量标准或污染物排放标准配套执行。相应的国家环境监测方法标准发布后，地方统一分析方法停止执行。

4. 因采用不同的国家环境监测方法标准所得监测数据发生争议时，由上级环境保护行政主管部门裁定，或者指定采用一种国家环境监测方法标准进行复测。

二、《室内空气质量标准》

（一）原则性

《室内空气质量标准》是以国家有关人民健康的有关方针政策和法规为依据，以保护人体健康为最终目标制定出来的。

（二）科学性

环境质量标准的制定要反映生产实践和科研成果的统一。《室内环境质量评价标准》的确定，是在环境卫生基准和流行病学调查的基础上，进行广泛的调研和科学验证，以充分的科学数据为依据制定出来的。

（三）特殊性

《室内空气质量标准》在制定过程中，是通过了解当前国外室内环境保护的现状和发展趋势，有选择地吸收国外室内环境保护中先进的部分，结合我国的国情、环境特征、经济技术条件而制定出来的。

（四）可操作性

在制定过程中充分听取广大社会公众的意见，使《室内空气质量标准》的监测方法和评价方法配套，保证该标准在实际应用中具有可操作性。

三、《室内空气质量标准》的特点

（一）国际性

《室内空气质量标准》中引入了室内空气质量这个概念，是在借鉴国外相关标准的基础上建立的。室内空气质量QAQ的概念，是20世纪70年代后期在一些西方发达国家出现的，这次我国明确确定该标准为室内空气质量的标准。

（二）综合性

室内环境污染的控制指标更宽了，标准中规定的控制项目不仅有化学性污染，还有物理性、生物性和放射性污染。化学性污染物质中不仅有人们熟悉的甲醛、苯、氨、氡等污染物质，还有可吸入颗粒物、二氧化碳、二氧化硫等13项化学性污染物质。

（三）针对性

该标准在紧密结合我国的实际情况，既考虑到发达地区和城市建筑中的新风量、温湿度以及甲醛、苯等污染物质，同时也制定出了一些不发达地区使用原煤取暖和烹饪造成的室内一氧化碳、二氧化碳和二氧化氮的污染。

（四）前瞻性

该标准中加入了"室内空气应无毒、无害、无鼻常臭味"的要求，使标准的适用性更强。

（五）完整性

《室内空气质量标准》与国家标准委员会以前发布的《民用建筑室内环境污染控制规范》、十种《室内装饰装修材料有害物质限量》，共同构成我国一个比较完整的室内环境污染控制和评价体系，对于保护消费者的健康、发展我国的室内环境事业具有重要的意义。

第二节 环境监测与管理

一、环境监测的概念和意义

（一）环境监测的概念

环境监测是指人们对影响人类和其他生物生存和发展的环境质量状况进行监视性测定

的活动。通过对环境质量某些代表值进行长时间监视、测定，以掌握环境污染状况和判断环境的好坏。环境监测的内容主要有：

1. 物理指标的测定。包括噪声、振动、电磁波、热能、放射性等水平的监测。
2. 化学指标的测定。包括各种化学物质在空气、水体、土壤和生物体内水平的监测。
3. 生态系统的监测。主要监测由于人类活动引起的生态系统的变化，如乱砍滥伐森林、草原过度放牧引起的水土流失及土地沙化，二氧化碳和氟氯烃的过量排放引起的温室效应和臭氧层破坏等。

（二）环境监测的特点

1. 综合性。主要表现在：①监测手段包括化学、物理、生物、物理化学、生物化学以及生物物理等一切可以表现环境质量的方法，以获取监测数据；②监测对象包括空气、水体、土壤、固体废物、生物等客体；③对监测数据进行统计处理、综合分析时，需要涉及该地区的自然和各方面的情况，才能正确阐明数据的内涵，充分发挥环境监测的效益。

2. 连续性。基于环境污染具有时空性等特点，只有坚持长期测定，才能从大量的数据中揭示其变化规律，预测其发展趋势，检测的数据越多，预测的准确度就越高。因此，必须长期坚持监测。

3. 追踪性。环境监测包括监测目的的确定、监测计划的制订、采样样品的运送及保存、实验室测定到的数据整理等过程，是一个复杂而又有联系的系统，任何一步的差错都将影响最终数据的质量。为使数据具有准确性、可比性、代表性和完整性，需要有一个量值追踪体系予以监督，为此，需要建立和完善环境监测的质量保证体系。

二、环境监测的目的、任务和分类

（一）环境监测的目的

环境监测的目的是准确、及时、全面地反映环境质量现状及发展趋势，为环境管理、污染源控制、环境规划等提供科学依据。

（二）环境监测任务

《环境保护法》对环境监测做了原则性的规定。1983年发布的《全国环境监测管理条例》第二条规定："环境监测的任务，是对环境中各项要素进行经常性监测，掌握和评价环境质量状况及发展趋势；对各有关单位排放污染物的情况进行监视性监测，为政府部门执行各项环境法规、标准，全面开展环境管理工作提供准确、可靠的监测数据和资料；开展环境测试技术研究促进环境监测技术的发展。"

环境监测具有三项任务：

1. 进行环境质量方面的监测，系统掌握和提供环境质量状况及发展趋势；
2. 进行污染监督方面的监测，为环境管理提供技术支持和服务；
3. 进行环境科研和服务方面的监测，发展环境监测技术，为社会多做贡献。

上述三项任务是相互联系、相互制约的，如果只进行环境质量监测，而无污染源监测数据，就不可能对环境质量做出全面、正确的评价。不进行科研性质方面的监测，就不可能提高环境监测技术水平，为环境管理和经济建设提供高质量、高效率服务。

（三）环境监测的分类

1. 按监测区域划分，可以分为厂区监测和区域监测。

2. 按监测对象划分，可以分为环境质量监测和污染源监测。

3. 按监测目的划分，可分为政府授权的公益型监测和非政府组织的公共事务环境监测，具体分为：①监视性监测，亦称常规监测或者例行监测。主要是对在不同功能区内的水、气等环境要素进行长期的定点、定期监测。②特定目的监测。主要有：污染事故应急监测，纠纷仲裁监测，考核验证监测。③研究性监测。它是为特定目的的科学研究而进行的高层次的监测，通过监测了解污染机制，弄清污染物的迁移变化规律，以及对人体和其他生物体的影响及危害程度等。

三、环境监测的管理

环境监测管理有狭义和广义两种含义。狭义的环境监测管理，是指使用定性、定量的各种科学方法深入研究监测活动的规律，并以监测质量、效益为中心，对环境监测整个系统进行的全面管理。广义的环境监测管理是指通过运用经济、法律、技术、行政等手段，有效动员和配置环境监测资源，科学地开展环境监测，确保环境监测及时、准确、全面地反映环境质量及变化趋势，从而达到为环境管理、经济社会发展提供高效服务的目的。《环境保护法》第十一条规定："国务院环境保护行政主管部门建立环境监测制度，制定监测规范，会同有关部门组织监测网络，加强环境监测管理。国务院和省、自治区、直辖市人民政府的环境保护行政主管部门，应当定期发布环境状况公报。"

（一）环境监测机构

1. 环境监测管理机构。依照《全国环境监测管理条例》的规定，国家环境保护部设置全国环境监测管理机构，各省、自治区、直辖市和重点省辖市的环境保护行政主管部门设置监测处或科，市以下的环境保护行政主管部门设置相应的环境监测管理机构或者专人，国务院其他有关部门各级环境保护机构中设置环境监测管理人员，统一管理环境监测工作。

2. 环境监测工作机构。依照《全国环境监测管理条例》的规定，全国环境保护系统设置四级环境监测站。一级站是中国环境监测总站，二级站是省环境监测中心站，三级站是省辖市级环境监测站（或中心站），四级站是县设置的环境监测站。

各级环境监测站受同级环境保护行政主管部门的领导，业务上受上一级环境监测站的指导。

（二）环境监测网

基于环境的区域性特征和环境监测的基本职能，为了及时、准确地掌握全国和各地区的环境质量状况和污染变化动态，必须把全国各方面的监测力量组织起来，明确分工，加强协作，互相配合，形成全国环境监测网络，共同做好环境监测工作，更好地为经济建设和环境管理服务。《全国环境监测管理条例》专章规定了环境监测网，其主要内容是：

1. 环境监测网组织。全国环境监测网分为国家网、省级网和市级网三级。

（1）国家网是全国环境监测工作的业务协作组织。它由中国环境监测总站，各省级环境监测中心站，国务院各有关部、委、局、总会、总公司设置的环境监测中心站，全军环境监测中心站组成。国务院环境保护行政主管部门负责国家网的组织领导工作，中国环境监测总站是国家网的业务牵头单位，负责国家网的技术管理、技术仲裁、质量保证、信息资料汇总和全国环境状况报告的编写等工作。

(2) 省级网是全省环境监测工作的业务协作组织。它由省级环境监测中心站，辖区内的市级环境监测站和各有关厅、局、公司的环境监测站组成。省级人民政府环境保护行政主管部门负责省级网的组织领导工作。省级环境监测中心站是省级网的业务牵头单位，负责省级网的技术管理、技术仲裁、质量保证、信息资料汇总和全省环境状况报告的编写等工作。

(3) 市级网是全市环境监测工作的业务协作组织。它由市级环境监测站、辖区内的县级环境监测站和有关部门与企业的监测站组成。市人民政府环境保护行政主管部门负责市级网的组织领导工作。市级环境监测站是市级网的业务牵头单位，负责市级网的技术管理、技术仲裁、质量保证、信息资料汇总和全市环境状况报告的编写等工作。

（三）环境监察员

环境监察员是由国家在各级环境监测站设置的专门从事环境监察工作的人员，是环境监测站对各单位以及个人排放污染物情况和破坏或者影响环境质量的行为进行监测和监督检查的代表。环境监察员在执行监督检查任务时，应穿国家统一设计的服装和佩戴监察员标志。

（四）环境监测报告制度

为了加强对环境监测报告的管理，实现环境监测数据、资料管理制度化，确保环境监测信息的高效传递，提高环境决策与管理服务的及时性、针对性、准确性和系统性，国家环境保护局于1996年发布了《环境监测报告制度》，其主要内容是：

依照环境监测管理的要求，环境监测实行月报、年报和定期编报环境质量报告的制度。我国环境保护法还规定，国务院和省、自治区、直辖市人民政府的环境保护行政主管部门，应当定期发布环境状况公报。

环境监测月报可以一事一报为主，逐步形成一事一报与定期定式相结合的形式。建立自动连续监测站的地区，要逐渐建立监测日报制度，按照统一格式逐日报告监测数据和环境质量状况。

从职责分工看，环境监测月报、年报和环境质量报告书，均由各级环境保护行政主管部门向同级人民政府及上级环境保护行政主管部门报出。而各级环境监测站，须按环境保护行政主管部门的要求，定式提供各类报告的基础数据和资料。

第三节 环境监督管理

一、国家环境管理的概念

国家环境管理是指国家环境管理机关基于国家的行政权力，为环境保护的目的，而依法对开发利用自然环境和防治污染及其他公害的行为所进行的管理活动。它有以下几方面的含义：

（一）国家环境管理是以环境保护为目的的。环境破坏和环境污染使自然环境恶化或退化，危害人类的生存和发展。环境管理正是为了防治环境的恶化，保护和改善环境，维持良好的环境状态。同时这种环境保护的目的也包括允许和保护对自然环境的合理开发和利用，促进经济发展。因此，国家环境管理要通过管理活动使人们合理地开发和利用自然环境，减少或减轻污染或其他公害，从而保护环境。

（二）国家环境管理是国家环境管理机关基于国家行政权力所进行的管理活动。在民事活动领域，当事人往往强调"私法自治"的原则，不允许国家干预。而环境保护领域则不同，环境问题的严重性、普遍性及其危害性，已不是当事人凭当事人的意思、力量所能解决得了的，人们希望、要求国家进行环境管理，干预破坏和污染环境的行为。

因此，国家行政权力在环境保护领域中的效力得到确认，而在环境保护领域中代表国家行使这种行政权力的，是国家环境管理机关。

（三）国家环境管理的范围包括开发利用自然环境和防治污染与其他公害的行为。开发利用自然环境指对各种自然环境资源的开发利用，包括对土地、森林、草原、水、野生动植物等的开发利用。为此，国家需要制定一系列相应的法律规范来加以调整。同样，对于工业活动中产生的污染等公害行为，通过规定工业项目应该遵守的管理制度、工艺流程、技术设备等要求来减少污染等公害，以保护和改善环境。

（四）国家环境管理必须依法进行。一方面，国家环境管理机关行使其环境管理的职能，不能只凭行政权力，而要通过法律的形式进行，即要依据权力机关制定和公布的法律规范所规定的管理职权、管理范围和方式等进行管理，而不能任意进行法律所未规定的或超越自己权限的管理。另一方面，国家有关环境管理的法律一经制定并公布实施，就对环境管理的相对人产生拘束力，他们不能以不知道有关规定为由而逃避义务，拒绝接受管理。

二、国家环境管理机构

国家环境管理机构是指那些代表国家依法行使环境管理权的机关或部门。国家环境管理机构的产生与发展，与环境管理的不断强化及其成为国家职能密切相关。

我国环境管理机构的形成和发展经历了一个过程。20世纪50～60年代，我国的环境破坏和污染尚不严重，仅有水土保持委员会和"三废"治理办公室等机构，同时有关的部门也分别负责本部门的环境保护工作。20世纪70年代，随着工业的发展，工业污染等环境问题日益严重，国务院组成环境保护领导小组，设立办公室，组织、领导全国环境管理工作。1982年，国家进行机构改革，成立城乡建设环境保护部，下设环境保护局，主管全国环境保护工作；同时撤销环境保护领导小组。1984年，为加强环境管理工作，成立了国务院环境保护委员会，负责研究、审定环境保护的大政方针，组织、协调全国的环境管理工作；同年，城乡建设环境保护部下设的环境保护局上升为国家环境保护局。1988年，国家进行机构改革，国家环保局成为直属国务院的一个机构。

我国的环境管理机构，除中央到地方的各级环境保护局以外，还有其他有关的政府职能部门。根据《环境保护法》第七条的规定，我国环境管理机构的体制如下：

（一）国务院环境保护行政主管部门，对全国环境保护工作实施统一监督管理；县级以上地方人民政府环境保护行政主管部门，对本辖区内的环境保护工作实施统一监督管理。

从中央到地方的各级环境保护局是我国环境管理机构体制中的主体，依照法律的规定，他们主要管理各种污染和公害问题、由项目建设和自然环境资源开发利用产生的环境破坏、自然保护区、野生动植物物种等。

（二）国家海洋行政主管部门，港务监督，渔政渔港监督，军队环境保护部门，各级公安、交通、铁道、民航管理部门，依照有关法律的规定对环境污染防治实施监督管理。

（三）县级以上人民政府的土地、矿产、林业、农业、水利行政主管部门，依照有关法律的规定对资源的保护实施监督管理。

三、国家环境管理的手段

环境管理已成为国家必须履行的一种职责，这主要是由环境问题的严重性决定的。国家要进行环境管理，就需要借助一定的手段。国家环境管理的手段是指国家进行环境管理所采用或依靠的各种办法、措施、政策和制度等。由于各国的具体情况不同，因而它们所采取的环境管理手段也不尽相同。

（一）环境管理的行政手段

我国《环境保护法》第四条规定："国家制定的环境保护规划必须纳入国民经济和社会发展计划，国家采取有利于环境保护的经济、技术政策和措施，使环境保护工作同经济建设和社会发展相协调。"因此，运用行政手段使经济发展与环境保护相协调，首先要求国家从宏观上将环境保护规划纳入国民经济和社会发展计划，而地方各级人民政府在制定地方国民经济和社会发展计划时，应当将地方环境保护规划纳入其中；各生产企业和单位则应将本企业或本单位的环境保护计划纳入生产计划中。这样才能使经济建设、城乡建设和环境建设同步规划、同步实施、同步发展，实现经济效益、社会效益、环境效益的统一，从而使经济建设与环境保护协调发展。

（二）制定国土整治规划

国土整治规划即根据经济和社会发展的需要、各地区土地资源的状况及适用性，统筹安排工农业生产以及公用建设事业等用地，合理地配置生产力，使工农业生产布局及其对土地开发利用符合环境保护要求。在国外，国土整治规划被看作是行政权对土地所有权行使的限制，这就意味着，尽管国土整治规划并不剥夺规划区内土地所有人对土地的所有权，但是土地所有人对土地所有权的行使或者对其所有土地的用途的安排，必须服从或者遵照执行国家的国土整治规划。

（三）禁止在特殊保护区域内从事某些活动

特殊保护区域是指国家自然保护区、风景名胜区、水源保护区、疗养区、人文遗迹、历史遗迹等。之所以要对这些特殊保护区进行保护，是因为它们对于环境整体的保护和人类的生存与发展有重要意义。例如，自然保护区是自然环境的"本底"，有着各种天然物种，通过对自然保护区的研究，可以使人类理解自身对环境的影响程度，从而科学地指导人类开发利用环境的活动；风景名胜区、疗养区、人文遗迹和历史遗迹等地的环境优美，景观宜人，具有观赏、游览价值，同时也有科学、文化和教育意义；水源保护区则直接关系到人的健康和生命安全。

四、环境管理的经济手段

环境管理的经济手段是指国家运用经济的杠杆调节作用，采用经济鼓励或者抑制的办法、政策或措施等，来引导各种开发利用环境的活动和与环境保护相关的生产活动朝国家的环境政策目标行进，从而达到保护和改善环境的目的，由此进行的环境管理活动，可以称之为环境经济管理。

环境经济管理的特点在于，它并不一定强制管理的相对人遵照执行经济手段的要求，而是给予了一种选择活动的可能。它可以将各种的经济手段公示予管理相对人，管理相对人凭其自身的判断力就可以知道，什么样的活动是受到经济手段的鼓励的，什么样的活动则是受到抑制的。国家环境管理的经济手段主要如下：

（一）国家进行导向性的经济投资

国家向那些环境容量大的开发地区进行基础性投资，为向这一地区进行投资的投资者创造良好的环境，促使全国的经济均衡发展，从而保护环境。

我国也十分重视导向性的经济投资工作，上海浦东的开发即是一个例子。上海作为我国最大的工业城市，产业集中，人口密集，环境污染严重，给经济发展带来不利影响。而浦东与上海浦西老城区仅一江之隔，那里的环境容量大、人口少、产业落后。因此，浦东的开发就成为上海经济发展和环境保护的一个重要环节。为开发浦东，国家在政策上给了不少优惠条件，但这还不够。要想吸引商人到浦东投资经商，还必须由国家完成一些基础设施建设。为此，国家兴建了几座大桥，修筑道路，大大改善了浦东的交通，同时兴建了电力、煤气、供水站、电信等基础设施，为浦东的投资者创造了良好的投资环境。现在，浦东的发展成为上海经济的一个新增长点，同时也大大缓和了浦西地区的环境问题。

（二）财政援助

要防止环境破坏和污染，就必须要求产生污染的工厂企业兴建防治污染的设施，或者企业也可以通过改进技术和引进先进设备来提高资源的利用率，减少污染物的排放。但不论通过什么途径来治理污染，都要涉及建设资金问题。而环境保护设施的投资往往十分巨大，企业很难承受。在这种情况下，国家出于对公益事业的支持，可以给予无偿的财政援助。

1982年，国务院颁发的《征收排污费暂行办法》中规定：环境保护补助资金，应当主要用于补助重点排污单位治理污染源以及环境污染的综合性治理措施。排污单位在采取污染治理措施时，应当首先利用本单位自有财力进行，如确有不足，可报经主管部门审查汇总后，向环境保护部门和财政部门申请从环境保护补助资金中给予一定数额的补助。这种补助一般不得高于其所缴纳排污费的80%。也可以将环境保护补助资金的80%，交各主管局安排用于补助企业、事业单位治理污染源，由环境保护部门和财政部门进行监督。环境保护补助资金，通过建设银行监督拨款。

（三）低息或优惠贷款

按照低息或优惠贷款的要求，有关建造防治污染设施的单位在资金不足的情况下，可以向银行或有关部门申请贷款，而银行或有关部门将从有关的专门基金中对符合条件的申请者给予一定的信贷额度，这种信贷在期限、利率等方面给予了申请者十分优惠的条件。我国1988年颁发的《污染源治理专项基金有偿使用暂行办法》规定，国家设立污染源治理专项基金，基金实行有偿使用，委托银行贷款。

（四）税收调节

税收调节作用在环保上主要表现为，国家对有利于环境保护的活动或设备、产品减免税收，而对不利环境保护的活动则加重税收。例如，国家对用于防治污染的厂房设备可以免征不动产税，对进口环保设备可以免征关税，对综合利用、化害为利而生产出的产品可以免征产品税等。

第六章 环境影响评价与环境

第一节 我国环境影响评价法简介

环境影响评价法的法律草案于 2000 年 12 月提请国家最高立法机关审议，历时 22 个月，于 2002 年 10 月通过。这部法律在全国人大常委会表决通过时，共有 127 人参加表决，其中 125 人赞成，2 人弃权，无人反对。

一、立法目的

环境影响评价法的基本目的，在这部法律的总则中作出了明确表述，就是为了实施可持续发展战略，预防因规划和建设项目实施后对环境造成不良影响，促进经济、社会和环境的协调发展。

二、关于规划的环境影响评价

（一）对属于宏观的、长远的综合性规划以及预测性、参考性的指导规划，要求在规划编制过程中同步进行环境影响评价；

（二）对属于指标、要求比较具体的规划，一般称作专项规划的，可以要求单独编写该规划的环境影响报告书，并对报告书进行审查；

（三）为了增强规划环境影响评价的可操作性，协调相关方面的关系，在环境影响评价法中专门规定，进行环境影响评价的规划的具体范围，由国务院环境保护行政主管部门会同国务院有关部门规定，报国务院批准。

三、关于建设项目的环境影响评价

在有关建设项目环境影响评价的规定中，除了对法定权限、法定程序、法定内容、提供技术服务机构的资质、跟踪检查等项内容作出规定外，还专门对以下四个方面作出有针对性的规定：

（一）为建设项目环境影响评价提供技术服务的机构，对其所作的评价结论负责；

（二）为建设项目环境影响评价提供技术服务的机构，不得与负责审批建设项目环境影响评价的环境保护行政主管部门或者其他有关审批部门存在任何利益关系；

（三）任何单位和个人不得为建设单位指定对其建设项目进行环境影响评价的机构；

（四）预审、审核、审批建设项目环境影响评价文件，不得收取任何费用。

以上这些规定，其目的是有利于保证环境影响评价的客观、公正，促进评价的高质量。

四、关于规划和建设项目环境影响评价之间的关系处理

规划和建设项目是两个相对独立的事项，而它们之间又有密不可分的关系，为了协调

两者之间环境影响评价的关系,避免工作的重复,人力、财力、物力上的浪费,因此,根据有关方面的反映和现实中可能出现的问题,在环境影响评价法中规定,建设项目的环境影响评价,应当避免与规划环境影响评价相互重复;作为一项整体建设项目的规划,按照建设项目进行环境影响评价,不进行规划的环境影响评价;已经进行了环境影响评价的规划所包含的具体建设项目,其环境影响评价内容建设单位可以简化。这些规定的立法用意在于,重复的环境影响评价应当依法避免,爱惜人力、物力,讲究效率,当然并不是该评的而不评,或者是削弱环境影响评价的作用。

第二节 总 则

为了实施可持续发展战略,预防因规划和建设项目实施后对环境造成不良影响,促进经济、社会和环境的协调发展,制定本法。环评法的立法目的是:

一、实施可持续发展战略

可持续发展,是指既满足当代人需求又不危及后代人满足其需求的能力的发展,强调的是环境与经济的协调,追求的是人与自然的和谐,其实质就是经济的健康发展应该建立在生态持续能力的基础之上。

20世纪60年代以后,在关于经济增长和环境保护的关系辩论中,萌发和形成了可持续发展的思想。1980年,联合国呼吁,必须研究自然的、社会的、生态的、经济的以及自然资源利用过程中的基本关系,确保全球的持续发展。1983年,应联合国秘书长的要求,联合国发起成立了关心地球问题的世界环境与发展委员会,1987年,该委员会出版了关于环境与发展问题的报告即《我们共同的未来》,首次提出了"可持续发展"的概念。该报告对可持续发展的定义是"既满足当代人的需要,又不对后代人满足其需要的能力构成危害的发展。"其中表达了两个基本观点:一是人类要发展,尤其是世界贫困人民要发展;二是发展要有限度,不能危及后代人的发展。该报告还提出,当代存在的发展危机、能源危机、环境危机都不是孤立发生的,而是传统发展战略造成的,要解决人类面临的各种危机,只有改变传统的发展方式,实施可持续发展战略。联合国环境与发展大会在1992年《里约热内卢宣言》中,对可持续发展作了进一步的阐述,即"人类应享有与自然和谐的方式过健康而富有成果的生活的权利,并公平地满足今世后代在发展和环境方面的需要"。可持续发展战略思想后来逐渐被世界各国普遍接受。

我国作为一个发展中的大国,经济高速度发展,但资源消耗和环境污染也较为严重。在这种经济、资源与环境状况下,我国在解决环境问题上的回旋余地不大,无法沿用发达国家传统的"先污染、后治理"发展模式,只能寻求一种可持续发展的模式,走可持续发展之路。1992年8月,中共中央和国务院批准的《中国环境与发展十大对策》第1条就明确提出"实行可持续发展战略"。1992年,国家环保局和国家计委制定的《中国环境保护战略》、1993年9月国务院制定的《中国环境保护行动计划》、1994年3月国务院制定的《中国21世纪议程》等纲领性文件中,也反映了这一内容。1996年3月第八届全国人大第四次会议审议通过的《关于国民经济与社会发展"九五"计划和2010年远景目标纲要的报告》中明确提出,把科教兴国和可持续发展作为两项基本战略。2001年3月第九届全国人大第四次会议审议通过的《关于国民经济和社会发展第十个五年计划纲要的报告》中也提出,要促进人口、资源、环境协调发展,把实施可持续发展战略放在更突出的位置。现在,实施可持续发展战略已经成为我国国民经济和社会发展的基本指导方针。

二、预防因规划和建设项目实施后对环境造成不良影响

预防为主,是环境保护的一项基本原则,即在环境与资源保护中,要采取各种预防性手段和措施,防止环境问题的产生或者将其限制在尽可能小的程度,而不是等环境污染和资源破坏产生以后再去想办法治理。根据以往环境保护的实践经验,环境问题产生以后再进行治理,在经济上要付出很大的代价,而且很多环境污染和资源破坏问题一旦产生,即使花费很大的代价,也难以恢复,有些生态系统具有不可逆转性,一旦遭到破坏,就根本无法恢复。因此,以预防的手段避免环境问题的产生,是对过去环境保护实践深刻教训的总结,是环境保护的一项重要原则。

三、促进经济、社会和环境的协调发展

协调发展,是指为了实现经济、社会的可持续发展,必须使环境保护与经济建设、社会发展相协调,将经济建设、城乡建设与环境建设一起,同步规划、同步实施、同步发展,以达到经济效益、社会效益、环境效益的统一。

强调经济、社会和环境的协调,是维持地球生态系统平衡的客观要求,是实现可持续发展的基础,是由环境问题的特点以及解决环境问题的手段的特殊性决定的。当今世界的环境问题,主要是由于人类的经济和社会活动造成的。一方面,发展经济带来了环境问题,而严重的环境污染和资源破坏又反过来影响经济的健康和可持续发展;另一方面,经济的发展可以创造大量的物质财富,为解决环境问题提供必要的物质基础。因此,保护环境与促进经济和社会发展是相互联系、相互制约、相互促进、不可分割的统一整体,二者必须协调发展,但是绝不能以牺牲环境谋求经济上的发展。

(一)环境影响评价,是指对规划和建设项目实施后可能造成的环境影响进行分析、预测和评估,提出预防或者减轻不良环境影响的对策和措施,进行跟踪监测的方法与制度。

1964年,在加拿大召开的国际环境质量评价会议上,学者们提出"环境影响评价"的概念。1969年,美国国会通过了《国家环境政策法》,首次以法律的形式将环境影响评价作为一项制度规定下来,该项法案自1970年1月1日起开始实施。该项法案要求,美国联邦政府在作出可能对人类环境生产影响的规划和决定时,应当确保环境资源和环境价值也能在作出决定时与经济和技术问题一并得到适当的考虑,同时对拟议中的对环境质量可能产生重大影响的行动提出各种可供选择的替代方案。

(二)国家鼓励有关单位、专家和公众以适当方式参与环境影响评价。

环境保护过程中的公众参与,已经逐渐为世界许多国家环境保护立法所承认,并成为环境保护法律中的一项重要原则和制度。这一原则是指在环境保护过程中,有关单位和个人有权通过一定的途径,按照一定的程序,参与与其环境权益相关的决策活动。

20世纪90年代初开始,我国开始在环境影响评价中推行公众参与。1993年国家计委、国家环保总局、财政部和人民银行联合发布的《关于加强国际金融组织贷款建设项目

环境影响评价管理工作的通知》中,明确提出:"公众参与是环境影响评价的重要组成部分,报告书应设专门章节予以表述,使可能受影响的公众或社会团体的利益得到考虑和补偿。"

第三节　规划环境影响评价的原则与内容

为了加强对规划的环境影响评价工作,提高规划的科学性,从源头预防环境污染和生态破坏,促进经济、社会和环境的全面协调可持续发展,根据《中华人民共和国环境影响评价法》,制定《规划环境影响评价条例》。《规划环境影响评价条例》于 2009 年 8 月 12 日国务院第 76 次会议通过,2009 年 10 月 1 日起实施。

国务院有关部门、设区的市级以上地方人民政府及其有关部门,对其组织编制的土地利用的有关规划和区域、流域、海域的建设、开发利用规划(以下称综合性规划),以及工业、农业、畜牧业、林业、能源、水利、交通、城市建设、旅游、自然资源开发的有关专项规划(以下称专项规划),应当进行环境影响评价。

应当进行环境影响评价的规划的具体范围,由国务院环境保护主管部门会同国务院有关部门拟订,报国务院批准后执行。

一、规划环境评价应当遵循"三公开"原则及信息共享制度。

(一)对规划进行环境影响评价,应当遵循客观、公开、公正的原则。

(二)国家建立规划环境影响评价信息共享制度。县级以上人民政府及其有关部门应当对规划环境影响评价所需资料实行信息共享。

(三)规划环境影响评价所需的费用,应当按照预算管理的规定纳入财政预算,严格支出管理,接受审计监督。任何单位和个人对违反本条例规定的行为或者对规划实施过程中产生的重大不良环境影响,有权向规划审批机关、规划编制机关或者环境保护主管部门举报。有关部门接到举报后,应当依法调查处理。

二、规划环境影响评价内容。

规划编制机关应当在规划编制过程中对规划组织进行环境影响评价,对规划进行环境影响评价,应当分析、预测和评估以下内容:

(一)规划实施可能对相关区域、流域、海域生态系统产生的整体影响;

(二)规划实施可能对环境和人群健康产生的长远影响;

(三)规划实施的经济效益、社会效益与环境效益之间以及当前利益与长远利益之间的关系。

三、对规划进行环境影响评价,应当遵守有关环境保护标准以及环境影响评价技术导则和技术规范。

规划环境影响评价技术导则由国务院环境保护主管部门会同国务院有关部门制定;规划环境影响评价技术规范由国务院有关部门根据规划环境影响评价技术导则制定,并抄送国务院环境保护主管部门备案。

（一）编制综合性规划，应当根据规划实施后可能对环境造成的影响，编写环境影响篇章或者说明。编制专项规划，应当在规划草案报送审批前编制环境影响报告书。

（二）环境影响评价或者说明应当包括下列内容：

1. 规划实施对环境可能造成影响的分析、预测和评估，主要包括资源环境承载能力分析、不良环境影响的分析和预测以及与相关规划的环境协调性分析。

2. 预防或者减轻不良环境影响的对策和措施，主要包括预防或者减轻不良环境影响的政策、管理或者技术等措施。

3. 环境影响报告书除包括上述内容外，还应当包括环境影响评价结论。主要包括规划草案的环境合理性和可行性，预防或者减轻不良环境影响的对策和措施的合理性和有效性，以及规划草案的调整建议。

（三）规划编制机关应当对环境影响评价文件的质量负责。

1. 规划编制机关对可能造成不良环境影响并直接涉及公众环境权益的专项规划，应当在规划草案报送审批前，采取调查问卷、座谈会、论证会、听证会等形式，公开征求有关单位、专家和公众对环境影响报告书的意见。但是，依法需要保密的除外。

有关单位、专家和公众的意见与环境影响评价结论有重大分歧的，规划编制机关应当采取论证会、听证会等形式进一步论证。

规划编制机关应当在报送审查的环境影响报告书中附具对公众意见采纳与不采纳情况及其理由的说明。

2. 对已经批准的规划在实施范围、适用期限、规模、结构和布局等方面进行重大调整或者修订的，规划编制机关应当依照规定重新或者补充进行环境影响评价。

第四节　审　　查

规划编制机关在报送审批综合性规划草案和专项规划中的指导性规划草案时，应当将环境影响篇章或者说明作为规划草案的组成部分一并报送规划审批机关。未编写环境影响篇章或者说明的，规划审批机关应当要求其补充；未补充的，规划审批机关不予审批。

一、规划编制机关在报送审批专项规划草案时，应当将环境影响报告书一并附送规划审批机关审查；未附送环境影响报告书的，规划审批机关应当要求其补充；未补充的，规划审批机关不予审批。

（一）设区的市级以上人民政府审批的专项规划，在审批前由其环境保护主管部门召集有关部门代表和专家组成审查小组，对环境影响报告书进行审查，审查小组应当提交书面审查意见。

（二）省级以上人民政府有关部门审批的专项规划，其环境影响报告书的审查办法，由国务院环境保护主管部门会同国务院有关部门制定。

（三）审查小组的专家应当从依法设立的专家库内相关专业的专家名单中随机抽取。但是，参与环境影响报告书编制的专家，不得作为该环境影响报告书审查小组的成员。

审查小组中专家人数不得少于审查小组总人数的二分之一；少于二分之一的，审查小组的审查意见无效。

二、审查小组的成员应当客观、公正、独立地对环境影响报告书提出书面审查意见,规划审批机关、规划编制机关、审查小组的召集部门不得干预。

审查意见应当包括下列内容:
(一)基础资料、数据的真实性;
(二)评价方法的适当性;
(三)环境影响分析、预测和评估的可靠性;
(四)预防或者减轻不良环境影响的对策和措施的合理性和有效性;
(五)公众意见采纳与不采纳情况及其理由的说明的合理性;
(六)环境影响评价结论的科学性。

审查意见应当经审查小组四分之三以上成员签字同意。审查小组成员有不同意见的,应当如实记录和反映。

三、有下列情形之一的,审查小组应当提出对环境影响报告书进行修改并重新审查的意见:

(一)基础资料、数据失实的;
(二)评价方法选择不当的;
(三)对不良环境影响的分析、预测和评估不准确、不深入,需要进一步论证的;
(四)预防或者减轻不良环境影响的对策和措施存在严重缺陷的;
(五)环境影响评价结论不明确、不合理或者错误的;
(六)未附具对公众意见采纳与不采纳情况及其理由的说明,或者不采纳公众意见的理由明显不合理的;
(七)内容存在其他重大缺陷或者遗漏的。

四、有下列情形之一的,审查小组应当提出不予通过环境影响报告书的意见:

(一)依据现有知识水平和技术条件,对规划实施可能产生的不良环境影响的程度或者范围不能作出科学判断的;
(二)规划实施可能造成重大不良环境影响,并且无法提出切实可行的预防或者减轻对策和措施的。

规划审批机关在审批专项规划草案时,应当将环境影响报告书结论以及审查意见作为决策的重要依据。

规划审批机关对环境影响报告书结论以及审查意见不予采纳的,应当逐项就不予采纳的理由作出书面说明,并存档备查。有关单位、专家和公众可以申请查阅;但是,依法需要保密的除外。

已经进行环境影响评价的规划包含具体建设项目的,规划的环境影响评价结论应当作为建设项目环境影响评价的重要依据,建设项目环境影响评价的内容可以根据规划环境影响评价的分析论证情况予以简化。

第五节 跟 踪 评 价

对环境有重大影响的规划实施后,规划编制机关应当及时组织规划环境影响的跟踪评价,将评价结果报告规划审批机关,并通报环境保护等有关部门。

一、规划环境影响的跟踪评价应当包括下列内容:

(一)规划实施后实际产生的环境影响与环境影响评价文件预测可能产生的环境影响之间的比较分析和评估;

(二)规划实施中所采取的预防或者减轻不良环境影响的对策和措施有效性的分析和评估;

(三)公众对规划实施所产生的环境影响的意见;

(四)跟踪评价的结论。

规划编制机关对规划环境影响进行跟踪评价,应当采取调查问卷、现场走访、座谈会等形式征求有关单位、专家和公众的意见。

二、规划实施过程中产生重大不良环境影响的,规划编制机关应当及时提出改进措施,向规划审批机关报告,并通报环境保护等有关部门。

环境保护主管部门发现规划实施过程中产生重大不良环境影响的,应当及时进行核查。经核查属实的,向规划审批机关提出采取改进措施或者修订规划的建议。

规划审批机关在接到规划编制机关的报告或者环境保护主管部门的建议后,应当及时组织论证,并根据论证结果采取改进措施或者对规划进行修订。

规划实施区域的重点污染物排放总量超过国家或者地方的总量控制标准的,应当暂停审批该规划实施区域内新增该重点污染物排放总量的建设项目的环境影响评价文件。

第六节 建设项目的环境影响评价

一、对建设项目的环境影响评价实行分类管理的基本制度。

1998年11月29日,国务院发布了《建设项目环境保护管理条例》,对建设项目环境保护分类管理制度作了规定;1999年4月19日,国家环境保护总局又发布了《关于公布〈建设项目环境保护分类管理目录〉(试行)的通知》,使建设项目环境影响评价分类管理制度进一步具体化。现在立法机关又在环境影响评价法中对建设项目的环境影响评价分类管理制度作了专门规定,使这一制度法律化。

二、对建设项目的环境影响评价分类管理的依据和类别作了规定。

根据不同的建设项目对环境影响的程度,将建设项目环境影响评价分为以下三类:

(一)建设项目可能造成重大环境影响的,应当编制环境影响报告书,对产生的环境影响进行全面评价。

（二）建设项目可能造成轻度环境影响的，应当编制环境影响报告表，对产生的环境影响进行分析或者专项评价。

（三）建设项目对环境影响很小，不需要进行环境影响评价的，应当填报环境影响登记表。根据这一项的规定，对环境影响很小的建设项目，不需要另外进行环境影响评价，但必须履行环境影响登记表的填报和审批手续。

三、授权由国务院环境保护行政主管部门负责制定建设项目环境影响评价的分类管理名录，并予以公布。

建设项目的环境影响报告书应当包括下列内容：
（一）建设项目概况；
（二）建设项目周围环境现状；
（三）建设项目对环境可能造成影响的分析、预测和评估；
（四）建设项目环境保护措施及其技术、经济论证；
（五）建设项目对环境影响的经济损益分析；
（六）对建设项目实施环境监测的建议；
（七）环境影响评价的结论。

四、环境影响评价结论是环境影响报告书中最重要、最关键的内容。环境影响评价结论必须清楚说明下列主要问题：

（一）建设项目对环境质量的影响；
（二）建设项目的建设规模、性质、选址是否合理，是否符合环境保护要求；
（三）建设项目所采取的防治措施在技术上是否可行，经济上是否合理；
（四）是否需要再做进一步的评价等。

建设项目环境影响报告书除了包括上述四项内容外，还可以根据建设项目的实际情况，增加其他内容。

五、建设项目的环境影响评价，应当避免与规划的环境影响评价相重复。

规划的环境影响评价与规划所涉及的建设项目的环境影响评价不应重复，以免影响环境影响评价工作的效率。

（一）一个整体建设项目的规划，应当按照建设项目进行环境影响评价，不进行规划的环境影响评价。

（二）已经进行环境影响评价的规划所包含的具体建设项目，其环境影响评价在内容上应当简化。

（三）环境影响评价文件中的环境影响报告书或者环境影响报告表，应当由具有相应环境影响评价资质的机构编制。任何单位和个人不得为建设单位指定对其建设项目进行环境影响评价的机构。

（四）除国家规定需要保密的情形外，对环境可能造成重大影响、应当编制环境影响报告书的建设项目，建设单位应当在报批建设项目环境影响报告书前，举行论证会、听证会，或者采取其他形式，征求有关单位、专家和公众的意见。建设单位报批的环境影响报告书应当附具对有关单位、专家和公众的意见采纳或者不采纳的说明。

（五）建设项目的环境影响评价文件，由建设单位按照国务院的规定报有审批权的环境保护行政主管部门审批；建设项目有行业主管部门的，其环境影响报告书或者环境影响报告表应当经行业主管部门预审后，报有审批权的环境保护行政主管部门审批。审批部门应当自收到环境影响报告书之日起 60 日内，收到环境影响报告表之日起 30 日内，收到环境影响登记表之日起 15 日内，分别作出审批决定并书面通知建设单位。预审、审核、审批建设项目环境影响评价文件，不得收取任何费用。

六、国务院环境保护行政主管部门负责审批下列建设项目的环境影响评价文件：

（一）核设施、绝密工程等特殊性质的建设项目；
（二）跨省、自治区、直辖市行政区域的建设项目；
（三）由国务院审批的或者由国务院授权有关部门审批的建设项目。

七、建设项目的环境影响评价文件经批准后，建设项目的性质、规模、地点、采用的生产工艺或者防治污染、防止生态破坏的措施发生重大变动的，建设单位应当重新报批建设项目的环境影响评价文件。

（一）建设项目环境影响评价文件经批准后，建设项目的性质、规模、地点、采用的生产工艺或者防治污染、防止生态破坏的措施发生重大变动的，建设单位应当重新报批。

这样规定是考虑到建设项目的性质、规模、地点或者采用的生产工艺发生重大变化，该建设项目的环境影响也会相应地发生变化；另外，建设项目对环境的影响主要包括对环境的污染和生态的破坏两个方面，如果建设项目防治污染、防止生态破坏的措施发生重大变动，以至可能对环境造成新的不良影响的，在这种情况下，如果不重新报批建设项目环境影响评价文件，很可能使环境影响评价制度的执行流于形式，难以起到防止环境污染和生态破坏的作用。

（二）环境影响评价文件批准后，建设项目超过五年方决定开工建设的情况下，建设项目环境影响文件应重新审核。

防止因时间变迁、建设项目所在地环境状况或者国家环保方面的规定发生变化，使原来进行的环境影响评价失去价值的情况出现。这里所讲的"重新审批"，与原来的审批不同，通常只是对过去已经批准的建设项目环境影响评价文件予以重新核实。重新审核的结果大体可能有三种情况：第一种情况是，建设项目所在地的环境状况未发生改变或者环境状况的变化不影响该建设项目继续建设的，予以审核同意，也就是对原批准的环境影响评价文件重新肯定和确认其法律效力；第二种情况是，建设项目所在地的环境状况发生根本改变，根据法律、法规和国家有关规定，原建设项目已经属于禁止在该地建设的项目的，对该建设项目予以否决，也就是不同意原建设单位在该地继续从事该建设项目的建设活动；第三种情况是，建设项目所在地的环境状况发生较大变化，原经批准的环境影响评价文件已经不能准确地说明该建设项目对环境的影响，在这种情况下，决定该建设项目应当重新进行环境影响评价，建设单位应当重新履行环境影响评价文件的审批手续。不管属于哪一种情况，原审批部门都应当自收到建设项目环境影响评价文件之日起 10 日内，将审核意见书面通知建设单位。

（三）建设项目的环境影响评价文件未经法律规定的审批部门审查或者审查后未予批准的，该项目审批部门不得批准其建设，建设单位不得开工建设。

建设项目的环境影响评价文件，是该项目环境影响评价结果的书面表现形式，依照本法规定，必须报经法定审批部门审批。审批部门应当依法对报批的环境影响评价文件进行审查，按照环境保护的要求，对该环境影响评价文件作出是否予以批准的决定。环境影响评价文件未经法定审查或审查后未予以批准的建设项目，一律不得开工建设，这是保证建设项目环境影响评价制度能够真正发挥作用的关键所在。

（四）建设项目建设过程中，建设单位应当同时实施环境影响报告书、环境影响报告表以及环境影响评价文件审批部门审批意见中提出的环境保护对策措施。

建设项目的环境影响报告书、环境影响报告表，是建设项目环境影响评价结果的书面表现形式。按照建设项目环境影响评价的要求，在建设项目环境影响报告书、报告表中，应当根据该项目对环境可能造成影响的分析和预测，有针对性地提出防范和减少对环境产生不良影响的各种对策和措施；审批该建设项目环境影响报告书、报告表的部门在审批过程中，也可以对该项目提出必要的环保对策和措施要求。

（五）环境保护行政主管部门应当对建设项目投入生产或者使用后所产生的环境影响进行跟踪检查，对造成严重环境污染或者生态破坏的，应当查清原因、查明责任。

1. 要使建设项目环境影响评价制度真正能够起到预防或减轻不良环境影响的作用，一是要求所做的环境影响评价必须尽可能客观、准确，在此基础上提出的环境保护对策和措施切实有效；二是要求在环境影响评价中所提出的环境保护对策和措施应当在项目建设中真正得到落实。否则，环境影响评价制度就会流于形式。为避免这种情况的发生，维护建设项目环境影响评价这一法定制度的权威性、有效性，环境保护行政主管部门应当对建设项目投入生产或者使用后所产生的环境影响进行跟踪检查。这种跟踪检查，重点是检查该建设项目的环境影响评价是否符合项目实施后的实际情况，造成严重不良环境影响的，应当分析其原因。跟踪检查既可以结合日常的环境保护监督检查工作一并进行，也可以专项进行。实施跟踪检查的环境保护行政主管部门，既可以是原审批该建设项目环境影响评价文件的环境保护行政主管部门，也可以是该审批部门的上级环境保护行政主管部门。

2. 对在跟踪检查中发现已投入生产或者使用的项目造成了严重环境污染或者生态破坏的，应当对造成环境污染或者生态破坏的原因进行分析，查明是因为事先难以预料的客观情况变化所造成的，还是属于环境影响评价中的人为因素造成的，总结教训，明确责任。对确属于人为责任因素造成的，应当依法追求责任。对其中属于为建设项目环境影响评价提供技术服务的机构编制环境影响评价文件不实以致造成严重环境污染或者生态破坏的，应当依法追究其法律责任。

八、建设工程环境影响评价流程。

《建设项目环境保护管理条例》是对评价对象的建设项目的内容来进行分类管理的。《环境影响评价法》也继承了这个方法，即在"对环境有重大影响"的情况下，要提交环境影响报告书，进行全面地评价；当在"对环境有轻微影响"的情况下，要提交环境影响报告表，分析对环境产生的影响或进行专项评价；当"对环境影响非常小"时，只需要填写简单的环境影响登记表，不必填写环境影响评价表。建设工程环境影响评价流程见图6-1。

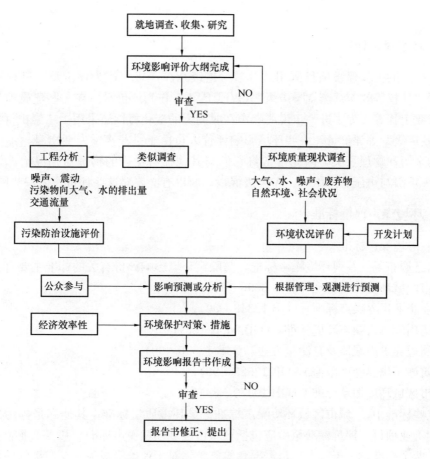

图 6-1 建设工程环境影响评价流程

第七节 噪声环境影响评价

噪声环境影响评价是建设项目环境影响评价的重要组成部分,在一些建设项目中,它甚至是环境影响评价的主要内容。

噪声环境影响评价的基本任务是评价建设项目所引起的声环境变化情况、噪声污染范围与程度;分析建设项目主要噪声源、工程设计中已有噪声控制措施的适用性及效果;根据经济、技术分析,提出科学可行的噪声防治对策,将噪声污染控制在国家现行标准允许的水平。这项工作不仅为建设项目优化选址及噪声污染防治设施的设计提供了指导性文件,而且为环境管理和城乡建设规划提供了科学依据。

为了做好噪声环境影响评价工作,国家环保局颁发了《环境影响评价技术导则 声环境》(HJ/T 2.4—1995)(下简称"技术导则")。技术导则从噪声环境影响评价目的、评价因子、评价标准到评价方法,从评价的具体工作程序到评价模式,均作了原则性论述。尽管技术导则尚有许多有待完善之处,但它是噪声环境影响评价工作的主要技术依据文件,环境影响评价人员应该认真学习和正确应用此技术导则。本节对技术导则的内容作进一步论述,对评价工作中的一些技术关键作深入探讨,并对报告书中出现的一些错误进行了分析。

一、环境噪声评价量

对于一般的工程建设项目采用"等效（连续）A声级"作为评价量，只有机场飞机噪声采用"计权等效连续感觉噪声级"（WECPNL）作为评价量。在一些建设项目中，如公路、市政工程等，为了进一步说明噪声在时间上的变化特性还采用了"累积百分声级"、"昼夜等效声级"等评价量。一些环境影响评价人员由于是非声学专业出身，不了解这些评价量的来历和物理意义，因此常常将它们与其他描写噪声的物理量相混淆，如将等效（连续）A声级与声压、声压级、A声级混淆，所以有必要对这些评价再做一些阐述。

二、环境噪声评价标准

（一）环境噪声标准

我国已颁布了一系列环境噪声标准，与噪声环境影响评价有关的标准主要有：

《城市区域环境噪声标准》（GB 3096—93）；

《工业企业厂界噪声标准》（GB 12348—90）；

《机场周围飞机噪声环境标准》（GB 9660—88）；

《铁路边界噪声限值及其测量方法》（GB 12525—90）；

《建筑施工场界噪声限值》（GB 12523—90）；

《城市区域环境振动标准》（GB 10070—88）。

在这些标准中，《城市区域环境噪声标准》是环境质量标准，其他都是排污标准。对于一般的工业项目，评价标准至少应包括《城市区域环境噪声标准》和《工业企业厂界噪声标准》两个标准。由于建设项目需要建筑施工，对于评价等级为一、二级的环评，宜将《建筑施工场界噪声限值》也列为评价标准。还有些建设项目，使用振动强度较大的机械，如冲床、立磨、地毯织机等，如果安装有这些机器的厂房靠近居民住宅，则可能造成振动污染，因此需要将《城市区域环境振动标准》也列入评价标准。

在已划分声环境功能区的城市区域，评价的标准值应执行相应的区域标准。例如某热电厂建于城市的建成区，位于城市噪声区划的居住、商业、工业混杂区，其评价标准就应执行《城市区域环境噪声标准》中的"2"类标准和《工业企业厂界噪声标准》中的"n"类标准。

如果项目所在地尚未划分声环境功能区，应由县级以上地方人民政府确认其功能区和应执行的标准，并出具正式文件。

对于公路、铁路（含轻轨）建设项目的评价标准，国家环保总局环发［2003］94号文及其附件有一些明确规定。主要内容有：

在已划分声环境功能区的城市噪声敏感建筑集中区域，应执行《城市区域环境噪声标准》（GB 3096—93）和《城市区域环境噪声适用区划分技术规范》（GB/T 15190—94）。若临路以高于3层楼房建筑以上（含3层）的建筑为主，将第一排建筑物面向道路一侧的区域为4类标准适用区域；若临路以低于3层楼房建筑（含开阔地）为主，将道路红线外一定距离内的区域为4类标准适用区域。

公路、铁路（含轻轨）通过的乡村生活区域，其区域声环境功能区由县级以上地方人民政府参照《城市区域环境噪声标准》（GB 3096—93）和《城市区域环境噪声适用区划分技术规范》（GB/T 15190—94），确定用地边界外合理的噪声防护距离。评价范围内的学校、医院（疗养院、敬老院）等特殊敏感建筑，其室外昼间按 60dB（A）、夜间按 50dB（A）执行。

"一定距离"，按《城市区域环境噪声适用区划分技术规范》规定为：

相邻区域为 1 类标准适用区域，距离为 45±5m；

相邻区域为 2 类标准适用区域，距离为 30±5m；

相邻区域为 3 类标准适用区域，距离为 20±5m。

在应用环境噪声标准时，特别要注意标准的适用范围、采用的评价量、测点位置和测量时段等几个方面。

例如，"铁路边界噪声限值"标准，见表 6-1，适用范围为城市铁路边界，在实际操作时，通过村镇的铁路（包括工矿专用铁路）也执行此标准。标准采用的评价量是等效连续 A 声级，但等效时间为 1h，要求为能代表平均机车车辆运行密度的那个小时进行测量。测点位置为离铁路外侧轨道中心线 30m 处。

铁路边界噪声限值　单位：dB（A）　　　　　　　　　　表 6-1

昼间	70	夜间	60

又如，"建筑施工场界噪声限值"标准，见表 6-2，适用范围为城市建筑施工期间施工场地，测点位置在与噪声敏感区域（如居民住宅）相应的建筑施工场地边界处。不能将此标准扩大到相邻噪声敏感区，噪声敏感区仍应执行相应城市区域环境噪声标准。一些报告书根据建筑施工机械噪声源强与建筑施工场界噪声限值标准，计算出土石方施工阶段昼间影响范围为 60m、夜间为 550m；打桩施工阶段昼间影响范围为 190m；结构施工阶段昼间影响范围为 100m、夜间为 550m，并据此考虑该影响范围内的噪声敏感点防噪措施，这是不正确的。原因就在于与施工场地相邻的噪声敏感点应执行相应城市区域环境噪声标准，如"1"类区标准，此时受施工噪声影响的范围比上述计算值可能要大得多。所以，分清标准的适用范围是非常重要的。

建筑施工场界噪声限值　单位：dB（A）　　　　　　　　　　表 6-2

施工阶段	主要噪声源	噪声限值	
		昼间	夜间
土石方	推土机、挖掘机、装载机等	75	55
打桩	各种打桩机等	85	禁止施工
结构	混凝土搅拌机、振捣棒、电锯等	70	55
装修	吊车、升降机等	65	55

（二）《城市区域环境噪声标准》与《工业企业厂界噪声标准》的差别

《城市区域环境噪声标准》与《工业企业厂界噪声标准》是环境影响评价中使用最频繁的两个标准，但也最容易被混淆。表 6-3 列出了《城市区域环境噪声标准》中的等效声级。

《城市区域环境噪声标准》中的等效声级　单位：dB（A）　　表6-3

类别	昼间	夜间	类别	昼间	夜间
0	50	40	3	65	55
1	55	45	4	70	55
2	60	50			

我国已制定了许多建筑的室内噪声标准，如住宅、学校、医院、旅馆、剧场、电影院、播音室、录音棚、歌舞厅等。其中在《民用建筑隔声设计规范》（GBJ 118—88）中，明确规定了住宅、学校、医院、旅馆的室内噪声允许值，有关内容见表6-4。

民用建筑室内噪声标准　单位：dB（A）　　表6-4

建筑类别	房间名称	特殊标准	较高标准	一般标准	最低标准
住宅	卧室、书房（或卧室兼起居室）		≤40	≤45	≤50
	起居室		≤45	≤50	≤50
学校	语言听音室等有特殊安静要求房间		≤40	—	—
	一般教室		—	≤50	—
	无特殊安静要求房间		—	—	≤55
医院	病房、医护人员休息室		40≤	≤45	≤50
	门诊室		≤55	≤55	≤60
	手术室		≤45	≤45	≤50
	听力测听室		≤25	≤25	≤30
旅馆	客房	≤35	≤40	≤45	≤50
	会议室	≤40	≤45	≤50	≤50
	多用途大厅	≤40	≤45	≤50	—
	办公室	≤45	≤50	≤55	≤55
	餐厅、宴会厅	≤50	≤55	≤60	—

三、噪声环境影响评价工作等级

按照噪声环境影响评价技术导则要求，噪声环境影响评价的工作等级分为三个等级，一级要求最高，三级要求最低。噪声环境影响评价工作等级确定的主要依据有：项目建设规模，所在区域的环境噪声标准，项目建设前后环境噪声变化的程度，项目建设前后受影响的人口变化情况。

（一）确定噪声评价工作等级的基本原则

1. 对于大、中型建设项目，属于规划区内的建设工程，或受噪声影响的范围有适用于 GB 3096—93 标准及以上的需要特别安静的地区，以及对噪声有限制的保护区等噪声敏感目标，项目建设前后噪声级有显著增高［增高量达5～10dB（A）］或受影响人口显著增多的情况，应按一级评价进行工作。

2. 对于新建、扩建及改建的大、中型建设项目，若其所在功能区属于适用于

GB 3096—93规定的1类、2类标准的地区，或项目建设前后噪声有明显增高[增高量达3～5dB（A）]或受噪声影响人口增多的情况，应按二级评价进行工作。

3. 对处在适用 GB 3096—93规定的3类标准及以上的地区允许的噪声标准值为65dB（A）及以上的区域的中型建设项目，及处在 GB 3096—93规定的1类、2类标准地区的小型建设项目，或者大、中型建设项目建设前后噪声级增加很小[增高量小于3dB（A）]且受影响人口变化不大的情况，可按三级评价进行工作。

在利用上述原则确定噪声环境影响评价工作等级时，需要注意这些数据间的关系。例如某发电厂扩建工程，新上两台2×300MW燃煤发电机组，总投资24600万元，工厂位于3类工业区，但项目建设后噪声有明显增加。在这个项目的环评中，环评工作等级被定为三级是不正确的。因为这个工程尽管位于3类工业区，但项目建设后噪声有明显增加，并不符合三级评价中"建设前后噪声级增加很小[增高量小于3dB（A）]且受影响人口变化不大"的条件，应该按照二级评价进行环评工作。

（二）在噪声传播途径中控制噪声

运用吸声、隔声、消声、隔振等声学技术措施降低噪声。

（三）运用城市规划和建筑设计手段降低噪声

运用城市规划和建筑设计手段降低噪声可以收到事半功倍的成效。在有些情况下，甚至只需在图纸上调整房屋的位置便可达到噪声控制目的，并不需要耗费噪声治理费用。因此，在噪声控制中应优先考虑。

一个新建的以噪声污染为主的建设项目应尽量考虑设于城市工业集中区，因为这儿的环境噪声允许标准值较高，可以减少噪声治理费用。同样的理由，高速公路应尽量不穿越噪声敏感区域。例如，京沪高速公路某段原设计方案要穿过一个村庄，且从学校一角穿过，学校和部分居民需要搬迁，并须设长达数百米声屏障，所需环保投资很高。后根据环境评审意见修改了公路走向，从村外绕过，不仅解决了环境保护问题而且降低了工程建设费用。

运用建筑设计手段控制噪声，需要从总平面布置到平、立、剖面设计都要考虑噪声控制。可以采用的基本方法主要有以下几个方面：

1. 将噪声源集中布置。噪声源集中布置后污染面积减小，且有利于采用降噪措施。例如，某机械工厂设计，将空压机站、水泵房、锅炉房等高噪声车间集中安排。

2. 将强噪声源远离边界布置。噪声在室外传播时衰减很快，即使只考虑发散衰减，衰减值也足够大。前已述，到声源的距离增加1倍，对于点声源，声压级的衰减值有6dB，对于线声源，衰减值有3～6dB。

例如有两个规模相当的热电厂，一个热电厂的冷却塔设于厂区边界，到厂界距离约10m，为控制冷却塔噪声投资约800万元，而另一个厂的冷却塔位于厂区中间，由于噪声的传播衰减，不需采取任何噪声控制措施也达到了环境噪声标准。因此，在电厂设计中，噪声高的发电机厂房、风机房、碎煤机房、冷却塔等应尽量远离边界布置。

除电厂外，在机械厂设计中，空压机站、锅炉房、冲压和锻压车间、内燃机试车车间等应尽量远离边界布置；在钢铁厂设计中，风机房、球磨机房、制氧机房、钢板冷轧车间等应尽量远离边界布置；在水泥厂设计中，生产线宜垂直于敏感点方向边界布置；在化工厂设计中，风机房、空压机站、锅炉房、大型泵站等应尽量远离边界布置。

3. 利用噪声低的建筑隔离强噪声源。在一个对外环境有噪声污染的建设项目中，会有一些噪声低的建筑，在一个建筑中也会有噪声低的房间。如机械工厂的普通机工车间、热处理车间、装配车间等噪声水平较低，可布置在厂区边界一侧，利用其声屏障作用降低高噪声车间对环境的污染。在高噪声车间中也会有一些噪声相对低的房间，如锅炉房中的锅炉间、控制室、配电房等，可将这些房间布置于边界一侧。

对于需要控制外界环境噪声对其污染的建设项目中，如居住区、学校、公共建筑等，情况相反，要将对安静要求低的建筑或房间布置于边界一侧，利用其声屏障作用降低外界噪声对需要安静环境建筑的污染。如在居住区总平面布置时，临街第一排房屋应安排商店、饭店等，将住宅安排在小区内部；在临街住宅设计中，临街一侧应尽量安排厨房、洗手间、客厅等，而将卧室、起居室安排在另一侧；在学校建筑总图布置中，交通干道侧可布置音乐教室、体育馆、校办工厂等，而在它们的后面布置教学楼；在教学楼平面设计中可设计内廊，面向高噪声侧布置对安静要求较低的实验室、教师休息室以及楼梯、卫生间等，而在另一侧布置普通教室和语音教室；教学楼还可采用在高噪声环境侧设计封闭式外廊的方法；在剧院、音乐厅等建筑中，交通干道一侧可布置门厅、休息厅、空调机房等，而将安静要求高的观众厅布置在建筑内部。

4. 尽量避免房间之间的相互干扰。传统的教学楼设计为内走廊式，走廊两侧的教室门对着门，相互干扰较大，某校公共教学楼教室改为"田"形布置，设外廊交通，有效降低教室间的相互干扰。

许多住宅小区中居民楼呈行列式布置，前后排房子之间相互干扰较大。改为自由式布置则可减小这种干扰。

5. 控制门、窗的方向与面积。门、窗有多种功能，它的设计应该根据各方面要求决定。从噪声控制的角度，门、窗是房屋围护结构中隔声最薄弱部分，因此高噪声车间毗邻厂界一侧不宜开窗或设门。若因采光等方面要求必须设窗，可考虑天窗。如果必须设侧窗，应尽量控制面积，必要时设双层窗或隔声窗。若因交通或搬运设备等原因要求设门，应控制门的面积，必要时加设门斗或隔声门。

（四）吸声降噪

利用吸声材料和吸声结构降低厂房内噪声的方法称为吸声降噪。从环境保护角度看，厂房内噪声降低了，对外界污染也就减轻了；从工人劳动卫生角度看，厂房内噪声降低了，工人的工作环境改善了，是一举两得的事。因此，在噪声控制工程中，吸声降噪是应优先采用的措施。对于有多台机器且工人需要在机器旁操作的车间，则必须采用吸声降噪措施，如织布车间、机加工车间、装配车间等。

（五）声屏障

专门设计的立于噪声源和受声点之间的声学障板，叫做声屏障。声屏障一般设计高度为3～6m，可获3～15dB（A）降噪量。我国已颁发了《声屏障声学设计和测量规范》(HJ/T 90—2004)。

声屏障特别适合于长度较大的室外噪声源控制，如公路、铁路、城市高架道路的交通噪声控制、冷却塔淋水噪声控制、变电站大型变压器电磁噪声控制等。

第八节 长江三峡工程环境影响的评价

一、长江三峡工程的背景

长江是我国第一大河,其流域面积占全国总面积的19%,养育着全国1/3的人口,流域的工农业总产值约占全国的40%,在我国国民经济发展中占有重要地位。

长江三峡位于重庆市东部和湖北省西部,为以长江峡谷水道为主的河川,西起重庆奉节,东至湖北宜昌。长江三峡是瞿塘峡、巫峡、西陵峡的总称。

《中华人民共和国国民经济和社会发展十年规划和第八个五年计划纲要》(第七届全国人民代表大会第四次会议1991年4月9日批准)确定,要"继续抓紧长江三峡工程项目的审查"工作。

1992年3月,国务院批转了原国家计委《关于加强水库移民工作若干意见的通知》,将三峡工程移民(将超过200万人)作为需要考虑的重大问题。同时还开展了对三峡工程库区移民工作的对口支援工作。

1992年4月,第七届全国人民代表大会第五次会议通过了《关于兴建长江三峡工程的决议》。长江三峡工程随即开始兴建。

二、三峡大坝建设的影响及其不同意见

尽管从孙中山时期就开始设想修建长江三峡大坝,但是,直到毛泽东、邓小平时期,这项工程还是因为弊害较大而未能决策上马。

中国国内围绕三峡工程的影响的问题与争论,主要涉及政治、经济、移民、环境、文物、旅游等方面❶。

(一)关于生态环境的影响和争议。

三峡工程对环境和生态的影响非常广,其中对库区的影响最为直接和显著,对长江流域也存在重大影响,甚至还有人认为三峡工程将会使得全球的气候和海洋环境发生重大变化。

根据葛洲坝水电站的运行经验,三峡工程将会对周边生态造成严重的冲击。因为,有大坝阻隔,鱼类无法正常通过三峡,它们的生活习性和遗传等会发生变异。三峡完全蓄水后将淹没五百六十多种陆生珍稀植物,但它们中的绝大多数在淹没线以上也有分布,只有疏花水柏枝和荷叶铁线蕨两种完全在淹没线以下,现均已迁植。

三峡蓄水后,水域面积扩大,水的蒸发量上升,因此,会造成附近地区日夜温差缩小,改变库区的气候环境。由于水势和含沙量的变化,三峡还可能改变下游河段的河水流向和冲积程度,甚至可能会对东海产生一些影响,并进而改变全球的环境。但是考虑到海洋的互通性,以及长江在三峡以下的一千多公里流程中还有湘江、汉江、赣江等多条重要

---

❶ 我国著名水利专家、清华大学水利系黄万里教授生前一直是修建大坝的反对者。他认为,凡在干流的淤积河段上修坝,是绝对不可以的,比如三门峡和三峡。关于三峡大坝,他指出:孙中山可以倡议,毛泽东可以作诗,而我们技术人员则是负有责任的。"参见戴晴:《三峡高坝永不可修——访清华大学教授黄万里》。

支流的水量汇入，估计不会对全球海洋和气候环境造成较大的影响。而且环境的变化是由多种可变因素交织形成的，极其复杂，所以，也无法确定三峡工程对环境影响的明细程度。

（二）三峡工程第一个环境影响评价报告的结论：工程弊大于利。

1958年，中共中央批准兴建三峡工程。在周恩来总理的主持下，开始了三峡工程的勘探、设计、论证工作。后因经济政策失误，计划搁浅。在这种情况下，并考虑国力、技术和国内国际形势等其他因素，毛泽东主席最终决定暂缓实施三峡工程，"积极准备，充分可靠"，先修建葛洲坝水电站，作为三峡水电站的实验工程。

从20世纪70年代后期开始，我国《环境保护法（试行）》规定了环境影响评价制度。

1982年，长江水利委员会提出的三峡工程正常蓄水位150m方案中，就有一章是三峡工程对环境的影响，承认三峡工程对环境的影响有利有弊、弊大于利。

1984年，国务院原则批准了三峡工程上马。受原国家计委和国家科委的委托，中国科学院组织了"三峡工程生态环境科研项目"领导小组，负责编写《长江三峡工程对生态与环境影响及其对策研究》。这也是一个违反《环境保护法（试行）》中规定的有关环境影响评价程序即"先批后审"的决定。

就在中国科学院的这个研究课题进行之时，1986年，中共中央和国务院决定对三峡工程进行可行性论证。可行性论证由水利部负责，分14个课题组进行，其中一个课题就是"生态和环境"，这个课题是中国科学院"三峡工程生态环境科研项目"的延续，其人员也是原班人马的扩充。"三峡工程可行性论证生态环境组"负责人是中科院学部委员马世骏和侯学煜，马世骏任组长，侯学煜为顾问。

从1986年开始到1988年，生态环境组初步完成了研究报告。1988年11月下旬，三峡工程论证领导小组召开第9次扩大会议，由生态环境组汇报他们的工作结果。组长马世骏发言时说明，中科院对三峡工程生态环境影响研究报告的结论是有利有弊、弊大于利。

报告的主要结论是："三峡工程对生态环境的影响是有利有弊、弊大于利，但是一些弊病可以采取工程措施加以限制或减轻。"而侯学煜不同意结论中的后半句，他把名利置之度外，拒绝在专业报告上签字，单独向三峡工程论证领导小组提交了自己的意见书。他认为："从对生态环境和资源的影响来看，三峡工程不是早上或晚上的问题，坝高多少的问题，而是根本要不要上的问题。"

三峡工程可行性论证报告（共14个分报告，包括生态环境组的分报告）于1989年8月完成。参加三峡工程可行性论证的有412位各学科的专家，其中403位在各自参加编写的分报告上签了字，只有侯学煜等9位专家没有在报告上签字。从1989年到1991年期间，长江水利委员会在生态环境组分报告的基础上，按照环保部门规定的格式，编写了《三峡工程环境影响评价报告书》。结论仍然是，三峡工程对生态环境的影响是有利有弊、弊大于利，但是一些弊病可以采取工程措施加以限制或减轻。

1990年7月6日，在国务院召开的三峡工程论证汇报会上，负责汇报的"三峡工程生态环境科研项目"领导小组的副组长、技术总负责人在会上将三峡工程论证生态环境组的"弊大于利"的结论改为"三峡工程对生态环境的影响是广泛而深远的"。他指出："我们认为，除水库淹没以外，影响生态环境的基本因素是建坝引起河流水文、水力情势的变化。……三峡水库对河流天然径流量的调节有限，水库各月平均下泄流量只在枯水季节比天然情况有变化，而且均在天然流量的变化范围之内。……三峡工程对生态环境的影响，不致成为工程决策的制约因素。"

1991年8月3日，三峡工程论证审查进入集体审查阶段，国务院三峡工程审查委员会召开了第三次会议，审查并通过了三峡工程论证报告。虽然当时三峡水利枢纽环境影响分报告的结论仍然是三峡工程对环境影响有弊有利且弊大于利，但是，三峡工程论证总报告中关于三峡工程对环境影响的结论却被改成了利大于弊。这个论证总报告强调了大坝对生态环境的"有利"影响：水库可以减轻长江洪水对中游人口稠密、经济发达的平原湖区生态与环境的严重破坏，以及洪灾对人们心理造成的威胁；对中下游血吸虫防治有利；水力发电可以减少对周围环境的污染；可以改善库区气候，有利于发展柑橘种植；能减少洞庭湖的淤积，有利于调节长江径流量；等等。

虽然论证总报告中关于三峡工程对生态环境影响的结论与生态环境组的结论截然相反，但在当时的政治气候下，生态环境组的成员没有人敢表示异议。他们认为，他们只对生态环境组的报告以及相应的结论负责，他们只在这个分报告上签字；他们对总报告以及总报告中关于三峡工程对环境影响是利大于弊的结论不负责任，也没有在总报告上签字。

（三）对生态环境可行性论证组"不利"结论的"善后"。

国务院三峡工程审查委员通过和批准了可行性论证总报告后，国务委员宋健于1992年8月31日下午召开会议，研究三峡工程可行性论证报告的"善后"问题。

虽然在政治压力下通过的总报告中关于三峡工程对环境影响的结论是利大于弊，但生态环境组的专业报告以及长江水利委员会在该报告基础上编写的三峡工程对环境影响评价报告的结论却仍然是有弊有利、弊大于利，总报告与分报告之间显而易见的矛盾仍然会贻笑后人，因此，必须找出一个妥善的解决办法。

这时，原长江水利委员会主任提出了一个方案，他认为，长江水利委员会根据生态环境组的报告所编写的《长江三峡水利枢纽环境影响报告书》，虽然其评价大纲经过论证领导小组审议通过，但是尚未报国家环保局审批，可以说在程序上是不完备的，可以借此程序性漏洞否定长江水利委员会的环境评价报告。

于是，这次"善后"会议声称，虽然在可行性研究阶段对生态与环境问题作了大量的工作，国务院三峡工程审查委员会组织的生态与环境预审专家组和审查委员会已审定了可行性研究阶段的评价成果，但考虑到三峡工程的生态与环境评价具有极大的国际国内影响，应该按有关法规和程序补编"环境评价报告书"并进行"正式审查"。会议要求国家环保局必须在1992年2月5日前通过这个报告。

（四）三峡工程第二个环境影响评价报告的结论：工程利大于弊。

从国务院三峡工程审查委员规定的时间表来看，从1991年9月到1991年底，4个月内必须完成如下程序：组织领导和专家班子，编写环境影响评价报告大纲，送交国家环保局批准；重新调查研究，重新分析评价，提出新的防治措施，撰写新的环境影响评价报告书；先上报主管的水利部审查，然后再上报国家环保局并经审查批准。

1991年10月，国家环保局批准了长江水利委员会送交的环境评价大纲。从10月起，长江水利委员会着手修改环境影响报告书和结论。

长江水利委员会并没有为编写第二个环境影响报告书重新组织基础数据的调查，而是使用与原来报告同样的数据；它也没有组织新的分析研究，更没有新的发现或突破。但是，第二个报告却提出了与第一个报告截然相反的结论。

第二个环境影响报告书的结论是：三峡工程对环境影响有利有弊、利大于弊。在对生态环境的有利影响方面，除了前面提到的之外，还添加了一些新的"有利因素"：三峡工程可提高中下游，特别是荆江河段的防洪能力，是长江中下游综合防洪体系中的关键性工程；三峡工程建成后，装机 1768 万 kW，年发电量 840 亿 kWh，可替代火电厂燃煤 4000 万～5000 万 t，大量减少废气、废水、废渣对环境的污染；三峡工程有利于改善川江航运，扩大库区养殖水面和改善长江中下游枯水期的水质；三峡工程可调节库容达 165 亿 m^3，能增加长江枯水期流量，可为沿江工农业供水和南水北调提供有利的水资源条件，有利于改善生态与环境；等等。

（五）政治争议。

三峡工程的支持者们相信，该工程将具有巨大的经济和社会效益，并能拉动整个国家国民经济的发展。而反对者们则认为，该工程劳民伤财，是政府领导人好大喜功、打算青史留名的表现。

在 1992 年 4 月 3 日全国人民代表大会会议表决过程中，一共有 2633 名人大代表参与表决，结果是赞成 1767 票，反对 177 票，弃权 664 票，未按表决器的有 25 人。表决虽然获得通过，但赞成票只占总票数的 2/3 左右（67%），是迄今为止全国人大所通过的得票率最低的议案。

三、三峡工程环境影响报告书的评审、审批与通过

（一）专家的评审

1992 年 1 月 21 至 24 日，水利部根据国务院领导批示在北京主持召开了《长江三峡水利枢纽环境影响报告书（送审稿）》（以下简称《报告书》）的预审会议，提出了如下评审意见：

第一，《报告书》针对工作规模巨大、对生态与环境影响深远的特点，采取全流域、多层次的系统分析和综合评价方法，对 23 个环境子系统和 68 个环境因子进行了评价。《报告书》全面分析了三峡工程对生态与环境的有利影响和不利影响，以及环境对三峡工程的影响，提出了减免不利影响的对策和下阶段工作的建议。专家委员会认为：三峡工程对生态与环境的影响有利有弊，只要采取切实有效的措施，认真落实，可以使其减少到最低限度。根据以上分析，生态和环境问题不致影响三峡工程的可行性。

第二，同意《报告书》就三峡工程对生态与环境有利影响的分析和结论。

第三，同意《报告书》就三峡工程对生态与环境不利影响的分析和对策措施的建议，包含水库淹没和移民安置、水库水质保护、库尾泥沙淤积与防洪、水生生物与珍稀、濒危物种保护、自然景观和文物保护、人群健康、中游湖区的土壤沼泽化和潜育化、长江口地区的生态与环境问题及其他等 9 个方面。

第四，关于环境影响的经济损益问题，专家委员会认为：目前大型水利工程对生态与环境影响的量化难度较大，建议可先采用定性的分析方法，并继续进行定量分析方法的研究。

第五，原则同意《报告书》提出的重点对策，并同意在三峡工程概算中安排必要的环境补偿投资。

（二）国家环境保护局审批

1992年2月1日，水利部将第二个环境影响报告书送交国家环境保护局审批。1992年2月17日，国家环境保护局以《关于〈长江三峡水利枢纽环境影响报告书〉审批意见的复函》（环监〔1992〕054号）予以批复。该批文的意见是：第一，原则同意《长江三峡水利枢纽环境影响报告书》预审专家委员会的评审意见，认为只要对不利影响从政策、工程措施、监督管理以及科研和投资等方面采取得力措施，使其减小到最低限度，生态与环境问题就不致影响三峡工程的可行性；第二，列举了三峡工程对生态与环境的三大有利影响和七大不利影响，并载明三峡工程的建设还可能产生目前尚未被认识和潜在的生态与环境问题；第三，鉴于三峡工程对生态与环境的影响广泛而深远，要求必须对不利影响予以高度重视，本着对人民负责、对后代负责、对历史负责的精神，严格执行环保法规，采取得力措施，并认真落实。

（三）全国人大对三峡工程议案的审批

1992年2月17日，国务院环保局批准了三峡工程环境影响报告书，为在3月份召开的全国人民代表大会审批三峡工程的议案做好了准备。

1992年3月21日，时任国务院副总理的邹家华向人大作了《关于提请审议兴建长江三峡工程议案的说明》。他指出，1991年8月3日，审查委员会在最后一次全体会议上一致通过了对长江三峡工程可行性研究报告的审查意见，认为三峡工程建设是必要的，技术上是可行的，经济上是合理的。建议国务院及早决策兴建三峡工程，提请全国人大审议。1992年1月17日，国务院常务会议认真审议了审查委员会对三峡工程可行性研究报告的审查意见，同意兴建三峡工程，提请全国人民代表大会审议。

1992年3月16日，时任国务院总理的李鹏代表国务院向全国人大提请审议兴建长江三峡工程的议案和议案附件说明。在附件说明中提到：三峡工程对生态环境的影响，引起国内外人士的广泛关注，提出了很多加强生态与环境研究的意见和建议，国务院对此十分重视，在工程论证和审查中都被列为重点课题；在三峡工程论证期间，成立了长江三峡工程生态与环境专家组，由生态、环境、环境水利等55位国内著名专家组成，经过两年的论证，提出了《长江三峡工程生态与环境影响及其对策的论证报告》；1991年国务院三峡工程审查委员会审查并肯定了这一环境影响报告的评价成果，同时要求根据中国的环境保护法律规定"补办"三峡工程环境影响报告。据此，中科院环境评价部和长江水资源保护科研所联合编制了《长江三峡水利枢纽工程环境影响报告书》，由水利部主持预审，进行修改，最后由国家环保局主持终审通过。三峡工程对生态环境的影响有利有弊，主要有利影响在长江中下游，主要不利影响在库区。但是，国务院的这个附件说明只字不提三峡工程论证审查过程中先后有两个工程环境影响报告书，而两个环境影响报告书的结论又截然相反的情况。三峡工程对生态环境的不利影响引起了国内外人士的广泛关注，而负责撰写第二个环境影响评价报告书的专家们实际上根本无法回答许多重要问题。

1992年4月3日，全国人民代表大会第五次会议就是在这样的背景下批准了国务院提出的三峡工程议案。这是中华人民共和国历史上继1955年三门峡水电站之后第二件提交全国人民代表大会审议的工程建设议案。

2004年1月，原全国人大环资委主任委员曲格平先生在谈到有关三峡工程的利弊问题时指出，三峡工程可以带来三大好处：其一，防止了50年一遇的洪水危害，解决了心头之患；其二，大坝对水量的调节，可以有效防止枯水期给生态带来的危害；第三，三峡机组的水力发电，每年至少可以节约5000万t煤的消耗，有效保护生态资源。但是，三峡工程带来的不利因素也至少有三条，即泥沙淤积问题、长江特有生物的保护问题和人文及自然景观的改变问题。他同时认为，三峡工程总的来说还是利大于弊❶。

第九节 国外环境影响评价法律制度

一、美国环境影响评价法律制度

环境影响评价制度是美国于20世纪60年代末首创的。在1969年美国《国家环境政策法》（NEPA）中，就规定环境影响评价是联邦政府在环境管理中必须遵循的一项制度。该法颁布以后至20世纪70年代末，美国各州相继建立了各种形式的环境影响评价制度，纽约州还于1977年制定了专门的《环境质量评价法》。

二、美国环境影响评价主要内容简介

（一）拟议活动的可供选择方案

美国《国家环境政策法》第1502条（2）C款规定了环境影响报告书的内容：(a) 拟议活动的环境影响；(b) 拟议活动如果付诸实施，对环境所产生的不可避免的不利影响；(c) 拟议活动的各种可供选择方案；(d) 对人类环境的区域性短期使用与维持和加强长期生命力之间的关系；(e) 拟议行动如果付诸实施，可能产生的无法恢复和无法补救的资源耗损。美国《国家环境政策实施程序条例》第1502条的条文对环境影响报告书的内容作出了非常具体的规定。其中，比较重要的有三项，即：①包括拟议活动在内的所有可供选择方案的环境影响；②受影响的环境；③环境后果。

1. 包括拟议活动在内的所有可供选择方案的环境影响。在美国环境影响评价制度法制化之初，可供选择方案的选择就与公众参与程序一道，成为保障环境影响评价制度得以实施的核心内容和重要保障。

按照《国家环境政策实施程序条例》第1502条C款规定："环境影响报告书的主要目的是提供一种强制行动手段，保证法律规定的政策和目标能够纳入联邦政府进行中的项目和行动。它应当对显著的环境影响问题进行全面和公正的讨论，将合理的方案提供给决策者和公众，避免或最大限度地减少负面环境影响，改善人类环境质量。"

在第1502条14款关于"包括拟议活动方案在内的备选方案"的规定中，特别强调"这部分是环境影响报告书的核心"，并且要"以对照的方式提出拟议活动和方案对环境的影响，依此准确地找出问题，并为决策者和公众进行方案选择提供依据"。

为此，根据《国家环境政策法》、《国家环境政策实施程序条例》以及相关的判例，环境影响报告书所要报告的可供选择的方案包括拟议的活动本身以及可供选择方案这两大部分。

---

❶ 本节参照汪劲所写《中外环境影响评价制度比较研究》一书"引言"第五大问题"1992年长江三峡工程决策"相关内容。

2. 可供选择方案。根据可供选择方案的性质，可以将它们分为第一可供选择方案、第二可供选择方案和延迟活动方案三类。

(1) 第一可供选择方案，这是指以根本不同的方式实现拟议活动的目的、可完全代替拟议活动的方案（例如兴建高速公路的基本可供选择方案就是不兴建或者更新现有公路）。其主要表现是不行动，一般而言，采纳基本可供选择方案将导致对拟议活动方案的放弃。

根据美国国家环境质量委员会 1981 年发表的备忘录，不行动方案主要有两种：一种是管理方针或政策上的不行动，即不改变现行管理方针或政策。例如，继续执行现行土地利用政策，这种不行动方案的环境影响应当同加强或削弱现行管理强度的行动的环境影响相比较。另一种不行动方案是不进行拟议的工程或项目。如上述不兴建高速公路方案。这种不行动方案的环境影响应当同拟议行动或其他可供选择方案的环境影响相比较。

(2) 第二可供选择方案，这是指以不同方式施行拟议活动的方案。它的目的不是排斥拟议活动，而是对拟议活动方案的修改或变通。例如，对公路建设工程的第二可供选择方案有不同路线的方案，对兴建水坝的第二可供选择方案有不同水坝高度的方案，对出租开发油田的第二可供选择方案有由联邦政府自己开发的方案等。

(3) 延迟活动方案，这是指暂缓实施拟议活动。它也属于可供选择方案的一种。当拟议活动的某些重大环境影响不能被科学地确证时，延迟活动是必要的谨慎。在 1975 年发生的塞拉俱乐部诉莫顿案（Sierra Club v. Morton）中，内政部对其出租开发近海油田计划延迟活动方案就是一个典型。审理本案的法院认为，内政部的环境影确报告书充分讨论了以下几个方面的延迟可能性：①延迟到可获得能更好地保护环境的新技术；②延迟到完成对计划的潜在环境影响的充分研究；③延迟到陆地开发计划的制订。

3. 可供选择方案的范围。可供选择方案概念的外延是非常宽泛的。理论上，除拟议活动自身方案外，所有其他实际可行或者实际不可行以及当前不可行的方案都可能成为拟议活动方案的可供选择方案。因此，从切实可行的角度出发，就必须确立可供选择方案的标准，以明确什么样的方案才属于可供选择方案，否则便会导致对拟议活动的判断落入喋喋不休的争论之中，人们也就无法确定环境影响报告书所述可供选择方案的充分性。

在美国，1969 年《国家环境政策法》并没有规定可供选择方案的标准。现行通用的标准是由《国家环境政策实施程序条例》确立的，该标准最先出现在有关的判例之中。

1972 年，自然资源保护联合会诉莫顿案是《国家环境政策法》实施后第一个关于可供选择方案问题的案件。哥伦比亚特区上诉法院通过对该案的判决，为具体在环境影响报告书中适用可供选择方案条款确立了一个基本标准，就是"合理性"。上诉法院认为："《国家环境政策法》关于讨论合理可供选择方案的规定，并不要求水晶球占卜式的探讨。……如果说这项法规不要求那些不具实际意义的可能性，则它应当由合理性来解释"；"《国家环境政策法》不要求详尽讨论评论者提出的、其影响不易确定的可供选择方案和仅仅是远离现实的或纯属幻想的可能性的可供选择方案的环境影响"。为此，根据合理性标准，上诉法院赞同内政部拒绝详尽讨论开发有关地下资源等可供选择方案的环境影响的决定，因为，在当时它们属于不实际可行的。

4. 可供选择方案的选择。CEQ 条例第 1502.14 规定，应当根据对"受影响的环境"和"环境后果"分析后所提供的信息和分析，以对照的方法提出拟议活动方案对环境的影响，依次准确地找到问题，并为决策者和公众进行方案选择提供依据。

在对可供选择方案的选择环节中，负责机构应当尽力发现和客观评价所有合理的方案，对从详细研究中剔除的方案也应当简要说明剔除理由。为了便于审查者评价各个方案的相对优势，还应当平等地对待每个方案，包括拟议活动方案。在牵头机构管理权以外的方案如果合理的话，也应当予以考虑。此外 CEQ 条例还对不采取行动也作为一种方案予以了规定。负责机构还应当在报告书初稿中确认编好的一个或多个方案（如果有的话），并在报告书终稿中加以确认，有其他法律禁止这样表示偏好的情况除外。负责机构还应当增加拟议活动或方案中没有提到的适当的控制措施。CEQ 条例规定了若干限制、减少、弥补活动的水利环境影响的补救措施，主要包括：限制活动的强度与规模的方式，修复更新或还原受影响的环境的方式，在整个活动期间保存和保持运转减少或消除长期影响，更换和提供替代资源或对环境影响的补偿的方式等。

（二）拟议活动的环境影响与受影响的环境

在美国，法律要求在环境评价（EA）阶段就拟议活动的"环境影响"作出基本的判断，从而决定是否进一步编制环境影响报告书（EIS）。描述受影响的环境是美国环境影响报告书第二方面的重要内容。依照 CEQ 条例第 1508 部分对该条的相关解释，"影响"是指本活动将要或可能引起的、与活动同时同地发生的直接、间接或叠加的影响，以及对生态（如对自然资源及受影响生态系统的组成、结构和功能）、美学、历史、文化、经济、社会或健康的直接、间接和叠加影响。它们既包括活动的有利影响，也包括活动的有害影响，即使负责机构综合平衡后认为总的影响是有利的。影响有一般影响和显著影响之分。显著影响以外的影响均为一般影响。那么，如何判断是否"显著"呢？CEQ 条例对"显著"的解释包括广度和深度两方面：广度的含义是指对某项活动的影响必须从多个方面加以分析，例如从社会（自然和人文）、受影响区域、受影响的利益等方面考虑。另外，广度意义上的显著随活动涉及的不同而不同，例如在特定地点的活动，显著通常是指该活动对当地的影响而不是对全球的影响。深度的含义则是指某项活动影响的严重程度。在评价深度时考虑的主要因素包括：拟议活动的正面与负面影响以及在平衡后的负面影响——影响公众健康或安全的程度；特殊地理特征；人类环境质量的负面影响；人类环境的高度不确定性影响或风险程度；对未来有显著影响的活动所代表未来世代决策的程度；与其他单独无影响但叠加后有影响的活动的关系；对国家历史文物等的负面影响，以及对重要的科学、文化或历史资源损失与破坏的可能性；对生物多样性的负面影响程度；是否符合联邦或州的环境保护法律规定。只有那些被认为具有显著影响的活动，才能够作为必须编制环境影响报告书的对象。根据 CEQ 条例第 1502 条的规定，环境影响报告书应当对将受到影响的地区的环境状况进行简要描述，描述的详细程度以能够了解方案的影响为宜。报告书中的数据和分析应当与影响的重要性相称，机构应当避免报告书中无用信息的堆积，应当集中精力关注主要问题，环境影响报告书并不需要对受影响的环境作冗长的陈述。

环境后果是环境影响报告书的第三方面的重要内容，它是在对包括拟议活动在内的所有可供选择方案的环境影响进行科学对比和分析的基础上，针对《国家环境政策法》第 1502 条（2）C 款之（a）、（b）、（d）和（e）项规定的要求展开讨论。

CEQ 条例规定，讨论的内容应当包括：①直接后果及其程度；②间接后果及其程度；③拟议活动；④包括拟议活动方案在内的各种方案的环境效果，而在进行包括拟议活动在内的所有可供选择方案的环境影响的对比时应当以此为基础；⑤各种方案的能源需求和节能潜力以及控制措施；⑥各种方案对自然或不可再生资源的需求以及控制措施；⑦城市环境质量、历史和文化资源、环境设计，包括各种方案的回收和节约潜力以及控制措施；⑧消除负面环境影响的方法。

三、日本环境影响评价法律制度

在日本，由于国土狭小，人口众多，经济活动的密度又高。所以，实行环境影响评价是非常重要的。最初，日本的环境影响评价主要是根据各省厅的行政指导或地方公共团体的条例及纲要在特定的事业、地域内各自实施，但由于这种做法不能完全控制国家有关大规模事业活动的建设，因此人们呼吁应当在法律上统一环境影响评价的程序。

1977年初，环境厅提出了《环境影响评价法案》，然而由于各省厅的意见不一，该法案未获通过。1978年1月，环境厅又向各省厅提出了新的环境影响评价法案，而在1979年又因有关省厅的意见不一，加上财界的反对，而被搁置下来。对此，日本全国舆论纷纷指责，要求政府尽快完成有关立法。1981年4月，内阁会议决定了环境影响评价法案并向第94届国会提出，然而该法案又被废弃（废案）。

为制定行政上的依据从而采取有效实施的措施，作为法案的基本内容，1984年内阁会议制定了《环境影响评价实施纲要》。纲要规定，对于大规模的环境影响评价，都要根据该实施纲要对有关事业实施行政指导。

到1993年，日本为推行可持续发展战略，制定了新的《环境法》。该法在第20条专项规定了"推展环境影响评估"，要求从事变更土地形状、新设工作场及其他类似事业者，事先要进行调查、预测和评估，并据此推展相关的环境保全。到1997年，日本国会正式通过了《环境影响评价法》。

四、日本环境影响评价主要内容简介

在经历了20世纪70年代的三次立法失败后，日本终于在1997年制定颁布了《环境影响评价法》。

（一）环境影响的判断标准

日本1997年《环境影响评价法》对环境影响的总体表述是：因事业（指为特定目的进行的一系列变更土地性状的行为以及新设或扩、改建建筑物行为）实施而波及的环境影响（包含相关事业实施后的土地或建筑物进行预定之事业活动，以及有其他人的活动涉及相关事业为目的时，伴随这些相互所产生的影响）。

与其他国家相同的是，日本环境影响评价的对象是那些对环境有"显著"影响的大规模事业活动。但是，《环境影响评价法》并未就"显著"作出解释，而是通过判断事业规模的大小来决定对环境的影响是否显著。

1997年，日本还颁布了《环境影响评价法实施令》的政令，对应当进行环境影响评价的第一、二种事业与种类予以了详细的指定。并将《环境影响评价法》第2条规定由政令确定的数值定为0.75。1997年，原日本环境厅（现为环境省）也制定了《环境影响评价法有关指针规定的基本事项》。在具体内容方面作了基于个别事业的内容的判定标准与基于其他情况判断环境状况的标准等的补充。

其中，基于个别事业的内容的判定标准包括：第一，该事业与同种事业的内容相比，

环境影响的程度可能是显著的,例如所运用的技术、工艺等在过去很少实施,并且有关环境影响的知识不充分,可能导致显著环境影响的事业;第二,该事业与其他关联同种事业一体化施行时,总体上可能导致显著环境影响的。

基于其他情况判断环境状况的标准包括:第一,存在着易受环境影响的地域或者对象,例如,向闭锁性水域排污、学校、医院、住宅周边、饮用水水源地等的场合;自然林、湿地等自然环境的场合。第二,从自然保护的观点依照法令规定存在指定地域或者对象的场合。第三,存在着环境已经显著恶化或者可能进一步恶化的地域的场合。

(二)环境影响报告书的内容

该法将环境影响评价报告书的制作程序分为方法书、准备书、评价书三个阶段。

1. 由事业者制作有关对象事业环境影响评价的方法书,经过主管当局批准后进行环境影响评价。方法书的内容包括:事业者的姓氏等基本事项,对象事业的目的与内容,对象事业实施区域及其周边的概况,对象事业的环境影响评价项目以及调查、预测与评价的手段。

2. 根据评价的结果在方法书的基础上制作准备书,必须载明各类事项、意见概要、有关环境影响评价的方法、评价结果、环境保护措施、综合评价分析等。

3. 经过讨论程序后,最终在准备书的基础上制作环境影响评价书,并载明各类意见和建议、地方自治体长官的意见以及事业者对各项意见或建议的见解。

在1998年日本总理府发布的《环境影响评价法施行规则》中,对方法书、准备书与评价书的制作、浏览等程序作出了具体规定。

在日本《环境影响评价法》中,全文均没有出现过"可供选择方案"的文字字样,但这并不意味着日本环境影响评价的决策程序中,没有可供选择方案的选择程序。关于可供选择方案的有关规定,主要见于《环境影响评价法》第14条,该条规定事业者在进行有关对象事业的环境影响评价后,对相关环境影响评价的结果必须制作环境影响评价准备书。其中,在环境影响评价结果中应当揭示有关具体情况。为了环境保全的措施包含采取相关措施乃至研讨状况。该规定有关"为了环境保全的措施"以及"采取相关措施乃至研讨状况"包含有对多个方案进行研讨的含义。对此,原日本环境厅(现为环境省)行政官员认为,这里的规定实际上是特指对"可供选择方案"的研讨。

第七章 城乡规划与环境

第一节 城市规划

城市规划的好坏对环境的影响是巨大的,是不容置疑的。本章从城乡规划理论和城乡规划法阐述规划对环境的影响。

一、城市规划及分类

城市规划是指对一定时期内城市的经济和社会发展、土地利用、空间布局以及各项建设的综合部署、具体安排和实施管理。城市规划在指导城市有序发展、提高建设和管理水平等方面发挥着重要的先导和统筹作用。城市规划分为总体规划和详细规划。详细规划又分为控制性详细规划和修建性详细规划。

（一）城市总体规划

城市总体规划,是对一定时期内城市的性质、发展目标、发展规模、土地利用、空间布局以及各项建设的综合部署和实施措施,是引导和调控城市建设、保护和管理城市空间资源的重要依据和手段。经法定程序批准的城市总体规划,是编制近期建设规划、详细规划、专项规划和实施城市规划行政管理的法定依据。各类涉及城乡发展和建设的行业发展规划,都应当符合城市总体规划的要求。

（二）城市详细规划

城市详细规划,是指以城市的总体规划为依据,对一定时期内城市局部地区的土地利用、空间布局和建设用地所作的具体安排和设计。城市控制性详细规划,是指以城市总体规划或分区规划为依据,确定城市建设地区的土地使用性质和使用强度的控制指标、道路和工程管线控制性位置以及空间环境控制的规划要求。

1. 控制性详细规划是引导和控制城镇建设发展最直接的法定依据,是具体落实城市总体规划各项战略部署、原则要求和规划内容的关键环节。制定控制性详细规划要保证工作及时、到位,使控制性详细规划在空间范围上能有效覆盖。要根据各阶段城镇新区开发和旧城改造的重点,分区域、分阶段开展控制性详细规划的编制工作。编制控制性详细规划要在全面、深入分析研究的基础上进行,并注意与国民经济和社会发展规划、土地利用总体规划相衔接,加强控制性详细规划对土地出让和开发建设的综合调控。同时,还要注意贯彻编制和实施控制性详细规划过程中公众参与的要求。

2. 城市修建性详细规划,是指以城市的总体规划或控制性详细规划为依据,用以指导城市各项建筑和工程设施及其施工而制定的规划设计。对于城市内当前要进行建设的地区,应当编制修建性详细规划。城市修建性详细规划是具体的、操作性的规划。

二、制定和实施城乡规划的原则

制定和实施城乡规划，应当遵循城乡统筹、合理布局、节约土地、集约发展和先规划后建设的原则，改善生态环境，促进资源、能源节约和综合利用，保护耕地等自然资源和历史文化遗产，保持地方特色、民族特色和传统风貌，防止污染和其他公害，并符合区域人口发展、国防建设、防灾减灾、公共卫生和公共安全的需要。

（一）城乡统筹原则

这是制定和实施城乡规划应当遵循的首要原则。在制定和实施规划的过程中，就要将城市、镇、乡和村庄的发展统筹考虑，适应区域人口发展、国防建设、防灾减灾、公共卫生和公共安全各方面的需要，合理配置基础设施和公共服务设施，促进城乡居民均衡地享受公共服务，改善生态环境，防止污染和其他公害，促进基本形成城乡、区域协调互动发展机制目标的实现。

（二）合理布局原则

规划是对一定区域空间利用如何布局作出安排。制定和实施城乡规划应当遵循合理布局的原则，就是要优化空间资源的配置，维护空间资源利用的公平性，促进资源的节约和利用，保持地方特色、民族特色和传统风貌，保障城市运行安全和效率，促进大中小城镇协调发展，促进城市、镇、乡和村庄的有序健康发展。省域城镇体系规划中的城镇空间布局和规模控制，城市和镇总体规划中的城市、镇的发展布局、功能分区、用地布局都要遵循合理布局的原则。

（三）节约土地原则

人口多，土地少，特别是耕地少是我国的基本国情。制定和实施城乡规划，进行城乡建设活动，要改变铺张浪费的用地观念和用地结构不合理的状况，必须始终把节约和集约利用土地，依法严格保护耕地，促进资源、能源节约和综合利用作为城乡规划制定与实施的重要目标，做到合理规划用地，提高土地利用效益。乡、村庄的建设和发展，应当因地制宜、节约用地；在乡、村庄规划区内进行乡镇企业、乡村公共设施和公益事业建设以及农村村民住宅建设，不得占用农用地；确需占用农用地的，应当依法办理农用地转用审批手续后再核发乡村建设规划许可证，以体现节约土地原则。

（四）集约发展原则

集约发展是珍惜和合理利用土地资源的最佳选择。编制城乡规划，必须充分认识我国长期面临的土地资源缺乏和环境容量压力大的基本国情，认真分析城镇发展的资源环境条件，推进城镇发展方式从粗放型向集约型转变，建设资源节约、环境友好型城镇，促进城乡经济社会全面协调可持续发展。

（五）先规划后建设原则

先规划后建设是《城乡规划法》确定的实施规划管理的基本原则。这一原则要求城市和镇必须依法制定城市规划和镇规划，县级以上人民政府确定应当制定乡规划、村庄规划区域内的乡和村庄必须依法制定乡规划和村庄规划。各级人民政府及其城乡规划主管部门要严格依据法定职权编制城乡规划；要严格依照法定程序审批和修改规划，保证规划的严肃性和科学性；要加强对已经被依法批准的规划实施监督管理，在规划区内进行建设活动，必须依法取得规划许可，对违法行为人要依法予以处罚。

三、城乡规划的制定

国务院城乡规划主管部门会同国务院有关部门组织编制全国城镇体系规划，用于指导省域城镇体系规划、城市总体规划的编制。

全国城镇体系规划由国务院城乡规划主管部门报国务院审批。省、自治区人民政府组织编制省域城镇体系规划，报国务院审批。

省域城镇体系规划是合理配置和保护利用空间资源、统筹全省（自治区）城镇空间布局、综合安排基础设施和公共设施建设、促进省域内各级各类城镇协调发展的综合性规划，是落实省（自治区）的经济社会发展目标和发展战略，引导城镇化健康发展的重要依据和手段。

省域城镇体系规划须报国务院审批。省、自治区人民政府组织编制省域城镇体系规划，在报国务院审批前，必须先经本级人民代表大会常务委员会审议，并且应当将省域城镇体系规划草案予以公告，并采取论证会、听证会或者其他方式征求专家和公众的意见，省、自治区人大常委会的审议意见和根据审议意见修改省域城镇体系规划的情况以及公众意见的采纳情况及理由一并报送国务院。国务院应当组织专家和有关部门进行审查。

省域城镇体系规划的内容包括：城镇空间布局和规模控制，重大基础设施的布局，为保护生态环境、资源等需要严格控制的区域。具体而言，省内必须控制开发的区域，包括自然保护区、退耕还林（草）地区、大型湖泊、水源保护区、蓄滞洪区以及其他生态敏感区；省域内的区域性重大基础设施的布局，包括高速公路、干线公路、铁路、港口、机场、区域性电厂和高压输电网、天然气主干管与门站、区域性防洪与滞洪骨干工程、水利枢纽工程、区域引水工程等；涉及相邻城市的重大基础设施的布局，包括城市取水口、城市污水排放口、城市垃圾处理场等。

四、城乡规划审批的程序

（一）省、自治区人民政府组织编制的省域城镇体系规划，城市、县人民政府组织编制的总体规划，在报上一级人民政府审批前，应当先经本级人民代表大会常务委员会审议，常务委员会组成人员的审议意见交由本级人民政府研究处理。

（二）镇人民政府组织编制的镇总体规划，在报上一级人民政府审批前，应当先经镇人民代表大会审议，代表的审议意见交由本级人民政府研究处理。

（三）规划的组织编制机关报送审批省域城镇体系规划、城市总体规划或者镇总体规划，应当将本级人民代表大会常务委员会组成人员或者镇人民代表大会代表的审议意见和根据审议意见修改规划的情况一并报送。

五、城市规划的内容

城市总体规划、镇总体规划的内容包括：城市、镇的发展布局，功能分区，用地布局，综合交通体系，禁止、限制和适宜建设的地域范围，各类专项规划等。规划区范围、规划区内建设用地规模、基础设施和公共服务设施用地、水源地和水系、基本农田和绿化用地、环境保护、自然与历史文化遗产保护以及防灾减灾等内容，应当作为城市总体规划、镇总体规划的强制性内容。城市总体规划、镇总体规划的规划期限一般为20年。城市总体规划还应当对城市更长远的发展作出预测性安排。

（一）城市、镇总体规划是城镇发展与建设的基本依据，是调控各项资源（包括水资源、土地资源、能源等）、保护生态环境、维护社会公平、保障公共安全和公众利益的重要公共政策。

为充分发挥城市、镇总体规划的综合调控作用，发挥其合理高效配置空间资源、优化城镇布局的功能，城市、镇总体规划的内容包括两个方面，即应当包括的内容和强制性内容，强制性内容是必备的内容。

（二）城市、镇总体规划应当包括以下强制性内容：

规划区范围；规划区内建设用地规划，包括规划期限内城市建设用地的发展规模，土地使用强度管制区划和相应的控制指标（建设用地面积、容积率、人口容量等）；城市、镇基础设施和公共服务设施，包括城镇主干道系统网络、城市轨道交通网络、大型停车场的布局，饮用水水源取水口及其保护区范围、给水和排水主管线的布局，电厂与大型变电站的位置、燃气储气罐站位置、垃圾和污水处理设施位置的布局，文化、教育、卫生、体育和社会福利等方面主要公共服务设施的布局；应当控制开发的地域，包括基本农田保护区，风景名胜区，湿地、水源保护区等生态敏感区，地下矿产资源分布地区，各类绿地的具体布局，地下空间开发布局；自然与历史文化遗产保护，包括历史文化名城名镇保护规划确定的具体控制指标和规定，历史文化街区、各级文物保护单位、历史建筑群、重要地下文物埋藏区的具体位置和界线；生态环境保护与建设目标，污染控制与治理措施；防灾减灾工程，包括城镇防洪标准、防洪堤走向，城镇防震抗震设施，消防疏散通道，地质灾害防护，危险品生产储存设施布局等内容。

（三）城市总体规划、镇总体规划的规划期限一般为20年。

城镇总体规划的期限设置为20年，一是为了防止规划频繁修改，影响经济和社会发展；二是提高规划的指导性，让人民群众对城市建设与发展有一个合理的预期；三是防止规划期限过长，无法适应经济社会的发展，导致规划与现实脱节。既为了使人民群众合理预期城市将来的建设和发展，也为了保证城市总体规划的连续性。

六、控制性详细计划

控制性详细规划主要是要确定建设地区的土地使用性质和使用强制性控制指标、道路和工程管线控制性位置以及空间环境控制的规划要求，它是城市规划实施管理的最直接法律依据，是国有土地使用权出让、开发和建设管理的法定前置条件。具体内容应当包括：确定规划范围内不同使用性质用地的界线，确定各类用地内适宜建设、不适宜建设或者有条件地允许建设的建筑类型；确定各地块建筑高度、建筑密度、容积率、绿地率等控制指标，确定公共设施配套要求、交通出入口方位、停车泊位、建筑后退红线距离等要求；提出各地块的建筑体量、体型、色彩等城市设计指导原则；根据交通需求分析，确定地块出入口位置、停车泊位、公共交通场站用地范围和站点位置、步行交通以及其他交通设施；规定各级道路的红线、断面、交叉口形式及具体措施、控制点坐标和标高；根据规划建设容量，确定市政工程管线位置、管径和工程设施的用地界线，进行管线综合；制定相应的土地使用与建筑管理规定。

第二节 城乡规划的实施

当前,我国城市化和城市建设处于快速发展阶段,但是从粮食、能源、资源、生态、环境安全的角度出发,建设标准并非越高越好,发展速度并非越快越好。城乡的建设和发展要根据本地区经济社会的发展水平进行,既要考虑经济社会发展对城市扩大和土地利用的需要,又要从土地、水、能源供给和环境支持的可能出发,量力而行。同时,城市的建设和发展既要保证城市经济社会长期稳定健康发展,又要高度重视生态资源环境保护,做到发展与保护并举,经济效益、社会效益和生态效益同步提高。城乡建设不能脱离实际,要防止不顾环境资源承载能力和经济条件,盲目扩大建设规模,更不能贪大求洋、急功近利,搞"政绩工程"、"形象工程"。地方各级人民政府在城乡规划的实施过程中,还应充分尊重群众意见,要优先安排与人民群众密切相关的基础设施和公共服务设施建设,改善城乡居民的人居环境。

一、城市的建设和发展,应当优先安排基础设施以及公共服务设施建设。

(一)城市的建设和发展,应优先考虑基础设施及公共服务设施建设,坚持新区开发与旧城改建的协调发展。

城市基础设施作为城市生产、生活最基本的承载体,是城市经济和社会各项事业发展的重要基础,能为城市居民的社会生活、经济生活和文化生活创造条件,优先安排城市基础设施及公共服务设施建设,有利于促进城市经济增长、维护生态平衡,推动社会和谐发展。

要注意历史文化遗产保护和城市特色维护的原则。在城市新区开发的过程中,要注意配套设施的完善和建设,特别要着重处理好各类开发区与城市主城区之间的关系,防止盲目建设和重复建设。

(二)城市的发展和建设应当统筹兼顾周边农村经济社会发展、村民生产与生活的需要。

农村经济社会和城市经济社会是相互联系、相互依赖的,城市有责任带动乡村,工业有责任支援农业。要按照促进城乡统筹发展的原则,通过统一规划,促进城市的发展建设与周边乡村的发展建设相协调,把促进城市的可持续发展与发挥城市对农村发展的带动和反馈作用联系起来,实现发展目标与发展过程的统一。同时,要注意统筹考虑进城务工人员的生活,维护其合法权益。

(三)镇的发展和建设应当结合农村经济发展和产业结构调整。

镇是县域经济的增长点,是承前启后、承上启下的"中枢",是连接城与乡的基地,抓住了小城镇这个城乡空间网络的节点,就抓住了连接城市、集聚乡村人口发展非农产业、辐射农村地区的核心环节,因而镇的发展与建设要从统筹城乡发展的角度考虑问题。镇的发展与建设要立足当地资源条件、环境优势、人文特色等,有利于促进农业结构的调整,推动产业结构的优化升级,要优先安排基础设施和科教文卫等公共服务设施,逐步构筑城乡一体的公共服务网络,促进基础设施向周边农村延伸、公共服务向周边农村覆盖、现代文明向周边农村辐射,从而构建农村发展的良好平台。

二、城市新区的开发和建设，应当合理确定建设规模和时序，充分利用现有市政基础设施和公共服务设施，严格保护自然资源和生态环境，体现地方特色。

城市新区的开发和建设应根据城市的社会经济发展状况，结合现有基础设施和公共服务设施，合理确定各项交通设施的布局，合理配套建设各类公共服务设施和市政基础设施，防止讲排场、搞形式，盲目追求形象和高标准。城市新区的开发和建设还应当坚持保护好大气环境、河湖水系等水环境和绿化植被等生态环境和自然资源，要避开地下文物埋藏区，保护好历史文化资源，防止破坏现有的历史文化遗存。城市新区的开发和建设还应充分考虑保护城市的传统特色，要结合城市的历史沿革及地域特点，在规划建设中体现鲜明的地方特色。另外，城市新区的开发和建设还应坚持统一规划和管理，要依法统一组织规划编制和实施，各类开发区应纳入城市的统一规划和管理，在城市总体规划、镇总体规划确定的建设用地范围以外，不得设立各类开发区和城市新区。

三、旧城区的改建，应当保护历史文化遗产和传统风貌，合理确定拆迁和建设规模，有计划地对危房集中、基础设施落后等地段进行改建。

（一）城市旧区是在长期的历史发展过程中逐步形成的，是城市各历史时期的政治、经济、社会和文化的缩影。城市旧区通常历史文化遗存比较丰富，历史格局和传统风貌比较完整，但同时旧区也存在城市格局尺度比较小、人口密度高而且居民中低收入人群占的比例较高、基础设施比较陈旧、道路交通比较拥堵、房屋质量比较差等问题，迫切需要进行更新和完善。因而，结合城市新区开发，适时推动城市旧区的改建，是保证我国城市建设协调发展的一项重要任务。

（二）城市旧区，特别是历史文化名城的老城区，保存着大量的历史文化遗存，是无法替代的、极其珍贵的文化财富。为此，在旧城区的规划建设中，要高度关注历史格局、传统风貌、历史文化街区和各级文物的保护，采取渐进式有机更新的方式，防止大拆大建。对历史文化名城、名镇、名村的保护以及受保护建筑物的维护和使用，还应当遵守有关法律、行政法规和国务院的规定。

四、城市地下空间的开发和利用，应当与经济和技术发展水平相适应，遵循统筹安排、综合开发、合理利用的原则，充分考虑防灾减灾、人民防空和通信等需要，并符合城市规划，履行规划审批手续。

开发和利用地下空间应当遵循以下原则：
（一）要坚持规划先行的原则。
城镇地下空间的开发利用是一项涉及众多因素的系统工程，坚持统筹规划，综合考虑地下轨道交通、地下停车设施、人民防空工程、市政管线工程、生产贮存设施、公共服务设施以及城市防灾的功能要求，综合考虑地面土地的使用性质和建筑功能，做到地上地下相互协调，互成体系。为此，在城市总体规划、镇总体规划中，要合理确定地下空间开发利用的原则、目标、功能、布局和规模，对地下空间的开发利用进行综合部署和全面安排；在详细规划中，要结合各项专业规划，提出地上地下空间的衔接要求，对各项建设进行具体安排和设计。同时，开发和利用活动还要符合城市规划，履行规划审批手续。

（二）要坚持量力而行的原则。城市地下空间的开发利用，应结合城市社会经济发展的实际情况以及开发能力，因地制宜，量力而行。例如，可结合人防工程和交通设施的建设，在用地紧张的中心地区，建设地下停车、地下商场等公共设施，缓解地面空间的拥挤；可以结合人防工程的建设，在居住区配建地下停车场及服务居民的日常服务设施；历史文化遗存丰富的城市，在开发利用地下空间的同时，还要注意地下文物遗址的保护。要根据当地的经济发展状况，制定规划实施的步骤和措施，合理确定地下设施的建设时序和规模。防止盲目攀比，追求不恰当的大规模、高档次。

（三）要坚持安全第一的原则。

由于城市地下空间具有相对封闭的特点，在开发利用中，要注重防火、防意外事故措施的制定，做好地下设施防水工程等各项防护措施的建设。

第三节　城乡规划的修改

一、城乡规划修改的法定事由

修改省域城镇体系规划、城市总体规划、镇总体规划前，组织编制机关应当对原规划的实施情况进行总结，并向原审批机关报告；修改涉及城市总体规划、镇总体规划强制性内容的，应当先向原审批机关提出专题报告，经同意后，方可编制修改方案。

省域城镇体系规划、城市总体规划、镇总体规划的规划期限一般为20年，是对城镇的一种长远规划，具有长期性的特点，规划一经批准，就应当严格执行，不得擅自改变。在规划实施的20年间，城镇的发展和空间资源配置中总会不断产生新的情况，出现新的问题，提出新的要求，影响规划确定目标的实现。作为指导城镇建设与发展的省域城镇体系规划、城市总体规划、镇总体规划，也不可能是一成不变的。也就是说，经过批准的省域城镇体系规划、城市总体规划、镇总体规划，在实施的过程中，出现某些不能适应城镇经济与社会发展要求的情况，需要进行适当调整和修改，是正常的。目前，修改规划的程序不规范，修改规划的成本过低，致使随意改变规划和违规建设在一些地方还较严重。为了增强规划实施的严肃性，防止随意修改规划，《城乡规划法》对修改条件和程序作出了具体规定。

（一）上级人民政府制定的城乡规划发生变更，提出修改规划要求的。

城乡规划的制定必须以上级人民政府依法制定的城乡规划为依据，必须在规划中落实上级人民政府上位规划提出的控制要求，在上级人民政府制定的规划发生变更时，就应当根据情况及时调整或修改相应的下位规划，否则就会造成上下位规划之间的脱节。因此，上级人民政府制定的城乡规划发生变更，提出修改规划要求的，是省域城镇体系规划、城市总体规划、镇总体规划修改的一个法定情形。

（二）行政区划调整确需修改规划的。

行政区划是国家的结构体制安排，是国家根据政权建设、经济建设和行政管理的需要，遵循有关的法律规定，充分考虑政治、经济、历史、地理、人口、民族、文化、风俗等客观因素，按照一定的原则，将全国划分为若干层次和大小不同的行政区域，并在各级行政区域设置相关的地方机关，实施行政管理。城乡规划的区域范围一般是按照行政区划划定的，城乡规划的编制和实施与行政区划及城乡建设有着密切的关系。因此，为了保障城乡规划的依法实施，在该行政区划调整后，就应及时根据情况作出规划修改。

（三）因国务院批准重大建设工程确需修改规划的。

国务院批准的重大建设工程项目，如铁路工程、水电工程等，往往是事关国民经济和社会发展全局的重大项目，对国家的发展具有举足轻重的作用，同时也会对项目所在地的区域发展带来重要影响。从规划的角度而言，重大建设工程对城镇发展、用地布局以及基础设施都会产生影响。因此，对于国务院批准的重大建设工程，应根据情况作出相应的规划修改。

（四）经评估确需修改规划的。

省域城镇体系规划、城市总体规划、镇总体规划的组织编制机关，应当组织有关部门和专家定期对规划实施情况进行评估，全面分析和客观评价规划的实施情况，并向本级人民代表大会常务委员会、镇人民代表大会和原审批机关提出评估报告。经评估确认规划规定的某些目标和要求已经不能适应城镇经济建设和社会发展的需要，如由于产业结构的重大调整或者经济社会发展方面的重大变化，造成城市发展目标和空间布局等的重大变更，就要及时依法对规划进行修改。

（五）城乡规划的审批机关认为应当修改规划的其他情形。

这是一项概括性、授权性的规定。除上述规定的四种情形外，本条将是否修改城乡规划的其他情形授权给城乡规划的审批机关。"应当修改规划的其他情形"具体包括哪些，需要在实践中由城乡规划的审批机关根据具体情况予以认定。

（六）修改规划前，组织编制机关应当将省域城镇体系规划、城市总体规划、镇总体规划实施情况进行总结，并报告原审批机关。

修改涉及城市总体规划、镇总体规划强制性内容的，应当先向原审批机关提出专题报告，在专题报告中应说明现行规划执行情况、修编的必要性和修编的重点，经原审批机关同意后，方可编制修改方案。规划的强制性内容是《城乡规划法》第十七条第二款规定的有关规划区范围、规划区内建设用地规模等方面的内容，主要涉及区域协调发展、资源利用、环境保护、风景名胜资源保护、自然与文化遗产保护、公共利益和公共安全等，这些强制性内容是正确处理好城市可持续发展的重要保证。

二、城乡规划修改的程序

（一）在规划实施中，总体规划是指导城市空间合理布局的蓝图。分区规划是对大、中城市各分区的土地利用、人口分布和公共设施、城市基础设施的配置等作出进一步的安排。对城市近期建设行为起更为直接指导和控制作用的是城市控制性详细规划。控制性详细规划是城市、镇实施规划管理最直接的法律依据，详细规定了建设用地的各项控制指标和规划管理要求，有的还直接对建设项目作出具体的安排和规划设计，是国有土地使用权出让、综合开发和建设的法定前置条件，直接决定着土地的市场价值和相关人的切身利益。因此，修改控制性详细规划必须依法进行，任何单位和个人不得擅自修改控制性详细规划的内容。

修改控制性详细规划的必经程序包括：

1. 编制修改方案。市或镇的控制性详细规划一经批准，就应当严格执行。因客观情况发生变化，确实需要修改的，控制性详细规划的组织编制机关应当对修改的必要性进行论证。控制性详细规划较详细地规定了规划地段的控制指标，直接涉及规划地段利害关系人的利益，因此，在论证过程中，必须征求规划地段内利害关系人的意见。论证结束后，组织编制机关应当向原审批机关提出修改控制性详细规划必要性论证的专题报告。经原审批机关同意后，组织编制机关方可开展控制性详细规划修改方案的编制工作。

2. 修改方案的审批。组织编制机关完成控制性详细规划修改方案的编制工作以后，应当按照控制性详细规划的审批程序，报请审批。报请审批的程序应当依照《城乡规划法》第十九条、第二十条规定的法定程序进行，即城市人民政府城乡规划主管部门根据城市总体规划的要求，组织编制城市的控制性详细规划，经本级人民政府批准后，报本级人民代表大会常务委员会和上一级人民政府备案。镇人民政府根据镇总体规划的要求，组织编制镇的控制性详细规划，报上一级人民政府审批。县人民政府所在地镇的控制性详细规划，由县城乡规划主管部门根据镇总体规划的要求组织编制，经县人民政府批准后，报本级人民代表大会常务委员会和上一级人民政府备案。

此外，修改控制性详细规划涉及城市总体规划、镇总体规划的强制性内容的，应当按照法律规定的程序先修改总体规划。这里规定的强制性内容是《城乡规划法》第十七条第二款规定的有关规划区范围、规划区内用地规模等内容。在实际工作中，为提高行政效能，如果控制性详细规划的修改不涉及城市或镇总体规划强制性内容的，可以不必等总体规划修改完成后，再修改控制性详细规划。

（二）乡规划、村庄规划是乡、村庄建设、保护和发展的依据，其内容应当包括规划区范围，住宅、道路、供水、排水、供电、垃圾收集、畜禽养殖等各项建设的用地布局、建设要求，以及对耕地等自然资源和历史文化遗产保护、防灾减灾等的具体安排；乡规划还包括本行政区域内的村庄发展布局。乡规划、村庄规划应当从农村实际出发，尊重村民意愿，体现地方和农村特色。乡规划、村庄规划经依法批准后，与省域城镇体系规划、城市总体规划、镇总体规划等一样，是建设和规划管理的依据，必须严格执行，未经法定程序，任何人不得擅自修改。因客观情况发生变化，确实需要修改的，应当依照《城乡规划法》第二十二条规定的审批程序报批，即由乡、镇人民政府组织编制乡规划、村庄规划的修改方案，并经村民会议或者村民代表会议讨论同意后，报上一级人民政府审批。

（三）城市、县、镇人民政府修改近期建设规划的，应当将修改后的近期建设规划报总体规划审批机关备案。

近期建设规划是对已经依法批准的城市、镇总体规划的分阶段实施安排和行动计划，是对城市、镇近期建设进行控制和指导的一种规划安排。做好近期建设规划的编制工作，直接关系到保障城市、镇科学、有序地发展建设，保证城市、镇总体规划实施的严肃性。修改近期建设规划，必须符合城市、镇总体规划。按照国务院的有关规定，行政区划调整的城市，应当及时修编近期建设规划；各项建设的用地必须控制在国家批准的用地标准和年度土地利用计划的范围内，凡不符合要求的近期建设规划，必须重新修订。近期建设规划内容的修改，只能在总体规划的限定范围内，对实施时序、分阶段目标和重点等进行调整。在实际工作中，绝不能通过对近期建设规划的修改，变相修改城市总体规划的内容。任何超出依法批准的城市、镇总体规划内容的近期建设规划，都不具有法律效力。修改近期建设规划的主体为城市、县、镇人民政府，修改后的近期建设规划应当报总体规划审批机关备案。

（四）在选址意见书、建设用地规划许可证、建设工程规划许可证或者乡村建设规划许可证发放后，因依法修改城乡规划给被许可人合法权益造成损失的，应当依法给予补偿。

经依法审定的修建性详细规划、建设工程设计方案的总平面图不得随意修改；确需修改的，城乡规划主管部门应当采取听证会等形式，听取利害关系人的意见；因修改给利害关系人合法权益造成损失的，应当依法给予补偿。

1. 行政许可法明确规定，公民、法人或者其他组织依法取得的行政许可受法律保护，行政机关不得擅自改变已经生效的行政许可。行政许可所依据的法律、法规、规章修改或者废止，或者准予行政许可所依据的客观情况发生重大变化的，为了公共利益的需要，行政机关可以依法变更或者撤回已经生效的行政许可。由此给公民、法人或者其他组织造成财产损失的，行政机关应当依法给予补偿。在城乡规划的实施过程中，城乡规划主管部门依据经法定程序批准的城乡规划，核发选址意见书、建设用地规划许可证、建设工程规划许可证或者乡村建设规划许可证。在核发这些许可证书后，规划主管部门不得擅自改变已经生效的行政许可。但由于客观情况发生了重大变化，为了公共利益的需要，城乡规划可以依法做出相应的修改。由于城乡规划的修改，就有可能导致城乡规划主管部门变更或者撤销原发放的行政许可证书，这时就要对被许可人合法权益造成的损失给予补偿。

2. 城乡规划主管部门按照法定的条件和程序核发选址意见书、建设用地规划许可证、建设工程规划许可证或者乡村建设规划许可证后，取得该许可的被许可人即取得了从事该项行为的合法权利。如果此时城乡规划被修改，并导致被许可人的合法权益受损的，应当依法给予补偿。修改城乡规划是依法修改，即依照规定的权限、条件和程序对城乡规划所做的修改，反之非依照规定的权限、条件和程序对城乡规划的修改，都是不合法的，都是没有法律效力的，也就不能构成给予补偿的条件。

3. 因修改修建性详细规划、建设工程设计方案的总平面图，给利害关系人造成损失的，应依法给予补偿。修建性详细规划，是由建设单位依据经依法批准的控制性详细规划以及城乡规划主管部门提出的规划条件，对所在地块的建设提出的具体的安排和设计。建设工程设计方案的总平面图，是建设工程的总平面配置图，一般包括用地界线、城市道路红线、建筑后退红线、建筑分布、总建筑面积、容积率、绿地率等基本指标。经依法审定的修建性详细规划、建设工程设计方案的总平面图应予以公布，它们是建设单位进行建设活动的直接依据，不得随意修改。由于情况发生变化，确实需要修改的，城乡规划主管部门应当采取听证会等形式，听取利害关系人的意见。同时，城乡规划主管部门决定对修建性详细规划、建设工程设计方案的总平面图进行修改，对利害关系人的合法权益造成损失的，应依法给予补偿。这里规定的"修改"，是指对已经依法审定并公布的修建性详细规划、建设工程设计方案的总平面图进行的修改，即由市、县人民政府城乡规划主管部门或者省、自治区、直辖市人民政府确定的镇人民政府重新依法审定经过修改的修建性详细规划、建设工程设计方案的总平面图。建设单位不得自行对修建性详细规划、建设工程设计方案的总平面图进行修改，否则即属于违法行为。

第八章 建筑与环境

第一节 绿色建筑与环境

一、绿色建筑的概念与内容

绿色建筑的概念有狭义和广义之分。以狭义来说，绿色建筑是在其设计、建造以及使用过程中节能、节水、节地、节材的环保建筑。以广义而言，绿色建筑是人类与自然环境协同发展、和谐共进，并能使人类可持续发展的文化。它包括持续农业、生态工程、绿色企业，也包括了有绿色象征意义的生态意识、生态哲学、环境美学、生态艺术、生态旅游以及生态伦理学、生态教育等诸多方面。除了绿色建筑以外，生态节能建筑、可持续发展建筑、生态建筑也可看成是和绿色建筑相同的概念，而智能建筑、节能建筑则可视为应用绿色建筑理念的一项综合工程。

绿色建筑，也可以理解为一种以生态学的方式和资源有效利用的方式进行设计、建造、维修、操作或再使用的建筑物。绿色建筑的设计要满足某些特定的目标，如保护居住者的健康，提高员工的生产力，更有效地使用能源、水及其他资源以及减少对环境的综合影响等。绿色建筑涵盖了建筑规划、设计、建造及改造、材料生产运输、拆除及回收再利用等所有和建筑活动相关的环节，涉及建筑设计单位、规划设计单位、施工与监理单位、建筑产品研发企业和有关政府管理部门等。

根据我国《绿色建筑评价标准》（GB/T 50378—2006）中的定义，绿色建筑是指在建筑的全寿命周期内，最大限度地节约资源（节能、节地、节水、节材），保护环境和减少污染，为人们提供健康、适用和高效的使用空间，与自然和谐共生的建筑；是根据自然环境，综合运用生态学、建筑学的基本原理和现代化科技手段，对建筑与其他相关因素的关系进行合理安排组织，使物质能源在建筑系统内有序循环、转化，并与自然、建筑和人三者之间高度和谐统一，创造出舒适、健康的人居环境。

二、绿色建筑的特征

根据生态学原理，绿色建筑要尽可能将其融入周围环境中，使建筑这个人造物成为大自然整体的一个有机部分。

绿色建筑具有以下特征：从建筑与自然关系的角度看，绿色建筑与自然生态环境融为一体，参与到自然生态系统的物质能量循环中去，对周围的环境不产生或少产生不良影响；从建筑利用能源的角度来看，绿色建筑具有节能和低能耗等优点；从建筑所使用材料的角度看，绿色建筑所采用的是可再生材料或者是可降解材料，能进行循环利用；从建筑设计的角度看，绿色建筑是一种开放式的设计，建筑内部与外部采取有效的连通方式，能对气候的变化自动进行自适应调节；从建筑物排放废物的角度看，绿色建筑能够使各种资源进行循环利用,少排放甚至达到零排放污染物;从可持续发展的角度看,绿色建筑全面节约资源,使用中以最小的生态破坏和资源消耗为代价,是一种可持续发展模式。

三、绿色建筑的设计原则

（一）生态化原则

绿色建筑首先要遵循的是生态原则,即节约能源、资源,无害化、无污染、可循环。

（二）以人为本原则

人是社会的主体,建筑不能以降低生活质量、牺牲人的健康和舒适性为代价。

（三）因地制宜原则

绿色建筑强调要因地制宜,不能照搬盲从。例如:对于独立式、建筑密度小、分布范围广的建筑而言,利用太阳能发电、供热（水）、供暖都较为可行;而对于密集型的高层建筑来说,就是将建筑物所有的外表面都装上太阳能集热板或光电板,也不足以提供该楼所需的能源,因此,多采用现成的城市热网。

（四）整体设计原则

绿色建筑还强调整体设计思想,结合气候、文化、经济等诸多因素进行综合分析,切勿盲目照搬所谓的先进生态技术,也不能仅仅着眼于局部而不顾整体。例如,热带地区如果使用保温材料和蓄热墙体就毫无意义。对于寒冷地区,如果窗户的热性能很差,用再昂贵的墙体保温材料也不会达到节能的效果（因热量会通过窗户而迅速散失）。由此可见,整体设计的优劣,将直接影响绿色建筑的性能和成本。

四、绿色住居的四大系统

（一）声、光、热环境系统

在声环境系统中,重点应放在室内外噪声源的控制上,使住宅噪声等级符合国家标准。在光环境系统中,重点应放在采光和节能灯具的使用上,应尽量利用自然光进行室内采光,并防止光污染。在热环境系统中,应采用对环境温度自动控制,采暖、空调、生活热水三联供的热环境技术,并结合地区实际情况,合理利用太阳能、风能或地热能等绿色能源,作为社区采暖和空调的热、冷源。

（二）大气环境系统

我国现行的环境规划中,对住宅小区的大气环境尚未提出具体要求。但考虑我国住宅建设将来要与国际接轨,绿色住宅环境应符合下列要求:

1. 生态小区的大气环境质量应能达到国家二级标准要求;
2. 房间应能实现自然通风,以保证居室空气新鲜;
3. 使用对人体健康无害的材料,以减少挥发性有机化合物（VOC）的排放。

（三）废弃物管理与处置系统

小区垃圾的收集、处置率应达到100%,回收利用率应达50%,各种垃圾处理设备应配套、齐全。应充分利用城市垃圾处理设施实行垃圾分类收集,并就地进行无害化处理,从而最大限度地实现垃圾处置的减量化、无害化、资源化。

（四）智能运行系统

智能运行是对住宅的日常使用、管理及综合用能、多能转换、自然空调、立体绿化等进行电脑智能操作运行，借助数字技术准确估算住宅内外能量的吸收和转化数量，对住宅的环境参数进行精确调控，以维持舒适的环境条件。对突发事故如火灾、地震、入室盗抢等自动报警、监控等。

五、建筑与自然社会共生

绿色住宅要有洁净的空气、水源与土壤，不易受不良自然环境的危害，能源和资源消耗应降至最低程度。建筑物的围护结构外墙、窗户、门与屋顶，应该采用高效保温隔热构造；可以充分利用太阳能良好的自然采光系统；气密性良好，又有充分的自然通风条件。同时保持建筑周边环境生态系统的平衡，保护自然界绿色植被、森林、河流、湖泊、沼泽的生态环境，以发挥大环境自然空调的作用。在社会环境中，要注意居民的出行、交往和交通问题，创造可交往空间，设立中心广场和具有魅力的开敞空间；建立配套齐全、布局合理的生态基础设施；创造便利于各个年龄层次人群的生活环境；小区有商业、服务、文化娱乐活动等设施。

建筑物在其设计、建造、使用、拆除等整个生命周期内，需要消除大量的资源和能源，同时往往还会造成严重的环境污染问题。据统计，建筑物在其建造、使用过程中消耗了全球能源的50%，产生的污染物约占污染物总量的34%。鉴于全球资源环境面临的种种严峻现实，社会、经济包括建筑业的可持续发展问题必然成为人们关注的焦点，并纷纷上升为国策。绿色建筑正是遵循保护地球环境、节约资源、确保人居环境质量这样一些可持续发展的基本原则，由西方发达国家于20世纪70年代率先提出的一种建筑理念。

绿色建筑与居住者的健康和居住环境紧密相连，其主要考虑建筑所产生的环境因素；而生态建筑则侧重于生态平衡和生态系统的研究，主要考虑建筑中的生态因素。绿色建筑综合了能源问题和与健康舒适相关的一些生态问题，但这不是简单的一加一，绿色建筑需要采用一种整体的思维和集成的方法去解决问题。究竟什么是绿色建筑？由于各国经济发展水平、地理位置和人均资源等条件的不同，国际上对绿色建筑定义和内涵的理解不尽相同。英国建筑设备研究与信息协会（BSRIA）指出，一个有利于人们健康的绿色建筑，其建造和管理应基于高效的资源利用和生态效益原则。美国加利福尼亚环境保护协会（Cal/EPA）指出：绿色建筑也称为可持续建筑，是一种在设计、修建、装修或在生态和资源方面有回收利用价值的建筑形式。绿色建筑要达到一定的目标，比如高效地利用能源、水以及其他资源来保障人体健康，提高生产力，减少建筑对环境的影响。

六、绿色建筑技术及其应用

绿色建筑技术突破传统建筑技术的种种制约，集成了绿色配置、自然通风、自然采光、低能耗围护结构、新能源利用、中水回用、绿色建材和智能控制等高新技术，具有选址规划合理、资源利用高效循环、节能措施综合有效、建筑环境健康舒适、废物排放减量无害和建筑功能灵活适宜等特点，是它与一般传统建筑的区别，在三个方面可以体现：①传统建筑能耗非常大，绿色建筑则大大减少了能耗。②传统建筑采用的是商品化的生产技术，建造过程的标准化、产业化，造成了建筑风貌大同小异；而绿色建筑强调的是采用本地的文化、本地的原材料，尊重本地的自然、本地的气候条件。正是这种风格上的本土化，催生出新的建筑美学，即"向大自然索取最少的也就是最美的"。这样的建筑可以实现兼顾舒适和实用的标准，为人们创造一种新的美感和健康舒适的生活条件。③传统建筑仅仅是在建造过程或使用过程中对环境负责，而绿色建筑则强调全面负责，强调建筑从诞生到拆除、终结的全生命周期内，即包括从原材料的开采、加工、运输到使用，直至建筑物的废弃、拆除，甚至再利用的全过程，都要对全人类负责，对地球负责。

第二节 国外绿色建筑的发展

一、国外绿色建筑概述

几十年来，绿色建筑由理念到实践，在发达国家逐步完善，形成了较成体系的设计方法、评估方法，各种新技术、新材料层出不穷。一些发达国家还组织起来，共同探索实现建筑可持续发展的道路，如加拿大的"绿色建筑挑战"（green building challenge）行动，采用新技术、新材料、新工艺，实行综合优化设计，使建筑在满足使用需要的基础上所消耗的资源、能源最少。日本颁布了《住宅建设计划法》，提出"重新组织大城市居住空间（环境）要求，满足21世纪人们对居住环境的需求，适应住房需求变化"。德国在20世纪90年代开始推行适应生态环境的住区政策，以切实贯彻可持续发展的战略。法国在20世纪80年代进行了包括改善居住区环境为主要内容的大规模住区改造工作。瑞典实施了"百万套住宅计划"，在住区建设与生态环境协调方面取得了令人瞩目的成就。

1990年，世界首个绿色建筑标准《英国建筑研究组织环境评价法（BREE-AM）》发布。1992年于巴西召开的"联合国环境与发展大会"使"可持续发展"这一重要思想在世界范围内达成共识。绿色建筑渐成体系并在不少国家实践推广，成为世界建筑发展的方向。1993年，美国出版了《可持续设计指导原则》一书，提出了尊重基地生态系统和文化脉络、结合功能需要采用简单的适用技术、针对当地气候采用被动式能源策略、尽可能使用可更新的地方建筑材料等9项"可持续建筑设计原则"。1993年6月，国际建筑师协会通过《芝加哥宣言》，宣言中提出保持和恢复生物多样性，资源消耗最小化，降低大气、土壤和水的污染，使建筑物卫生、安全、舒适以及提高环境意识等原则。1995年，美国绿色建筑委员会又提出能源及环境设计先导计划（LEED），5年后加拿大推出《绿色建筑挑战2000标准》。2001年7月，联合国环境规划署的国际环境技术中心和建筑研究与创新国际委员会签署了合作框架书，两者针对提高环境信息的预测能力展开大范围合作，这与发展中国家可持续建筑的发展和实施有紧密联系。2005年3月，在北京召开的首届国际智能与绿色建筑技术研讨会上，与会各国政府有关主管部门与组织、国际机构、专家学者和企业，在广泛交流的基础上，对21世纪智能与绿色建筑发展的背景、指导纲领和主要任务取得共识。会议通过的关于绿色建筑发展的《北京宣言》，有利于促进新千年国际智能与绿色建筑的健康快速发展，有利于建设一个高效、安全、舒适的人居环境。至今，国际建筑界对绿色建筑的理论研究还在不断地深化，绿色建筑的思想观念还在不断地发展。

二、英国的绿色建筑

英国近几十年来在相关科技研究和革新方面进行了大量投入，在很多可持续建筑领域取得了显著成果，例如太阳能光电系统、日光照明技术、低碳排量建筑、计算机模拟与设计、玻璃技术、地源热泵制冷、自然通风、燃料电池、热电联产等。

在建筑设计方面，英国有很多世界级的建筑大师均致力于绿色建筑的设计，并已设计出独具特色、世界一流的低碳排量建筑。例如，在威尔士加夫港口的未来屋设计中巧妙地应用环境友好性材料，使得建筑对居住者在生活方式和环境方面的改变具有超强的适应能力。

英国作为欧洲地区建筑活动最为繁荣的国家，在近30年内涌现出一批绿色建筑的探索者。英国的绿色建筑师们在绿色建筑的实践方面也是多样性的，涵盖了绿色住宅、绿色社区、绿色办公建筑、绿色商业建筑、绿色校园建筑等。具体作品如：Hockerton住房项目，格林尼治新千年村（绿色住宅）；Beddington零能耗社区，Findhorn生态社区（绿色社区）；BRE环境楼，Doxford International Business Park（绿色办公建筑）；Sainsbury超级市场（绿色商业建筑）；De Montfort大学的Queens Building，诺丁汉大学Jubilee新校园（绿色校园建筑）；等等。

（一）英国Beddington零能耗可持续发展项目

Beddington零能耗发展项目（简称BedZED）位于伦敦的萨顿区（Sutton），由国际著名的生态节能建筑大师ZED公司的创始人比尔·邓斯特（Bill Dunster）设计。这个项目被誉为英国及世界上最具创新性的住宅项目。其理念是在给居民提供环保生活的同时不牺牲现代生活的舒适性。其先进的可持续发展设计理念和环保技术的综合利用，使这个项目当之无愧地成为目前英国及世界上最先进的环保住宅小区。它是有史以来荣获英国斯特林建筑大奖中唯一的住宅小区，并被英国皇家建筑师学会评为21世纪城市可持续发展示范居住项目。根据入住第一年的监测数据，小区居民节约了采暖能耗的88%，热水能耗的57%，电力需求的25%，用水的50%和普通汽车行驶里程的65%。

（二）诺丁汉大学Jubilee新校园

建于1997～1999年的诺丁汉大学Jubilee校园（Jubilee Campus, University of Nottingham, UK）是综合多种绿色建筑要素的另一个成功作品。

褐色地块变绿色校园：从校园选址和规划上，校方及设计人员充分考虑了生态性。在建筑群的布置上，设计者依原地形曲线安排系列建筑，并在朝向郊外的一侧设计了一个人工湖，这一总平面的规划弱化了校园后面工业区和正面郊外住宅区间的不协调感，人工湖也同时丰富了校园的自然景观，与具有开敞外廊的建筑群相呼应，同时还吸引了一些野生动物来栖息，使原来的褐色地块变成了和谐的绿色校园。

减少汽车、减少二氧化碳：校园将教学和部分学生宿舍安排在同一建筑群中，减少了交通的压力；同时，该校区和主校园有公交穿行，校区内还专设了几百个自行车停放位，这么做都是为了降低人们对私人汽车的依赖性，从而减少交通能耗和由此产生的二氧化碳排放量。

独树一帜的风循环：这是Jubilee校园最成功的设计创新。它有效地结合了机械和各种自然手段。夏季，中厅入口上方的玻璃百叶开启，来自湖面的新鲜冷空气进入中厅，通过另一侧的百叶及两侧楼梯间的抽风作用完成内部的穿越。在每个主体建筑楼梯间的顶部，设计了两个巨大的风帽，在冬季玻璃百叶关闭时，将通过风帽下的空气处理系统（包括热交换装置，风扇，加热器等）吸入新鲜空气，空气被引入到风道中，然后进入到各层楼板的夹层空间，进而在楼板低压发散装置的辅助下进入到各房间。回风时，排出的空气通过走廊（走廊中尽量减少横向楼梁的设计，为了空气流通顺利）和楼梯间的低压抽风作用回到风塔（楼梯间）上部的空气处理系统，并最终经热回收或蒸发冷却装置，通过风帽排出，风帽将随着风向而转动使其永远朝下送风，增大压差，使废气易于排出，从而减少风扇工作需要的能耗。而且其空气处理系统所需要的能耗，完全由放置于主体建筑中厅顶部的太阳能光电板产生的电能提供，这样就使得整套的通风系统成为名副其实的"零二氧化碳排放"。

一份关于比较 Jubilee 校园建筑和同样规模建筑所消耗能源及二氧化碳排放量的报告显示：该建筑群的能耗不及同规模建筑的一半，而二氧化碳排放量也只有同规模建筑的 1/4 左右。获得这一成就并非追加很大的额外投资，因为该建筑成本造价只有 105 英镑/平方英尺，这和普通建筑的单方造价相差无几。

三、德国的绿色建筑

德国在 1997 年开始执行第一个节能规范，当时 75% 的建筑没有采取保温节能措施。6 年后，发布第二个节能规范，82% 的建筑已采取保温节能措施。到 2000 年为止，德国总投资为 8.08 亿欧元，大部分投资于原有住房的改造，2000 年以后又投资 7.85 亿欧元。

德国重视发展拥有公共绿地和具有环境友好型的建筑。在基础设施方面，德国非常注重种植屋面、多孔渗水路面、各种排水设施、露天花园等低污染、低环境影响性的基础设施的利用，使雨水资源能够得到充分利用，同时又能给人们提供安全的居住环境。而种植屋面还可以减少约 50% 的冬季采暖负荷和夏季空调负荷，是一举两得的可持续发展技术。在人口为 20 万的 Nurnberg 市，就有超过 40 家公司从事种植屋面的施工和其他绿色基础设施的建设。

德国拥有大量分散的发电站。这些发电站都具有高能效、低成本、低排放的特点，而使用光电板的发电站可以说是已经实现了"零排放"，正是这些发电站为德国提供了可靠、绿色的电力。德国目前是欧洲太阳能利用最好的国家之一，其在弗赖堡（Freiburg）市就有超过 400 栋建筑拥有小型太阳能发电站。

德国政府对环境问题的管理也是很有成效的，为了推动巴伐利亚环境公约的实施进程，政府推出了一系列激励手段，如对一些具有较高环保性能的项目采取减免费用、简化手续等。德国商业贸易协会也正在加强对项目的环境策略和性能的监督。按照减少浪费、降低成本、创造健康社会的指导思想制定政策，正是德国绿色建筑成果发展的关键。

四、美国的绿色建筑

在美国，联邦政府多年来已经颁布了很多绿色建筑政策，并已取得了显著成效。1992 年美国颁布能源政策法案和第 13123 号总统令，要求在 2010 年之前实现建筑能耗在 1985 年的基础之上降低 35%。第 13123 号总统令还对新建建筑在选址、设计和建设方面提出了可持续发展的要求。事务管理处和预算审计处鼓励人们在进行新建筑设计以及建筑改造中结合能源之星（energy star）或 LEED（the U. S. Green Building Council's Leadership in Energy and Environmental Design rating system）的方法开展工作。目前，已有 9 个部门在其新项目中使用了 LEED 或者是其他类似的方法。

通过这些政策的实施，美国建筑能耗已经下降了23%，减排二氧化碳达2800万t，目前，有超过110栋建筑正在通过能源之星的认证，有8个建筑已经获得了LEED的认证，60多栋建筑正在通过LEED的认证。

目前，美国正在考虑成立一个至少包括国家事务和预算管理局、国家总务管理局、能源部、环境保护局、国防部等部门在内的更加权威的绿色建筑联合组织，来引导绿色建筑的发展。这个组织要对绿色建筑的发展提供战略性指导，对于绿色建筑相关的发展和实施政策进行识别，包括对行政法规的适用性进行识别。这其中应包括高能效应用、健康的室内环境设计、水处理系统设计、建筑试运转、测评方法的应用、建造过程监控、标准实施监控以及汇报等过程。

第三节　绿色建筑及臭氧、酸雨对环境的影响

一、我国的绿色建筑概述

我国的绿色建筑现在正处于蓬勃发展时期，到目前为止，我国不同气候区的居住建筑节能标准已经基本出齐，建设部与科技部联合印发了《绿色建筑技术导则》，明确了绿色建筑的内涵、技术要求和应遵循的技术原则，指导各地开展绿色建筑工作。2006年底编制完成《绿色建筑评价标准》，使绿色建筑的评定和认可有章可循、有据可依。住房和城乡建设部正在加快研究、制定《建筑节能管理条例》，明确各级人民政府、建设行政主管部门以及有关企业的法律责任，相应的权利与义务。同时正在积极研究、制定建筑节能经济激励政策，调动从事节能建筑各方的主动性和创造性，为节能建筑的开发、建设营造良好的法律环境。目前，当务之急是结合国情制定、颁布绿色建筑标准和评估规范，研究开发和推广绿色新技术、新材料和成熟适宜的绿色建筑技术体系。

总体来说，中国的绿色建筑发展还是处于起步阶段。随着近年来大量国外先进技术的引入，大家对于如何发展绿色建筑已经并不太陌生。绿色建筑应该遵循可持续发展的原则，可持续发展就是要使经济发展有利于当地环境和基本生活条件的变化，这已经成为目前规划和发展的重要指导思想。针对环境污染、资源过量消耗等社会与环境问题提出切实可行、持久的解决方法，有利于未来的发展。

就建筑本身来说，现阶段的能源结构决定了我国在今后很长一段时间内，煤都将作为主要的燃料，所以建筑产生温室气体最多的时候要数冬季取暖。有资料显示，北方地区冬季供暖耗煤量已经占到全国总耗煤量的11%以上。这不仅在量上是一个惊人的数字，这些煤燃烧所释放的二氧化碳等温室气体对环境和建筑带来的危害也是令人触目惊心的。因此，作为可持续发展的绿色建筑，更多的是将对能源的需求定位在那些可再生的清洁能源上，如太阳能、水能、地热能等。这方面的努力主要包括以下内容：通过使用可再生的清洁能源，减少对矿物燃料的使用量，达到二氧化碳等温室气体的减排，缓解温室效应对建筑的影响和破坏；根据建筑的地理状况，优先考虑地源热泵、水源热泵等新型的空气调节方式，在节能的同时，还应将对环境的影响减到最小；夏热冬用、冬冷夏用的跨时间和空间的资源使用方式也能最大限度地降低温室气体的排放；此外，在建筑本身的设计上，尽量利用建筑周围地形和环境，通过绿化和恰当的设计，减少建筑的得热量或散热量，减少

人工空调设备的使用，从而达到温室气体减排的目的。

二、臭氧对建筑的影响

在臭氧层的破坏所带来的诸多负面影响中，对建筑的影响不容忽视。有资料显示，人的一生中约有80％的时间是在建筑内部度过的。可以说建筑是人们日常接触最多、最密切的对象之一。然而，随着到达地球表面UV－B辐射的增强，使各种建筑材料也面临严峻的挑战。UV－B辐射会加速各种人造大理石、塑料、有机涂料和密封材料等功能性材料的老化速度，特别是在高温和阳光充足的热带地区，这种破坏作用更为严重。由于这一破坏作用所造成的损失估计全球每年达到数十亿美元。随着人们生活水平的提高，对建筑的要求也不仅仅局限于内部功能的完善，要求建筑的外立面也能达到"表里如一"的境界。因此，各式各样的材料被用于建筑外立面，以期满足消费者日益提高的生活品位。

三、酸雨对环境的影响

酸雨，最早出现在19世纪的欧洲各国，是由英国科学家史密斯首先提出"酸雨"这一专有名词。到了现在，酸雨已发展成为世界各国的公害。"酸雨"是指pH值＜5.6的降水，是大气中的酸性物质（气态或悬浮态）在降水过程中引起的酸性水，包括酸性雨、酸性雾、酸性雪、酸性露和酸性霜等。它是大气环境质量综合因素的客观反映。大气中的酸性物质有二氧化硫、二氧化氮、弱碱性盐类、有机酸以及由醛、酮等在复杂的大气环境中演变而成的有机酸，其中对酸雨的形成起主要作用的SO_2和NO_2均来自于天然源和人工源。

世界最严重的三大酸雨区是西北欧、北美和中国。我国自1979年开始的酸雨监测资料表明，我国南方大部分城市和地区都普遍出现过酸雨，长江以北地区的一些城市也出现过酸雨，例如青岛等。我国酸雨大致分布在长江以南，按降水pH值来划分，大致可以分为四川盆地、黔中地区、湘鄂赣地区、沪杭地区、闽粤沿海地区等。

酸雨对建筑的影响主要体现在对建筑材料的破坏。酸雨能够破坏各种建筑材料，加速金属和岩石的腐蚀。

酸雨对金属材料的腐蚀据相关资料显示，全世界的钢铁产品中约有1/10因受到酸雨腐蚀而报废。典型的例子是，1967年美国俄亥俄河上一座大桥突然坍塌，桥上许多汽车掉入河中，当场淹死46人。经事后调查证实，其原因就是桥上钢梁和螺钉因酸雨腐蚀锈坏，导致断裂。在美国东部，约有3500栋历史建筑和1万座纪念碑受到酸雨损害。由此可见，酸雨的危害并不是少数几个国家面临的问题，它已经成为一个全球性的环境问题，受到越来越多的关注。我国的西南地区历来就是酸雨的重灾区。以重庆为例，有资料表明，金属材料已经受到酸雨和酸性干沉降的严重影响和危害。重庆和南京同属于长江沿岸的城市，在气候和土壤特征方面十分接近，但是，重庆地区严重的大气污染所造成的对金属材料的腐蚀却是南京所不能及的。比如，南京长江大桥维修周期为五年，重庆嘉陵江大桥长度仅为前者的二十分之一，却需要年年涂漆；南京电视塔十年维修一次，重庆电视塔则需每年维修一次。

酸雨对非金属材料的腐蚀，在古建筑和石刻雕塑上体现得非常明显。世界上许多古建筑和石雕艺术品遭酸雨腐蚀而严重损坏，例如罗马的文物遗迹、加拿大的议会大厦、我国的乐山大佛等。希腊雅典一座神庙中的大理石雕像在20世纪前的数百年里均完好无损，然而自20世纪50年代以来，因酸雨侵蚀，已遭严重损坏。北京有一块500年前的明代石碑，40年前碑文清晰可见，但近些年因酸雨侵蚀，字迹已模糊难辨。

四、酸雨的防治对策

（一）国外情况

国际上，对酸雨的防治通常是采用这样的思路：一是对现有的能源战略进行调整，具体的做法是，一方面减少煤炭、石油等的使用量，进而起到减少硫化物和氮氧化物排放量的作用；另一方面，大力提倡新能源、清洁能源的开发利用，比如风能、潮汐能、太阳能、地热能等。二是对暂时还无法用新能源和清洁能源替代的，必须使用煤炭、石油等在燃烧过程中会产生硫化物和氮氧化物的用户，通过颁布实施相关的政策法规约束其使用量，同时也要求增加相应的除硫装置，争取把对大气的污染降到最低。另外，国际间的合作也是酸雨防治的一个重要手段，如1984年在渥太华召开了由加拿大和欧洲各国参加的国际会议，通过了一项防止酸雨、减少二氧化硫排放量的国际协议。规定在1993年以前，各国的二氧化硫排放量要在1980年的基础上减少30%。

（二）我国情况

绿色建筑所具有的高效、低耗、环保的特征是建立在绿色技术之上的，绿色技术是传统技术与现代高科技相结合的产物，它是实现建筑与自然生态环境和谐统一的技术支持，而且它并不是孤立于建筑而独立存在的，它们两者之间有紧密的联系。建筑是绿色技术实现的载体，绿色技术则是使建筑成为"绿色建筑"的手段。

（三）绿色建筑与绿化

绿色是象征生命的颜色，从古典园林到现代钢筋混凝土的建筑，人们从来没有忘记过对绿化的使用。恰当的绿化不但可以提升建筑本身的韵味，凸现建筑的特色，而且还能使建筑的使用者在使用过程中赏心悦目。国际上常以城市绿地、国家公园、自然保护区的面积人均占有水平，作为判断一个国家和地区的科学文化和现代化程度的重要标志之一。在国际绿色建筑协会对国际绿色建筑的评定所提出的9个方面指标中，绿化就在其中占有一席之地。

绿色植物是天然的氧气制造车间：一亩阔叶林一天之内可以吸收二氧化碳90kg，排出氧气50kg，绿色植物还能吸附硫化氢、烟尘等有毒有害气体和物质，净化空气，改善环境质量。在绿化良好地区的街道上，距地面1.5m处（人的呼吸带）的含尘量比没有绿化地段的含尘量约低60%。树木、草坪可以削弱噪声强度，减轻其危害程度。据测定，70dB噪声通过40m宽的林带一般可降低10～15dB，4m宽的绿篱可减弱噪声6dB，绿化的街道比未绿化街道可降低噪声8～10dB，20m宽的草坪一般可降低噪声2dB。在绿化较好的环境中，空气中的阳离子浓度比较高，这有助于调节体内血清素的浓度，起到缓解弱视、关节痛、恶心呕吐、烦躁、郁闷等症状，改善神经功能，调整代谢过程，提高人的免疫力。绿化不但可以起到保护环境、美化环境的作用，而且还有利于人的身心健康。

作为可持续发展的绿色建筑，在设计和营造时不仅考虑了为人们提供舒适、安全的室内居住空间，而且还将建筑外部环境也列入了考虑的范畴，使得建筑与环境更加融为一体，充分发挥绿色建筑的优势。因此，绿色建筑的目标之一就是改善建筑环境，提高生活品质。

五、绿色建筑的设计

现代经济的发展和科学技术的进步，使得人类可以用机械空调来改善生活和工作环境，这自然是人类的幸运，但由此造成违背气候环境的高能耗建筑使人们付出了巨大的经济和能源代价，同时增加了生态环境的污染，也在很大程度上使居住者与自然环境人为分离。为了克服现行建筑模式对人的负面影响，绿色建筑注重地区气候与建筑的关系，并将考虑地方气候特点的设计作为绿色建筑的一项基本方法。这是一种按人体的舒适要求和气候条件来进行建筑设计的系统方法，即根据当地气候特征，运用建筑物理的原理，合理地组织各种建筑因素。事实上，人类对于环境的舒适、健康需求，常常不必依赖现行空调设备也能得到满足。例如，我国陕北地区的窑洞在20℃左右的气候下，其室内被大地包围着，仍保持着15℃上下的舒适温度；还有西双版纳干栏式住宅，即使在酷热的气候中，仍可在室内创造出阴凉的空间。因此，从绿色建筑的设计观来看，大自然是舒适的主要供给者，而辅助设备系统属于其次。按照这种设计观，建筑物内大部分照明可以由太阳光提供，制冷由流动的空气产生，采暖可以从人体以及办公设备中获得。这些资源还可以通过其他自然方式补充，比如用太阳能加热，以风压和热压产生自然通风，以水的蒸发产生制冷效应等。考虑地方气候特点的设计是一种可以在任何技术层次上使用的方法。这是因为，在绿色建筑中气候所包含的各种因素是作为资源来考虑的。充分利用气候资源，提高气候资源利用率，乃是考虑地方气候特点设计的本质。如果将其原理与未来智能技术、信息技术、控制技术以及其他节能技术结合在一起，就会构成丰富多彩的绿色建筑前景。

绿色建筑是指为人们提供健康、舒适、安全的居住、工作和活动的空间，同时在建筑全生命周期（物料生产、建筑规划、设计、施工、运营维护及拆除、回用过程）中实现高效率利用资源（能源、土地、水资源、材料）、最低限度地影响环境的建筑物。

绿色建筑需要考虑的指标是健康、舒适以及环境影响等方面，所考虑的时间尺度则不仅仅是建筑使用过程，而是扩展到了从原材料生产，到建筑物的设计施工、运营维护，直到拆除、回收利用的建筑全生命周期。可持续建筑从"节能建筑"、"环境友好建筑"发展到"绿色建筑"，这不仅是名称上的改变，而是技术体系上一个巨大的革命。在原有的节能建筑基础上简单地加上健康、舒适性技术，这种建筑不是绿色建筑。绿色建筑不是简单的一加一问题，它需要以一个全局的观点来考虑。

六、水环境与建筑

随着经济的发展，可持续发展战略日益得到人们的共识，成为人类进行社会生产活动、建设以及生活的战略目标。可持续发展住区也随之在国内外提出并迅速发展起来。相继出现"绿色住区"、"绿色住宅"、"健康住宅"的概念，成为住宅产业追求的目标。随着人民生活水平的不断提高，人们对精神生活、文化艺术的要求也随之增强，形成了目前各类城市大建各种广场、公共空间等休闲环境的社会氛围；在居住区的建设中也应运而生了多种强调文化内涵与环境品质的各类住区，尤其是各种亲水、水景楼盘，更是得到了消费者的青睐，受到了社会的追捧。

水环境规划是绿色住宅小区规划的重要内容之一。水环境在住宅小区中占有重要地位，在住宅内要有给水排水系统，以供给合格的用水和及时通畅的排水；住宅小区内也应有适当的室外给排水系统和雨水系统。人们常说的亲水型住宅，在小区内还必须有景观水体，以及水景等娱乐或观赏性水面。大面积的绿地及区内道路也需要用大量的水来养护。这些系统和设施是保证住宅小区具备优美、清洁舒适环境的重要物质条件。

为了使水资源的利用效率达到最佳，改善绿色住宅小区水环境，在对绿色住宅小区进行给排水设计前，必须结合所在区域内的总体水资源和水环境规划，对小区的用水进行合理规划。小区的供水设施应该采用先进的智能化管理，并且应该具有远程控制、故障自动报警等系统，这样既能将绿色小区的水资源进行统一的调度和管理，又能安全可靠地运行。用水规划总的原则应采取高质高用、低质低用。除利用市政供水以外，还应充分利用其他水资源，如对雨水、生活污水，按照相关标准处理后进行回收与再利用。

七、绿化与环境

绿化就是种植花草、树木等植物，通常是以净化空气、美化环境为目的的。若作进一步解释，绿化尚有广义与狭义之分：从广义上来讲，绿化是指全国乃至大地绿化，包括城乡、山河的绿色自然环境的保护以及人工种植大片树木和花草。就狭义而言，绿化特指城市或某些特定区域（如公园、居住区、单位等）的绿化，它是与城市建筑、园林建筑等统一的人文绿化，与建筑有非常密切的关系。绿色建筑的环境绿化主要研究的是后者，它强调的是绿化在美化环境、净化空气、维护生态平衡等方面的作用，尤其是对绿色建筑的影响。实践证明，绿化在提高绿色建筑的室内外环境质量以及促进绿色建筑的节能效益方面正发挥越来越重要的作用。

（一）绿化调节气候

绿化是实现夏季降温、消除热岛效应最为有效的措施之一。绿化降温不仅是由于植物根系所在种植层水分蒸发，同时叶面的蒸腾作用以及叶片对阳光的遮挡作用也可有效地降低环境温度。举例说，夏季的晴天每亩草地每天可以蒸发水分达 $1500m^3$。以此类推，则每亩草地每天可以吸收热量 1.4×10^8J，这就相当于 10 个普通房间的空调机开动 20h 所产生的冷却能量。一块草地和一块沥青地面表面温度的差别，有时可以达到 14℃以上。在这两种不同地表面的微气候区（30～120cm 高度以内）的温差往往也可以达到 5℃左右，可见绿化对建筑环境夏季降温的作用非常明显。

植物是天然的湿度调节器，植物根系所在的土层降雨时是天然的蓄水库，空气干燥时又通过叶片的蒸腾作用增加空气湿度，这对于气候干燥地区是非常有利的。另外，植物还可以调节风速，根据植物配置有意识地引导夏季主导风，阻挡冬季寒风，从而达到调节小气候的目的。房间周围树木的布置往往可能在一定程度上引导风的吹向。

（二）吸附灰尘及有害气体

植物是天然的空气净化器，植物的叶片对灰尘有很好的吸附作用，叶片越粗糙，表面的绒毛越多，对灰尘的吸附能力就越强，许多植物还具有很好的杀菌、杀虫和吸收有害气体的功能。例如，夜来香、九里香具有驱蚊的作用。

（三）降低噪声

噪声的危害已被人们普遍认识，防止和减少城市噪声也已成为城市中亟待解决的环境问题，利用绿化来降低或削弱城市噪声对建筑的影响，则是一项积极、经济、易行的有效措施。密集种植地点的绿化带不仅可作为隔声的屏障，而且植物的叶片也具有一定的吸声作用。

运用绿化来防止和减少噪声对建筑的干扰时，应注意噪声的衰减量随植物配置方式、树种及噪声频率范围的变化而变化。一般来讲，绿化对于低频噪声的隔声能力优于高频，混植林带的隔声能力优于纯植林带。而植物本身的吸声能力，一般以叶面粗糙、面积大、树冠浓密的树木为强。

（四）减轻大气温室效应

绿化对减轻大气温室效应、保护臭氧层大为有利。人们知道，植物的光合作用就是利用其叶绿素吸收太阳光能将二氧化碳和水合成有机碳水化合物。每公顷绿化面积在阳光下每小时的产氧量除供植物本身呼吸外，还可提供50kg氧气，同时吸收75kg二氧化碳，而二氧化碳正是形成大气温室效应主要的气体。因此，尽可能增加绿化面积，对缓解温室效应具有重要作用，如：沿街绿化、楼房绿化、集中绿化、屋顶绿化、墙面绿化、窗台绿化、阳台绿化、室内绿化、草坪绿化。

第四节　建筑设计的景观生态补偿

一、景观设计与生态环境补偿

在环境日益人工化的情况下，仍可以通过林地、绿带、水系、水库和人工池塘以及湖泊的巧妙布置来使生物多样性保持在很高程度上。城市景观的整体格局、绿地系统的平面和空间布局、水系和地形等要素的相互关系等，都会对物种及其栖息地造成重要而长期的影响。对应于不同地理、气候和环境条件，城市均有与之相适应的不同的理想景观格局。由于各种原因，这种演变过程总是曲折甚至反复的。对城市景观的持续修复与补偿，是为了优化城市景观格局，改善城市生态系统运行效率，把城市生态建设纳入城市基础设施网络，通过保护、修复和重建景观要素，促进城市健康、有序地发展。

二、减少人为不利干扰

建筑及其环境中，人与自然相互作用分别占据不同的时空，这种相互作用对于城市生态系统而言，消极的干扰会带来不利的影响。通过建筑设计对人的行为进行引导，正确使用建筑的时间与空间，就能够趋利避害，取得人与自然的相互和谐。首先是在包括居住区、学校等建筑群布置中采用人车分流的方式，以利于城市动植物栖息地的恢复，这是减少人的活动对景观格局破坏的有效途径，机动车应当尽量离开核心绿地、原生态地块、大型植被，并减少对廊道的中断。其次，建筑设计应提供适合于动植物活动的庭院、绿地、台地。在建筑中设立鸟巢等城市野生动物栖息地，可改善生物的生存环境；对于景观格局中具有较高生态价值的要素，可采取相对隔绝的方法来保持其独立，如设置的荒岛，四周都是水面，只有通过小船才能登上，岛上的鸟类、小动物等就相对不受干扰。

三、绿地系统补偿

城市化总是不可避免地增加了非生物要素，建筑设计可通过增加绿地面积和绿量，优化绿地系统的生态功能，平衡其生物与非生物的比例，提高绿地的生态效率来进行补偿。首先，城市设计中绿地系统的演进应与城市化协同，把握绿地与其他景观要素的关系，既相互限制又相互激发；其次，要区别对待城市植物群落栖息地，引入适宜的自然群落结构机制，自我维持与更新，并产生较大的自然生产力，以协调城市开发与生态环境保护的多种关系。

适合城市植被生存，有利于保护水源和改善城市土壤环境。建筑的生态补偿设计应当回收这些土壤、植被与生物，并在建筑屋面、露台、中庭等空间中予以回迁，部分恢复、重建城市生物栖息地。

（一）垂直方向

城市景观中有众多的建筑物，其中不少还是高层建筑，通过建筑墙面垂直连续绿化、建筑中庭绿化和屋面种植等，可以对城市绿地系统进行一定程度的生态补偿。

1. 垂直连续绿化。建筑屋面、各高度建筑平台、空中庭院都能被用于建筑垂直方向的绿地系统，将绿地从地面延伸到建筑上，具有以下功能：一是通过这些绿地系统的水源涵养，能有效减少城市暴雨流量，减少城市基础设施的投资；二是绿化的蒸腾作用能够非常有效地减少建筑的热负荷，能有效地改善建筑微气候，降低城市热岛效应；三是增加人工绿视率，并通过适当的居民参与绿化管护，培养城市居民的生态意识。

2. 空中庭院是建筑结合地域气候的设计法中最突出的设计手法。空中庭园是指较大的露台，可以有几层高，可供私用或公用，设在高层建筑的上部，它是建筑内外空间的转换层，也可提供非工作时的交往，如午餐和休息。庭园后面是全玻璃，阳光可直接进入办公空间，庭园也能起到组织自然通风的作用，通往庭园的可以是楼梯或坡道。近年来在我国高层住宅建筑中也开始出现设置小面积的空中庭院，作为邻里之间交往的空间，但空中庭院实施有一定难度，造价较高，目前还难以推广。

3. 垂直景观。办公楼设计中，采用立面、室内垂直绿化、人工湿地和屋顶绿化等途径对原有绿地系统进行了补偿。室内绿色植物可以吸收二氧化碳和一氧化碳，通过光合作用产生氧气，为使用者提供舒适的环境与新鲜的空气。通过对空中庭园的绿化，伴随着风的作用，共同改善室内环境。热带地区的高层建筑还可以尝试在建筑外围建立垂直连续绿化，将场所绿地系统从地面通过建筑延伸到中庭和屋面。

（二）水的利用与补偿

在建筑设计中，场地中的雨水收集以后，经过毛细管渗滤和人工湿地的处理，作为景观用水。绿地系统中植被的绿叶、根系和土壤中众多的微生物具有很强的保水性能，通过绿化保水既有效，又能相应地减少城市管网等基础设施的投资，同时也改善了植被的生长条件和建筑环境的质量，通过屋面、地面等绿化保水，用建筑北侧的湿地和池塘等雨水收集系统或容器使其渗透到地下。设置了大面积的雨水收集空间后，在中雨、小雨情况下可以充分减少城市雨水径流，减少城市排水管网压力；在大雨、暴雨条件下也能延缓暴雨洪峰，减少城市发生内涝的可能。

城市滨河绿地是城市开发中的重要资源，在提高城市环境质量、丰富地域风貌等方面具有极为重要的价值。由于处于水陆的边际，滨河地区的景观信息量最为丰富，往往是一个城市景色最优美的地区，是形成城市景观特色最重要的地段。同时，滨河绿地以其优越的亲水性和舒适性满足着现代人的生活、娱乐、休闲等需要，这是城市其他环境所无法比拟的特性。城市建设，规划先行，而对城市滨水绿地的规划设计，不能仅仅停留在传统的设计模式上，应该从更深、更广的层面去理解和把握，特别是要从景观生态的角度、从人与自然共生的角度去剖析，将滨河绿地的建设纳入到城市生态系统保护规划中去，挖掘城市滨河地区大的生态功能和游憩功能。

第五节 绿色建筑到低碳生态城

一、城市已成为能耗与碳排放的主因

城市是由建筑所构成的，从碳排放来讲，城市是碳排放最主要的来源。我国有600多个城市，20000多个集镇，据对其中287个地级以上市进行统计，这些城市的能耗占中国总能耗的55.48%，二氧化碳排放量占中国总排放量的58.84%。近300个城市就占到能耗和碳排放总量的一半以上，如果把其余的城市集镇都加进来，至少要占到社会总能耗的80%以上。10000多年以来人类历史进化的过程，就是一个城市化的过程，从原始的城市化一直到工业化推动的快速城市化。在未来，城市人口仍将不断增加，二氧化碳排放将更加集中于城市。城市既是人类最终的归宿，又可能成为摧毁人类栖息地——地球的最主要因素。所以，城市化是一柄双刃剑，一方面使人们生活条件更好，但另一方面也可能成为灾难之源，关键在于我们如何控制建造城市的过程，如何有效地管理城市。

我国低碳生态城的初步实践湖南长株潭和湖北武汉"两型社会"配套改革试验区正在规划建设中，还有越来越多的城市投入到低碳生态城实践中。据估计目前有十几个城市已经在实施生态城市计划，有20多个城市已经在着手规划生态卫星城。中国正以最快的速度向世界上生态城市最多的国家迈进。温家宝总理与新加坡李显龙总理共同签署了在中国天津建设生态城的框架协议，天津生态城的规划建设指标体系体现了复合生态原则，经济蓬勃发展、环境友好、资源节约、产业注重生态环保，并以服务业为主体。在生态评价上，体现了生态能量的要求，必须是紧凑的、宜居的、自我创造就业的城市，探索在盐碱地上构建社会的生态网络，而生态河、生态走廊逐步向沿江、沿渤海湾延伸，交通是低能耗、低污染模式，倡导高密度混合型的土地利用模式。选择新加坡合作的原因之一，新加坡是世界上水资源节约和淡水利用做得最好的国家之一。

二、我国低碳生态城发展的总体思路

我国低碳生态城发展的总体思路是生态城规划与国家"两型社会"发展目标相协调，其建设必须符合我国科学发展的需要，实现以下几方面的目标：第一，以国家总体发展战略规划为基础，分步骤、分阶段、重点突出地开展以城市为单位的"碳减排"与"碳补偿"行动，短期内尽可能减少碳排放，中长期力争实现保持温室气体排放的增长速度小于经济增长速度；第二，把低碳城市和生态目标结合，使城市的增长模式发生转变，建立起低能耗、低排放、高效能、高效率、高效益的中国特色的城市优化和结构调整与升级，推动低碳产业发展，引导低碳消费模式；第三是要建立全面的合作平台，在这方面，欧美发达国家成本高、技术起点高，经测算，这些国家降低1tCq排放要付出150~200欧元的成本，而中国只需几十欧元，成本仅为欧美国家的1/10左右。

三、低碳生态城规划的具体要求

英国是世界上第一个提出 Garden City（田园城市）的国家，是第一个颁布城乡规划法的国家，是最早提出"生态城市"的国家。现在，英国在全民范围对生态城的设计原则进行讨论。英国的城市规划经历了三个阶段：第一个阶段是田园时代，第二个阶段是第二次世界大战以后提出的"新城"建设，第三个阶段就是现在提的"生态城"。

借鉴国外的先进经验并结合我国的国情，提出低碳生态城规划的具体要求如下：

第一，在环境与碳排放问题上，要求通过采用创新的、覆盖全城镇范围的可再生能源系统，全面实施可再生能源的利用，将家庭、学校、商店、办公室和社区设施全部纳入到系统中，实现全面的低碳排放控制。包括街道、公共场所，所有建筑必须是绿色建筑或高性能节能建筑，所有的公园或公共空间都应进行高水平的城市设计，而且必须满足节能减排的要求。这些设计和控制内容必须纳入生态城镇社区远期规划管制的范畴，能够长期监控和指导生态城镇的发展和建设。

第二，在交通问题上，要求编制覆盖整个地区的交通规划，将提高步行、骑车和使用公共交通出行的比例作为生态城镇的整体发展目标，至少减少50%的小汽车出行。为了实现这个目标，每个住宅的规划和区位设置的标准具体规定为：10分钟以内的步行。

第三，在水资源问题上，要求生态城镇在节水方面需要具备更为长远和实效的目标，特别是在那些严重缺水的地区。具体要求包括：开发建设应当在考虑未来发展的同时解决和改善供水的质量；明确水循环战略；要求生态城镇的开发建设不会对地表和地下水造成冲击，不会恶化水源质量；要求生态城镇必须实施"可持续的排水系统"（SUDS）；等等。

四、低碳概念的演变

低碳概念是在应对全球气候变化，提倡减少人类生产生活活动中温室气体排放的背景下提出的。英国在2003年《能源白皮书》中首次正式提出"低碳经济"的概念。日本也紧随其后开始致力于低碳社会的建设，力图通过改变消费理念和生活方式，实行低碳技术和制度来保证温室气体排放的减少。国内学者也针对低碳城市和低碳经济提出了各自的见解，例如强调"低碳生产"和"低碳消费"，以"低碳经济"为发展模式，以"低碳生活"为理念和行为特征，构建"低碳城市"。减少温室气体排放，改变理念和生活方式，以低的能源消耗获得最大产出已经成为对低碳发展的共识。

2003年英国政府发表了《能源白皮书》，题为《我们未来的能源：创建低碳经济》（Our Energy Future: Creating Low Carbon Economy），首次提出了"低碳经济"概念（Low Carbon Economy），引起了国际社会的广泛关注。《能源白皮书》指出，低碳经济是通过更少的自然资源消耗和环境污染，获得更多的经济产出，创造实现更高的生活标准和更好的生活质量的途径和机会并为发展、应用和输出先进技术，创造新的商机和更多的就业机会。英国政府为低碳经济发展设立了一个清晰的目标：2010年二氧化碳排放量在1990年水平上减少20%，到2050年减少60%，从根本上把英国变成一个低碳经济的国家。同时，英国着力于发展、应用和输出先进技术，引领世界各国经济朝着有益环境的、可持续的、可靠的和有竞争性的方向发展。为此，英国建立了完善的减排政策措施体系，包括：推动立法，通过了《气候变化方案》；制定气候变化税等经济政策，推动建立全球碳交易市场；在技术上，加大对可再生能源和低碳技术的投入；同时强调建筑和交通等重点部门的减排。

2007年日本提出"低碳社会"理念。自从英国提出"低碳经济"概念以来，向低碳经济转型已经成为世界经济发展的大趋势。日本环境大臣咨询机构——中央环境审议会提出，低碳社会的基本理念是争取将温室气体排放量控制在能被自然吸收的范围之内，为此需要摆脱以往大量生产、大量消费又大量废弃的社会经济运行模式。日本政府与学者于2004年开始对低碳社会模式与途径进行研究，并于2007年2月颁布了《日本低碳社会模式及其可行性研究》，以日本2050年二氧化碳排放在1990年水平上降低70％为目标，提出了可供选择的低碳社会模式。并在2008年5月进一步提出《低碳社会规划行动方案》（A Dozen Actions towards Low-Carbon Societies）。日本低碳社会遵循三个基本原则，即：在所有部门减少碳排放；提倡节俭精神，通过更简单的生活方式达到高质量的生活，从高消费社会向高质量社会转变；与大自然和谐生存，保持和维护自然环境成为人类社会的本质追求。可以看到，低碳经济与低碳社会概念尽管各有侧重，但并非截然分开。低碳经济概念强调生产方式转变以及新技术和新产品带来的巨大商机，低碳社会则更强调生活和消费方式的转变。但二者的最终目标都是促进温室气体减排，降低人类活动的碳足迹；二者都同时关注技术和政策层面的要素，强调各部门的共同参与。

五、中国低碳城市发展的机遇

低碳之路为中国的可持续发展提供了一条新的途径，中国政府也在2006年底发布的《气候变化国家评估报告》中明确提出中国要走"低碳经济"的发展道路。社会经济发展的低碳化既是挑战，也是机遇。

首先，低碳城市发展预示着世界范围内生态文明发展模式的兴起。随着光能、风能等可再生能源的大规模应用，人类社会必将从以高碳为特征的工业文明走向以低碳经济和低碳社会为主导的生态文明时代。这场涉及生产方式、生活方式和价值观念的世界性革命，也为中国建设低碳城市提供了一个前所未有的巨大发展机遇。其次，建设低碳城市响应了国家可持续发展的需求。在"科学发展观"和"建设生态文明"等国家战略调整的宏观背景下，节能减排正在日益深入人心。为此，国家发布了节能减排综合性工作方案，从生产、流通、消费、分配等各个环节提出了多条政策措施，各地也纷纷出台了一系列具体措施。可持续发展的国家战略和措施使得各地开展低碳城市建设具备了更好的政策空间。再次，作为快速城市化进程中的发展中国家，中国发展低碳城市的经验必定会对所有正在寻求发展的国家和城市提供宝贵的实践经验。另外，由于我国城市的多样性和复杂性，发展低碳城市也将会是提升地方政府治理能力、完善中央政府政策调控方式和寻求中央和地方共同治理的绝好机遇。

第九章 人居环境的理念与五大系统

第一节 人居环境的构成

一、人居环境

人居环境是指围绕居住和生活空间的生活环境的总和。从狭义来说，它是指我们居住的实体环境；从广义来说，它还包括社会、经济和文化等环境。

人居环境涵盖的内容十分广泛，如它包含为了维持生命、规避风险等所必需的特性（即安全性）；为了维持健康所必需的特性（即保健性）；为了在日常生活中消除不便所具有的特性（即便利性）；为了生活的丰富和愉悦所具有的特性（即舒适性）；以及为了维持自身之外，特别是下一代人以后的生活环境所必须具备的特性（即可持续性）。这些要素有的是人类生活必不可少的，有的重要程度相对较弱。比如关于安全性和保健性的要素，如果出现了问题就会威胁到人们的生命和健康，所以它们具有极其重要的意义。

以往，人居环境的内容多是指基于1961年WHO（世界卫生组织）提出的人类基本生活要求的四个理念，即安全性、保健性、便利性和舒适性。这四个理念表现了在一定的场所能够享受怎样的环境的观点。迄今为止日本的各期住宅建设五年计划中，基本水准也主要是以关于安全性和保健性的内容为中心，在诱导水准中增加了便利性和舒适性的内容。以上述四个理念为基础进行的人居环境整治，确实提升了生活环境，改善了生活质量。但是，在我们追求宜人的生活环境的同时，还必须对将来可能出现的问题加以重视，明确现在的活动可能带来的问题，这就属于可持续性的问题。

二、美国公共卫生协会人居卫生委员会1964年提出的"健康人居基本原则"

（一）满足防治灾害的条件（地震、水灾、雷电等自然灾害的防治；火灾、交通事故等人为灾害的防治；住宅的崩塌、坠落，煤气中毒，电击，盗窃等日常事故的预防）。

（二）满足人类生理方面的环境条件（适当的采暖、散热方式，清洁的空气，适度的采光、日照、人工照明，噪声预防，成人与儿童游乐场、运动场的确保）。

（三）满足生活、生理的要求（人们的肉体、精神生活，健全的家庭生活，家务劳动中疲劳的减轻，清静的邻里环境，社区、社会生活等心理健康）。

（四）满足预防疾病发生和防止感染的条件（安全的供水设施、有效的排水设施、食品的安全储存和烹饪、废物的安全处理、害虫的防治等狭义的环境卫生安全，特别是防止住宅过于密集、居室过于拥挤）。

（五）精神上的满足感（造型、生活艺术的条件，清凉、明快、现代化等）。

（六）经济上的满足感（满足居住生活的经济性要求）。

从20世纪70年代后期到80年代，日本的公害问题日益严重，以日照权问题为代表，人们的居住环境意识不断提高，改善已经形成的市区的居住环境终于进入了实质性阶段。具体的行动首先是各地居民运动不断高涨，地方政府纷纷制作了环境图集和地区诊断书等，并推动居民以自己身边的社区为单位进行环境改善活动。

三、人居环境的五项基本理念和指标

（一）人居环境的安全性

确保人的生命、身体、财产、活动和机能等的安全性，形成安全感是人居环境中最为重要的条件。安全性可以分为两类，第一类包括防范性、交通安全性、交通之外的生活环境中的安全性等，即"日常安全性"；另一类包括对水灾、地震等自然灾害引发的灾害的安全性，以及对人类活动密集地区，由人为因素引发的火灾等各种各样的灾害的安全性，它们可以统称为"灾害的安全性"。

"日常安全性"指日常生活中对人居环境所提出的安全性要求，具体来说包括对犯罪的防范和预防；涉及人与车之间的关系的交通安全性；步行环境的安全性；对有可能引发事故的周边环境的整治，包括坠落、崩塌物等。

"灾害的安全性"包括地震、海啸、火山爆发、台风、暴雨等自然灾害，以及火灾等人类活动引发的各种灾害的防治。灾害的安全性又可分为两种，一是防止各种灾害的诱发因素导致灾害的发生，二是防止发生灾害之后灾害影响面的扩大。

（二）人居环境的健康性

周围的环境和住宅不能对自己的健康造成损害，能够享受健康的生活是人居环境中最为重要的条件之一。影响健康的环境因素可以分为温度、湿度、声音、光照、电磁波等"物理环境"因素；化学物质的影响等"化学环境"因素；有害生物、细菌和病毒的影响等"生物学环境"因素；以及这些因素之外的其他综合的社会系统，即"社会环境"因素；等等。

保健性指标包括体现结果的指标（如传染病发病率、确保日照4小时的住户率等）、有害物质浓度（大气污染、土壤污染等）、表现了治理对策的设施整治指标（如上下水管道普及率等）、反映概率的指标（如户数密度、户均居住面积等），这些都是反映保健性的综合指标。

（三）人居环境的便利性

影响日常生活行为的因素有很多，其中提高人居环境的便利性是一项重要的内容。人居环境的便利性所涵盖的范围很广，如停车场和自行车车棚等设施的方便程度，即'日常生活的便利性"；接近经常利用的公共设施的程度，即"各种设施的便利性"；接近交通设施的程度，即"交通设施的便利性"；利用各种物流服务，以及利用电子信息的程度，即"社会服务的便利性"；等等。

（四）人居环境的舒适性

人居环境的舒适性是使居住在其中的人们感到乐于居住，或创造一个乐于居住的街区。舒适的生活首先应该是安全的、卫生的，应该让人们生活在没有不快的生理感觉的住宅中。其次，以各个地区的风土人情、历史文化为背景，对多样化的住宅（建筑）构成的聚居体的环境质量进行综合评价也是非常重要的。在很大程度上，舒适性的评价涉及生活者的价值观和生活方式，涉及生活者和利用者的行为。

舒适性大致可以分为五个方面：一是从生理上五官能够感知的空间状态，即"关于空间性能的因素"；二是关于建筑的集成状态，即"关于空间构成的因素"；三是绿地、水面和土壤等"关于与自然共生的因素"；四是地区的自然、历史文化、街区的意象，以及人与街区的关系等"地区所蕴含的有意义的因素"；五是社区的状况等"关于生活方式的因素"。

（五）人居环境的可持续性

可持续性是 sustainability 的英译。1987 年出版的《我们共同的未来》中 WCED（世界环境与发展委员会）提交的报告中提出了可持续性的概念。可持续性是指我们当代的发展不应对下一代的生存和发展构成威胁。后来，该概念成为讨论地球环境问题时的重要概念。

第二节　人居环境的五大系统

一、自然系统

自然系统是侧重与人居环境有关的自然系统的机制。例如，区域环境与城市生态系统、土地资源保护与利用、土地利用变迁与人居环境的关系、自然环境保护与人居环境建设、水资源利用等。

二、人类系统

人是自然界的改造者，又是人类社会的创造者。人类系统主要指作为个体的聚居者，侧重于对物质的需求与人的生理、心理、行为等有关的机制及原理、理论的分析。

三、社会系统

人居环境是"人"与"人"共处的居住环境，既是人类聚居的地域，又是人群活动的场所，社会就是人们在相互交往和活动的过程中形成的相互关系。人居环境的社会系统主要是指公共管理和法律、社会关系、人口趋势、文化特征、社会分化、经济发展、健康和福利等。涉及由人群组成的社会团体相互交往的体系，包括由不同的地方性、阶层、社会关系等的人群组成的系统及有关的机制、原理、理论和分析。

社会的发展和变化是通过人的活动实现的，人的活动贯穿在社会的各个方面。社会生产是人改造自然界的活动；人们为了生产物质生活资料而结成的生产关系，是生产的社会形式。人居环境建设与传统的建设观点最大的不同之处就在于，用"聚居论"的观点看待我们生活的环境。这样，我们不仅可以看到聚落"空间"及其"实体"的方面，还可以看到生活于其中的人们的"行为"等。各种人居环境的规划建设，必须关心人和他们的活动，这是人居环境科学的出发点和最终归宿。

四、居住系统

居住系统主要指住宅、社区设施、城市中心等，人类系统、社会系统等需要利用的居住物质环境及艺术特征。

城市被视为公共的场所,也是一个生活的地方。由于城市是公民共同生活和活动的场所,所以,人居环境研究的一个战略性问题就是如何安排共同空地(即公共空间)和所有其他非建筑物及类似用途的空间。

1976年,联合国《人类住区温哥华宣言》指出:"拥有合适的住房及服务设施是一项基本人权,通过指导性的自助方案和社区行动为社会最下层的人提供直接帮助,使人人有屋可居,是政府的一项义务。"

五、支撑系统

支撑系统主要指人类住区的基础设施,包括公共服务设施系统——自来水、能源和污水处理,交通系统——公路、航空、铁路,以及通信系统、计算机信息系统和物质环境规划等。支撑系统是指为人类活动提供支持的、服务于聚落并将聚落联为整体的所有人工和自然的联系系统、技术支持保障系统,以及法律、经济、教育和行政体系等。它对其他系统和层次的影响巨大,包括建筑业的发展与形式的改变等。

1996年,联合国人居会议《伊斯坦布尔宣言》指出:"城市和乡村的发展是相互联系的。除改善城市生活环境外,我们还应努力为农村地区增加适当的基础设施、公共服务设施和就业机会,以增强它们的吸引力;开发统一的住区网点,从而尽量减少农村人口向城市流动。中、小城镇应给予关注。"

2000年,路甬祥在《科技百年的回眸与新世纪的展望》中指出:"人们将理性地改革社会体制,合理均衡物质财富分配,健全社会民主法制,升华社会道德,建立平等、和谐的人际关系、代际关系和区际关系,创造并追求健康、美好、文明的生活方式,在不断'调整、调适、调优'人与自然之间和人与人之间关系两大主线的基础上,使人类社会真正走向理想的可持续发展之路。"

在任何一个聚居环境中,这五个系统都综合地存在着,五大系统也各有基础科学的内涵。在人居环境科学研究中,建筑师、规划师和一切参与人居环境建设的科学工作者都要自觉地选择若干系统进行交叉组合(2~3个或更多的子系统)。当然,这种组合不是概念游戏,而是对历史的总结,对现实问题的敏锐观察、深入的调查研究、深邃的理解,以及对未来大趋势的掌握与超前的想象。

五种系统的划分只是为了研究与讨论问题的方便,应当看到它们相互联系的方面。例如,芒福德就曾从生态学的角度把人类看作自然界的一部分,强调生物的总体和环境的作用。地球上的所有生命一起构成一个整体,这个整体能够使得地球的生物圈满足她的全部需要,而且赋予她远远大于其他部分之和的功能。同样,一个良好的人居环境的取得,不能只着眼于它各个部分的存在和建设,还要达到整体的完满,既达到作为"生物的人"在这个生物圈内存在的多种条件的满足,即生态环境的满足,又达到作为"社会的人"在社会文化环境中需要的多种条件的满足,即人文环境的满足。

人居环境的层次观是另一个重大的问题。不同层次的人居环境单元不仅在于居民量的不同,还带来了内容与质的变化。

六、2000年的《柏林宣言》

(一)2000年7月6日,关于城市未来的国际会议"URBAN 21"发表《柏林宣言》

指出:

我们考虑到如下现实:

1. 全世界60亿人口中的大部分将居住在城市,这在人类有史以来是第一次;
2. 全球正面临着城市人口的爆炸性增长,其中最主要集中在发展中国家;
3. 全球1/4的城市人口生活在贫困线以下,城市贫困现象正在加剧,它尤其威胁到妇女和儿童;
4. 许多国家的社会环境继续恶化,居民的健康幸福受到艾滋病和许多重新出现的传染病的威胁;
5. 我们生活在一个多样化的社会,就城市所面临的问题和挑战而言,不存在简单的答案和单一的解决办法;
6. 面对过度增长的现状,许多城市在提供足够的就业机会、保障适宜的住房以及满足居民基本生活需求等方面显得束手无策;
7. 不少城市充满生机,它们在发展中实现了公平,贫困持续减少,文盲得以消除,妇女受到教育,并获得应有的机会,出生率逐渐下降;
8. 而另一些城市则面临着人口老龄化、城市衰败、资源非持续利用等问题,亟待调整与改变;
9. 全球每个角落的所有城市都被各种各样的问题所困扰,尤其严重的是,没有一个城市真正做到了可持续发展。

(二) 我们同时也注意到如下发展趋势,并充分意识到其正反两方面的作用:

1. 全球化和信息技术革命将加速打破现有的行政边界,赋予城市新的使命;
2. 经济和社会正变得越来越依赖于知识;
3. 世界不再仅仅是国家的组合,更是城市相互联系构成的体系(galaxy);
4. 国家、区域和城市政府越来越平等地协同行使各种权力;
5. 城市的治理(governance)越来越民主;
6. 妇女的权益、人权的完整性、参与的需求以及环境管理(stewardship)等问题正日益得到各界的认可和重视;
7. 公私双方以及社会大众(civil society)之间新的合作关系正逐步形成。

第三节 人居环境建设的五大原则[1]

一、正视生态困境,提高生态意识

人类需要与自然相互依存。人对自然的破坏从无足轻重到破坏严重,在大自然对我们的惨痛"报复"中,在生命和财产的丧失中,在自身的困境中,人们才逐步认识到"自然不属于人类,但人类属于自然"[2]。人类保护生物的多样性,保持生态环境不被破坏,归

---

[1] 根据1997年11月吴良镛在北京"迈向21世纪的城市"国际会议上的主旨报告《世纪之交——论中国城市规划发展》改写。

[2] 黄鼎成,王毅,康晓光. 人与自然关系导论. 武汉:湖北科学技术出版社,1997.

根到底,就是保护自己。

严峻的人口压力和发展需求,使得资源短缺、环境恶化等全球性的问题在中国变得更为严峻;城乡工业的发展,污染物的排放正在侵蚀着中国大地的空气、水体和土壤,改变了我们和整个生物圈赖以生存的自然条件;局部地区已超出了大自然恢复净化能力,自然生态系统的运行机制和生态平衡遭到破坏;城市的蔓延、边际土地的开垦、过度放牧等加剧了自然生境的破碎化(habiliraation)和荒漠化 desertification)进程,许多重要的敏感脆弱的自然生态系统和自然环境被不断挤压、分割,物种在丧失,生物多样性在锐减,土地在沙化。

我们应当做到:

1. 以生态发展为基础,加强社会、经济、环境与文化的整体协调。
2. 加强区域、城乡发展的整体协调,维持区域范围内的生态完整性。
3. 促进土地利用综合规划,形成土地利用的空间体系,制定分区系统以调节和限制建设及旅游等活动,防止自然敏感地区及物种集中地区等由于外围污染带来的生态退化,提供必需的缓冲区和景观水域的保护,确保开发的持续性和保护的有效性。
4. 建立区域空间协调发展的规划机制与管理机制,加强法制意识及普及教育,加强当地人民的参与,从整体协调中取得城乡的可持续发展。

二、人居环境建设应与经济发展良性互动

当今,城乡建设速度之快、规模之大、耗资之巨、涉及面之广、尺度之大等已远非生产力低下时期所能及,人居环境建设已成为重大的经济活动。

1. 经济社会发展,推动了城市化的进程。
2. 有了巨大的投入,才有巨大的积累,正因为如此,城乡建设活动将不断采用先进技术装备建立新兴部门、增加就业岗位、进一步调整经济结构和生产力的地区分布、增强经济实力,为改善人民物质文化生活而创造物质条件。

三、发展科学技术,推动经济发展和社会繁荣

科学技术对人类社会的发展有很大推动,它对社会生活,以至对建筑、城市和区域发展都有积极的、能动的作用。ISoCaRP《千年报告》中明确提出:"新技术将对城市和区域规划,以及城市的发展产生全面的影响。"

但是,科技给人类社会带来的变化,是一个新的文化转折点。我们迫切需要从社会、文化和哲学等方面综合考虑技术的作用,妥善运用科技成果,人居环境建设也不例外。

四、关怀广大人民群众,重视社会发展整体利益

在世纪交替之际,人类面临发展观的改变,即从以经济增长为核心向社会全面发展转变,走向"以人为本"。

人类社会全面发展是把生产和分配、人类能力的扩展和使用结合起来的发展观。它从人们的现实出发,分析社会的所有方面,无论是经济增长、贸易、就业、政治行为,还是文化价值[1]。

---

[1] 战捷.21世纪的人口问题.科技日报,1998—07—11.

1948年,联合国《世界人权宣言》指出:"人人享受为维持他本人和家属的健康和福利所需的生活水准,包括食物、衣着、住房、医疗和必要的社会服务"。

人类将更多地关注经济增长过程中的自身发展和自我选择,重视对个人的生活质量的关怀。当今,即使在某些发达国家,也有人已遗憾地警觉到"技术进步了,经济水平提高了,人们未必都能获得一个较为良好的有人情味的环境",❶ 并认识到"以追求利润为动机建造城市,以满足少数人的利益需求或者顺应那些变化无常、相互交织的'政治决策',这是完全错误的。城市建设不仅仅是建造孤立的建筑,更重要的是创造文明。"

五、科学的追求与艺术的创造相结合

在经济、技术发展的同时强调文化的发展,它具有两层含义:

(一)文化内容广泛。

这里特别强调知识与知识活动,学问技能的创造、运作与享用。就人居环境来说,应为科学、技术、文化、艺术、教育、体育、医药、卫生、游戏、娱乐、旅游等活动组织各种不同的空间,这是十分重要的内容。

(二)文化环境建设是人居环境建设的最基本的内容之一。

对一个城市和地区的经济、技术发展来说,文化环境也不是可有可无的东西。因为"如果脱离了它的文化基础,任何一种经济概念都不可能得到彻底的思考","企图把共同的经济目标同它们的文化环境分开,最终会以失败而告终"❷,"城市最好的经济模式是关心人和陶冶人"。我们当然要积极发展经济、技术,但这不是我们的最终目的,我们的目标是建设可持续发展的、宜人的人居环境。

人居环境的灵魂即在于它能够调动人们的心灵,在客观的物质世界里创造更加深邃的精神世界,我们在进行人居环境建设时,必须努力做到科学追求与艺术创造相结合,使之拥有长远的、在一些特殊的建筑物上甚至是永恒的感染力。

在城市化迅速发展的今天,建筑面临的任务已不仅是盖房子,简直就是"盖城市"、"设计城市",而在当今城市中之所以出现许许多多重大的问题,其原因在很大程度上就在于没有把它当作内容广博的人居环境建设。正因为如此,一些重大的问题在没有进行深入的综合的研究下"一锤子定音"。建筑大师吴良镛先生认为:"人居环境规划建设有两个'最高境界',一是政治上的、战略上的最高境界;二是环境科学、艺术创造上的最高境界。前者我们寄望于政治家的远见卓识,后者则依赖于有造诣的建筑师、规划师,一个城市建设的完美,离不开这两类'建筑师'的高度结合。"

---

❶ 日本建筑师 Ka 在 AOF 的发言。

❷ F. 佩鲁. 新发现观. 北京:华夏出版社,1987:165-166。

第十章 城市环境与居住环境

今天,在人类不断探求生存可持续发展空间时,现代文明的烟尘依然无处不在,污染着生态环境,威胁着人类健康。保护资源和环境已成为当今世界各国政府面临的一个重大问题。随着城市的发展,环境质量已是衡量一个城市现代化的重要标准,这就更成为世界大城市的政府首脑们不得不重视、不得不研究、不得不解决的问题。

一个城市在其发展过程中,势必会出现发展与保护的矛盾。在发展与保护难以取舍的时候,发展往往成为一种现实的选择,保护退而求其次,不得不向现实做出妥协。工业时期以至后工业时期大城市的生产方式、生活方式、消费方式对环境造成的种种破坏,正是这种妥协的直接后果。

20世纪90年代末,美国学者对世界上16个著名城市进行"城市适意度"的评比,评比指标包括城市河流、湖泊、公园、树林、空气质量、气温舒适度等自然条件和城市规划、建筑艺术性、林荫道、广场、娱乐设施、艺术景观、文物保护、饮食文化、社会安全、经济发展水平等人文状况,结果认为,巴黎、伦敦和罗马三城市名列世界前茅。

第一节 巴黎城市与居住环境

城市发展的一项主要目的,就是为市民创造美好的生活环境。每一个城市都应该为居民创造良好的生活和工作环境,包括物质环境、生态环境和文化环境,西方学者把这叫做"生活质地"(texture of life)。英国环境设计家、田园城市的倡导者霍华德说:"一个为健康的生活和经常的工作设计的城市,其规模足以满足社会生活各方面的需要,周围是一个田园带,全部土地为公共所有或由社区代为掌管。"霍华德的田园城市,主要是考虑人类生活需要良好的生态环境,这既是身体健康的需要,也是精神审美的需要。

一、巴黎城市生态环境优良,绿化覆盖率很高,素来享有"花都"的美誉

巴黎的基础设施比较完善,管理井然有序,是法国名副其实的优美之区。问卷调查显示,巴黎是有充足而良好的设施、众多特色社区风景、塞纳河沿岸和其他公共区域的风光、人口的多样性,这些都是巴黎市民和游客所青睐的,巴黎今天仍然是一个具有吸引力的城市。巴黎市长有一项重要职责,就是要确保市民能够享受洁净、宁静和美丽的环境。巴黎市政府一直把环境污染防治作为工作的一个重点。

二、巴黎与巴黎大区

巴黎的城区面积仅为 $87km^2$,几乎等于北京市东城、西城、崇文、宣武四城区的面积总和 $87.1km^2$。建立自然保护区,是巴黎大区维护生态平衡的重要措施,也是国土整治、土地和荒野保护、实施绿色旅游的重要方法。实现垃圾的无害化和产业化处理,是大区可

持续发展的重要举措。巴黎大区城市出行计划的主要措施包括：将非公共汽车交通量减少3％；减少汽车尾气污染和噪声污染，规定不同地区和不同时间段的非公共汽车交通限制；将公共汽车使用量提高2％，使1/3的工作出行和上学出行都使用公共交通；上学出行和1km以内出行的步行率提高10％；使用自行车的出行要增加一倍；使用铁路和水路的商品运输量提高3％。

（一）提高人口素质

城市文化和社区文化搞得好，人们的素质就高。人们的素质提高了，自然会提高安全意识，自觉遵守交通规则，行路交通就会顺畅，交通事故就会减少。

为了提高人口素质，巴黎在制定城市发展政策时，优先考虑文化的发展。

（二）治理水污染

1. 提高雨水利用率，减少工业生产和生活活动对水体的污染；
2. 提高用水效率，降低用水量；
3. 加强对能源消费的管理，特别是对城市供热、冷水管网的管理，降低温室效应；
4. 严格控制安装使用空调设备；
5. 为改善城市环境提供更多的信息，建立市民对城市可持续发展的评价对话渠道。

（三）治理交通污染

发展轨道交通，限制汽车发展。巴黎城市交通管理的主要目标，是在各种交通方式之间建立一种平衡，同时为市民提供一个比较好的生活环境，并且使经济得到进一步发展。这个目标确立，充分体现了为多数人利益服务的原则。巴黎市不是一味地在市区扩建马路，加大车流量，而是把汽车交通尽量限制在城市边缘地区，在市内建立"宁静的社区"，以减少车流的噪声和尾气污染。在城市的中心区，大力发展公共交通，鼓励人们步行和骑自行车，通过加宽便道、开辟小型广场、增加绿化面积等城市改造措施，使社区变得更加适合居住、生活和娱乐。进一步改善公共交通，限制市内使用小汽车的数量，保障商业活动的兴盛。发展河流运输，重新布局货物的存储。

三、建设巴黎绿色环境

人类应该摈弃反自然的病态文化，建设亲自然的健康文化；应该继承古人"天人合一"的圣明文化，即自然文化；应该创造人与自然和谐共生的理智文化，即生态文化。只有不断净化人类自身的文化，大力提倡自然文化和生态文化，才能做到保护自然、净化自然、美化自然，推动人类社会在与大自然的共生共荣中朝着更高层次的文明进化。尽管城市用地十分紧张，政府还是尽一切可能在城市社区中增加绿地、花园和树林，以提高城市社区的环境质量，改善人们的生活环境。

（一）建设环城绿化带

建设绿化带，是大区环境发展的重要项目。巴黎大区的绿化带有三种类型：

1. 绿化空间包括森林、公共树木和城市公园；
2. 特殊保护的土地、草场和荒野植被；
3. 线性绿化单元，包括土地、河流和道路树木绿线。

经过15年的建设，绿化带已经成为巴黎大区生态环境建设的重要组成部分。1995年，大区又制订了新的"大区绿化计划"、"自然空间和乡村空间保护规划"，建立城乡结合的绿化网，作为实施城市和乡村可持续发展战略的一部分。

（二）努力增加公共绿地

绿地是城市的衣服，也是城市的自氧源，由于它的重要作用，巴黎政府和专家们也把它列入大型设施类别。在巴黎市区到处有大型的绿地，不仅如此，还有很多大型公园。巴黎还计划在未来几年新建50多个公园。因为，对于城市来说，绿地面积和公园的数量同等重要。

开辟和养护公共绿地和公园，是城市建设和管理的一项重要工作。在历史上，巴黎每一个时期都以特殊的方式来安排绿地、水面和建筑的布局，城市一直在努力创造一个比较理想的城市自然的版本。亨利二世国王（1519～1559）想把首都巴黎建成一个适合人们散步的园林城市。从那时起，巴黎一直实行鼓励种树的政策，现在巴黎已经成为林木覆盖率最高的首都城市之一。

1981年，巴黎市内有285块公共绿地，总面积大约有355hm^2，不算布洛涅和万赛纳森林的1850hm^2。

从1981年到1999年，市区两级政府经过极其艰难的努力，使公共绿地面积增加了140hm^2，总面积升至496hm^2，加上布洛涅和万赛纳的森林面积，绿化面积为22.3%，人均绿地面积为13.94m^2。在增加的绿地中有市级大公园、区级公园、社区公园和广场绿地，以及塞纳河、运河边的公园和绿地。巴黎的绿地现在还在以每年大约100hm^2的速度继续增长。

巴黎是欧洲历史上第一个对城市的宝贵自然财产——树木进行有效保护的城市。"树木报告"记载了巴黎为保护树木所作出的决定和行动。例如，巴黎通过地方法规，鼓励保护公共绿地和私人绿地；与土地开发商签订协议，保护建筑工地的树木；为了便于管理，巴黎已经为城市的每一棵树木建立了档案和辨认卡片。

巴黎市已经采取了一些措施，把巴黎变成一个空气更加清新的城市。城市土地占用规划确定了一些生态保护区，保护那些地区的公园和私人花园，而且规定在进行房地产开发时，必须达到绿化的要求。政府通过购买土地增加绿化面积，并且通过与主人协商的方式，把私人花园向公众开发。1982～1998年这一时期，巴黎运用这样的方法增加了135hm^2的绿化面积，比前100年增加的总量还多。

此外，政府还雇用环保监察员，他们四处巡视，看管园林绿地不受人为损害，野生动物不受人为伤害。现在，城市的野生鸟类越来越多，人们看到更多的鸟儿在城市空中自由地飞翔，听到更多的鸟儿在窗前屋后快乐地鸣唱。

现在，巴黎已经实现了1993年提出的，居民出家门后向任何方向行走500m，都能找到散步休息的花园的目标，而且又制订了新的计划，将家庭与公园距离缩短到300m。现在这个目标已经实现。

为了满足人们周末到郊区农村过农家生活的需要，城市在第12区的布洛涅森林里，建设了一个农场，人们可以经常去那里欣赏田园风光，并可以亲自尝试种植庄稼和饲养家禽牲畜的快乐。

1994年，巴黎在第15区建立了一个面积为3.5hm^2的"大西洋公园"，那里有海洋馆和城市最美丽的喷泉，公园设计是法国和英国传统风格的结合。

茂密的树林是巴黎城市的肺叶。在巴黎的城边有两片很大的森林。东部的万赛纳森林，占地 846hm², 其中自然树丛 341.3hm², 自然草地 93hm², 人工花草树木 88hm², 玫瑰园 14023m², 运动场地 27hm², 河流水网总长 10.1km, 河湖水面 27.7hm², 步行小路 22km, 马路 31.4km, 公路 38km。西部的布洛涅森林占地 995hm², 其中自然树丛 353hm², 自然草地 157hm², 运动场地 43hm², 河湖水面 24hm², 马路 19km, 公路 44km。

来到巴黎，徜徉在大街小巷，漫步在广场、公园，觉得它美丽动人，魅力无限。

巴黎，美丽的巴黎，神奇的巴黎，它是建筑艺术的代表，它是古城保护的楷模，它是文化环境的典范，它是生态文明的样板。在巴黎城市的各个社区中，到处可以看到博物馆、影剧院、花园、喷泉和雕塑，文化环境非常好。巴黎人的文化生活丰富多彩，娱乐形式文雅，艺术气氛很浓。巴黎人之所以文雅，正像朱自清在他的《欧游杂记》中所说："从前人说'六朝'卖菜佣都有烟水气，巴黎人谁身上大概都长着一两根雅骨吧。"巴黎人雅，因为他们"几乎像呼吸空气一样呼吸着艺术气，自然而然就雅起来了"。

巴黎很美，美在它的城市；巴黎很美，美在它郊区的风光。大自然本身就是美的，巴黎的郊区很自然，地貌是自然的，生态是自然的。河流自然地流淌，不改其道；树木自然地生长，不加修剪；山坡就是山坡，没有梯田；水塘就是水塘，草芦丛生。巴黎的郊区，也有人文景观，但都比较好地融入了自然。巴黎的城里人，特别喜爱郊区的风景，他们常常到郊区游玩、野餐，郊游在他们的生活中，已经成为不可缺少的部分。

四、美化巴黎空间环境

（一）发展文化经济

法国前总统密特朗在任时所关注的重点工程包括：卢浮宫玻璃金字塔地下通道工程、奥赛博物馆工程、科技博物馆工程、自然历史博物馆工程、巴士底歌剧院工程、国家新图书馆工程、城市公园工程、阿拉伯世界研究所工程和财政部从卢浮宫迁出工程。这些新建或改建的文化设施，设计精美，建筑质量很高，使巴黎这个文化艺术世界都城的文化气息更加浓厚，景观更加美丽，城市的品位大大提升，吸引力大大增强。

与世界其他著名城市相比，巴黎的音乐厅、图书馆、电影院和现代艺术馆的网络最为完备。2001 年，巴黎在夏乐宫开辟了融建筑和遗产为一体的标志性场所，并且设立一个网络机构，成为世界城市关于这两门学科的最大的研究中心和展示中心。

（二）增加文化含量

为了增加城市的文化含量，巴黎的具体做法是：

1. 整修河岸和桥梁。塞纳河在巴黎人的生活中和精神上占有极其重要的位置，因此，市政府非常重视对塞纳河沿岸的整治工作。由于赛纳河是一条国家水道，它的监管主要由国家负责。巴黎市负责的是塞纳河 36 座桥梁中的 33 座，以及位于城市中心的那些码头。为了重新修缮和装饰这些中心区码头，巴黎市专门起草了一个总体计划，并且还修改了土地征用规划。1989 年，国家和巴黎市对塞纳河三个区域进行了限定：一个是历史的中心，即从奥斯德里兹桥至亚历山大三世桥之间的部分。这一段河岸总长 13700m, 已被联合国教科文组织列为世界文化遗产名录。在这个区域之内，不得兴建任何永久性建筑，步行者才是至高无上的主人。第二个区域实际上包括两部分，也就是上面所说两岸保护区两边的相邻区域，总长 14000m, 在这两端的河道允许平底船停泊，岸上允许建设餐馆和娱乐设施。还有一个区域，是第二个区域再往两边的地方，总长 3000m，主要由码头设施组成。巴黎已经开设实施一项为期 3 年的对中心区码头进行修缮的计划和一项为期 15 年的桥梁修缮计划，这两个项目预计总投资 4.27 亿法郎（7000 万美元）。巴黎还在研究一项对巴黎段塞纳河沿岸进行全部装修的计划。巴黎共有运河河道 130km，其中有 8 条运河流经城市，因此，巴黎计划对这些运河也实行与塞纳河整修类似的政策。现在，巴黎中心区码头修饰总体计划已经完成了很多项目，其中包括阿桑那勒的皮艇停靠码头，把维莱特的运河改为游乐用途，改造圣·马赫丹运河和理查德·勒努瓦大街边上的那些码头，重新装饰河流边上的广场、建设新的公园，等等。

2. 重新装饰街道。重新装饰街道的目的，不仅是要使建筑物的外部装饰风格协调，还要使多少年来一直被交通所主宰的街道变成步行者的乐园。近来已经完成的改造包括沙龙社区、旺多姆广场、菲特广场、巴士底广场周围的街道，正在进行改造之中的或者已经列入计划的有协和广场、意大利大街和一些林荫大道。改造的目标，是要像香榭丽舍大街那样有较宽的步行道，有较多的座椅、美丽的花园、浓密的树荫和灯光照明。还有一条从巴士底通向万赛纳森林的长 4.5km 的绿色步行街，那里原来是一条废铁路，政府将它买下来改造为一条美丽的步行街。

3. 鼓励艺术家共同参与城市空间的升级改造。为了使城市更加具有吸引力，并且保护城市的特色，改造的一条原则是，新的装饰必须融入传统之中。为达到这一目标，巴黎市成立了由巴黎和中央政府代表组成的专门委员会，负责对各项建议的审批。对于已经通过的方案，聘请艺术家进行设计，并且制作了高水平的沙盘模型和街道装饰招贴画征求市民的意见，让城市永久留下艺术家的杰作。菲利普·斯达克设计了历史性城市点缀，诺尔曼·弗斯特设计了公共汽车等候亭，米歇尔·维尔莫特和伯纳德·虞埃设计了香榭丽舍大街改造方案。

4. 维护城市的基本色调。巴黎的建筑具有自己特别的色彩——外墙石膏饰面的淡米色，屋顶的蓝灰色和金属物的镀锌色。为了保持这种色彩的协调，1991 年，政府与地区建筑协会和建筑公司签订协议，建筑的外部装饰必须符合巴黎城市色调风格的要求。为了维护城市的主色调和整洁度，巴黎于 1986 年出台了户外招贴广告规定。为了使户外广告的管理简单有效，巴黎市政府将管理权委托给广告公司来协助管理。巴黎对于围墙的颜色特别重视。东部的城区在 20 世纪 60 年代修建了很多围墙，为了改变墙面已经破损的外观，人们通过油画来装饰它们。1987 年以来，巴黎每年拿出 500 万法郎（100 万美元），用于墙面绘画设计竞赛的奖励，现在已经有 68 道围墙有了油画或马赛克图案。1983 年还成立了一个专门委员会，来负责城市色彩景观的管理工作。

5. 用彩光照明美化城市。第二次世界大战以后，汽灯被电灯取代。现在的巴黎之夜，简直就是天堂夜景，灯火通明，五光十色，令人目不暇接，令人流连忘返。巴黎市重点文物的彩光美饰由国家负责，不过也有一些例外，如巴黎圣母院、卢浮宫等，都是由巴黎市负责。而绝大多数的城市空间和建筑的灯光美饰当然也是由巴黎市负责。例如，当暮色降临时，在彩色的灯光里，凯旋门、拉德方斯方宫、国家歌剧院的线条突出，特点明显，如同琼楼圣殿一样令人着迷；蒙特马赫山丘、巴士底广场高深莫测，美轮美奂，好像神园仙山一样令人梦幻；塞纳河长桥、香榭丽舍大街和理查德·勒瓦尔的喷泉流光溢彩，轻灵飘逸，仿佛圣境彩虹一样令人陶醉；埃菲尔铁塔通身光彩四射，在茫茫夜空之中显得更加雍容华贵。

五、改善社区环境

社区是社区成员生活和工作的地方，搞好社区环境建设意义非常重大。社区环境主要由生态环境、生活工作环境和治安环境组成。社区环境是城市大环境的组成部分，要建成健康优美的城市环境，必须建设好每一个社区的环境。生态环境的好坏对社区居民的身心健康起着重要作用，它是文明程度的标志之一。多开辟绿地、水体，植树、栽花、种草，减少各种污染，利用地方资源创造独特的城市景观，使社区干净、清新、美丽，使自然与人相互依存，和谐共生。搞好社区环境卫生，及时清运垃圾，防治各种环境污染，拆除违章建筑，治理交通秩序，加强社会安全防范，这是加强社区安全性、改善环境质量、完善社区形象的重要方向。

社区环境不仅仅是人与建筑在某一区域聚集而呈现的外在景观，还是社区文化的重要内涵，因为社区环境与社区成员的文化素养、生活习惯、环境意识、法律意识等有直接的关系。社区是城市的基本单元，社区成员的文化素养不高，城市的脏、乱、差就难以解决。相反，社区成员如果具有文明的举止，待人礼貌热情，会给来访者留下美好的印象。优美的人工生物环境，如树木、花草、鸟类等动植物种类的多样性和色彩的丰富性，可以使社区变得鸟语花香、空气清新、景色迷人。

第二节　英国城市与人居环境

一、田园城市（garden city）理论

1909 年，英国城市规划法首次通过。英国著名的社会活动家霍华德在 19 世纪末提出了关于城市规划的设想，并提出了"田园城市"的概念。这个新概念的提出，对 20 世纪初以及之后世界许多国家的城市规划产生了巨大的影响。在《明日，一条通向真正改革的和平道路》一书中，霍华德提出了建设一种理想城市的构想，即"田园城市"。这种田园城市融合了城市的现代繁华和乡村的自然淳朴，实质上是城和乡的结合体。

霍华德的理论一经提出，就得到了英国"田园城市和城市规划协会"的重视。1919 年，该协会在与霍华德协商以后，明确提出了田园城市的具体含义：田园城市是为人们的健康、生活以及产业发展而设计的城市。它的规模适中，一方面能够满足人们丰富的社会生活需要，另一方面又不超出一定范围程度；田园城市的四周要有农业地带永久地围绕，城市的土地由专门成立的委员会管理，公众是该城市土地的所有者，也是该委员会的管理者。

霍华德田园城市由城市和乡村两个部分组成。城市的四周被农业用地所围绕；城市居民可以就近获得生活所需的新鲜农产品；城市周围农业用地生产的农产品不仅可以满足该城市市场，而且还可以供应给其他各地市场的需要。霍华德针对现代社会出现的城市问题，提出带有先驱性的规划思想，即城市规模、布局结构、人口密度、绿化带等城市规划问题，提出一系列独创性的见解，是一个比较完整的城市规划思想体系。田园城市理论对现代城市规划思想起了重要的启蒙作用，对后来出现的一些城市规划理论，如"有机疏

散"论、卫星城镇等理论颇有影响。20世纪40年代以后，在一些重要的城市规划方案和城市规划法规中，也反映了霍华德思想。

二、大伦敦规划

1937年，英国政府为解决伦敦人口过于密集的问题，成立了"巴罗委员会"。该委员会于1940年提出"巴罗报告"，认为伦敦地区工业与人口不断聚集，是工业所起的吸引作用。据此，他们提出了疏散伦敦中心区工业和人口的建议。1942年，由阿伯克隆比主持编制大伦敦规划，于1944年完成轮廓性的大伦敦规划和报告。其后，又陆续制定了伦敦城和伦敦郡的规划。在大伦敦规划中体现了格迪斯首先提出的"组合城市"概念，并且在制定规划过程中遵循了格迪斯所概括的方法，即"调查—分析—规划方案"。当时，被纳入大伦敦地区的面积为6731km^2，人口为1250万。

（一）伦敦的环保成就

近几十年来，英国绿色环带和楔形绿地已完成，郊外自然保护地和森林在扩大，泰晤士河、运河和城内外湖泊水清，城内大型公园、绿色广场、林荫干道组成的绿地体系，清新全市。伦敦的"雾都"称号已成为历史。伦敦在环保科技进步的同时，高标准的环境法规在建设市政基础设施，改善能源、工业产业结构，控制交通和工业废气废水的排放，集中投资建造各级污水处理工程中起了关键作用。

（二）伦敦的交通

据统计，目前伦敦交通的70%依靠地铁，每小时发出的列车达90班次，每天使用伦敦地铁出行的乘客超过300万人次。在发展地下铁路的同时，大力发展地面公共交通，红色双层、绿色单层公共汽车夜以继日地补充着地铁运力。与此同时，火车、轻轨火车与地铁车站实现连接。现在，由地铁、火车和地面公共汽车组成的立体交通网已延伸到城市的各个角落。

为了缓解地面交通压力，英国交通部于2002年10月16日宣布了一个减缓交通阻塞的计划，投资1.45亿英镑在92个堵塞严重地区实施改进措施，以提高主要公路和高速公路的行驶条件。伦敦市政府还将投资3亿英镑实施电车服务工程——"跨河计划"，该项目于2004年启动，2007年竣工。线路从伦敦北部至南部，每年可运载7200万人次，并可把部分地区的路程和时间减半，同时可缓解伦敦地铁网中北部线和维多利亚线的拥挤状况。

三、伦敦的自然保护

（一）绿地的规模、规划、管理

伦敦这座拥有700多万人口、经济发达的国际化大都市，曾是一个污染严重的城市。近年来，伦敦在城市生态建设和绿地建设方面，建立了比较完备的制度和体系，取得了举世瞩目的成就。伦敦的绿化工作渗透到各个角落。在伦敦看不到黄土，到处是绿树碧草。攀援绿化、阳台绿化等特殊空间绿化也非常普及。1991年，伦敦城市公共绿地面积达17245hm^2，人均公共绿地面积为24.64m^2，绿地覆盖率为42%。住宅、道路和商业建筑等硬质地面只占37%，而公园、居民区花园和农地等软质地面占63%，其中居住区花园占19%、公园占8%、农地占7%，软质地面远远高于硬质地面。

伦敦的绿地规模大。大型成片绿地占总绿地的67％。市中心拥有海德公园、圣詹姆斯公园等大型公园。城市外围建成了环城绿带，平均宽度8000m，最宽处达30000m，面积20万hm^2。绿化带里不准建筑房屋和居民点，阻止了城市的过分扩张，又可作为伦敦农业、游憩区，保持了原有小城镇的乡野风光，并通过环形绿地、绿色廊道、河流等，将城市的各级绿地彼此连接，构成网状整体。

（二）野生动植物

一般认为，野生动植物保护地总在人迹稀少的地方，但伦敦的经验表明，城市能够保留一些具有自然风貌、野生动植物得以生存的自然栖息地。在评估自然保护的重要性时，不仅考虑生物价值、保护濒危物种和保持物种的丰富度，也考虑当地居民的需求，并据此划定自然保留地。同时，规定相邻地区的发展不能影响自然保护地，并留出生物通道，形成开敞空间的网络结构，保持自然过程的整体性和连续性。

（三）创造适合野生生物生存的生境

伦敦的绿地建设，以健全城市生态和保护生物多样性、发挥其功能为重要目标。通过绿地的自然化、生态公园（或自然公园）、废弃地生态改造、河流管理、人工野生动物栖息地，将景观地块与多样性生态相结合，建造自然的、生态健全的景观，为野生动物的觅食、安全和繁衍提供良好的生存空间，增加总体物种潜在的共存性，从而形成大自然的绚丽风光与现代都市生活和谐地融为一体的城市风貌。即使在伦敦建筑物高度密集的地区，仍保留着一些大自然的风貌。大伦敦地区包括大片开敞空间，尤其在市镇以外，更多的是一些使野生动植物得以生存的自然栖息地。

四、伦敦的品位

一个没有文化的城市，是贫血的城市。一个没有历史的城市，是没有品位的城市。

"伦敦为文化之城"。西班牙巴塞罗那市在其文化发展战略规划报告中，开篇提出的一个口号是"城市即文化，文化即城市"（City is culture and culture is city）。正如当代管理学大师彼得·德鲁克所言："城市是真正的文化中心。"城市，本身就是一种文化。在人类创造的文化成就中，城市本身就是一件最成功的文化产品，体现着人类精神的成就。这种文化不是孤立的。它融化在城市的每一个角落，弥漫在城市的所有空间。

（一）伦敦的特色

在20世纪中，西方有两个宪章对现代城市的发展影响重大。

1.《雅典宪章》。在1933年的雅典会议上，与会者研究了现代城市与规划问题，指出现代城市应解决好居住、工作、游憩、交通四大功能。会议提出了一个城市规划大纲，即著名的《雅典宪章》"。大纲指出，城市应按居住、工作、游憩进行分区及平衡，然后再建立三者联系的交通网。大纲列举了居住、工作、游憩和交通四大活动存在的严重问题后指出，居住为城市的主要因素，应多从人的需求出发。大纲还提出城市发展中应保留名胜古迹及古建筑，强调城市规划是一个三度空间的科学，应考虑立体空间，要以国家法律形式保证规划的实现，大纲的一些基本论点至今仍有重要的影响。

2.《马丘比丘宪章》。1977年12月，一些世界知名城市设计学者在秘鲁利马签署了《马丘比丘宪章》。该宪章是继1933年《雅典宪章》以后对世界城市规划与设计有深远影响的又一文件。宪章分为11小节，对当代城市规划理论与实践的中主要问题做了论述。

这 11 小节分别为：城市与区域、城市增长、分区概念、住房问题、城市运输、城市土地使用、自然资源与环境污染、文物和历史遗产的保存与保护、工业技术、设计与实践、城市与建筑设计。宪章强调了"规划必须在不断发展的城市化过程中反映出城市与其周围区域之间的基本动态的统一性"、"规划过程应包括经济计划、城市规划、城市设计和建筑设计，它必须对人类的各种要求做出解释和反映"、"规划、建筑和设计，在今天不应当把城市当做一系列的组成部分拼在一起来考虑，而必须努力去创造一个综合的、多功能的环境"、"在建筑领域中，用户的参与更为重要，更为具体"等观点。

第三节 日本城市与人居环境

一、日本东京都生态保护与环境整治

自 20 世纪 50 年代后期至 70 年代初，东京的环境不断恶化。由于工业的发展，特别是钢铁、化工、石油等工业成为国家工业化的主要推动力，工业污染状况急剧恶化。直到 20 世纪 80 年代以前，东京城市环境污染和生活环境污染恶化一直成为严重的社会问题。严重的工业公害成为公众关心和争论的焦点。这一时期，东京的工业化使其工业产品发货量占全国的 10% 以上，位居全国第一，由此造成的工业污染也十分严重。

（一）现代城市生活方式与东京的自然环境

今日的东京，在工矿企业所造成的公害被基本根治的同时，因高消费而产生的城市"生活公害"，已成为城市环境问题的重点。"生活公害"具体来说，主要有汽车排放的废气和发出的噪声、生活废水和垃圾等。从时间上来看，汽车的问题是最早出现的。

日本的小汽车生产在 20 世纪 50 年代末才初显端倪（1957 年实现了从批量生产向自动生产线生产的转换），1960 年日本小汽车产量是美国的 1/40、西德的 1/11、英国的 1/8、法国的 1/7、意大利的 2/7，可以说此时的日本汽车业还处在孩提时代。但是，到 20 世纪 70 年代初日本汽车产量已全面超过了欧共体各国，转瞬间便跃居世界前列。1975 年的单一车种产量，卡罗拉（丰田）和雪莉（日产）分别占世界第一位和第二位。也就是说，日本将世界汽车产业数十年的发展历程压缩在十几年内就走完了。汽车的使用、生活废水和垃圾的排放所产生的环境问题，在大城市中尤为严重，被认为是以大城市的生活者为发生源的三大环境问题。

（二）治理城市生活公害对策

近年来，随着人们环境意识的进一步提高，建立舒适、宁静的自然环境的呼声越来越高。以可持续发展的观念协调城市建设与城市环境关系的理念成为普遍共识，面对高消费社会带来的新的环境问题，东京都首先制定了各种环保条例。针对汽车对大气的污染和带来的噪声、振动等生活公害以及东京湾水质的污染和城市的垃圾问题，东京都于 1972 年制定了自然保护和恢复条例，1984 年制定了《东京都绿化的倍增计划》和《东京都环境管理计划》。进入 20 世纪 90 年代，东京都又提出了将城市建设成为环境保护型都市的设想，变大量消费型的社会经济活动为省资源、省能源的社会经济活动，并以可持续发展的观念制定了《东京都地球环境保护行动计划》（1992 年）和《东京都环境基本条例》，规定了环境保护理念和环境保护的基本措施等。与此同时，为了保护和创造舒适的水边环

境，为了综合推进河流和东京湾的水质改善，1993年东京都制定了《东京都水边环境保护计划》，修订了《水质污染防治法》。为了防治噪声和振动，根据《噪声限制法》、《振动限制法》及《东京都公害防止条例》的规定，以区市町村为中心，对发生源进行限制。同时，在城市规划和建设中实行环境影响评价制度，使大型项目实施造成环境恶化的情况得以避免。

（三）汽车污染的治理对策

1. 以公共轨道交通作为城市居民出行的首选，限制私家车的使用。二战后，汽车是日本发展最为迅速的产业，它对日本20世纪60~70年代经济高速增长的贡献是不容置疑的。但我们也应看到，汽车普及在促进经济发展的同时，也带来了一系列问题。其中很重要的一点就是环境污染问题。车辆的增加，汽车尾气的排放，对大气的污染必定加重。它已成为当今日本大气最主要的污染源。限制车辆是治理大气污染的主要途径。

2. 实施强有力的汽车排气限制。日本政府吸取过去公害对策滞后的教训，在汽车走向普及的过程中就采取了必要的限制对策，以免重蹈公害覆辙。其中最为重要的是从1973年开始实施的汽车排气限制。

3. 通过技术更新，开发环保"绿色"汽车。20世纪60年代由于在清除汽车尾气技术方面取得的进展，一氧化碳和硫化物的问题暂时获得了解决。现在的主要污染是各种各样的氮氧化物。东京因汽车尾气所排放的氮氧化物约占市区所排放氮氧化物总量的67%，其中半数来自柴油卡车。目前，用于减少小型柴油卡车氮氧化物排放量的技术已付诸应用并取得了满意的结果，但对大型柴油动力汽车的类似技术仍是亟待解决的问题。

二、东京的绿化规划

（一）建立绿化带，限制城市无限扩张

东京最早的绿化规划制定于1939年，是参考欧美的绿化规划制定的。它包括以东京为中心，半径为50km的范围。绿化内容有环形绿地、大型公园、公园道路、农园、名胜古迹、风景林带、自然公园、游园地等。它是日本城市规划史上最具体的规划，也是日本第一个土地利用的基本规划，现在在东京都区部所能看到的大规模公园，一部分是旧幕藩体制的遗产，即旧藩主的园林庭院，再就是执行绿化规划保存下来的绿地。

东京绿化规划中的环形绿化带是以抑制城市的无限扩大为目的，以东京23个区的边缘地带为主建立起来的。1940年按此规划大部分绿化地建立完成。到1945年，东京有33处大小绿化地，现在东京的大部分绿化地都是在那时建立起来的。环形绿化带至今依然是东京市郊结合部的重要绿地。二战后由于土地改革，使一部分原本已征购的绿化地变成了民间所有的土地，政府以住宅地的价格重新征购回一部分，但仍有不少土地变成完全的民间所有地。

1995年，日本政府对《城市绿化保护条例》进行了修改，通过建立市民参加绿化制度，建立绿化地管理机构制度及扩大绿化协定的制度，以有利于居民和企业等自发地参与绿化地的设置和保护。另外，东京都还大力开展公路绿化，在形成郁郁葱葱的城市景观的同时，公路绿化还具有交通安全和防灾的功能，同时对解决噪声、振动及大气污染等环境问题具有重要作用。

（二）都市立体绿化

东京作为世界上人口最密集的城市之一，随着城市的发展，城市市区的土地几乎全部为钢筋水泥所占据，要想进一步增加城市的绿化面积已是相当困难。近年来，随着东京市民环保意识的日益加强和对生活环境要求的不断提高，为了提高植物覆盖率，东京人打起了绿化"钢铁"和"水泥"的主意，兴建屋顶花园和墙上"草坪"，通过大力发展城市立体绿化来美化城市环境。近年来数量日益增多的修建在屋顶上的花园和阳台上的微型庭院已成为东京的新景观。

修建屋顶花园对建筑物具有众多好处。首先可以缩小温度变化的幅度，防止建筑物开裂。据有关方面的测试，只要东京市中心的植物覆盖率增加10％，其夏季最炎热时期白天的最高室外气温就可降低2.2℃。此外，屋顶绿化可以减少紫外线辐射，延缓防水层恶化，还降低能源消耗、释放氧气、吸收大气中的二氧化碳、吸附污染物质、净化大气等。为此，日本政府大力鼓励和支持修建楼顶花园。东京都城市建设管理部门规定，在兴建大型建筑设施时必须有一定比率的绿化面积，楼顶花园可以作为绿化面积使用。从1999年度开始，日本政府决定对修建楼顶花园的业主提供低息贷款。如果建筑面积在2000m^2以上、楼顶花园面积占40％以上，不仅可以得到修建楼顶花园的低息贷款，其主体建筑也可享受部分低息贷款。

（三）环境保护的国际合作

在固定污染源的污染得到基本控制和治理、环境质量得到大幅度改善之后，日本把环境保护的注意力开始转向全球环境问题、城市生活污染、城市自然环境及农业生态环境的保护上。因为在自然生态的全球化、一体化的今天，环境问题已不再是某一国自己的事情了，它已成为一个跨越国界的全球性问题。为此，在以可持续发展的观点制定的日本环境大法——《环境基本法》中，作为环境政策导向之一就是，促进国际合作，积极参与国内、国际环境的保护，这已成为日本环境政策的一个重要方面。

日本人很关心全球特别是邻国的环境问题。由于中日两国如此接近的地理位置，中国环境的好坏对一衣带水的日本具有重要的影响。日本很重视中国的酸雨、沙尘暴等问题，因为它们也影响着日本的气候环境。

第十一章 水污染防治法

第一节 水污染防治法的发展历史

2008年2月28日，第十届全国人大常委会第三十二次会议审议通过了《中华人民共和国水污染防治法》，共有8章92条，2008年6月1日起实施。该法是对1984年11月1日实施、1996年5月15日修正的水污染防治法的全面修订。

国家环境保护总局曾先后三次向全国人大常委会汇报关于《水污染防治法（修订草案）》的说明，经委员长会议决定，将修订草案向社会公布征求意见。法律委员会、法制工作委员会对社会各方面提供的意见进行认真研究，同时法制工作委员会将修正草案印发各省（自治区、直辖市）和中央有关部门等单位征求意见。2008年2月26日第十届全国人大常委会第三十一次会议对水污染防治法（修订草案二次审议稿）进行审议。会后，法律委员会、法制工作委员会就进一步修改草案同有关部门交换意见，进行研究。法律委员会于2月3日召开会议，根据常委会组成人员的审议意见和各方面的意见，对草案进行了审议。环境与资源保护委员会和国务院法制办、国家环保总局的负责同志列席了会议。2月22日，法律委员会召开会议，再次进行了审议。法律委员会认为，为了防治水污染，保护和改善水环境，对现行水污染防治法进行修改是必要的。修订草案经过常委会两次审议修改，已经比较成熟；同时，提出一些主要修改意见。2008年2月26日，对修订草案三次审议，法律委员会常委审议通过。

一、水污染法总则

水污染总则共有10条，涉及立法目的、适用范围、水污染防治原则、政府水污染防治责任、水环境保护目标责任制和考核评价制度等。

（一）水污染概念及立法目的

水污染是由于人为活动，使某些物质进入水体，达到一定浓度，从而导致其化学、物理、生物等方面的特性改变，产生危害人体健康、破坏生态环境等后果的环境质量恶化现象。水污染已成为危害人们身体健康、生产生活，破坏生态环境，制约经济社会发展的重要因素。防治水污染就是要采取相应的措施，预防水污染的发生，并对已经产生的水污染进行治理。对水污染防治进行立法，将水污染防治活动纳入法制的轨道，就是为了规范上述预防和治理水污染的行为，使水污染防治活动有法可依。水污染防治是我国环境保护领域较早进行立法的领域。我国第一部水污染防治法于1984年5月11日由第六届全国人大常委会第五次会议通过，1984年11月1日起施行。20多年以来，其确立的水污染防治规划、环境影响评价、排污收费、重点水污染物排放总量控制、饮用水地表水源保护、限期治理等基本制度是正确的，有关规定是切实可行的，对防治水污染发挥了重要的作用。但是，随着我国经济的持续快速增长和经济规模的不断扩大，水污染防治形势十分严峻，主要表现在以下几方面：

1. 水污染物排放总量居高不下，水体污染相当严重。据原国家环保总局监测，2005年，全国七大水系的411个地表水监测断面中有27%的断面为劣V类水质，基本丧失使用功能，全国约1/2的城市地下水污染严重，流经城市的河段普遍受到污染，一些地区甚至出现了"有河皆干、有水皆污"的情况。

2. 部分流域水资源的开发利用程度过高，加剧了水污染的恶化趋势。据最新水资源调查评估结果的数据，淮河开发利用率为53%，辽河开发利用率为66%，海河开发利用率为100%，这些河流枯水期基本没有生态流量，大大降低了流域水体的自净能力，加剧了水污染的恶化趋势。

3. 城乡居民饮用水安全存在隐患。据国家环保总局最新调查数据，全国113个重点环保城市的222个饮用水地表水水源的平均水质达标率仅为72%，不少地区的水源地呈缩减趋势，有的城市没有备用水源，有3亿多农村人口的饮用水存在安全问题。

4. 水污染事故频繁发生。我国不少化工、石化等重污染行业布局不合理，很多企业建厂早、设备陈旧、管理落后、治污设施不健全，极易造成水污染事故。据原国家环保总局统计，2005年全国共发生环境污染事故1406起，其中水污染事故693起，占全部环境污染事故总量的49.2%。

5. 原水污染防治法对违法行为的处罚力度不够，需要进一步完善有关法律责任的规定。

（二）制定水污染防治法的目的

1. 防治水污染。为了更好地使水污染的预防和治理有序、规范地进行，就必须将水污染防治纳入法制的轨道。水污染防治立法的直接目的，就是建立符合国情的有针对性的防治水污染的法律制度，依法防治水污染。

2. 保护和改善环境。生活环境，是指与人类社会生活密切相关的各种自然条件和社会条件的总和。生态环境，是指生物有机体周围的生存空间的生态条件的总和。生活环境和生态环境共同构成了我们生存的环境。保护环境，就是保护人类自身赖以生存的条件。保护和改善环境是我国的基本国策。水是环境的基本构成要素，水环境是环境的重要组成部分。通过制定水污染防治法，加强水污染防治，其根本目的也是保护和改善环境。

3. 保障饮用水安全。饮用水对人类的生存具有至关重要的作用。全世界的饮用水现状都不容乐观，有超过12亿人缺乏安全饮用水，2025年前缺水人口将达到27亿。我国总体上属于水资源贫乏的国家，人均占有的水资源量只有世界人均占有量的1/4。目前，全国600多座城市中有400多座缺水，年缺水量达60多亿立方米。据对我国118座城市的饮用水调查显示，64%的地下水受到严重污染，33%的城市地下水受到轻度污染。饮用水水源因被污染而引起的水质性缺水，是当今饮用水缺乏的一个重要原因，由此带来的饮用水缺乏和饮用水安全问题也日益突出。饮用水的安全与否直接关系到广大人民群众的生存和身体健康。本次修订水污染法，明确将"保障饮用水安全"规定为立法目的，更充分地体现了以人为本的要求。

4. 促进经济社会全面协调可持续发展。"可持续发展"，是指既满足当代人需求又不危及后代人生存发展的"全面协调"发展，强调的是环境与经济社会都得到均衡发展，追求的是人与自然的和谐。实施可持续发展战略，是关系中华民族生存和发展的长远大计，已成为国民经济和社会发展的基本指导方针。制定水污染防治法，保护和改善水环境，其最终目的也是保障和促进经济社会全面协调可持续发展。

二、水污染防治应当坚持预防为主、防治结合、综合治理的原则，优先保护饮用水水源，严格控制工业污染、城镇生活污染，防治农业水源污染，积极推进生态治理工程建设，预防、控制和减少水环境污染和生态破坏

（一）预防为主、防治结合、综合治理。

1. 预防为主的原则，就是将预防放在防治水污染的主要和优先位置，采取各种预防措施，防止水污染的发生。预防为主的原则是环境保护和污染防治的基本原则。水污染防治采取预防为主的原则，是由环境污染的一系列特点决定的。水污染影响范围大、影响时间长、影响程度强、致病危害大，污染容易治理难、治理成本高代价大，必须对水污染采取预防为主的原则，才能将污染和损害减至最低的程度。

2. 防治结合的原则，是指预防与治理相结合，既要对污染采取事先预防措施，也要对产生的污染积极予以治理。本法既规定了环境影响评价、建设项目"三同时"、排污申报、重点水污染物排放总量控制和排污许可等预防性法律制度，也针对饮用水水源保护以及对工业、城镇、农业和农村的水污染，船舶水污染等，分别规定了具体的防治措施。对水污染只有按照预防与治理相结合的原则，预防手段和治理措施双管齐下，才能从根本上防治水污染，保护和改善环境。

3. 水污染防治是一项综合性很强的工作，必须进行综合治理，包括综合运用法律、经济、技术和必要的行政手段，从源头上预防和治理水污染。

（二）水污染防治应当遵循优先保护饮用水水源，严格控制工业污染、城镇生活污染，防治农业源污染，积极推进生态治理工程建设的原则。

1. 优先保护饮用水水源。明确对饮用水水源予以特别保护，是在1996年第一次修改水污染防治法时提出的。当时的情况是，水污染物排放量的迅速增加和水污染由城市向乡村广大区域的蔓延，对生活饮用水水源构成越来越严重的威胁。强化对生活饮用水水源地的保护，已成为事关公众健康和工农业生产的突出问题，有必要在法律上作出特别规定。1996年修改水污染防治法时，确立了对生活饮用水水源予以特殊保护的制度。2002年修改水法时，对这一制度再次在法律中予以肯定并加以完善。水法中明确规定，"国家建立饮用水水源保护区制度"，禁止在饮用水水源保护区内设置排污口。

2. 严格控制工业污染、城镇生活污染。20世纪60年代以前，工业"三废"是造成各国环境污染，包括水污染的最主要的污染源。因此，工业污染一直都是水污染防治的重中之重。这次修订，仍将"严格控制工业污染"作为水污染防治的一个重要原则。同时，随着经济社会的发展，城镇生活污水已经逐渐成为水污染的另一重要来源。在有的城市，城镇生活污水的排放量已经超过了工业污水，成为排放量最大的污染源，必须加强对城镇生活污水的防治。因此，本法将"严格控制城镇生活污染"作为水污染防治的一个重要原则。

3. 防治农业水源污染。随着我国经济的发展和人民生活水平的提高，农业生产方式的转变，乡镇企业的迅速发展，农业和农村的环境污染问题也日益突出，特别是农业水源造成的水污染问题受到社会的普遍关注。根据各方面的意见和建议，这次修订水污染防治法，在水污染防治原则中增加了"防治农业水源污染"的原则，以专节对农业和农村水污染防治作了具体规定。

（三）县级以上人民政府应当将水环境保护工作纳入国民经济和社会发展规划。国民经济和社会发展规划是指导国民经济和社会发展的纲领性文件。制定国民经济和社会发展规划，是各级人民政府的重要职责之一。国民经济和社会发展规划决定了一个行政区域范围内的政治、经济、文化、科技等各方面的发展方向和目标，决定了一个区域内的工作重心和工作安排的轻重缓急，关系到各项生产计划和安排，也关系到人民群众的生活和利益。纳入国民经济和社会发展规划的工作，可以在人力、物力、财力上得到保证。把水环境保护工作纳入国民经济和社会发展规划，是加强水环境保护工作的重要措施之一。2006年3月十届全国人大四次会议批准的《国民经济和社会发展第十一个五年规划纲要》，对"十一五"期间的水污染防治工作提出了如下要求：加大"三河三湖"等重点流域和区域水污染防治力度，科学划定饮用水源保护区，强化对主要河流和湖泊排污的管制，坚决取缔饮用水源地的直接排污口，严禁向江河湖海排放超标污水。加强城市污水处理设施建设，全面开征污水处理费，到2010年城市污水处理率不低于70%。县级以上人民政府应当将水环境保护工作纳入国民经济和社会发展规划，给予人力、物力和财力的保证，使水环境保护的各项工作能够得以顺利落实。

1. 根据依法批准的江河、湖泊流域水污染防治规划，组织制定本行政区域的水污染防治规划；

2. 开发、利用和调节、调度水资源时，应当统筹兼顾，维持江河的合理流量和湖泊、水库以及地下水体的合理水位，维护水体的生态功能；

3. 按照本行政区域重点水污染物排放总量控制指标的要求，将重点水污染物排放总量控制指标分解落实到下级人民政府直至排污单位；

4. 合理规划工业布局，对造成水污染的企业进行技术改造，采取综合防治措施，提高水的重复利用率，减少废水和污染物排放量；

5. 通过财政预算和其他渠道筹集资金，统筹安排建设城镇污水集中处理设施及配套管网，提高本行政区域城镇污水的收集率和处理率；

6. 划定饮用水水源保护区并采取有针对性的具体措施对饮用水水源和其他特殊水体予以保护。

（四）国家实行水环境保护目标责任制和考核评价制度。

《国务院关于落实科学发展观加强环境保护的决定》提出，要把环境保护纳入领导班子和领导干部考核的重要内容，并将考核情况作为干部选拔任用和奖惩的依据之一。中组部2006年印发的《体现科学发展观要求的地方党政领导班子和领导干部综合考核评价试行办法》也要求，要将环境保护作为考核地方党政领导班子及其成员工作实绩的内容之一。本法以法律的形式明确规定，国家实行水环境保护目标责任制和考核评价制度，将水环境保护目标完成情况作为对地方人民政府及其负责人考核评价的内容，使这一制度成为法定制度。

（五）建立健全对位于饮用水水源保护区区域和江河、湖泊、水库上游地区的水环境生态保护补偿机制。

1. 生态保护补偿，就是保护、弥补生态系统的消耗和损失，恢复生态平衡和生态功能。生态系统遭受消耗和损失后,可以通过两种方式得以补偿。一种是自我补偿,即自然生态系统由于外界活动而遭干扰、破坏后的自我调节、自我恢复,属于生态系统的内部补偿。比如天然林遭受火灾或病虫害后,新树又在原地重新生长成为森林,就是生态系统的自我恢复。另一种是外部补偿,即人类采取各种措施,帮助受损的生态系统进行恢复和重建。如人类植树造林、封山育林,退耕还林,都属于生态系统的外部补偿。环境法中的生态保护补偿,就是建立生态系统的外部保护补偿机制,实际上是对在保护和恢复、重建生态系统、修复生态环境的整体功能、预防生态失衡和对环境污染进行综合治理中发生的经济补偿的总称。

2. 建立健全环境生态保护补偿机制,是我国在社会主义市场经济条件下实现经济建设与环境保护协调发展的一项重要决策,是贯彻落实科学发展观的重要举措,有利于推动环境保护工作实现从以行政手段为主向综合运用法律、经济、技术和行政手段的转变,有利于推进资源的可持续利用,加快环境友好型社会建设,实现不同地区、不同利益群体的和谐发展。党中央、国务院对建立生态保护补偿机制提出明确要求,并将其作为加强环境保护的重要内容。《国务院关于落实科学发展观加强环境保护的决定》要求"要完善生态补偿政策,尽快建立生态补偿机制。中央和地方财政转移支付应考虑生态补偿因素,国家和地方可分别开展生态补偿试点"。《国务院2007年工作要点》将"加快建立生态环境补偿机制"列为抓好节能减排工作的重要任务。国务院发布的《节能减排综合性工作方案》也明确要求,改进和完善资源开发生态补偿机制,开展跨流域生态补偿试点工作。

3. 1998年对森林法进行修改时,首次在法律中对生态保护补偿制度作了规定,即:国家设立森林生态效益补偿基金,用于提供生态效益的防护林和特种用途林的森林资源、林木的营造、抚育、保护和管理。森林生态效益补偿基金必须专款专用,不得挪作他用;具体办法由国务院规定。在审议水污染防治法修订草案的过程中,有意见提出,为了鼓励保护水环境,统筹区域发展,对一些为保护水环境做出贡献的地区,应通过财政转移支付等方式给予生态保护补偿。国务院对此已有明确要求,建议在修订水污染防治法时以法律的形式予以确认,为今后我国建立健全水环境生态保护补偿机制提供法律保障。因此,本次修订新增加了国家建立健全水环境生态保护补偿机制的原则性规定。

4. 国家通过财政转移支付等方式,建立健全对位于饮用水水源保护区区域和江河、湖泊、水库上游地区的水环境生态保护补偿机制。按照这一规定,生态补偿的主体为中央政府和地方政府;补偿的对象为特定的地区,即饮用水水源保护区区域和江河、湖泊、水库上游地区;补偿的方式为财政转移支付等。

5. 生态补偿涉及复杂的利益关系调整,目前对生态补偿的理论性探讨较多,针对具体地区、流域的实践探索较少,尤其是缺乏经过实践检验的生态补偿技术方法与政策体系。因此有必要通过在重点领域开展试点工作,探索建立生态补偿标准体系,以及生态补偿的资金来源、补偿渠道、补偿方式和保障体系,为全面建立生态补偿机制提供方法和经验。

(六)排放水污染物,不得超过国家或者地方规定的水污染物排放标准和重点水污染物排放总量控制指标。

1. 水污染物排放标准,是结合生产技术和污染控制技术所确定的技术可行、经济合理的标准限值。规定禁止超标排污,对我国环境保护法律制度的完善有着重要意义。具体而言，在没有地方水污染物排放标准的地方，向水体排放污染物的，不得超过国家水污染物排放标准；在有地方水污染物排放标准的地方，向水体排放污染物的，不得超过地方水污染物排放标准。超过水污染物排放标准排放污染物将构成违法，应当承担相应的法律责任。

2. 重点水污染物排放总量控制制度是控制重点水污染物排放量的有效手段。原水污染防治法规定，省级以上人民政府对实现水污染物达标排放仍不能达到国家规定的水环境质量标准的水体，可以实施重点污染物排放的总量控制制度。为进一步加强对水污染物的源头削减和排放控制，本次修订取消了对实施重点水污染物总量控制制度的水体的范围。省、自治区、直辖市人民政府应当按照国务院的规定，削减和控制本行政区域的重点水污染物排放总量，并将重点水污染物排放总量控制指标分解落实到市、县人民政府。市、县人民政府根据本行政区域重点水污染物排放总量控制指标的要求，将重点水污染物排放总量控制指标分解落实到排污单位。对排放水污染物超过重点水污染物排放总量控制指标的，本法规定由县级以上人民政府环境保护主管部门按照权限责令限期治理，处应缴纳排污费数额两倍以上五倍以下的罚款。限期治理期间，由环境保护主管部门责令限制生产、限制排放或者停产整治。限期治理的期限最长不超过一年；逾期未完成治理任务的，报经有批准权的人民政府批准，责令关闭。上述规定体现了我国对水污染物排放的监管从浓度控制方式向浓度与总量控制相结合的方式的转变。

第二节 水污染防治的标准和规划

一、国务院环境保护主管部门制定国家水环境质量标准。省、自治区、直辖市人民政府可以对国家水环境质量标准中未作规定的项目，制定地方标准，并报国务院环境保护主管部门备案

（一）环境质量标准，是在一定的时间和范围内对环境质量的要求，即按照保护人体健康、生态平衡等要求，对环境中各种有毒有害物质或因素的法定容许浓度的规定。我国的环境质量标准分为国家环境质量标准和地方环境质量标准。

水环境质量标准也称为水质标准，是环境质量标准的重要组成部分，是制定水污染物排放标准和污染物排放总量控制指标的首要依据，是环境保护主管部门对水环境进行科学管理的手段。同时，水环境质量标准也是判断水环境是否受到污染的依据。制定水环境质量标准是水污染防治的一项重要基础工作。

国家水环境质量标准是在全国范围内或者在规定的特定区域内适用的标准，是对水环境进行管理和评价水环境质量的基础，是制定水污染物排放标准和水污染物排放总量控制指标的依据。国家水环境质量标准各地必须遵照执行。

国务院环境保护主管部门负责制定国家水环境质量标准。目前，我国已制定发布了有关水环境质量的多项国家标准，主要包括《地表水环境质量标准》、《海水水质标准》、《地下水水质标准》、《生活饮用水卫生标准》、《渔业水质标准》、《农业灌溉水质标准》、《景观娱乐用水水质标准》等。

我国地域辽阔，水环境情况复杂。对国家水环境质量标准中没有规定的项目，地方可以按照法定程序，结合当地的水环境特点和水环境保护的需要，制定地方的水环境质量标准。地方水环境质量标准是制定地方水污染物排放标准和分解重点水污染物排放总量控制指标的依据之一。

水环境质量的地方标准，由省、自治区、直辖市人民政府依法制定、发布。地方水环境质量标准须报国家环境保护部备案。

（二）国务院环境保护主管部门根据国家水环境质量标准和国家经济、技术条件，制定国家水污染物排放标准。省级政府可以制定严于国家水污染排放标准的地方水污染物排放标准，地方水污染物排放标准须报国务院环境保护主管部门备案。

1. 污染物排放标准，是指为了实现环境质量标准，结合技术经济条件和环境特点，对污染源排入环境的污染物或有害因素的控制标准，或者说是对排入环境的污染物的允许排放量或排放浓度。污染物排放标准分为国家污染物排放标准和地方污染物排放标准。

国家水污染物排放标准，是国务院环境保护部门根据国家水环境质量标准的总体要求和国家经济、技术条件，并考虑了我国各种环境要素在不同地区的差异性等特点而制定的在全国范围内适用的水污染物排放标准。国家水污染物排放标准的制定机关是国务院环境保护行政主管部门，即国家环境保护部。制定国家水污染物排放标准的依据，一是国家水环境质量标准；二是国家的经济技术条件。水污染物排放标准不能过严，致使绝大多数企业达不到要求，将多数企业置于违法境地；也不能将标准制定得过宽，而达不到防治水污染的目的。

2. 地方水污染物排放标准，是根据国家环境质量标准或地方环境质量标准，结合当地的经济技术条件和环境特点，在执行国家水污染物排放标准仍不能达到环境质量标准的要求，或者有些水污染物对当地环境质量影响较大而未被列入国家标准时，所制定的水污染物排放标准。由于我国地域辽阔，各地经济、技术条件不同，法律有必要授权地方制定地方水污染物排放标准。

二、水污染防治的监督管理

新建、改建、扩建直接或者间接向水体排放污染物的建设项目和其他水上设施，应当依法进行环境影响评价。建设单位在江河、湖泊新建、改建、扩建排污口的，应当取得水行政主管部门或者流域管理机构同意；涉及通航、渔业水域的，环境保护主管部门在审批环境影响评价文件时，应当征求交通、渔业主管部门的意见。

（一）建设项目环境影响评价和"三同时"制度。

向水体排放污染物的建设项目和其他水上设施，包括新建、改建、扩建直接或者间接向水体排放污染物的建设项目和其他水上设施，都应当对有关的建设项目依法进行环境影响评价，并遵守国家有关建设项目环境保护管理的规定。建设项目的环境影响评价不是一般的预测评价，它要求可能对环境有影响的建设项目的建设单位，必须事先通过调查、预测和评价，对项目的选址、对周围环境产生的影响以及应采取的防范措施等提出建设项目环境影响评价文件，经审查批准后，才能进行开发建设。由此可见，建设项目环境影响评价制度是一项决定建设项目能否进行的具有强制性的法律制度。

1. 建设单位在江河、湖泊新建、改建、扩建排污口的，应当取得水行政主管部门或者流域管理机构的同意；涉及通航、渔业水域的，环境保护主管部门在审批环境影响评价文件时，应当征求交通、渔业主管部门的意见。在江河、湖泊设置排污口，会影响沿岸城市的生活、生产用水安全，影响水生生物和渔业生产，影响堤防和通航安全，因此，加强对江河、湖泊排污口设置的审查和管理是必要的。水法第三十四条也规定，在江河、湖泊新建、改建或者扩建排污口，应当经过有管辖权的水行政主管部门或者流域管理机构同意，由环境保护行政主管部门负责对该建设项目的环境影响报告书进行审批。

2. 建设项目的水污染防治设施，应当与主体工程同时设计、同时施工、同时投入使用。水污染防治设施应当经过环境保护主管部门验收，验收不合格的，该建设项目不得投入生产或者使用。建设项目"三同时"制度与环境影响评价制度结合起来，成为贯彻"预防为主"的环境保护原则的环境污染防治的重要法律制度。我国环境保护法律对此都作了规定。建设项目"三同时"制度，是指一切基本建设项目、技术改造项目、自然开发项目，以及可能对环境造成损害的工程建设，其中需要配套建设的防治污染和其他公害的环境保护设施，必须与主体工程同时设计、同时施工、同时投产使用的制度。

3. 水污染防治设施应当经过环境保护主管部门验收，不合格的，该建设项目不得投入生产或者使用。

(二)国家对重点水污染物排放实施总量控制制度。

1. 重点水污染物排放总量控制制度，是指在特定的时期内，综合经济、技术、社会等条件，采取通过向排污源分配水污染物排放量的形式，将一定空间范围内排污源产生的水污染物的数量控制在水环境容许限度内而实行的污染控制方式及其管理规范的总称。长期以来，我国环境管理主要采取污染物排放浓度控制，浓度达标即为合法。近年来，国家适当提高了主要污染物排放浓度标准，但由于受技术经济条件的限制，单靠控制浓度达标，无法有效遏制环境污染加剧的趋势，必须对污染物排放总量进行控制。水污染物浓度控制制度没有将污染源的控制和削减与水环境目标相联系，区域内各排放单位排放的污水只要达到国家或地方规定的排放标准，就可以合法排放了。重点水污染物排放总量控制制度是在污染源密集无法保证水环境质量的控制和改善的情况下提出来的，它比浓度控制方法更能满足环境质量的要求，在上海、天津、沈阳、广州、太原、包头等16个城市开展了污染物排放总量控制试点。近年来，国务院及有关部门加快了污染物排放总量控制工作的实施步伐。《经济和社会发展"九五"计划和2010年远景目标》明确提出了"创造条件实施污染物排放总量控制"。1996年国务院在《关于环境保护若干问题决定》中进一步提出："要实施污染物排放总量控制，抓紧建立全国主要污染物排放控制指标体系和定期公布制度。"国务院于2006年8月的批复原则同意《"十一五"期间全国主要污染物排放总量控制计划》的规定，"十一五"期间国家对化学需氧量、二氧化硫两种主要污染物实行排放总量控制计划管理，排放基数按2005年环境统计结果确定。计划到2010年，全国主要污染物排放总量比2005年减少10%，具体是：化学需氧量由1414万t减少到1273万t，二氧化硫由2549万t减少到2294万t。

2. 省、自治区、直辖市人民政府应当按照国务院的规定削减和控制本行政区域的重点水污染物排放总量，并将重点水污染物排放总量控制指标分解落实到市、县人民政府。市、县人民政府根据本行政区域重点水污染物排放总量控制指标的要求，将重点水污染物排放总量控制指标分解落实到排污单位，具体办法和实施步骤由国务院规定。国务院关于《"十一五"期间全国主要污染物排放总量控制计划》的批复中要求，各省自治区、直辖市要将《"十一五"期间全国主要污染物排放总量控制计划》确定的主要污染物总量控制指标纳入本地区经济社会发展"十一五"规划和年度计划，分解落实到基层和重点排污单位。要制定实施方案，落实工程措施和资金，严格实行排污许可证管理，加强执法监督，加大对各种违法排污行为的监督查处力度；同时，要切实转变经济增长方式，从源头上减少污染，确保总量控制目标的实现。省、自治区、直辖市人民政府应当按照国务院的规定削减和控制本行政区域的重点水污染物排放总量，并将重点水污染物排放总量控制指标分解落实到市、县人民政府。市、县人民政府根据本行政区域重点水污染物排放总量控制指标的要求，将重点水污染物排放总量控制指标分解落实到直接或间接向环境排放水污染物的排污单位，包括企事业单位、城市污水处理设施或其他工业污水集中处理设施等；通过对排污单位实施水污染物排放申报、登记，核定水污染物排放总量指标，分配水污染物排放削减量，发放排放许可证，实施重点水污染物排放总量控制。

3. 对超过重点水污染物排放总量控制指标的地区，有关人民政府环境保护主管部门应当暂停审批新增重点水污染物排放总量的建设项目的环境影响评价文件。国务院在《关于落实科学发展观加强环境保护的决定》中要求，严格执行环境影响评价和"三同时"制度，对超过污染物总量控制指标、生态破坏严重或者尚未完成生态恢复任务的地区，暂停审批新增污染物排放总量和对生态有较大影响的建设项目。

（三）国家实行排污许可制度。

1. 排污许可制度，是指以污染物排放总量控制为基础，由政府主管部门对企业排污的种类、数量、性质、去向、方式等实行审查许可的制度。排污单位持有排污许可证方有权排污，同时必须按照许可证规定的范围和要求排污。排污许可制度是国家为加强环境资源管理而采用的一种行政管理制度。实施排污许可制度有利于落实污染物排放总量控制制度，加强污染物排放监管；有利于提高环境管理水平，增强环境执法透明度，推进环境保护的科学化管理。

2. 排污许可制度也是其他一些国家实行环境管理的一项基本制度。我国自20世纪80年代中期开始引入和探索排污许可制度。1988年3月，国家环境保护总局发布了《水污染物排放许可证管理暂行办法》，提出在浓度控制的基础上，通过排污申报登记，向企业发放水污染物排放许可证。1995年8月施行的《淮河流域水污染防治暂行条例》和2000年3月施行的《水污染防治法实施细则》中规定，对向实行总量控制水体排放重点水污染物的单位实行排污许可制度。2001年7月，国家环境保护总局发布了《淮河和太湖流域排放重点水污染物许可证管理办法（试行）》。一些地方也制定了有关排污许可证制度的地方性法规或规章。2000年4月，全国人大常委会修订的《大气污染防治法》第十五条规定，对总量控制区内排放主要大气污染物的企事业单位实行许可证管理。《国务院关于落实科学发展观加强环境保护的决定》提出，要"推行排污许可证制度，禁止无证或超总量排污"。在2006年4月召开的全国环境保护大会上，温家宝总理在讲话中明确提出"要全面推行排污许可证制度，加强重点排污企业在线监控，禁止无证或违章排污"。本次修订的水污染防治法，明确将实行排污许可制度规定为法定制度。

3. 企业事业单位和个体工商户排放水污染物的种类、数量和浓度有重大改变的，应当及时申报登记；其水污染物处理设施应当保持正常使用；拆除或者闲置水污染物处理设施的，应当事先报县级以上地方人民政府环境保护主管部门批准。

（四）禁止私设暗管或者采取其他规避监管的方式排放水污染物。

1. 向水体排放污染物，必须合理设置排污口，否则会对用水安全等造成严重影响。2003年，淮河流域水资源保护局对全流域（不包括山东半岛地区）的入河排污口进行调查，共查出966个入河排污口，淮河水体受到严重污染，成为全社会关注的焦点。一些排污企业未经批准，随意在防洪河道偷偷设置入河排污口，对堤防和防洪河道的安全构成了潜在的威胁。当发生洪水时，污水将随着洪水蔓延，扩大了污染区域，也使洪水调度决策更加复杂。因此，规范排污口设置的管理，是十分必要和迫切的。

2. 在江河、湖泊设置排污口的，还应当遵守国务院水行政主管部门的规定。水法第三十四条规定，在江河、湖泊新建、改建或者扩大排污口，应当经过有管辖权的水行政主管部门或者流域管理机构同意，由环境保护行政主管部门负责对该建设项目的环境影响报告书进行审批。《河道管理条例》第三十四条规定，河道、湖泊排污的排污口的设置和扩大，排污单位在向环境保护部门申报之前，应当征得河道主管机关的同意。水利部2005年颁布的《入河口排污监督管理办法》规定，设置入河排污口的单位，应当在向环境保护行政主管部门报送建设项目环境影响报告书（表）之前，向有管辖权的县级以上地方人民政府水行政主管部门或者流域管理机构提出入河排污口设置申请。

3. 禁止私设暗管或者采取其他规避监管的方式排放水污染物。在水污染防治法（修订草案）审议期间，有些全国人大常委委员、全国人大环境与资源保护委员会和有的地方提出，对以私设暗管或其他方式偷排废水、污水的行为，应予严格禁止。法律委员会经同环境与资源保护委员会和国务院法制办、国家环保总局研究，增加规定："禁止私设暗管或者采取其他规避监管的方式排放水污染物。"并在"法律责任"一章增加规定了相应的法律责任。

（五）重点排污单位应当安装水污染物排放自动监测设备，与环境保护主管部门的监控设备联网，并保证监测设备正常运行。排放工业废水的企业，应当对其所排放的工业废水进行监测，并保存原始监测记录。

重点排污单位安装水污染物排放自动监测设备，与环境保护主管部门的监控设备联网，有利于加强污染源监管，实施污染物排放总量控制与排污许可证制度，预防污染事故，提高环境管理科学化、信息化水平。国家环保总局2005年颁布的《污染源自动监控管理办法》规定，环保总局负责指导全国重点污染源自动监控工作，制定有关工作制度和技术规范。水污染物排放自动监测设备，是指在污染源现场安装的用于监控、监测污染物排放的仪器、流量（速）计、污染治理设施运行记录仪和数据采集传输仪等仪器、仪表，是污染防治设施的组成部分。环境保护主管部门的监控设备，是指环境保护部门通过通信传输线路与自动监测设备连接用于对重点污染源实施自动监控的计算机软件和设备等。自动监测设备和监控设备合称为自动监控系统，自动监控系统经环境保护部门检查合格并正常运行的，其数据作为环境保护部门进行排污申报核定、排污许可证发放、总量控制、环境统计、排污费征收和现场环境执法等环境监督管理的依据，并按照有关规定向社会公开。

（六）直接向水体排放污染物的企业事业单位和个体工商户，应当按照排放水污染物的种类、数目和排污费征收标准缴纳排污费。

1. 实行按照排放水污染物的种类、数量和排污费标准征收排污费的制度，是对我国目前实行的水污染物超标收费制度的重大改革。直接向水体排放污染物的企业事业单位和个体工商户，缴纳排污费的多少取决于其水污染物排放的种类和数量的多少。不同的污染物类型，适用不同的收费标准：污染物排放种类多的、数量大的，缴纳排污费就多。如果排放水污染物超过国家或者地方规定的水污染物排放标准和重点水污染物排放总量控制指标的，还要依据本法规定给予处罚。

2. 排污费应当用于污染的防治，不得挪作他用。根据国务院《排污费征收使用管理条例》的规定，排污费必须纳入财政预算，列入环境保护专项资金进行管理，主要用于下列项目的拨款补助或者贷款贴息：①重点污染源防治；②区域性污染防治；③污染防治新技术、新工艺的开发、示范和应用；④国务院规定的其他污染防治项目。县级以上人民政府财政部门、环境保护主管部门应当加强对环境保护专项资金使用的管理和监督。县级以上地方人民政府财政部门和环境保护主管部门每季度向本级人民政府、上级财政部门和环境保护主管部门报告本行政区域内环境保护专项资金的使用和管理情况。

三、国务院环境保护主管部门负责制定水环境监测规范，统一发布国家水环境状况信息，会同国务院水行政等部门组织监测网络。

环境监测是指从事环境监测的机构及其工作人员，按照有关法律法规规定的程序和方法，运用物理、化学、生物等现代科学技术方法，连续地或间断地对环境各项要素和化学污染物及物理和生物污染等因素进行现场的监测和测定，作出正确的环境质量评价。按照监测对象的不同，可以分为环境质量监测和污染源监测。

环境监测的目的是准确、及时、全面地反映环境质量现状及发展趋势，为环境管理、污染源控制、环境规划等提供科学依据。

为了全面、系统、准确地掌握全国和各个地区的水环境质量状况和水污染物排放情况及其变化，必须合理设置数量足够的环境监测站点，形成统一的全国环境监测网络。国务院环保主管部门应当会同水行政主管部门，组织水环境监测网络，开展水环境监测活动，汇集资料、综合整理，为向各级人民政府报告水环境质量状况和水污染物排放情况提供基础数据和资料。

四、国家确定的重要江河、湖泊流域的水资源保护工作机构负责监测其所在流域的省界水体的水环境质量状况，并将监测结果及时报国务院环境保护主管部门和国务院水行政主管部门；经国务院批准成立的流域水资源保护领导机构的，应当将监测结果及时报告流域水资源保护领导机构。

（一）国家确定的重要江河、湖泊流域的水资源保护工作机构负责监测其所在流域的省界水体的水环境质量状况，并将监测结果及时报国务院环境保护主管部门和国务院水行政主管部门。

根据水法第三十二条的规定，县级以上人民政府的水行政主管部门或者流域管理机构，应当按照水功能区划对水质的要求和水体的自然净化能力，核定该水域的纳污能力，向环境保护行政主管部门提出该水域的限制排污总量意见。县级以上地方人民政府水行政主管部门和流域管理机构应当对水功能区的水质状况进行监测，发现重点污染物排放总量超过控制指标的，或者水功能区的水质未达到水域使用功能对水质的要求的，应当及时报告有关人民政府采取措施，并向环境保护行政主管部门通报。

（二）有经国务院批准成立的流域水资源保护领导机构的，应当将监测结果及时报告流域水资源保护领导机构。

按照国务院制定的《淮河流域水污染防治暂行条例》的规定，淮河流域水资源保护领导小组负责协调、解决有关淮河流域水资源保护和水污染防治的重大问题，监督、检查淮河流域水污染防治工作。领导小组办公室设在淮河流域水资源保护局。淮河流域水资源保护局负责监测流域四省省界水质，并将监测结果及时报领导小组。领导小组办公室应当组织四省人民政府环境保护行政主管部门、水行政主管部门等加强对主要河道、湖泊、水库的水质、水情的动态监测，并及时通报监测资料。

（三）跨行政区域的水污染纠纷，由有关地方人民政府协商解决，或者由其共同的上级人民政府协调解决。

水环境自然属性的显著特征是流动性和跨行政区域性，河流上下游的不同区域之间在资源、环境、经济、社会等方面也因此形成了既相互影响又相互制约的互动关系。如上游地区水污染严重，对下游地区构成威胁，甚至发生水污染事故，造成经济损失和生态破坏。跨行政区域的水污染纠纷涉及国家、单位和个人的利益，如不能及时妥善地解决，将会影响人民生活，阻碍经济发展，成为社会不稳定的隐患；有的还有可能使矛盾激化，酿成刑事案件，甚至造成大规模的群体事件。因此，妥善处理好跨行政区域的水污染纠纷，是加强水污染防治管理的重要内容。

跨行政区域的水污染纠纷，由有关地方人民政府协商解决，也可以由其共同的上级人民政府协调解决。不同行政区域之间发生的水污染纠纷，具有显著的地区性和群体性，这类纠纷涉及地区之间的经济、社会利益，不是一般的民事纠纷，应当按照行政管理的组织原则进行处理，由有关地方人民政府协商解决。

第三节 水污染防治措施

一、禁止向水体排放油类、酸液、碱液或者剧毒废液，禁止在水体清洗装贮过油类或者有毒污染物的车辆和容器。

油类，是指任何类型的油及其炼制品。油类排入水后形成的油膜，会阻碍水分蒸发，影响水气交换，减少空气中氧进入水体的数量，从而降低水体的自净能力；藻类因油污染，光合作用受阻而致死；油污沾在鱼鳃上会引起鱼类窒息死亡；石油中所含的多环芳烃，可通过食物链进入人体，对人体产生致癌作用。酸液和碱液进入水体，能使水的pH值发生变化。pH值过高或过低均会对鱼类和其他水生动植物产生影响，可导致鱼类等生物的死亡，抑制微生物生长，影响水体的自净能力。

鉴于向水体排放油类、酸液、碱液或者剧毒废液会导致水体环境的破坏，对水体中的生物和人体产生危害，明确禁止向水体排放油类、酸液、碱液或者剧毒废液。对废弃的油类、酸液、碱液或者剧毒废液应当按照有关法律、法规的规定、标准或规程进行无害化处置。

除禁止向水体排放油类、酸液、碱液或者剧毒废液外，对装贮过油类或有毒污染物的车辆和容器，也不得在水体中清洗。装贮过油类或有毒污染物的车辆和容器，因油类或有毒污染物会附着在车辆和容器上，在水体中清洗会导致油类或有毒污染物直接排入水体，破坏水体环境，对水体中的生物和人体产生危害，因此严禁装贮过油类或者有毒污染物的车辆和容器在水体中清洗。

二、禁止向水体排放、倾倒放射性固体废物或者含有高放射性和中放射性物质的废水。

放射性固体废物，是指含有放射性核素或者被放射性核素污染，其浓度大于或者比活度大于国家确定的清洁解控水平，预期不再使用的固体废物。因放射性固体废物中的放射性物质在水中容易被溶解或加速释出，从而污染水体，危害水生生物和人体健康，所以早在1994年修订的《防止倾倒废物及其他物质污染海洋公约》和其他相关国际文件中就被禁止向水体排放。我国放射性污染防治法对禁止向水体排放放射性固体废物也作出了明确规定：低、中水平放射性固体废物在符合国家规定的区域实行近地表处置；高水平放射性固体废物和α放射性固体废物实行集中的深地质处置；禁止在内河水域和海洋上处置放射性固体废物。依照本法和放射性污染防治法的规定，无论是高、中水平放射性固体废物还是低水平放射性固体废物，均应按照放射性污染防治法和相关法规的规定实行处置，严禁向水体中倾倒。

（一）排放含热废水，应当采取措施，保证水体的水温符合水环境质量标准。

（二）含病原体的污水应当经过消毒处理；符合国家有关标准后，方可排放。

（三）禁止向水体排放、倾倒工业废渣、城镇垃圾和其他废弃物，禁止将含有汞、镉、砷、铬、铅、氰化物、黄磷等的可溶性剧毒废渣，向水体排放、倾倒或者直接埋入地下。存放可溶性剧毒废渣的场所，应当采取防水、防渗漏、防流失的措施。

三、国家对严重污染水环境的落后工艺和设备实行淘汰制度。

我国的工业水污染，很大程度上是由于落后的生产工艺和设备造成的。这些落后的生产工艺和设备的大量使用，使水污染物的产生量和排放量居高不下，其危害也很难通过源头得到控制，增加了末端处置的压力。针对这一问题，国家对严重污染水环境的落后工艺和设备实行淘汰制度，要求限期淘汰产生严重污染水环境的落后工艺和设备。这是制止低水平重复建设，加快产业结构调整，促进生产工艺、设备和产品升级换代，实现水污染物的减量化，推动我国社会经济可持续发展的重要措施和必然要求。应当加以淘汰的对象有两种：一是严重污染水环境的工艺。如汞法烧碱、盐酸酸解法皂素生产工艺、生产氰化钠的氨钠法及氰溶体工艺、混汞提金工艺、烟气制酸干法净化和热浓酸洗涤技术、四氯化碳为清洗剂的生产工艺，甲基氯仿为清洗剂的生产工艺等。二是严重污染水环境的设备。

四、国家禁止新建不符合国家产业政策的小型造纸、制革、印染、染料、炼焦、炼硫、炼砷、炼汞、炼油、电镀、农药、石棉、水泥、玻璃、钢铁、火电以及其他严重污染水环境的生产项目。

长期以来，产业结构不合理、经济增长方式粗放一直是我国水环境污染严重的主要原因之一。改革开放以来，我国经济建设取得了巨大成就，经济总量已经位居世界前列。但我国还是一个发展中国家,产业水平总体上比较低,能源资源消耗严重,污染物排放量大,在加快发展的过程中付出了比较大的环境代价。特别是一些小钢铁、小水泥、小造纸、小皮革等严重污染水环境的项目,加剧了水环境污染。国家发改委 2005 年发布的《产业结构调整指导目录》、国家发改委和国家环保总局 2007 年发布的《关于做好淘汰落后造纸、酒、味精、柠檬酸生产能力工作的通知》等有关国家产业政策的文件中,对需要禁止建设和限期淘汰的小型生产项目作出了明确规定,有关单位应当严格遵守。

第四节 饮用水水源和其他特殊水体保护

国家建立饮用水水源保护区制度。饮用水水源保护区分为一级保护区和二级保护区;必要时,可以在饮用水水源保护区外围划定一定的区域作为准保护区。

饮用水水源保护区的划定,由有关市、县人民政府提出划定方案,报省、自治区、直辖市人民政府批准;跨市、县饮用水水源保护区的划定,由有关市、县人民政府协商提出划定方案,报省、自治区、直辖市人民政府批准;协商不成的,由省、自治区、直辖市人民政府环境保护主管部门会同同级水行政、国土资源、卫生、建设等部门提出划定方案,征求同级有关部门的意见后,报省、自治区、直辖市人民政府批准。

跨省、自治区、直辖市的饮用水水源保护区,由有关省、自治区、直辖市人民政府有关流域管理机构划定;协商不成的,由国务院环境保护主管部门会同同级水行政、国土资源、卫生、建设等部门提出划定方案,征求国务院有关部门的意见后,报国务院批准。

国务院和省、自治区、直辖市人民政府可以根据保护饮用水水源的实际需要,调整饮用水水源保护区的范围,确保饮用水安全。有关地方人民政府应当在饮用水水源保护区的边界设立明确的地理界标和明显的警示标志。

一、我国饮用水来源主要以大的河流湖泊为主。

据水利部门统计,全国七成以上的河流湖泊遭受了不同程度的污染。在我国长江、黄河、淮河、海河和珠江等七大水系中,已不适合做饮用水源的河段接近 40%;城市水域中 78%的河段不适合做饮用水水源。让人民群众喝上干净的水,已引起党和国家的高度重视。中央和地方加大了城乡饮用水安全保障工作的力度,采取了一系列工程和管理措施,解决了一些城乡居民的饮水安全问题。但是,饮用水安全形势仍十分严峻,为了维护广大人民群众的基本权益,切实做好饮用水安全保障工作,就必须建立饮用水水源保护区制度以法律的形式固定下来,使之规范化、法律化。

1. 饮用水水源保护区,是指国家为防止饮用水水源地污染、保证水源地环境质量而划定,并要求加以特殊保护的一定面积的水域和陆域。饮用水水源保护区分为一级和二级保护区,必要时还可以在饮用水水源保护区外围划定一定的区域作为准保护区。不同级别的饮用水水源保护区,应采取不同的保护管理措施。在一级保护区内禁止从事网箱养殖、旅游、游泳、垂钓或者其他可能污染饮用水水体的活动;在二级保护区内从事网箱养殖、旅游等活动的,应当按规定采取措施,防止污染水体;在准保护区内禁止新建、扩建对水体污染严重的建设项目,改建项目的,不得增加排污量等。

国家环保总局于 2007 年颁布的《饮用水水源保护区划分技术规范》,对饮用水水源保护区划分的基本方法和水质要求等作出了具体规定。

2. 在饮用水水源保护区内，禁止设置排污口。

3. 禁止在饮用水水源一级保护区内新建、改建、扩建与供水设施和保护水源无关的建设项目；已建成的与供水设施和保护水源无关的建设项目，由县级以上人民政府责令拆除或者关闭。

4. 禁止在饮用水水源一级保护区内从事网箱养殖、旅游、游泳、垂钓或者其他可能污染饮用水水体的活动。禁止在饮用水水源二级保护区内新建、改建、扩建排放污染物的建设项目；已建成的排放污染物的建设项目，由县级以上人民政府责令拆除或者关闭。

5. 禁止在饮用水水源准保护区内新建、扩建对水体污染严重的建设项目；改建建设项目，不得增加排污量。

6. 县级以上人民政府可以对风景名胜区水体、重要渔业水体和其他具有特殊经济文化价值的水体划定保护区，并采取措施，保证保护区的水质符合规定用途的水环境质量标准。

二、水污染事故的处理

近年来，水污染事故时有发生。据原国家环保总局统计，2005年全国共发生环境污染事故1406起，其中水污染事故693起，占全部环境污染事故的49.2%。尤其是一些重大环境污染事故，严重损害了人民群众的利益。如2004年发生的沱江重大水污染事故，造成沿岸近百万群众饮用水中断一个月。2005年年底发生的松花江重大环境污染事故，给下游群众的生产生活造成严重影响，也引起国际社会的广泛关注。为了提高对突发水污染事故的应对处置能力，尽可能控制、减轻、消除水污染事故产生的危害，切实维护广大人民群众的生命财产安全，维护国家和社会稳定，本法对突发水污染事故的处置作出与全国人大常委会制定的突发事件应对法相衔接的规定。

（一）可能发生水污染事故的企业事业单位，应当制定有关水污染事故的应急方案，做好应急准备，并定期进行演练。

可能发生水污染事故的企业事业单位，是指使用的原料、生产出的产品、运输的货物、储存的物品或排放的污染物中有可能严重危害水环境，造成水污染事故的企业事业单位等。这些单位一旦发生事故，将会对水环境造成危害，影响用水安全，甚至危及人民群众的健康和生命。因此，可能发生水污染事故的企业事业单位，必须本着高度负责的态度，严格执行相关法律、法规的规定和有关标准，建立健全严格的安全管理规章制度，设置必要的安全防护措施，防止事故发生，并根据本单位风险隐患的特点，编制具体、有效、操作性强的水污染事故的应急方案，并按照应急方案组织本单位的人员定期进行演练，熟悉应急方案中的各项应急措施。

（二）企业事业单位发生事故或者其他突发性事件，造成或者可能造成水污染事故的，应当立即启动本单位的应急方案，采取应急措施，并向事故发生地的县级以上地方人民府或者环境保护主管部门报告。环境保护主管部门接到报告后，应当及时向本级人民政府报告，并抄送有关部门。

企业事业单位发生事故或者其他突发性事件，造成或者可能造成水污染事故的，应当立即启动本单位的应急方案，采取相应的应急措施，并向事故发生地的县级以上地方人民政府或者环境保护主管部门报告。也就是说，企业事业单位发生事故或者其他突发性事件，不论是否已引发了水污染事故，只要是有可能造成水污染事故，都应当向事故发生地的县级以上地方人民政府或者环境保护主管部门报告，以便环保部门及时知悉情况，并及时向本级政府和其他有关部门报告，确定应采取的应对措施。

三、法律责任。

（一）拒绝环境保护主管部门或者其他依照本法规定行使监督管理权的部门的监督检查，或者在接受监督检查时弄虚作假的，由县级以上人民政府环境保护主管部门或者其他依照本法规定行使监督管理权的部门责令改正，处 1 万元以上 10 万元以下的罚款。

（二）建设项目的水污染防治设施未建成、未经验收或者验收不合格，主体工程即投入生产或者使用的，由县级以上人民政府环境保护主管部门责令停止生产或者使用，直至验收合格，处 5 万元以上 50 万元以下的罚款。

（三）违反本法规定，有下列行为之一的，由县级以上人民政府环境保护主管部门责令限期改正；逾期不改正的，处 1 万元以上 10 万元以下的罚款：

1. 拒报或者谎报国务院环境保护主管部门规定的有关水污染物排放申报登记事项的；
2. 未按照规定安装水污染物排放自动监测设备或者未按照规定与环境保护主管部门的监控设备联网，并保证监测设备正常运行的；
3. 未按照规定对所排放的工业废水进行监测并保存原始监测记录的。

（四）在饮用水水源保护区内设置排污口的，由县级以上地方人民政府责令限期拆除，处 10 万元以上 50 万元以下的罚款；逾期不拆除的，强制拆除，所需费用由违法者承担，处 50 万元以上 100 万元以下的罚款，并可以责令停产整顿。

（五）有下列行为之一的，由县级以上地方人民政府环境保护主管部门责令停止违法行为，处 10 万元以上 50 万元以下的罚款；并报经有批准权的人民政府批准，责令拆除或者关闭：

1. 在饮用水水源一级保护区内新建、改建、扩建与供水设施和保护水源无关的建设项目的；
2. 在饮用水水源二级保护区内新建、改建、扩建排放污染物的建设项目的；
3. 在饮用水水源准保护区内新建、扩建对水体污染严重的建设项目，或者改建建设项目增加排污量的。

在饮用水水源一级保护区内从事网箱养殖或者组织进行旅游、垂钓或者其他可能污染饮用水水体的活动的，由县级以上地方人民政府环境保护主管部门责令停止违法行为，处 2 万元以上 10 万元以下的罚款。个人在饮用水水源一级保护区内游泳、垂钓或者从事其他可能污染饮用水水体的活动的，由县级以上地方人民政府环境保护主管部门责令停止违法行为，可以处 500 元以下的罚款。

（六）因水污染受到损害的当事人，有权要求排污方排除危害和赔偿损失。

水污染损害是由受害人故意造成的，排污方不承担赔偿责任。水污染损害是由受害人重大过失造成的，可以减轻排污方的赔偿责任。

水污染损害是由第三人造成的，排污方承担赔偿责任后，有权向第三人追偿。

第十二章　海洋环境保护法

第一节　海洋环境保护法的制定与修改简介

一、海洋环境保护法的起草、制定与修改。

20世纪70年代，我国开展了海洋环境保护工作，1983年12月26日颁布实施了《中华人民共和国海洋环境保护法》，标志着我国海洋环境保护开始步入法制轨道。它的出台对于促进沿海经济建设、推动海洋环境保护事业的发展起到了积极的作用。

海洋环境保护法实施15年后经过三次大的修改。第一次是1998年8月18日，全国人大法律委员会向全国人大常委会汇报《海洋环境保护法（修改草案）》有关情况，着重对修改草案关于海洋环境保护法管理体制的规定进行了审议。海洋环境保护法管理体制是这次修改海洋环境保护的关键问题，如果管理体制不加以确定，各有关部门的职责范围不分清，就难以对草案作具体修改。法律委员会建议按照以下三条意见考虑：

1. 海洋环境保护管理体制涉及国务院部门的职责分工，原则上应当以国务院批准的各有关部门的"三定方案"为依据。

2. 鉴于国务院"三定方案"有的还需要进一步协调，机构改革也还需要不断完善，为保持法律的相对稳定，有些规定可以留有余地。

3. 修订草案通过后，由国务院制定实施办法，有些具体问题如何解决，由实施办法再予以明确。并建议对全国人大环境与资源保护委员会提请审议的修订草案继续进行审议。

1999年10月21日，法律委员会第二次向全国人大常委会汇报《海洋环境保护法（修改草案）》有关情况。对修订草案提出了以下主要修改意见：

1. 国家海洋行政主管部门根据国家海洋环境质量标准，拟定国家污染物排海标准，依照国家规定的程序发布；

2. 国家海洋行政主管部门按照国家制定的环境监测、监视信息管理规定，组织海洋综合信息网络为海洋环境保护监督管理提供服务；

3. 国家根据防止海洋环境污染的需要，制定国家重大海上污染事故应急计划；

4. 因海洋环境污染受到损害的单位和个人要求责任者排除危害并赔偿损失；

5. 沿海地方各级人民政府对本行政区近岸海域的海洋生态质量负责，政府应当根据保护海洋生态的需要，建立自然保护区；

6. 禁止过度捕捞海洋资源；

7. 任何单位未经沿海县级以上地方人民政府环境保护行政主管部门的批准，不得在岸滩弃置、堆放处理尾矿、矿渣、垃圾和其他固体废弃物；

8. 沿海经济开发区、旅游区或者其他区域的开发主管单位，必须在开发建设之前，编制区域环境影响报告书，经海洋行政主管部门提出审核意见后，报环境保护行政主管部门审查批准等。

1999年12月16日，全国人大法律委员会第三次向全国人大常务委员会汇报《海洋环境保护法（修改草案）》有关情况。对修改草案提出了以下主要修改意见：

1. 国家渔业行政主要部门负责渔港水域非军事船舶和渔港水外渔业水域船舶污染海洋环境的监督管理，保护渔业水域生态环境，并调查处理污染事故以外的渔业污染事故。

2. 国家和地方水污染物排放标准的制定，应当将国家和地方海洋环境质量标准作为主要依据之一。在国家建立并实施排污总量控制的重点海域，水污染物排放标准的制定，还应当将主要污染物排海总量控制指标作为重要依据。

3. 在有条件的地区，应当将排污口深海设置，实行离岸排放。设置陆源污染物深海离岸排放污口，应当根据海洋功能区划、海水动力条件和海底工程设施的有关情况确定，具体办法由国务院规定。

4. 兴建海岸工程建设项目，必须采取有效措施，保护国家和地方重点保护的野生动物植物及其生存环境和海洋水产资源等。

二、我国的海洋环境保护立法目的。

自海洋环境保护法实施以来，我国相继批准加入了一些国际公约和议定书，特别是批准加入《联合国海洋法公约》后，我国在国际海洋事务中的权利和义务发生了变化。一方面我们享有国际公约赋予参加国的权利和利益，另一方面，也必须履行我们的国际承诺，对此应当在我国相关的法律中予以体现。

我国的海洋环境保护立法目的包括以下几方面：

（一）保护和改善海洋环境。

海洋环境是指地球上连成一片的海和洋的总水域，包括海水、溶解和悬浮于水中的物质、海底沉积物和生活于海洋中的生物。人类虽然不在海洋上生活，但是海洋环境却是人类消费和生产不可缺少的物质和能量的源泉，而且，随着科学和技术的发展，人类对海洋的依赖程度越来越高，海洋环境与人类之间的相互影响也日益增大，尤其是海洋环境越来越受到人类的破坏和污染，因此，保护和改善海洋环境必然是海洋环境保护的首要任务。

（二）保护海洋资源。

海洋是资源的宝库，在海洋中蕴藏着丰富的生物资源、化学资源、矿产资源、动力资源和水资源，如海洋中的动物多达20余万种，植物2万余种；海洋中具有的各种矿物大约500亿吨，海水中含有近80种元素，其中镁、溴、碘、金、银等物质含量丰富；海洋中蕴藏着丰富的能量，其中包括潮汐能、波浪能、温差能、海流能等。因此，保护海洋环境也必然要保护海洋资源。

（三）防治污染损害。

海洋虽然有着巨大的自净能力，但是由于人类海洋活动的增加，向海洋中排放了大量的物质和能量，使海洋环境受到不同程度的污染损害。海洋环境污染使海洋资源的开发利用受到很大影响，同时也严重地影响了人们的身体健康。

（四）维护生态平衡。

这里的生态平衡是指海洋生态平衡。海洋系统是一个十分复杂的综合体，海洋生态平衡是海洋环境质量处于良好状态的标志。

（五）保障人体健康。

海洋中有巨大的人类食物资源，但是如果海洋受到污染，污染物就会通过海洋食物对人体健康造成危害。由于大量有毒物质不断进入海洋，许多鱼类和海洋植物含有有毒有害物质，一些地方出现了水俣病、骨痛病，严重危害人体健康。因此，保护海洋环境免受污染本身，就意味着对人体健康的保护。

（六）促进经济和社会的可持续发展。

这是制定海洋环境保护法追求的总目标，也可称之为本法的总立法目的。海洋是人类的巨大资源宝库，是人类生存和发展的希望所在。海洋环境污染、资源损害、生态系统遭到破坏，都会影响到人类社会的经济和社会的可持续发展的支持能力。因此，保护海洋环境的终极目标就是促进人类经济和社会的可持续发展。

三、国家建立并实施重点海域排污总量控制制度，确立主要污染物排海总量控制指标，并对主要污染源分配排放控制数量。

（一）实施国家《海水水质标准》和《污染物综合排放标准》。

从过去海洋环境管理的实践经验看，国家《海水水质标准》和《污染物综合排放标准》中的浓度控制方法与海域功能和水体的保护目标联系不够，三级水质标准体系的级别偏少，不能适应全国海洋开发和资源环境保护工作中多种功能类别的要求，难以有效地扼制海洋环境的污染。因此，仅以污染物的最高容许浓度作为唯一的控制方法，难以实施国家的"高功能水域高标准保护，低功能水域低标准保护"的指导思想。

（二）任何标准的实施都必须以一定的时间和空间作为基础条件。

《海水水质标准》和《污染物综合排放标准》正缺乏此类规定，致使标准本身存在着不可克服的缺陷。只有将《海水水质标准》与污染物的最高容许总量、排放方式结合起来，将各自的适用范围划分清楚，制定一个以水质标准为基础、浓度控制与总量控制相结合的管理体系，发挥各种标准的优势和长处，才能体现出海洋环境管理的科学性和实用性，更好地起到保护海洋环境和海洋资源的作用。

（三）沿海经济发展、城市化和工业化带来的局部海域环境质量的严重恶化，急需对富营养化、水体黑臭等进行控制，对重金属、有机毒物等有毒有害物质进行更严格的管理。

尽管现在使用的浓度控制方法起到了一定的作用，但还不足以扼制海洋污染的发展。近年来，世界各国在利用海洋环境容量、实施总量控制方面进行了有效的工作。如日本濑户内海的污染曾经一度震惊世界，后来日本政府通过了《濑户内海环境保护临时措施令》，决定对排入濑户内海及其邻近海域的工业废水负荷量减少一半，并规定在三年之内逐步将与工业废水有关的污染负荷量减少到规定程度，最终日本濑户内海的污染问题基本上得到解决。《联合国海洋法公约》和《防止陆源物质污染海洋的公约》中都规定各缔约国要采取措施，防止、减少和控制陆源物质对海洋的污染，并要求各缔约国严格限制进入海域的污染物数量。从国外污染控制法律的演变和两种环境管理体系的实施中总结经验，结合我国的国情，提出浓度控制与总量控制双轨制管理的方法，是控制我国局部海域污染恶化的有效措施。为此，在我国海洋环境保护修改中适时地借鉴国际上先进经验，丰富和完善我国近海环境管理工作是有必要的。

四、实施总量控制的污染物种类各海域可以不同，视污染源情况、污染物种类和数量、海域环境质量和经济技术条件确定。

一般来说，海域污染物总量控制主要有四种类型，即区域环境质量目标控制、海域允许纳污总量控制、陆源排污入海容量总量控制、海洋产业排污总量控制。海域污染物总量控制的基本要素包括区域经济目标、区域环境目标、海域功能与环境目标、海域环境状况与趋势、海域自净能力、排污强度与处理能力、排污源与目标之间相应关系、污染防治政策法规和制度、决策支持系统、管理组织机构等。建立并实施总量控制制度以目标总量控制和容量总量控制为主，总量控制区域的提出、实施总量控制的污染物种类和控制目标的确定，根据本条规定，具体办法由国务院制定。

五、国家根据海洋功能区划制定全国海洋环境保护规划和重点海域区域性海洋环境保护规划。

毗邻重点海域的有关沿海省、自治区、直辖市人民政府及行使海洋环境监督管理权的部门，可以建立海洋环境保护区域合作组织，负责实施重点海域区域性海洋环境保护规划、海洋环境污染的防治和海洋生态保护工作。

（一）制定重点国家海洋环境保护规划和重点海域区域性海洋环境保护规划。

海洋环境保护规划是海洋环境保护工作的基础和行动方案，制定海洋环境保护规划，有利于海洋环境保护工作有计划、有目的地进行。海洋环境保护规划主要包括：海洋环境保护目标、具体目标方案、海洋环境保护的主要任务、对各部门和沿海各地区的要求、海洋环境保护主要措施、海洋环境保护投资等内容。

（二）国家根据海洋功能区划制定全国海洋环境保护规划和重点海域区域性海洋环境保护规划。

把制定全国海洋环境保护规划的主体定为国家（即由国务院行使此项权力），而不明确规定由某一部门行使这项权力，主要的考虑一是制定海洋环境保护规划是一个系统工程，需要调动各有关部门的力量，而新一届政府通过的"三定方案"，只规定由国家海洋局拟定海洋环境保护规划，未明确国家海洋局拟定的海洋环境保护规划由谁批准。二是在起草海洋环境保护法修订草案时，对于由哪个部门制定海洋环境保护规划有很大争议，鉴于对这个问题需要做更为细致的调查研究和进一步论证，所以将这一职权交由国务院行使。

毗邻重点海域的有关沿海省、自治区、直辖市人民政府及行使海洋环境监督管理权的部门，应当努力实施重点海域区域性海洋环境保护规划，保护好重点海域的海洋环境。毗邻重点海域的有关沿海省、自治区、直辖市人民政府及行使海洋环境监督管理权的部门，可以通过建立海洋环境保护区域合作组织的方式来实施重点海域区域性海洋环境保护规划。

（三）跨区域的海洋环境保护工作，由有关沿海地方人民政府协商解决，或由上级人民政府协调解决。跨部门的重大海洋环境保护工作，由国务院环境保护行政主管部门协调；协调未能解决的，由国务院做出决定。

处在同一海域的各地方的利益紧密联系，需要各地方共同保护，对于该海洋区域的环境保护工作，各相邻地方均有各自的责任。跨区域的海洋环境保护工作的协调问题，由有关沿海地方人民政府协商解决；协商解决不成的，由其共同的上一级人民政府协调解决。如处于同一省（自治区、直辖市）内的各市（区）、县之间的跨区域海洋环境保护工作的问题，由该省级（自治区、直辖市）人民政府协调解决；各省（自治区、直辖市）之间跨区域的海洋环境保护工作，由国务院协调解决。关于跨部门的重大海洋环境保护工作的规定，我国的海洋环境管理体制是分块、分部门管理，各管理部门分别管理不同的海洋区域，承担各自不同的海洋环境保护监督管理工作。这种分块、分部门管理的方式，必然导致在局部海域各部门的海洋环境保护工作有所交叉，特别是在一些遭受严重污染的重点海域，其海洋环境的恢复整治工作，需要控制多种污染源，动用众多设备和力量，采取各种不同的海洋环境保护措施，因此需要调动各有关部门的力量共同完成。

（四）国家和地方水污染物排放标准的制定，应当将国家和地方海洋环境质量标准作为重要依据之一。在国家建立并实施排污总量控制制度的重点海域，水污染物排放标准的制定，还应当将主要污染物排海总量控制指标作为重要依据。

把海洋环境质量标准作为确定国家和地方水污染物排放标准的重要依据。这样规定，是为了保证最终排入海洋的陆源污水，符合海洋环境质量标准的要求，以便减轻对海洋环境的污染。我国的陆上和海上污水在目前的情况下最终排入海洋，甚至许多是直接排入海洋的，这就给海洋环境带来巨大压力。尽管海域有着巨大的纳污能力，但海域有着持续的、种类繁多的功能，尤其是近岸海域，功能多向交叉重叠、开发利用集中，许多区域交换能力较低，对沿岸任意的直接排污的承受能力较弱。近20多年的海洋环境监测结果表明，近岸海域污染的主要原因是陆源水污染物排放入海，为了保护海洋环境，使海洋环境处于一种良好状态，必须确定一个基本的海洋环境质量标准，而保证海洋环境质量标准的关键是要把排入海洋的各类污水控制在一定的标准上。

实施总量控制的重点海域，一般是污染较为严重的海洋区域，这类海洋区域的海洋环境质量标准不同于一般区域的标准，具有特殊性。这类海域海洋环境的特殊性，决定了海域污染物排放的总量控制不仅需要与陆地水污染物控制相协调，更需要以海制陆，以海域功能目标和海域环境质量目标为基本约束条件确定陆源水污染物排污标准。由于这类水域的污染较为严重，对这类海域的控制也需要作出特别的规定，重要的手段之一就是要对主要污染物排海总量控制指标作出规定。

（五）直接向海洋排放污染物的单位和个人，必须按照国家规定缴纳排污费。向海洋排放污染物，是污染海洋环境的行为，会给海洋环境造成污染损害。缴纳排污费是指一切直接向海洋排放污染物的排污者，按一定的标准缴纳费用，用以补偿海洋环境的污染损害，这是污染者付费原则的具体体现。

国家作为环境资源的拥有者，应该向所有排污者征收排污费。缴纳排污费是排污行为人使用环境资源和对环境造成污染损害的部分经济补偿。从1998年开始，国家计委、财政部、国家环保总局在杭州、郑州、吉林三城市开展了总量排污收费试点，并取得了初步成效,为实施总量排污收费提供了实践经验。

倾倒费是指一切向海倾倒废弃物者,都必须按照国家的有关规定,缴纳用于补偿海洋环境污染的费用。是一种对资源和环境的补偿费,也是"污染者付费原则"的体现。海洋环境是一种综合性的"资源",无论是使用这种资源还是损害这种资源,都应该给予补偿。实行征收倾倒费制度的作用是:第一,补偿环境资源的损失,把收取的费用用于海洋环境的恢复和整治;第二,限制和控制海上倾倒活动。

(六) 国家海洋行政主管部门按照国家制定的环境监测、监视信息管理制度,负责管理海洋综合信息系统,为海洋环境保护监督管理提供服务。

国家海洋行政主管部门负责管理海洋综合信息系统。海洋综合信息系统,是指通过收集、存储、处理、分析各种海洋基础信息、数据,为海洋经济建设、海洋环境保护、海洋资源开发利用、海洋减灾防灾、海洋科学研究、对外合作交流、海洋权益、国家安全、国防建设,以及海洋综合管理提供服务的信息系统。

第二节 海洋生态保护

生态系统是由生物群落及其生存环境共同组成的动态平衡系统。不同等级的海洋生态系统构成大的生态系统,每一个生态系统都有其空间分布,并包含着相互作用、紧密联系、共存共生的生物与非生物组成,通过能量流动和物质循环,从而构成具有特定的结构和功能的统一体,只有在一定的时间和相对稳定的条件下,生态系统的各部分、内部结构、物能运动等才能处于相互适应与协调的动态平衡之中,生态系统才能达到良性循环状态。

海洋生态环境是海洋生物生存和发展的基本条件,生态环境的任何改变,都有可能导致生态系统和生物资源的变化,海水的有机统一性及流动交换等物理、化学、生物、地质的有机联系,使海洋的整体性和组成要素之间密切相关,任何海域某一要素的变化(包括自然的和人为的),都不可能仅仅局限在产生的具体地点上,有可能对邻近海域或其他要素产生直接或间接的影响和作用。海洋生态平衡的打破,一般来自两方面的原因:一是自然本身的变化(如自然灾害),二是来自人类的活动。第一是不合理的、超强度的开发利用海洋生物资源,尤其是经济鱼类,在某些近海区域被滥捕,使得海洋渔业资源严重衰退;第二是海洋环境空间不适当的利用,致使海域污染的发生和生态环境的恶化。海洋油气开采,可能危及周围的生态环境,危害生物资源、旅游资源;围海造地必然改变海岸形态,降低海岸线的曲折度,使沿海湿地减少,也可能使优美的海岸自然景观遭到破坏,影响海岸带和浅海养殖,也可能影响航运、污染海洋等。

海洋生物多样性的减少,是人类生存条件和生存环境恶化的显著标志。这一恶化趋势目前还在加速过程中,其影响固然直接危及当代人的利益,但更为主要的是对后代人未来持续发展的积累性后果。我们不能等到生物多样性减少到难以维持最起码的生态平衡需要,生存环境发生崩溃,人类持续发展产生"断层"时才去保护海洋生态。必须加强海洋生态环境保护,持续利用海洋资源。

一、国务院和沿海地方各级人民政府应当采取有效措施，保护红树林、珊瑚礁、滨海湿地、海岛、海湾、入海河口、重要渔业水域等具有典型性、代表性的海洋生态系统，珍稀、濒危海洋生物的天然集中分布区，具有重要经济价值的海洋生物生存区域及有重大科学文化价值的海洋自然历史遗迹和自然景观。

海洋生态系统是指在一定时间和海洋空间范围内，海洋生物和非生物的成分之间，通过不断的物质循环、能量流动和信息联系而相互作用、相互依存的统一整体。而在一定空间的各种海洋生物的总和又称为海洋生物群落，因而海洋生态系统可以概括为海洋生物群落与其生存环境构成的综合体。不同层次的海洋生态系统的健康是维护整个海洋生态平衡的关键。海洋生态的保护应当根据不同的保护对象采取相应的措施，如建立保护区、控制污染、合理开发海洋生物资源等。

（一）国务院有关部门和沿海省级人民政府应当根据保护海洋生态的需要，选划、建立海洋自然保护区。国家级海洋自然保护区的建立，须经国务院批准。

建立海洋自然保护区是目前保护海洋自然环境、自然资源及生物多样性最经济有效的措施之一。"海洋自然保护区"是指以保护海洋自然环境和自然资源为目的，在海域依法对具有特殊经济、科研或社会价值的保护对象划出一定的面积予以特殊保护和管理的区域。建立海洋自然保护区能够较完整地为人类保存一部分海洋生态系统的"天然本底"，减少或消除人为的不利影响，促进再生资源的繁殖、恢复与发展，保护不可再生资源的利用价值和使用期限，使海洋资源为人类永续利用。凡具有下列条件之一的，应当建立海洋自然保护区：

1. 典型的海洋自然地理区域、有代表性的自然生态区域，以及遭受破坏但经保护能恢复的海洋自然生态区域；

2. 海洋生物物种高度丰富的区域，或者珍稀、濒危海洋生物物种的天然集中分布区域；

3. 具有特殊保护价值的海域、海岸、岛屿、滨海湿地、入海河口和海湾等；

4. 具有重大科学文化价值的海洋自然遗迹所在区域；

5. 其他需要予以特殊保护的区域。

（二）开发利用海洋资源，应当根据海洋功能区划合理布局，不得造成海洋生态环境破坏。海洋资源具有种类多样性的特征，在海洋中并非均匀分布。因此，在海洋开发利用过程中，必须根据海洋功能区划合理布局在海洋功能许可的范围内，确定开发利用的规模和深度，突出主导功能，兼顾其他功能，保证发挥自然资源、环境客观价值和经济、社会持续发展的综合效益。

（三）开发海岛及周围海域的资源，应当采取严格的生态保护措施，不得造成海岛地形、岸滩、植被以及海岛周围海域生态环境的破坏。

海岛一般幅员小，适于人类生存的空间和环境、资源有限，在地理上相对与广博的陆地隔绝。海岛及其周围的海域构成一个完整的海洋生态系统。海岛地形、岸滩、植被以及海岛周围的海洋生态环境，是人类与自然保持和谐的产物。海岛地形、岸滩、植被由于长期地质和海洋水文动力的作用，形成各具特色和优势的自然景观，是海岛特有的旅游资源，对海岛的经济发展具有举足轻重的作用。

由于地理的隔离、风沙的作用和海岛土壤的贫瘠，海岛植被在物种分布、物种形态和群落结构方面一般与临近的大陆不同。这些独特的海岛生物群落和周围海洋环境共存，构成独特的海岛生态系统。这种生态系统和其他海洋生态系统不同，一般更具脆弱性。一旦遭受破坏，则很难恢复，甚至根本不可能恢复。例如海岛地形、岸滩受到破坏，可能造成海蚀加剧、海岸后退、海水入侵、沙滩消失。严重的可能使一些小岛屿从海洋中消失。海岛植被如果被破坏，则需经过漫长的岁月才能恢复，有些物种甚至永远从海岛消失。保护海岛的地形、岸滩、植被和海岛周围海域的生态系统是海岛开发中必须予以重视的问题。

（四）沿海地方各级人民政府应当结合当地自然环境的特点，建设海岸防护设施、沿海防护林、沿海城镇园林和绿地，对海岸侵蚀和海水入侵地区进行综合治理。禁止毁坏海岸防护设施、沿海防护林、沿海城镇园林和绿地。

沿海防护林以及沿海城镇园林和绿地，对防风固沙、保护农田和其他生产生活设施、改善人类生活环境、调节区域气候具有重要作用，是构成海岸生态系统的功能单位，也是防止和抵御海洋灾害的重要设施之一。但是，随着海洋资源开发活动的加大，破坏海岸防护设施、沿海防护林、沿海城镇园林和绿地的现象时有发生，既对沿海人民生命财产安全构成威胁，也破坏了脆弱的海岸生态系统。尤其在经济比较发达的沿海地区，各行业竞相开发海岸带资源，形成无度无序的开发状态，更使脆弱的海岸生态系统面临严重威胁。

第三节　防治陆源污染物对海洋环境的污染损害

陆地污染源简称陆源，是指从陆地向海域排放污染物，造成或者可能造成海洋环境污染损害的场所、设施等。陆源污染物是指由陆源排放的污染物。污染物可能具有毒性、扩散性、积累性、活性、持久性和生物可降解性等特征。陆源污染物的种类多、排放数量大，对近岸海域环境会造成很大的有害影响。

一、入海排污口位置的选择，应当根据海洋功能区划、海水动力条件和有关规定，经科学论证后，报设区的市级以上人民政府环境保护行政主管部门审查批准。

（一）入海排污口位置的选择

入海排污口位置是否合理，直接关系到对海洋环境影响的程度。因此，选择入海排污口位置应当根据海洋功能区划、海水动力条件和有关规定，经科学论证后，报设区的市级以上人民政府环境保护行政主管部门审查批准。海洋功能区划，是指依据海洋自然属性和社会属性，以及自然资源和环境特定条件，界定海洋利用的主导功能和使用范畴。海水动力条件，是指海水涨、落潮，海流运动和海水交换对污染物输运及其自净能力。

（二）设置入海排污口的批准部门是环境保护行政主管部门

由于设置入海排污口涉及到海域使用、养殖业和船舶航行安全，所以环境保护行政主管部门在批准设置入海排污口之前，必须征求海洋、海事、渔业行政主管部门和军队环境保护部门的意见。

（三）不得新建排污口的区域

在海洋自然保护区、重要渔业水域、海滨风景名胜区和其他需要特别保护的区域，不得新建排污口。其他需要特别保护的区域，是指除海洋自然保护区、重要渔业水域和海滨风景名胜区以外，具有环境保护上的特殊价值，而划出一定范围加以特别保护的区域。

（四）排污口深海设置的要求

在有条件的地区，应当将排污口深海设置，实行离岸排放。设置陆源污染物深海离岸排放口，应当根据海洋功能区划、海水动力条件和海底工程设施的有关情况确定。

二、在岸滩弃置、堆放和处理尾矿、矿渣、煤灰渣、垃圾和其他固体废物的规定。

依照《中华人民共和国固体废物污染环境防治法》的有关规定，固体废物是指在生产建设、日常生活和其他活动中产生的污染环境的固态、半固态废弃物质。《中华人民共和国固体废物污染环境防治法》于1995年10月30日第八届全国人民代表大会常务委员会第十六次会议通过，1995年10月30日中华人民共和国主席令第58号公布，1996年4月1日起施行。该法规定，国家对固体废物污染环境的防治，实行减少固体废物的产生、充分合理利用固体废物和无害化处置固体废物的原则；鼓励、支持开展清洁生产，减少固体废物的产生量；鼓励、支持综合利用资源，对固体废物实行充分回收和合理利用，并采取有利于固体废物综合利用活动的经济、技术政策和措施

三、禁止经中华人民共和国内水、领海转移危险废物。经中华人民共和国管辖的其他海域转移危险废物的，必须事先取得国务院环境保护行政主管部门的书面同意。

危险废物，是指列入国家危险废物名录或者根据国家规定的危险废物鉴别标准和鉴别方法认定的具有危险特性的废物。

四、沿海城市人民政府应当建设和完善城市排水管网，有计划地建设城市污水处理厂或者其他污水集中处理设施，加强城市污水的综合整治。

城市污水处理一般采用一级或二级处理。一级处理主要采用格栅、沉砂池、沉淀池处理易于沉淀的污染物。二级处理是在一级处理后增加生物处理工艺。近年来一些发达国家为防止水体富营养化开展三级处理，去除污水中的氮磷等营养物质，处理后的水直接排入水体或达到用水水质后进一步回收利用。

第四节　防治海岸工程、海洋工程建设项目对海洋环境的污染损害

一、新建、改建、扩建海岸工程建设项目，必须遵守国家有关建设项目环境保护管理的规定，并把防治污染所需资金纳入建设项目投资计划。

国家有关建设项目环境保护管理的规定，包括《建设项目环境保护管理条例》（1998年)、《中华人民共和国防治海岸工程建设项目污染损害海洋环境管理条例》（1990年）、《关于建设项目环境影响报告书审批权限问题的通知》（1986年）、《建设项目环境保护设计规定》（1987年）、《建设项目环境保护设施竣工验收管理规定》（1994年）、《关于贯彻实施〈建设项目环境保护管理条例〉的通知》（1999年）、《建设项目环境影响评价资格证

书管理办法》(1999年)、《建设项目环境保护分类管理名录》(1999年)、《关于执行建设项目环境影响评价制度有关问题的通知》(1999年)等。

二、在依法划定的海洋自然保护区、海滨风景名胜区、重要渔业水域及其他需要特别保护的区域，不得从事污染环境、破坏景观的海岸工程项目建设或者其他活动。

依法划定的区域，是指依照本法和其他环境与资源保护法律法规，如《中华人民共和国环境保护法》、《中华人民共和国渔业法》、《中华人民共和国自然保护区条例》等划定的海洋自然保护区、海滨风景名胜区、重要渔业水域及其他需要特别保护的区域。"其他活动"，是指除海岸工程项目建设以外的污染环境、破坏景观的活动，如弃置、堆放和处理固体废物等活动。

三、海岸工程建设项目的单位，必须在建设项目可行性研究阶段，对海洋环境进行科学调查，根据自然条件和社会条件，合理选址，编报环境影响报告书。环境影响报告书经海洋行政主管部门提出审核意见后，报环境保护行政主管部门审查批准。

环境保护行政主管部门在批准环境影响报告书之前，必须征求海事、渔业行政主管部门和军队环境保护部门的意见。

（一）海岸工程建设项目

根据1990年5月国务院颁布的《防治海岸工程建设项目污染损害海洋环境管理条例》的规定，是指位于海岸或者与海岸连接，为控制海水或者利用海洋完成部分或者全部功能，并对海洋环境有影响的基本建设项目、技术改造项目和区域开发工程建设项目。

（二）关于对海岸工程建设项目选址和编报环境影响报告书的要求

海岸工程建设项目的单位，必须在建设项目可行性研究阶段，对海洋环境进行科学调查，根据自然条件和社会条件，合理选址，编报环境影响报告书。建设项目的环境影响评价，实际上就是建设项目在环境方面的可行性研究。因此，海岸工程建设项目的单位，必须在建设项目可行性研究阶段编报环境影响报告书。环境影响报告书是对环境影响评价的真实记录，是环境影响评价全部工作的书面反映。根据《建设项目环境保护管理条例》的规定，建设项目对环境可能造成重大影响的，应当编制环境影响报告书，对建设项目产生的污染和对环境的影响进行全面、详细的评价；建设项目对海洋环境可能造成轻度影响的，应当编制环境影响报告表，对建设项目产生的污染和对环境的影响进行分析或者专项评价；建设项目对环境影响很小，不需要进行环境影响评价的，应当填报环境影响登记表。对海洋环境进行科学调查，包括对海岸工程建设项目周围自然环境和环境质量状况的调查，这是对海岸工程建设项目合理选址和编报环境影响报告书的基础性工作。建设项目地址选择的是否恰当，关系到海岸工程建设项目建成后对海洋环境的影响程度。因此，在对海洋环境进行科学调查的基础上，根据自然条件和社会条件全面考虑、合理选址，有利于防止和减少建设项目对海洋环境的污染损害。

（三）关于对审批环境影响报告书的程序要求

海岸工程建设项目的环境影响报告书由环境保护行政主管部门审查批准。但由于海岸工程建设项目涉及海域使用、浅海滩涂养殖和船舶航行安全，所以规定环境影响报告书经海洋行政主管部门提出审核意见后，报环境保护行政主管部门审查批准；环境保护行政主管部门在批准环境影响报告书之前，必须征求海事、渔业行政主管部门和军队环境保护部门的意见审核，是指对报批的环境影响报告书进行审查核实。海洋行政主管部门对环境影响报告书提出审核意见。

四、海岸工程建设项目的环境保护设施，必须与主体工程同时设计、同时施工、同时投产使用。环境保护设施未经环境保护行政主管部门审查批准，建设项目不得试运行；环境保护设施未经环境保护行政主管部门验收，或者经验收不合格的，建设项目不得投入生产或者使用。

（一）同时设计是指建设单位在委托设计单位进行项目设计时，应将环境保护设施一并委托设计；承担设计任务的单位必须按照《建设项目环境保护设计规定》，按照经批准的环境影响报告书及其要求，把环境保护设施与主体工程同时进行设计，并在设计中充分考虑建设项目对周围环境的保护。同时设计还要求，建设项目的设计任务书中应有环境保护的内容。

（二）同时施工，是指建设单位在委托主体工程施工任务时，同时委托环境保护设施的施工任务。在施工阶段，按照1990年国家环境保护局颁发的《建设项目环境保护管理程序》规定，建设单位和施工单位应做到必须将环境保护工程的施工纳入项目的施工计划，保证其建设进度和资金落实；做好环境保护工程设施的施工建设、资金使用等资料、文件的整理建档工作备查，并以季报的形式将环境保护工程进度情况报告环境保护行政主管部门；环境保护行政主管部门在该阶段中，应检查建设项目环境保护手续是否完备、环境保护工程是否纳入施工计划、建设进度和资金落实情况等，并提出意见；建设单位和施工单位负责落实环境保护行政主管部门对施工阶段的环境保护要求及施工过程中的环境保护措施。

（三）同时投产使用，是指建设单位必须把环境保护设施与主体工程同时投入运转。它不仅是指建设项目建成竣工验收后的正式投产使用，还包括建设项目试生产和试运行过程中的同时投产使用。

五、兴建海岸工程建设项目，必须采取有效措施，保护国家和地方重点保护的野生动植物及其生存环境和海洋水产资源。严格限制在海岸采挖砂石，露天开采海滨砂矿和从岸上打井开采海底矿产资源，必须采取有效措施，防止污染海洋环境。

由于在海岸采挖砂石，可能破坏红树林、珊瑚礁和生态环境，危害海岸防护林，引起海水侵蚀海岸、堤坝，降低海岸防御自然灾害的能力，所以要严格限制在海岸采挖砂石。防止露天开采海滨砂矿和从岸上打井开采海底矿产资源污染海洋环境的有效措施，主要是严格执行环境影响评价制度、环境保护设施与主体工程"三同时"制度、建立环境保护责任制度和污染物达标排放及其总量控制制度等。

六、海洋工程建设项目需要爆破作业时，必须采取有效措施，保护海洋资源。海洋石油勘探开发及输油过程中，必须采取有效措施，避免溢油事故的发生。

海上爆破是指海洋工程建设、海洋环境整治和海洋调查活动必须采用爆破手段的作业行为。海上爆破对海洋资源的损害主要来自物理效应，表现为声、冲击波、爆破物沉降和沉积物翻动。海上爆破可能对海洋生物资源，尤其是渔业资源造成不同程度的损害，因此我国的《渔业法》也明确规定防止爆炸作业对渔业的损害。爆破作业者应掌握作业区海洋生物资源状况，确定主要保护目标。在选择爆破地点、方式、时间时，要避开生物聚集与回游的季节与路线，同时采取必要的措施，如设置明显的作业标志和信号，将爆破对海洋资源的危害降至最低程度。在制定爆破方案时，对其他资源的保护也应给予综合考虑。作业者必须将爆破方案报海洋行政主管部门备案。

海上试油时，应当确保油气充分燃烧，油和油性混合物不得排放入海。

第五节 防治倾倒废弃物对海洋环境的污染损害

一、任何单位未经国家海洋行政主管部门批准，不得向中华人民共和国管辖海域倾倒任何废弃物。需要倾倒废弃物的单位，必须向国家海洋行政主管部门提出书面申请，经国家海洋行政主管部门审查批准，发给许可证后，方可倾倒。禁止中华人民共和国境外的废弃物在中华人民共和国管辖海域倾倒。

倾倒是指通过船舶、航空器、平台或者其他载运工具，向海洋处置废弃物和其他有害物质的行为，包括弃置船舶、航空器、平台及其辅助设施和其他浮动工具的行为。因此，倾倒是以处置废弃物为目的的，包括以下四个方面的内容：

（一）通过船舶、航空器、平台或其他载运工具将废弃物或其他物质在海洋中进行的任何故意处置。

（二）将船舶、航空器、平台及其辅助设施或其他载运工具在海洋中进行的任何故意处置。

（三）通过船舶、航空器、平台或其他载运工具将废弃物或其他物质在海床及其底土中进行的任何贮藏。

（四）为了达到故意处置的目的在现场对平台或其他海上人工构造物进行的任意弃置或任意贮藏，如海上开采油气的平台在海上的弃置。但是，倾倒不包括以下三种情况：

1. 船舶、航空器、平台及其他载运工具和设施在正常操作过程中所产生或伴生的废弃物或其他物质在海洋中处置，如机舱污水、平台采出水等的排放；

2. 在海洋中并非为单纯的物质处置而放置的物质，如电缆、管道和海洋科研调查装置等；

3. 处置或贮藏直接产生于海床矿物资源的勘探、开发和相关近海加工。

需要向海上倾倒废弃物的任何单位必须提前2个月向国家海洋行政主管部门提出申请，按规定的格式填报倾倒废弃物申请书，并提交废弃物特性成分检验单以及有关倾倒的方式、规模、数量、废弃物所有者和倾倒作业者等有关材料。国家海洋行政主管部门在收到倾倒申请书之日起2个月之内按照规定程序对倾倒申请进行审查，如果认为废弃物在海上指定的倾倒区内倾倒是合适的，则发给倾倒许可证。倾倒申请单位必须持主管部门签发的倾倒许可证并按照许可证规定的条件进行废弃物的倾倒作业。

二、国家海洋行政主管部门按照科学、合理、经济、安全的原则选划海洋倾倒区，经国务院环境保护行政主管部门提出审核意见后，报国务院批准。临时性海洋倾倒区由国家海洋行政主管部门批准，并报国务院环境保护行政主管部门备案。

海洋倾倒区选划的原则是：科学、合理、经济、安全。选划海洋倾倒区要充分考虑经济效益、社会效益和环境生态效益的统一，合理利用海洋的空间，将废弃物对海洋生态环境的不利影响降低到最低程度。临时性海洋倾倒区由国家海洋行政主管部门负责审批，并报国务院环境保护行政主管部门备案。临时性海洋倾倒区是指因海岸和海洋工程急需而划定的临时性的、限期和限量的专门为该项工程使用的倾倒区。沿海地区工程建设的废弃物倾倒具有倾倒量集中、规模差异大、时间短、随机性强、地点不确定等特点，现有的海洋倾倒区在位置、容量等方面往往都不能满足其倾倒的要求，临时性海洋倾倒区是为了弥补这种不足而设立的。

三、在中华人民共和国管辖海域，任何船舶及相关作业不得违反本法规定向海洋排放污染物、废弃物和压载水、船舶垃圾及其他有害物质。

在中华人民共和国管辖海域内，任何国籍、类型的船舶及船舶所从事的任何作业与活动，都不得污染海洋环境，不得违反规定排放任何可能造成海洋环境污染的物质。中华人民共和国管辖海域是指中华人民共和国管辖的领海、内水以及根据有关国际公约和国家法律、行政法规的规定管辖的其他海域。船舶是指任何类型的由自身驱动或他船拖带的排水或非排水装置，包括帆船、水翼船、气垫船、潜水船、浮动船艇、水上飞机和航行或拖航及作业中的钻井平台。船舶本身的活动包括船舶因航行、生产、施工、勘探、开发、旅游、科研、竞技、公务等方面的需要而进行的各种活动。

四、船舶必须按照有关规定持有防止海洋环境污染的证书与文书，在进行涉及污染物排放及操作时，应当如实记录。

船舶及其防止海洋污染设备与设施必须取得国家海事行政主管部门或其授权的验船师或认可的组织，分别按照有关国际公约、我国法规的规定，签发或认可的相应的防污染结构证书、适装证书、污染损害赔偿责任证书及相关文书。船上所有涉及污染物排放、作业及相关操作，都应如实记录在国际公约、我国法规规定的记录簿或船舶文书中并随时接受船旗国和港口国政府海事行政主管机关的检查。

船舶必须配置相应的防污设备和器材。载运具有污染危害性货物的船舶，其结构与设备应当能够防止或者减轻所载货物对海洋环境的污染。

进行下列活动，应当事先按照有关规定报经有关部门批准或者核准：

（一）船舶在港区水域内使用焚烧炉；

（二）船舶在港区水域内进行洗舱、清舱、驱气、排放压载水、残油、含油污水接收、舷外拷铲及油漆等作业；

（三）船舶、码头、设施使用化学消油剂；

（四）船舶冲洗沾有污染物、有毒有害物质的甲板；

（五）船舶进行散装液体污染危害性货物的过驳作业；

（六）从事船舶水上拆解、打捞、修造和其他水上、水下船舶施工作业。

第十三章 湿地保护与特殊自然保护区

第一节 环境与湿地保护

一、保护湿地概述

（一）湿地的概念和保护

各国对湿地的定义不尽相同，国际公认的具有高度科学性的定义是1971年在伊朗的拉姆萨尔会议上通过的《关于特别是作为水禽栖息地的国际重要湿地公约》（以下简称《湿地公约》）中的定义：不论其为天然或人工、长久或暂时性的沼泽地、泥炭地或水域地带，静止或者流动的淡水、半咸水、咸水水体，包括低潮时水深不超过6m的水域；同时，还包括邻接湿地河湖沿岸、沿海区域以及位于湿地范围内的岛屿或低潮时水深不超过6m的海水水体。按上述定义，湿地包括湖泊、河流、沼泽、滩地、盐湖、盐泥以及海岸带区域的珊瑚滩、海带区、红树林和河口等类型。我国湿地主管部门（国家林业局）将湿地定义为：湿地系指天然或人工、长远或暂时性沼泽地、湿地、泥炭地或水城地带，带有静止或流动淡水、半咸水水体者，包括低潮时水深不超过6m的海域。

湿地是处于陆地生态系统和水生态系统之间的过渡性自然综合体，它与森林、海洋并称为全球三大生态系统，被喻为"地球肾"、"生命摇篮"、"物种基因库"等，是自然界生物多样性最丰富的自然景观和人类最重要的生存环境。

（二）保护湿地的意义

1. 湿地拥有巨大的生态功能，具有保持水源、净化水系、蓄洪防旱、防风护堤、调节气候和保护生物多样性等作用。

2. 湿地具有不可替代的经济功能，它提供的可直接利用的水源，是我国工农业生产和城乡生活用水的重要来源；湿地营养物资丰富，具有发展农业、畜牧业、副业的巨大潜力；此外，它可以为人类提供大量的动植物资源和多种矿产资源。是地球上的"生物基因库"。

3. 湿地具有重要的社会功能，它拥有独特的景观和丰富的鸟类，可为人们提供旅游、观赏、娱乐和科研、教学的场所。

二、我国湿地及其保护概况

我国是世界上湿地资源最丰富的国家之一，湿地面积居亚洲第一位、世界第四位。在《湿地公约》中所规定的天然湿地和人工湿地在我国均有分布。同时，我国还有世界上独一无二的青藏高原湿地。我国建立的湿地自然保护区有353处，其中札龙（黑龙江）、向海（吉林）、翻阳湖（江西）、洞庭湖（湖南）、鸟岛（青海）、东寨港（海南）、米埔（香港）等7处被第一批列入国际重要湿地名录，现在已有30处湿地被列入国际重要湿名录。

1992年，我国加入《湿地公约》后，加大了湿地保护力度，并将湿地保护与合理利用列入《中国21世纪议程》和《中国生物多样性保护行动计划》的优先发展领域。从1995年起历时8年完成了全国湿地资源调查，为实施湿地保护工程和加强湿地保护管理提供了科学依据；2000年颁布实施的《全国湿地保护工程规划》中提出，将在10年内新建湿地保护区333个，使保护面积占天然湿地90%以上，使国际重要湿地达到80%。2004年国务院办公厅发出了《关于加强湿地保护管理的通知》，把湿地保护纳入各级政府的重要议事日程，2005年国务院批准的《全国湿地保护工程实施规划（2005—2010）》，提出了到2010年通过加大湿地自然保护区建设和管理等措施，使我国50%的自然湿地和70%的重要湿地得到有效保护，基本形成自然湿地保护网络体系，使自然湿地面积萎缩和功能退化的趋势得到初步遏制。长期以来，由于对湿地的生态价值认识不足，加上保护管理能力薄弱，很多地方仍然存在重开垦围湖造地和随意侵占湿地现象，致使湿地面积锐减，湿地功能下降。例如，湖北省在20世纪50年代拥有天然湖泊1066个，而在90年代只剩下325个，面积只有原来的32%。近年来湖泊调蓄功能下降，洪涝灾害加剧。因此，我国的湿地保护仍然任重道远。

三、湿地保护的法律规定

目前，我国尚未制定专门的湿地保护法律、法规。但已颁布实施的有关法律法规涉及湿地资源的保护和合理利用。《环境保护法》第十七条规定，对具有代表性的各种类型的自然生态系统区域，珍稀、濒危的野生动植物自然分布区域，重要的水源涵养区域……各级人民政府应当采取措施，加以保护，严禁破坏。《水法》关于禁止围湖造地和围垦河道的规定，有力地保护了湿地水资源。《土地管理法》、《农业法》、《草原法》、《渔业法》、《野生动物保护法》的有关规定，也涉及湿地相关要素的保护。《自然保护区条例》明确规定了湿地保护，其中第十条第三款规定："具有特殊保护价值的海域、海岸、岛屿、湿地、内陆水域、森林、草原和荒漠"，应当建立自然保护区。《海洋自然保护区管理办法》第六条第四款规定："具有特殊保护价值的海域、海岸、岛屿、湿地"，应当建立海洋自然保护区。另外，有的省、市还专门制定了湿地保护的地方性法规，如《黑龙江省湿地保护条例》、《甘肃省湿地保护条例》、《江西省鄱阳湖湿地保护条例》、《上海市九段沙湿地自然保护区管理办法》等。2004年，国务院办公厅发出了《关于加强湿地保护管理的通知》，这对全国开展湿地保护工作指明了方向。

四、特殊自然保护区

（一）特殊自然区域的概念和保护的意义

《自然保护区条例》所称的自然保护区，是指对有代表性的自然生态系统、珍稀濒危野生动植物物种的天然集中分布区、有特殊意义的自然遗迹等，保护对象所在陆地、陆地水体或者海域，依法划出一定面积予以特殊保护和管理的区域。由上述规定可知，自然保护区是依照法定程序建立的，其目的在于有效保护和管理在科学、文化、教育、历史等方面具有重要意义和特殊价值的自然地域，是对生态环境和自然资源进行特殊保护和管理的一种地域保护形式。自然保护区有广义和狭义之分。广义的自然保护区，是指由国家法律、法规加以特殊保护的各种自然地区的总称，它不仅指自然保护区本身，还包括风景名胜区、国家公园、自然遗迹地等各种保护地区；狭义的自然保护区，是指以保护特殊生态系统进行科学研究为主要目的而划定的自然保护区，即严格意义上的自然保护区。

（二）保护自然保护区的意义

1. 能为人类提供生态系统的天然"本底"。它为衡量人类活动对自然界产生的影响，提供了评价的准绳；同时，也为人类探讨某些自然生态系统的合理发展指明了途径。

2. 是就地保护生物多样性的有效措施。在自然保护区保存着完整的自然生态系统和丰富的生物物种，这些生态系统和生物物种受到法律的严格保护。

3. 是进行科学研究的天然实验室。在自然保护区保存有完整的生态系统和丰富的生物物种及其赖以生存的环境条件，这就为进行各种科学研究，如对自然生产潜力、自然生态平衡、最优生态结构、仿生学和环境的研究等，提供了天然的实验室。

4. 有助于保护和改善生态环境，保持地区生态平衡。自然保护区大多保留了完好的天然植被及其组成的自然生态系统，这有助于保持水土，涵养水源，保护和改善生态环境，维护地区生态平衡和国家生态安全。

五、保护自然保护区的法律规定

早在1979年，林业部、中国科学院、国家科委、国家农委、国务院环境保护领导小组、农业部、国家水产总局、地质部联合发出了《关于加强自然保护区管理、区划和科学考察工作的通知》。1985年，经国务院批准，林业部公布了《森林和野生动物类型自然保护区管理办法》，1991年，《国务院办公厅转发国家环保局关于国家级自然保护区申报审批意见报告的通知》，1994年，国务院发布了《自然保护区条例》。1995年，国家海洋局发布了《海洋自然保护区管理办法》。1997年，农业部发布了《水生动植物自然保护区管理办法》。2006年，国家环境保护总局公布了《国家级自然保护区监督检查办法》。另外，《环境保护法》、《海洋环境保护法》、《森林法》、《草原法》、《野生动物保护法》等，也设有自然保护区的规定。

（一）自然保护区管理体制的规定

自然保护区的管理体制，是指国家关于自然保护区管理机构的设置及其职责权限的划分。我国根据《自然保护区条例》的规定，确立了综合管理与分部门管理相结合的管理体制。国务院环境保护行政主管部门负责全国自然保护区的综合管理；国务院林业、农业、地质矿产、水利、海洋等有关行政主管部门在各自的职责范围内，主管有关的自然保护区。县级以上地方人民政府负责自然保护区管理部门的设置和职责，由省、自治区、直辖市人民政府根据当地具体情况确定。

（二）自然保护区规划的规定

我国的自然保护区规划分为发展规划和建设规划两种。发展规划是对各类自然保护区的建立、保护和管理的总体规划；建设规划是对某一具体自然保护区的建设和保护管理的规划。《自然保护区条例》第十七条规定："国务院环境保护行政主管部门应当会同国务院有关自然保护区行政主管部门，在对全国自然环境和自然资源状况进行调查和评价的基础上，拟订国家自然保护区发展规划，经国务院计划部门综合平衡后，报国务院批准实施。"

自然保护区管理机构或者该自然保护区行政主管部门应当组织编制自然保护区的建设

规划，按照规定的程序纳入国家的、地方的或者部门的投资计划并组织实施。

（三）自然保护区建设的规定

《自然保护区条例》第十条规定，凡具有下列条件之一的，应当建立自然保护区：

1. 典型的自然地理区域，有代表性的自然生态系统区域以及已经遭受破坏但经保护能够恢复的同类自然生态系统区域；

2. 珍稀、濒危野生动植物物种的天然集中分布区域；

3. 具有特殊保护价值的海域、海岸、岛屿、湿地、内陆水域、森林、草原和荒漠；

4. 具有重大科学文化价值的地质构造、著名溶洞、化石分布区、冰川、温泉等自然遗迹；

5. 经国务院或者省、自治区、直辖市人民政府批准，需要予以特殊保护的其他自然区域。

（四）自然保护区的分类

根据自然保护区保护对象，将其分为三个类别、九个类型。

1. 自然生态系统类自然保护区，是指以具有一定代表性、典型性和完整性的生物群落和非生物环境共同组成的生态系统作为主要保护对象的一类自然保护区。下分五个类型：森林生态系统类型自然保护区、草原与草原生态系统类型自然保护区、荒漠生态系统类型自然保护区、内陆湿地和水域生态系统类型自然保护区、海洋和海岸生态系统类型自然保护区。

2. 野生生物类自然保护区，是指以野生生物物种、濒危动植野生物种种群及其生物为主要保护对象的一类自然保护区。下分两个类型：野生动物类型自然保护区、野生植物类型自然保护区。

3. 自然遗迹类自然保护区，是指以具有特殊意义的自然地质遗迹和古生物遗迹作为主要保护对象的一类自然保护区。下分两个类型：地质遗迹类型自然保护区和古生物遗迹类型自然保护区。

（五）自然保护区的分级

根据自然保护区的重要程度及其在国内外影响的大小，我国自然保护区分为国家级自然保护区和地方级自然保护区两级。

1. 国家级自然保护区，是指在国内外有典型意义，在科学上有重大国际影响或者有特殊科学价值的自然保护区。

2. 地方级自然保护区，是指列为国家级自然保护区以外的其他具有典型意义或者重要科学研究价值的自然保护区。地方级自然保护区，又可以分为省级、市级和县级自然保护区。

（六）自然保护区的分区

为了对自然保护区实行有效保护和科学管理，需要将自然保护区进行功能分区，实行分区保护管理。《自然保护区条例》规定，自然保护区可以分为核心区、缓冲区和实验区。自然保护区内保存完好的天然状态的生态系统以及珍稀、濒危动植物的集中分布地，应当划为核心区，禁止任何单位和个人进入；除依法定程序和条件经批准外，也不允许进入从事科学研究活动。核心区外围可以划定一定面积的缓冲区，只准进入从事科学研究观测活动。缓冲区外围划为实验区，可以进入从事科学试验、教学实习、参观考察、旅游以及驯化、繁殖珍稀、濒危野生动植物等活动。

批准建立自然保护区的人民政府认为必要时，还可以在自然保护区的外围划定一定面积的外围保护地带。

六、自然保护区的分级

中国的自然保护区分为国家级自然保护区和地方级自然保护区两类。在国内外有典型意义、在科学上有重大国际影响或者有特殊科学研究价值的自然保护区，列为国家级自然保护区；除列为国家级自然保护区之外，其他具有典型意义或者重要科学研究价值的自然保护区，列为地方级自然保护区。

（一）对于地方级自然保护区可以由地方根据实际情况，实行分级管理。

1. 建立自然保护区的程序。国家级自然保护区的建立，由自然保护区所在的省级人民政府或者国务院有关自然保护区行政主管部门提出申请，经国家级自然保护区评审委员会评审后，由国务院环境保护行政主管部门进行协调并提出审批建议，报国务院批准。

2. 地方级自然保护区的建立，由自然保护区所在的县级人民政府或者省级人民政府有关自然保护区行政主管部门提出申请，经地方级自然保护区评审委员会评审后，由省级人民政府环境保护行政主管部门进行协调并提出审批建议，报省级人民政府批准，并报国务院环境保护行政主管部门和国务院有关自然保护区行政主管部门备案。

跨两个以上行政区域的自然保护区的建立，由有关行政区域的人民政府协商一致后提出申请，并分级别按照国家级或地方级自然保护区的建立程序审批。

在确立自然保护区的范围和界限方面，应当兼顾保护对象的完整性和适度性，以及当地经济建设和居民生产、生活的需要。

在自然保护区的命名方面，采用自然保护区所在地地名加"国家级自然保护区"或者"地方级自然保护区"的方式。有特殊保护对象的自然保护区，可以在自然保护区所在地地名后加特殊保护对象的名称。

（二）自然保护区内保护区域的划分。

自然保护区分为核心区（central area）、缓冲区（buffer area）和实验区（experimental area）三类。

1. 第一类是核心区。自然保护区内保存完好的天然状态的生态系统以及珍稀、濒危动植物的集中分布地，应当划为核心区，禁止任何单位和个人进入，不得建设任何生产设施；非经省级人民政府（指地方级自然保护区）或国务院有关自然保护区主管部门（指国家级自然保护区）批准，不准进入从事科学研究的观测、调查活动。

对于自然保护区核心区内原有居民确有必要迁出的，由所在地地方人民政府予以妥善安置。

2. 第二类是缓冲区。在自然保护区的核心区外围，可以划定一定面积的缓冲区。除因教学科研的目的需要，依法批准可以进入缓冲区从事非破坏性的科学研究观测、教学实习和标本采集活动者外，禁止在缓冲区开展旅游和生产经营活动，不得建设任何生产设施。并且，进入缓冲区从事上述活动者，还必须向自然保护区管理机关提交活动成果的副本。

对于在缓冲区开展参观、旅游活动的，由自然保护区管理机构提出方案，经批准后方可进行。严禁开设与自然保护区保护方向不一致的参观、旅游项目。

3. 第三类是实验区。在自然保护区的缓冲区外划为实验区，可以进入从事科学试验、教学实习、参观考察、旅游以及驯化、繁殖珍稀、濒危野生动植物活动。但是不得建设污染环境、破坏资源或者景观的生产设施；建设其他项目的，其污染物排放不得超过污染物排放标准；对已建成的设施其污染物排放超过排放标的，应当限期治理；已造成损害的，必须采取补救措施。

最后，当原批准建立自然保护区的人民政府认为必要时，可以在自然保护区的外围划定一定面积的外围保护地带（peripher-al area）。在该外围保护地带建设的项目，不得损害自然保护区的环境质量；已造成损害的，必须限期治理。

（三）自然保护区的组织管理。

1. 自然保护区管理的标准与方法。自然保护区的组织与管理必须按照一定的标准或方法有计划地进行。《自然保护区管理条例》规定，全国自然保护区管理的技术规范和标准由国务院环境保护主管部门组织国务院有关自然保护区行政主管部门制定。

对于法律法规规定的其他类型有关自然保护区的技术规范，可以按照职责分工，由国务院有关自然保护区行政主管部门制定。

2. 自然保护区管理机构的职责。《自然保护区管理条例》规定，国家级自然保护区由其所在地的省级人民政府有关自然保护区行政主管部门或者国务院有关自然保护区行政主管部门管理；地方级自然保护区由其所在地的县级以上地方人民政府有关自然保护区行政主管部门管理。

具体方法是设立专门的管理机构，配备专业技术人员。其具体职责是：贯彻执行国家有关自然保护法律、法规和方针、政策；制定自然保护区的各项管理制度，统一管理自然保护区；调查自然资源并建立档案，组织环境监测，保护自然保护区内自然环境和自然资源；组织或者协助有关部门开展自然保护区的科学研究工作；进行自然保护的宣传教育；在不影响保护自然保护区的自然环境和自然资源的前提下，组织开展参观、旅游等活动。

此外，县级以上人民政府环境保护主管部门有权对本行政区域准内各类自然保护区的管理进行监督检查；县级以上人民政府有关自然保护区主管部门有权对其主管的自然保护区的管理进行监督检查。

3. 对有关行为的禁止性与限制性规定。除对自然保护区的核心区、缓冲区和实验区的管理有严格的规定外，《自然保护区管理条例》规定，在自然保护区的内部未分区的，按照该条例有关核心区和缓冲区的规定进行管理。

在自然保护区内的单位、居民和经批准进入自然保护区的人员，必须遵守自然保护区的各项管理制度。除法律、法规另有规定者外，禁止在自然保护区内进行砍伐、放牧、狩猎、捕捞、采药、开垦、烧荒、开矿、采石、挖沙等活动。

外国人进入地方级自然保护区的，应当报经省级人民政府自然保护区主管部门批准；进入国家级自然保护区的，应当报经国务院有关自然保护区主管部门批准。

当发生事故或者其他突然性事件，造成或者可能造成自然保护区污染或者破坏事故的单位和个人，必须立即采取措施处理，及时通报可能受到危害的单位和居民，并向自然保护区管理机构、当地环境保护行政主管部门和自然保护区行政主管部门报告，接受调查处理。

七、关于风景名胜区管理与自然遗迹保护的规定

(一) 风景名胜区 (scenic spots) 管理的规定

1. 依照《风景名胜区管理暂行条例》的规定，中国的风景名胜区，是指凡具有观赏、文化或科学价值，自然景物、人文景物比较集中，环境优美，具有一定规模和范围，可供人们游览、休息或进行科学、文化活动的地区。

按照《风景名胜区管理暂行条例》的规定，结合国务院目前的机构设置状况，由建设部主管全国风景名胜区工作。

2. 风景名胜区的分级。按照景观的观赏、文化、科学价值和环境质量、规模大小、游览条件等，将风景名胜区分为市（县）级、省级和国家级三级，分别由主管机关提出风景名胜资源调查评价报告，报同级人民政府审定公布。在风景名胜区设立人民政府，负责风景名胜区的保护、利用、规划和建设。没有设立人民政府的，应当设立专门的管理机构。

3. 编制风景名胜区的规划。风景名胜区规划的主要内容应当包括：风景名胜区的性质、范围与外围保护地带，景区和其他功能区的划分，保护和开发利用风景名胜资源的措施，游览接待容量和游览活动的组织管理措施，统筹安排公用、服务及其他措施，其他需要规划的事项。

4. 风景名胜区的保护措施。首先，规定任何单位或个人都不得侵占风景名胜区的土地；不得破坏或随意改变风景名胜区的景观和自然环境，不得在风景名胜区以及保护地带建设破坏景观、污染环境、妨碍游览或与景观不协调的设施；在游人集中的游览区内，不得建设宾馆、疗养院类机构。

5. 做好封山育林、植树造林、护林防火和防治病虫害工作，保护动植物的生长、栖息的环境条件。严禁砍伐古树名木。在风景名胜区采集标本、野生药材和其他林业产品的，应当在获得批准后，在限定的数量、指定的范围内进行。

6. 对风景名胜区内的重要景物、文物古迹、古树名木，应当进行调查、鉴定，并制定保护措施。在风景名胜区内居住的居民或者游览者，应当爱护风景名胜区的景物、林木植被、野生动物和各项设施，遵守有关规章制度。

(二) 保护自然和文化遗迹的规定

遗迹，即遗产迹地之意。自然和文化遗迹 (natural and cubtural remains)，是指具有一定科学、文化、历史、教育、观赏价值的自然或人文景物、现象及其保留或遗迹。

按照生态系统原理，自然遗迹是地区生态系统平衡所不可分割的组成部分，并且自然和文化遗迹本身就是完整记录自然环境演变与发展的历史资料。

除了在《风景名胜区管理暂行条例》中有自然和文化遗迹保护的规定外，中国关于自然和文化遗迹的保护规定主要见于文物保护的法律法规之中。1982年中国就颁布了《文物保护法》（后于1991年6月修改），1989年国务院制定了《水下文物保护管理条例》，1992年国务院还制定了《文物保护法实施细则》，该细则规定对于古脊椎动物化石和古人类化石的保护，另行制定管理办法。

根据《文物保护法》的规定，中国境内地下、内水和领海中遗存的一切文物属于国家所有。国家文化行政管理部门主管全国文物工作，包括对自然和文化遗迹的保护与管理。

1. 国家保护的自然和文化遗迹（文物）受国家保护，主要文物包括：具有历史、艺术、科学价值的古文化遗址、古墓葬、古建筑、石窟寺和石刻；与重大历史事件、革命运动和著名人物有关的，具有重要纪念意义、教育意义和史料价值的建筑物、遗址、纪念物；历史上各时代珍贵的艺术品、工艺美术品；重要的革命文献资料以及具有历史、艺术、科学价值的手稿、古旧图书资料等；反映历史上各时代、各民族社会制度、社会生产、社会生活的代表性实物。

2. 文物保护单位的确定。文物保护单位是指根据历史、艺术、科学价值的不同，对革命遗址、纪念建筑物、古文化遗址、古墓葬、古建筑、石窟寺和石刻等文物按面积（单位）确定的一定范围的保护区域。

中国将文物保护单位分为全国文物保护单位、省级文物保护单位以及市（县）级文物保护单位三级，分别由同级人民政府核定公布。

对于保存文物特别丰富、具有重大历史价值和革命意义的城市，由国务院核定公布为历史文化名城。

3. 考古发掘文物必须事先履行报批手续，任何单位和个人不得私自发掘地下埋藏的文物。经批准考古发掘者，必须提出计划，并且提出保证出土文物和重要遗迹安全的保护措施并按计划严格实施。

在建设项目可能涉及埋藏文物时，应当进行文物调查、勘探工作。并且在发掘中发现文物时，应当保护出土文物或者遗迹的安全。

八、自然资源法与生态保护法的定义和分类

（一）自然资源法与生态保护法

自然资源法是调整人们在自然资源的开发、利用、保护和管理过程中所发生的各种社会关系的法律规范的总称。而生态保护法，则是以保护自然（生态）环境要素或者为了防止生物多样性破坏为目的而制定的法律规范的总称。

因此，与生态保护立法相比，自然资源立法并不是以保护自然资源和环境为直接目的的，它所强调的是自然资源对人类的外在的经济价值，它所采取保护措施的直接目的是维持生态系统中自然资源得以为人类永续利用的价值，通过自然资源保护的反射利益达到其间接目的即保护生态的价值。而生态保护立法的出发点则主要是强调生态系统的完整性，保护生态系统内部各要素及其相互间存在的内在的生态价值，并且在此基础上探索人与自然生态系统在深层次上的外在与内在联系，从而发现人类对自然资源予以永续开发和利用的途径。

（二）自然资源法与生态保护法的分类

自然资源法与生态保护法因其保护目的和对象的不同，从而导致其在管理方法、制度措施等方面也存在着不同之处。

在自然资源立法方面，合理开发、利用、保护和管理自然资源，不仅有利于人类对自然资源予以永续利用，而且还会由于合理开发、利用而促使对自然资源的开发维持在保持生态系统平衡的基础上，并且还会因合理开发、综合利用自然资源或能源从而减少环境污染物的产生，因此，自然资源法对防止生态破坏、防止环境污染也具有非常重要的意义。

在生态保护立法方面，由于中国过去在对生态价值的认识上低于对自然资源所产生经

济价值的认识，因此，一般仅认为自然资源立法中的保护性规范就能够达到保护生态系统的目的，所以，也将生态保护与自然资源保护合称为"自然保护"。

（三）自然资源与生态保护的对象与目标

自然资源与生态保护的目的，是为了给当代和后代人类建立最适宜的生活、工作和生产条件，以保证经济的持续发展、社会的繁荣进步，它主要是通过对自然资源和环境采取一系列的合理管理措施来实现的。

在《中国自然保护纲要》中，主要列出了自然保护的对象即土地、森林、草原和荒漠、物种、陆地水资源、河流、湖泊和水库、沼泽和滩涂、海洋、矿产资源以及大气。

保护自然（生态）是当代人类应当采取的对待自然界的态度，但是它并不意味着要完全保持自然的所有原始状态，除了对具有代表性的地区要给予严格保护外，一般是在对自然资源的合理开发利用的过程中进行保护，使它们的自然机能得以正常发挥作用，不至于因为人们的活动而使其崩溃或瓦解，造成生态系统的平衡失调。

第二节 风景名胜区的保护

至1999年为止，全国共设立风景名胜区512处，总面积960万hm^2，其中国家级风景名胜区119处，省级风景名胜256处，市（县）级风景名胜区137处。

此外，我国已批准加入《保护世界文化和自然遗产公约》，泰山、黄山、武夷山、九寨沟、黄龙寺等风景名胜区被联合国教科文组织列为世界自然与文化遗产。

一、风景名胜区保护的主要法律规定

（一）设立风景名胜区的条件

《风景名胜区管理暂行条例》第二条规定：凡具有观赏、文化或科学价值，自然景物、人文景物比较集中，环境优美，具有一定规模和范围，可供人们游览、休息或进行科学、文化活动的地区，应当划为风景名胜区，加以科学管理。

（二）关于风景名胜区分级保护的规定

按景物的观赏、文化、科学价值和环境质量、规模大小、游览条件等，将风景名胜区划分为三级：

1. 市（县）级风景名胜区，由市（县）主管部门组织有关部门提出风景名胜资源调查评价报告，报市、县人民政府审定公布，并报省级主管部门备案；

2. 省级风景名胜区，由市、县人民政府提出风景名胜资源调查评价报告，报省、自治区、直辖市人民政府审定公布，并报国务院环境保护行政主管部门备案；

3. 国家级风景名胜区，由省、自治区、直辖市人民政府提出风景名胜资源评价报告，报国务院审批公布。

二、保护风景名胜区的具体法律措施

（一）禁止侵占风景名胜区的土地和进行破坏景观的建设

风景名胜区的土地，任何单位和个人都不得侵占。风景名胜区内的一切景物和自然环境，必须严格保护，不得破坏或随意改变。

在风景名胜区及其外围保护地带内的各项建设，都应当与景观相协调，不得破坏景观、污染环境、妨碍游览的设施。在游人集中的游览区内，不得建设宾馆、招待所以及休养、疗养机构。在珍贵景物周围和重点景点上，除必须的保护和附属设施外，不得增建其他工程设施。

（二）保护风景名胜区的动植物

风景名胜区内的动植物是构成风景名胜的重要因素，必须十分重视其保护工作。因此，《风景名胜区管理暂行条例》规定了以下措施：

1. 风景名胜区应当做好封山育林、植树绿化、护林防火和防治病虫害工作，切实保护好林木植被和动植物的生长、栖息条件。

2. 风景名胜区及其外围保护地带内的林木不分权属，都应当按照规划进行抚育管理，不得砍伐。确需进行更新、抚育性采伐的，须经地方主管部门批准。古树名木，严禁砍伐。

3. 在风景名胜区内采集标本、野生药材，必须经管理机构同意，并应限定数量，在指定的范围内进行。

三、对在风景名胜区开展旅游活动的管理

风景名胜区应当根据规划，积极开发风景名胜资源，改善交通、服务设施和旅游条件；按照规划确定的游览接待容量，有计划地组织游览活动，不得无限制地超量接纳游览者。

风景名胜区应当加强安全管理，保障游览者的安全和景物的完好。风景名胜区内的居民和游览者，应当爱护风景名胜区的景物、林木植被、野生动物和各项设施，遵守有关的规章制度。

第三节　保护人文遗迹的法律规定

一、人文遗迹概述及立法概况

（一）人文遗迹的概念

人文遗迹或称人文遗迹地，又称文化遗迹、历史文化遗迹，是指具有重大历史、文化、艺术、教育、科学、观赏价值的，经过人工改造的自然因素，包括各种古文化遗址、古建筑、古墓葬、石窟寺和石刻，与重大历史事件、革命运动和著名人物有关的具有重要纪念意义、教育意义和历史价值的建筑物、遗址、纪念物。

（二）人文遗迹的分类及其立法

从人文遗迹的立法保护来看，我国的人文遗迹可以分为三类：一是文物保护法中的作为文物的人文遗迹，关于文物保护的法律法规有《文物保护法》、《文物保护法实施细则》以及《水下文物保护管理条例》；二是风景名胜区保护法中作为名胜古迹的人文遗迹，与此相关的立法有《风景名胜区管理暂行条例》；三是城市法规中作为历史名城具体内容的人文遗迹，与此相关的立法有《城市规划法》及《城乡建设环境保护部关于加强历史文化名城规划工作》等。

关于作为名胜古迹的人文遗迹的立法保护，在风景名胜区保护的法规中，已将许多名胜古迹划入风景名胜区，作为文物及历史名城具体内容的人文遗迹列入法律保护。

二、保护人文遗迹的法律规定

（一）保护对象与范围

《文物保护法》第二条规定：下列具有历史、艺术、科学价值的文物，受国家保护：

1. 具有历史、艺术、科学价值的古文化遗迹、古墓葬、古建筑、石窟寺和石刻；

2. 与重大历史事件、革命运动和著名人物有关的，具有重要纪念意义、教育意义和史料价值的建筑物、遗址、纪念物；

3. 历史上各时代珍贵的艺术品、工艺美术品；

4. 重要的革命文献资料以及具有历史、艺术、科学价值的手稿、古旧图书资料等；

5. 反映历史上各时代、各民族社会制度、社会生产、社会生活的代表性实物。

（二）文物保护的管理体制

《文物保护法》规定：国家文化行政管理部门主管全国文物工作；地方各级人民政府保护本行政区域内的文物，各省、自治区、直辖市和文物较多的自治州、县、自治县、市可以设立文物保护管理机构，管理本行政区域内的文物工作。

《文物保护实施细则》进一步明确规定：主管全国文物工作的国家文化行政管理部门是指国家文物局，国家文物局对全国的文物保护工作依法实施管理、监督和指导。

（三）文物权属制度

古文化遗址、古墓葬、石窟、寺院属于国家所有。国家指定保护的纪念建筑物、古建筑、石刻等，除国家另有规定的以外，属于国家所有。属于集体所有和私人所有的纪念建筑物、古建筑，其所有权受国家法律保护。

（四）文物保护单位

《文物保护法》规定，革命遗址、纪念建筑物、古文化遗址、古墓葬、古建筑、石窟寺等文物，应当根据它们的历史、艺术、科学价值，分别确定为不同级别的文物保护单位。其中，县、市级文物保护单位，由县、市人民政府公布，省、自治区、直辖市级文物保护单位，由省、自治区、直辖市人民政府核定公布，报国务院备案；全国重点文物保护单位由国家文物行政管理部门在各级文物保护单位中，选择具有重大历史、艺术、科学价值的给予确定或直接指定，报国务院核定公布。

（五）关于严格控制基本建设避免破坏文物的法律规定

法律规定下列措施严格控制基本建设对文物保护产生的不良影响：

1. 各级人民政府制定城乡建设规划时，事先要由城乡规划部门会同文物行政管理部门商定对本行政区域内各级文物保护单位的保护措施，纳入规划。

2. 文物保护单位的保护范围内不得进行其他建设工程，如有特殊需要，必须经原公布的人民政府和上一级文化行政管理部门同意。在全国重要文物保护单位范围内进行其他建设工程，必须经省、自治区、直辖市人民政府和国家文化行政管理部门同意。

3. 根据保护文物的实际需要，经省、自治区、直辖市人民政府批准，可以在文物保护单位的周围划出一定的建设控制地带。在这个地带内修建新建筑和构筑物，不得破坏文物保护单位的环境风貌。其设计方案须征得文化行政管理部门同意后，报城乡规划部门批准。

　　4. 建设单位在进行选址和工程设计的时候，因建设工程涉及文物保护单位的，应当事先会同省、自治区、直辖市或者县、自治县、市文化行政管理部门确定保护措施，列入设计任务书。因建设工程特别需要而必须对文物保护单位进行迁移或者拆除的，应根据文物保护单位的级别，经该级人民政府和上一级文化行政管理部门同意。全国重点文物保护单位的迁移或者拆除，由省、自治区、直辖市人民政府报国务院决定。迁移、拆除所需费用和劳动力由建设单位列入投资计划和劳动计划。

　　5. 核定为文物保护单位的革命遗址、纪念建筑物、古墓葬、石窟寺、石刻等（包括建筑物的附属物），在进行修缮、保养、迁移的时候，必须遵守不改变文物原状的原则。

（六）关于考古发掘的法律规定

《文物保护法》规定：一切考古发掘工作，都必须履行报批手续，并事先提出发掘计划，经有关部门批准后，始得进行发掘。非经国家文化行政管理部门报国务院特别许可，任何外国人或外国团体不得在我国境内进行考古调查和发掘。

　　现行法律规定，根据具体城市的历史、科学、艺术价值，历史文化名城分为两级：即国家级历史文化名城和省、自治区、直辖市级历史文化名城，前者由国务院公布，后者由省、自治区、直辖市人民政府公布。

　　1982年2月8日，国务院公布了《第一批国家历史文化名城名单》，共24个城市；1988年12月8日，国务院公布了《第二批国家历史文化名城名单》，共38个城市；1994年，国务院公布了《第三批历史文化名城名单》，共37个城市。

（七）有关历史文化名城保护的法律规定

　　1. 制定历史文化名城保护规划。历史文化名城的保护规划应能反映其特定性质，并将保护规划纳入城市总体规划。保护规划要注意保护文物古迹及具有历史传统特色的街区，保护城市的传统格局和风貌。各项开发建设必须符合保护规划的要求，规划确定的有关控制指标，必须严格执行。

　　2. 划定历史文化保护区。对一些文物古迹比较集中，或能较完整地体现出某一历史时期的传统风貌和民族地方特色的街区、建筑群、小镇、村寨等，也应予以保护。各省、自治区、直辖市或市、县人民政府可根据它们的历史、科学、艺术价值，核定公布为当地各级"历史文化保护区"。对"历史文化保护区"的保护措施可参照文物保护单位的做法，重点保护整体风貌、特色。

　　3. 对历史文化名城的建设管理。在进行历史文化名城建设时，要求对集中反映历史文化的老城区、古城遗址、文物古迹、名人故居、古建筑、风景名胜、古树名木等，采取有效措施严加保护，禁止乱占、乱拆、乱挖、乱建，绝不能因进行新的建设使其受到损害。要在这些历史遗迹周围划出一定的保护地带，对该范围内的新建、扩建、改建工程采取必要的限制措施。

　　4. 历史文化名城发展生产、旅游事业的管理。在历史文化名城发展生产，必须对生产项目进行严格的选择。过去在市区已经建成的工矿企业或其他单位，凡三废污染严重的，要限期治理，危害特别严重的，要结合经济调整，实行关停并转或搬迁；正在建设的工程，凡是有损于这些名城保护的，要妥善处理。对非法占用文物古迹、风景园林，不利于文物安全和妨碍旅游开放的，不论涉及哪个部门、单位，都应限期迁出。兴建旅游设施，要适应历史文化名城的特点，不要破坏名城风貌。

第四节　国家公园的法律规定

一、国家公园的概念及立法

（一）国家公园的概念

国家公园是指为了保护自然环境和自然资源，并给人们提供游览、欣赏和休息场所，而由国家有关部门专门划定的具有相当面积的自然区域。

1969年，在印度首都新德里召开的"世界自然保护同盟"第十届大会给"国家公园"下的定义包含以下几个方面的含义：

1. 面积比较大（通常不少于 $1000hm^2$）；
2. 有一个或多个没有或极少数受到人类活动影响的生态系统；
3. 物种具有科学的、教育的、休憩的特定作用，或存在具有高度美学价值的自然景观；
4. 国家采取切实保护其生态、地貌或美学特征的措施，禁止占用和开发活动；
5. 经批准允许进行休憩、教育、文化、观赏等活动。

国家公园的类型很多，有国家自然公园、国家历史公园、国家海岸公园、国家湖岸公园和国家森林公园。我国目前发展的主要是森林公园。森林公园，是指依法划定供人们游览、观光、休憩、疗养或进行科学、文化、教育活动的特定森林场所。自1972年3月1日美国建立了世界上第一个国家公园——黄石公园以来，各国纷纷效仿，建立自己的国家公园。目前，国家公园成为各国保护环境和资源的一种较好的形式。

（二）有关国家公园的立法状况

世界上许多国家都有专门的国家公园法规，如日本的《自然公园法》、加拿大的《国家公园法》。

我国国家公园建设起步较晚，解放前只在个别地方建立了森林公园。1980年，林业部发出《关于风景名胜区国营林场保护山林和开发旅游事业的通知》。依该《通知》，我国开始组建森林公园。目前，我国关于森林公园保护的立法主要是1994年林业部发布的《森林公园管理办法》。

二、我国森林公园的法律规定

（一）关于森林公园管理体制的法律规定

《森林公园管理办法》规定：林业部主管全国范围内的森林公园工作，县级以上人民政府林业主管部门负责本行政区域内的森林公园工作。在国有林业局、国有林场、国有苗圃、集体林场等单位经营范围内建立森林公园的，依法设立经营管理机构；但在国有林场、国有苗圃经营范围内建立森林公园的，其经营管理机构也是森林公园的经营管理机构，其性质仍然属于事业单位。

（二）关于森林公园分级的规定

森林公园按其森林景观和人文景观的观赏、科学、文化价值和旅游条件以及知名度等，划分为国家级森林公园，省级森林公园和市、县级森林公园三级：

1. 国家级森林公园：森林景观特别优美，人文景观比较集中，观赏、科学、文化价值高，地理位置特殊，具有一定的区域代表性，旅游设施齐全，有较高的知名度，划为国家级森林公园。

2. 省级森林公园：森林景观优美，人文景观相对集中，观赏、科学、文化价值较高，在本行政区域内具有代表性，具备必要的旅游服务设施，有一定的知名度，划为省级森林公园。

3. 市、县级森林公园：森林景观有特色，景点景物有一定的观赏、科学、文化价值，在当地知名度较高，划为市、县级森林公园。

（三）关于森林公园规划的规定

森林公园的规划是有效保护、合理开发建设和科学管理森林公园的综合部署，是森林公园建设、保护、管理的依据。《森林公园管理办法》规定，国家级森林公园的总体规划设计，由森林公园经营管理机构组织具有规划设计资格的单位负责编制，报省级林业主管部门审批，并报林业部备案。

森林公园规划要贯彻国家有关方针、政策，遵守有关法律、法规，要在保护以森林为主要资源的前提下，充分利用森林资源的各种功能，要对森林景观资源的开发的目的、方针、规模容量、旅游区划、设施、工程技术、管理措施和投资效益等作出决策，并正确处理保护与利用、远期与近期整体与局部、旅游利用与其他利用的关系等，做到公园内部与外界有关事业协调发展。

（四）关于森林公园保护的措施

1. 禁止毁林行为。禁止在森林公园毁林开荒和毁林采石、采砂、采土以及其他毁林行为。采伐森林公园的林木，必须遵守有关林业法规、经营方案和技术规程的规定。

2. 占用、征用或者转让森林公园经营范围内的土地，必须征得森林公园经营管理机构同意，并按《森林法》及其实施细则等有关规定，办理占用、征用或者转让手续，交纳有关费用，报有法定审批权限的人民政府批准。

3. 依法做好植树造林、森林防火、森林病虫害防治、林木林地和野生植物资源保护等工作。

（五）关于森林公园的管理措施

1. 对进入森林公园进行游览等活动的单位和个人，可以收取门票及有关费用。

2. 森林公园范围内的单位、居民和进入森林公园内的游人，应当保护园内的各项设施，遵守有关管理制度。

3. 森林公园经营管理机构，应当按规定设置防火、卫生、环保、安全设施和标志，维护旅游秩序。

4. 森林公园的治安管理工作，由所在地林业公安机关负责。

第五节　森林资源保护法

森林，是指存在于一定区域内的以树木或其他植物为主体的植物群落。根据其用途

《森林法》将森林分为防护林、用材林、经济林、薪炭林各种用途林。森林资源，是指一个国家或地区林地面积、树种及木材蓄积等的总量。森林作为一类重要的生态系统和自然资源，具有多方面的功能，如：涵养水土、防风固沙、调节气候、净化空气、降低噪声、养育生物等。因此，保护森林对于环境资源保护、经济发展和科学研究都具有重要意义。

一、森林资源保护立法概况

1979 年，全国人大常委会通过了《森林法（试行）》，对森林的作用、森林的分类、管理、保护、植树造林、采伐利用等作了比较详细的规定。同年，全国人大还通过了《关于植树节的决议》，规定每年的 3 月 12 日为我国的植树节。1980 年，国务院发出了《关于坚决制止乱砍滥伐森林的紧急通知》。1981 年，第五届全国人大第四次会议通过了《关于开展全民义务植树运动的决议》。1982 年，国务院发布了《关于开展全民义务植树运动的实施办法》。1984 年，第六届全国人大常委会第七次会议通过《森林法》，为我国现代森林法的建立打下了坚实的基础。1986 年，经国务院批准，林业部发布了《森林法实施细则》。1987 年，经国务院批准，林业部发布了《森林采伐更新管理办法》。1988 年，国务院发布了《森林防火条例》，1989 年，又发布了《森林病虫害防治条例》。随着社会经济的发展，森林资源的保护、管理和利用方面出现了一些新情况，原《森林法》的一些规定已不能适应新的需要，1998 年，第九届全国人大常委会第二次会议通过了《关于修改〈中华人民共和国森林法〉的决定》，并颁布了经过修改的《森林法》，新的《森林法》对原法作了较大的修改。2000 年，国务院发布了《森林法实施条例》。

二、森林资源保护的法律规定

（一）林业行政主管部门

《森林法》第十条规定："国务院林业主管部门主管全国林业工作。县级以上地方人民政府林业主管部门，主管本地区的林业工作。乡级人民政府设专职或兼职人员负责林业工作。"各级林业主管部门依法对森林资源的保护、利用、更新实行管理和监督。

（二）林权的管理

林权是指对森林资源的所有权和使用权。我国森林法把林权分为国家林权、集体林权和公民个人林权。除法律规定属于集体所有以外，森林资源属于全民所有，即国家所有；集体经济组织营造的林木，归该组织所有；农村居民在房前屋后、自留地、自留山种植的林木，以及城镇居民和职工在自有房屋的庭院内种植的林木，归个人所有；集体或个人承包全民所有和集体所有的荒山荒地造林的，承包后种植的林木归承包的集体或个人所有。除法律规定的森林使用权可以转让外，其他的森林、林木和林地使用权都不得转让。

（三）关于森林资源保护措施的规定

1. 国家为发展林业设立专项基金，主要用于林区采伐基地更新和林间空地、荒山、荒地造林和育林、护林等费用的支出。林业基金由国家对林业的投资、各级财政的拨款、银行的贷款、按照规定提取的育林基金和更新改造资金、接收的捐款、经过批准的其他资金等组成。林业基金由各级林业部门按照规定权限分级管理，专款专用。

2. 建立封山育林制度，对划定区域禁止或限制开荒、砍柴放牧等活动，利用林木天然更新能力使森林恢复。

3. 建立森林防火制度，防治森林火灾。《森林防火条例》规定了"预防为主，积极消灭"的森林防火工作方针。对国家和地方森林防火组织的设立及其职责，森林火灾的预防、补救、调查、统计，森林火灾预防和扑救有功人员的奖励和对违法者的处罚，作了比较全面的规定。森林防火措施主要有：建立防火责任制度和军民联防制度；授权县级以上地方人民政府可以根据本地实际情况规定森林防火期和森林防火戒严期，规定森林防火戒严区；森林防火期内禁止野外用火，对因特殊情况需要用火者实行生产用火许可制度；加强森林防火设施的建设；加强森林火险的监测和预报；实行森林火灾发现报告制度，任何单位和个人，一旦发现森林火灾，必须立即扑救，并及时向当地人民政府或者森林防火指挥部报告；扑救森林火灾负伤、致残、牺牲的，国家职工由所在单位给予医疗、抚恤，非国家职工由起火单位按照国务院有关主管部门的规定给予医疗、抚恤，起火单位对起火没有责任或者确实无力负担的，由当地人民政府给予医疗抚恤。

4. 建立森林病虫害防治制度。《森林病虫害防治条例》规定，病虫害防治的基本方针是"预防为主，综合治理"，基本原则是"谁经营，谁防治"。各级林业主管部门负责组织森林病虫害防治工作，规定林木种苗的检疫对象，划定疫区和保护区，对林木种苗进行检疫。建立健全森林病虫害监测和预防制度；发生森林病虫害时，在一般情况下由林木经营者及时除治；发生严重的森林病虫害时，当地人民政府应当采取紧急除治措施，防止蔓延。对经常发生森林病虫害的地区，实行以营林措施为主，生物、化学和物理防治相结合的综合治理措施，逐步改变森林生态环境，提高森林抗御自然灾害的能力。

5. 设立森林生态效益补偿基金，用于提供生态效益的防护林和特种用途林的森林资源、林木的营造、抚育、保护和管理。森林效益补偿基金必须专款专用，不得挪作他用。这一规定是基于我国生态公益林占全国森林总面积的一半以上，这些森林资源只有社会效益和生态效益，造林营林的投入无法通过市场交换得到回收和补偿。因此，只有设立森林生态效益补偿基金，才能保证林业生态公益事业正常运转。

6. 国家禁止、限制出口珍贵树木及其制品、衍生物。凡出口国家限制出口的珍贵树木及其制品、衍生物的，必须经出口人所在地的省级人民政府林业主管部门审核，报国务院林业主管部门批准；如果进出口的对象属于中国参加的国际公约限制进出口的濒危物种的，还必须向国家濒危物种进出口管理机构申请办理允许进出口证明书，海关凭允许进出口证明书放行。

7. 向因进行勘查、开采矿藏和各种工程建设项目，必须占用林地的单位征收森林植被恢复费，用于植树造林，恢复森林植被。

三、植树造林管理

（一）开展全民义务植树，规定每年的3月12日为植树节。

（二）全国森林覆盖率的奋斗目标为30%。

要求县级以上地方人民政府按照山区一般达到70%以上，丘陵区一般达到40%以上，平原区一般达到10%以上的标准，确定本行政区的森林覆盖率的奋斗目标。

（三）国务院设立全国绿化委员会，统一领导全国城乡绿化工作。

国务院城市建设行政主管部门和国务院林业行政主管部门等，按照职权划分，负责全国城市绿化工作；地方管理绿化体制，由地方政府根据实际情况规定。

（四）森林采伐更新管理：

根据用材林的消耗量低于生长量的原则，国家严格控制年采伐量。全民所有的森林和林木以国有林业企业、事业单位、农场、厂矿为单位，集体所有的森林和林木、个人所有的林木以县级为单位，依据森林经营方案和永续利用的原则，提出森林年采伐量的限额指标，由省、自治区、直辖市林业主管部门汇总，经同级人民政府审核后，报国务院批准。除农村居民采伐自留地和房前屋后个人所有的零星林木外，采伐林木必须申请采伐许可证，按许可证的规定采伐，并按照采伐许可证规定的面积、株数、树种、期限完成更新造林任务。

第十四章　国外环境法

第一节　国外环境法的产生和发展

一、国外环境法发展的起源

国外环境法的历史，最早可以溯及到中世纪以前的欧洲。在中古时期的 11 世纪，由于西欧兴起了城市，因此环境卫生和空气污染问题便开始产生。由于城市化的原因，欧洲一些国家便以保护公众健康和生命财产的安全为目的进行有关环境的立法。在经济发达时期较早的罗马，公元 5 世纪就发生了控告城市污水造成泰比亚（Tibia）河严重污染，以及抗议反对从城市各处的手工作坊发出臭气等事例。

现在可以找到的最早的欧洲环境法律，是英国国王爱德华一世在 1306 年颁布的禁止在伦敦使用露天燃煤炉具的条例。据资料记载，在 14 世纪的伦敦，曾有一名男子由于燃煤而被处以绞刑。在公元 14 世纪，法国的查尔斯六世（Charles Ⅵ）禁止在巴黎"散发臭味和令人厌恶的烟气"。

到了 18 世纪，由于铁路建设、道路建设以及对煤和水力等能源的开发，促进了欧洲工业的全面发展。从中世纪直到近代，作为畜牧业放牧的牧场以及作为唯一燃料的森林在欧洲各地曾遭到了极大的破坏，然而由于煤的燃烧使得森林采伐的速度得以减慢。

作为工业革命发祥地的欧洲，在自由资本主义经济产生的初期已经出现了因都市化和人口集中带来的环境污染问题。因此，进入 19 世纪以后，生活环境卫生便成为环境立法的主要对象。

1810 年 10 月 15 日，拿破仑法令（《法国民法典》）普遍适用于法国、比利时和荷兰，其内容涉及消除从工厂或车间散发出来的不卫生的、危险的以及具有妨害作用的臭气。在消除空气污染问题上，卢森堡在 1872 年建立了排放许可制度（discharging license）；德国在 1869 年设立了专门机构。另外，英格兰在 1863 年、意大利在 1865 年和 1888 年还分别制定了防止有害于健康和安全的控制工业空气污染措施的法律。

除了制定公法措施以外，由于在私法领域运用了"合理使用财产"以及"私的妨害"的概念，使得在反对地方污染的法律制度方面又增加了私法保护的内容。而且，"妨害"和"相邻关系（neighbourship）"的概念还被运用到国际法处理越界污染（trans-frontier polution）的案件之中。

此间，国际上有关环境立法的目的主要是保护经济性自然资源，例如森林、运动、渔业和海豹皮等等。许多法律的措施也是为了生计而强制人们对自然资源予以持续的利用，例如，1734 年芬兰制定了《森林法》。

进入 20 世纪以后，自然资源立法在欧洲国家得以迅速发展：瑞士于 1902 年制定了《森林法》；罗马尼亚在 1930 年通过了第一部关于保护自然遗迹的法律，并且还依法设立了 36 个自然保留地。

二、国际环境法的产生

国际环境法是在 20 世纪 70 年代以后产生的。70 年代以前虽然国际社会已经注意到了保护自然环境问题，签订了一系列有关管理国际航道、养护生物资源、防止大气污染和处置海上油污等方面的条约，但环境保护法律制度尚未形成。70 年代以后，三次重要的国际会议标志着国际环境法的形成和发展。

第一次是 1972 年，联合国在瑞典斯德哥尔摩举行的联合国人类环境会议，会上通过了两个重要文件：《联合国人类环境宣言》和《斯德哥尔摩行动计划》。这两个文件把保护环境上升到保护人权的高度。责成各国承担保护环境的责任，确立保护环境的国际法原则和建立制度，强调国际合作的重要性。这两个文件虽未通过签署程序成为法律，但表达了各国的共同信念，标志着国际环境法的产生。会后，国际社会签订了一系列保护环境的国际公约。

第二次是 1982 年，联合国大会在人类环境会议 10 周年之际通过《世界自然宪章》，重申斯德哥尔摩宣言的原则并提出了具体要求。会后，1987 年在加拿大蒙特利尔会议上制定了《关于消耗臭氧层的蒙特利尔议定书》，产生保护臭氧层的国际制度。

第三次是 1992 年，联合国在巴西里约热内卢召开环境与发展大会。会上通过《里约热内卢环境与发展宣言》、《21 世纪议程》、《气候变化框架公约》、《生物多样性公约》和《关于森林问题的原则声明》五个文件。这些文件重申了斯德哥尔摩宣言的原则，规定预防措施，设置赔偿责任。这次会议把保护环境与国际贸易联系起来，把关贸总协定的有关条款适用到环境保护问题上面，是对环境保护的重要发展。

国际环境法是由一系列国际条约和文件组成的。国际法规则、国际条约或公约和国际会议通过的宣言、宪章和决议，是国际环境法的三个组成部分。宣言、宪章保护大量非常重要的原则和规则，但这些文件尚未成为法律，还未具有法律约束力。

三、国际环境法的特点

（一）国际环境法的首要特点便是其主体的多元化。国际法虽然仍以国家、政府间国际组织为其主要主体，但是非政府组织、跨国公司和个人在一定条件和范围内也可以成为国际环境法的主体。国际环境法中的非政府间国际组织是指各国民间的团体联盟和个人，为了促进在环境保护领域的国际合作而建立的一种非官方的非营利性国际机构。它能够独立参与到与环境有关的国家关系中去，在一定范围内具有权利能力和行为能力，而且有关的国际实践和国际条约都已承认个人可以直接享有国际环境法的权利。

（二）国际环境法的第二个特点是国际习惯和国家条约起到了重要的作用。在传统国际法中，国际习惯长期居于首要位置，国际环境法虽然并没有很多国际习惯存在，但一些重要的规则却源于国际习惯。而国际环境公约已经成为解决全球环境问题，调整国际环境关系的重要法律依据。环境问题一般具有缓发性、潜在性、不可逆转性，为了避免环境恶化，防止环境损害的发生，国际社会需要就某些问题进行超前立法，而超前立法要求对某一环境问题及解决方法有科学的认识，否则就只能对部分问题先行规范，其他问题待有明确认识后以议定书或附件的形式加以规范。这就使条约尤其是"框架公约"模式更为适合国际环境法的需要，从而成为解决国际环境问题重要的法律对策之一。

（三）国际环境法的第三个显著特点是其"软法"的性质，"软法"是相对"硬法"而言，"软"主要体现在立法的主体上，其制定者不是各有关国家的立法机关，而是由国际组织或民间组织制定的；在立法执行上，"软法"本身不具有强制执行力，只有在被国家或立法机关接受作为法律时，才具有约束力；在稳定性上，"软法"也是具有相当大的灵活性。

四、国际上主要的环境组织

（一）联合国环境规划署（United Nations Environment Program，UNEP）。成立于1973年1月，总部设在肯尼亚首都内罗毕，是专门的环境保护组织，在联合国体系内专门负责处理与人类环境有关的日常事务，在全球的环境保护工作中起着重要的作用。联合国环境规划署内部包括环境规划理事会和秘书处两个部门。环境规划理事会是环境规划署的领导机构，共有58个成员国，每两年召开一次会议。秘书处是联合国关于环境方面的决议和执行机构，负责协调管理全球的环境保护工作以及各组织的环境保护活动，以保证联合国范围内的环境保护工作的高效率。

（二）经济合作与发展组织（Organization for Economic Cooperation and Development，OECD）环境委员会。OECD成立于1960年，前身是欧洲经济合作组织，1970年设立环境委员会。该委员会较为重视环境与经济社会发展的关系，重视环境政策与经济社会发展的结合，负责分析各国环境政策与世界经济的关系研究环境问题并给出相应的解决方案。经该组织研究通过的环境政策、制度通常以决议或劝告的形式通报给各个成员国。

（三）世界自然保护基金会。成立于1961年，前身为世界野生生物基金会。该组织主要从事生物多样性特别是野生动物的保护工作，属于非政府环境保护组织，可以为自然保护行动提供财政资助。

五、国际环境法的基本原则

（一）国家环境主权原则

国家环境主权原则是指每个主权国家对发生在本国境内的环境问题都有国内的最高处理权和国际上的独立自主性。这一原则保证了主权国家对自己国家资源的开发自主权，同时也要求每个国家在发展本国经济时不对别国的资源和环境构成威胁。

（二）国际环境合作原则

国际环境合作原则是指针对环境问题的全球性、复杂性和治理困难性提出的要求各个国家共同合作以解决环境问题的原则。

（三）共同但有区别的原则

共同但有区别的原则是指针对发达国家和发展中国家对全球环境污染的贡献率不同，以及经济实力相差悬殊的情况，应对两者的环境责任分担加以区分的原则。

（四）预防原则

预防原则是指全球各个国家都有责任尽本国的全力预防环境问题的产生，不得推卸责任，延误环境问题合理解决机会的原则。

以上原则都是各国必须遵守的根本原则，是全国环境管理的基础，贯穿于全球环境管理的各个领域，为各国所承认，在各个国际公约以及关于环境的宣言、决议、协定中都有所体现。

在国际环境法的基本原则中已经提出了国际环境合作原则，这条原则便是"共同"的直接体现。一方面，由于全球环境的同一性和环境问题的普遍性，环境保护工作需要世界各国的通力合作，环境责任需要世界各国共同承担。但另一方面，在全国环境问题的产生过程中，通常工业发展速度较快的发达国家做了更大贡献，发达国家还通过各种经济手段向发展中国家输入污染或环境公害，导致发展中国家面对经济发展、人民生活贫困的双重压力下还要面对环境压力，因此，发达国家与发展中国家承担的环境保护的责任应该是有区别的。应该让经济较发达、生活水平较高的发达国家承担更多的环境责任，从而在一定程度上减轻发展中国家的负担。

六、国际环境公约

（一）《联合国人类环境宣言》。由1972年6月5日至17日在瑞士的斯德哥尔摩召开的联合国人类环境会议通过，旨在鼓舞和指导世界各国人民共同保护和改善环境。该宣言共提出了7项共同观点和26条共同原则。

（二）《关于环境与发展的里约宣言》。由1992年3月13日至14日在巴西里约热内卢召开的联合国环境与发展问题会议通过，在《联合国人类环境宣言》的基础上更进一步，旨在开辟一个全球各国人民合作解决环境问题的平台，从而在全国范围内建立起全新的合作伙伴关系。宣言提出了包括了可持续发展问题在内的27项原则。

（三）《保护臭氧层维也纳公约》及《关于消耗臭氧层物质的蒙特利尔议定书》。前者于1985年3月由UNEP制定、22个国家的欧洲经济委员会在维也纳签署；后者于1987年9月由在加拿大蒙特利尔举行的国际会议上通过，之后又经过修正，目的是要求各国减少破坏臭氧层的污染物的排放，保护臭氧层。

（四）《气候变化框架公约》。于1988～1992年逐渐形成，1992年6月由153个国家联合签署。主要目的是要求各国减少二氧化碳排放量，保护全球气候。

（五）《生物多样性公约》。于1992年在内罗毕通过，旨在保护生物多样性，保护生物的珍贵基因，合理利用地球上丰富的生物资源。

（六）《巴塞尔公约》。于1989年3月由32个国家代表即欧洲委员会共同起草，主要针对有害物质越境迁移提出了一些条款，限制有毒有害物质的国际贸易和异地生产。

第二节 美国环境法

一、美国环境法简介

作为西方工业发达国家，美国是环境立法较早、环境法体系比较完备的国家之一。

早在18至19世纪，伴随产业革命和工业化产生的第一代环境污染，美国就开始了环境立法。例如1864年的《煤烟法》、1899年的《河流与港口法》和《废物法》。《废物法》规定的责任十分严格，凡未经授权和批准向环境排放"废物"，均构成违法行为。

20世纪60年代至70年代，由于环境问题的严重化和国家加强环境管理的迫切需要，美国加快了环境立法步伐。环境保护的专门法规涉及极为广泛的领域，从反映国家环境政策的基本法到大气污染控制、水污染控制、固体废物处置、噪声控制、核废物处置、农药管理、有毒化学品的污染防治、资源保护及恢复、能源重组、濒危物种保护、海洋哺乳动物保护等等，而且形成了由联邦国会和各州立法机构颁布的"制定法"与由各法院判决积累的"判例法"组成的庞大而复杂的环境法体系。

1969年颁布并于1970年生效的《国家环境政策法》，是联邦国会第一部反映美国国家环境政策以保证环境质量的重要立法。它在美国环境法体系中具有最高的基本法的地位。该法第2节第1条规定：美国的各项政策、条例和公法的各种解释与执行，均应与本法规定的政策相一致。美国高等法院在审理某环境案件时，甚至陈述了这样的观点：《国家环境政策法》不会由于牵扯到其他任何法律条款而被废止。

《国家环境政策法》首创了一项对预防环境损害有重大作用因而被各国效仿的制度，即环境影响评价制度。这项制度要求，凡是对环境质量具有重大影响的联邦建议、立法议案以及重大联邦行动，都必须提出包括下列内容的环境影响报告：①该建议或行动付诸实施，将产生何种不可避免的环境影响；②该建议或行动付诸实施，将产生何种无法改变和无法恢复的资源损失；③拟议中的行动的各种选择方案。到20世纪70年代末，美国绝大多数州相继建立了各种形式的环境影响评价制度。纽约州还制定了专门的《环境质量评价法》。

由于环境影响评价制度对预防环境损害卓有成效，很多国家包括我国纷纷在环境立法中确定了各种形式的环境影响评价制度。

美国环境立法的重要特点之一，是十分重视成本效益分析以及技术的可行性和经济的合理性。在1977年的《清洁水法》中，为控制各种资源污染，以技术为基础，分别根据"最佳污染控制技术"、"最佳可行技术"、"最佳实用技术"等控制技术，制定了不同的污染物排放标准。对新污染源的某些规定，在污染不能有效控制的情况下，即使技术上可以做到，但经济上不合理，因而遭到广泛的反对。

为实现以最小费用达到最大限度减少污染物排放总量的目的，在《清洁大气法》中，实行了一种颇具特色的"抵消政策"和"沧沧政策"。根据"抵消政策"的要求，在某一地区，新建企业意味着增加新的污染源，但必须以不增加该地区排污总量的限额为前提。它可以关闭某些老的污染源来抵消新增加的污染，或者向其他工厂支付一笔费用，使其减少排污量来抵消新建企业的排污量。"沧沧政策"则是把包含许多污染源的工厂看作是一个大的污染源，在某一工厂内或各工厂之间，工厂主可以采用先进工艺或混合控制排污的办法，减少某污染物的排放量用来抵消某种新增加的某种污染物，而且允许工厂选择一种最经济的办法，使控制费用最低且污染物大大下降，而放宽控制费用昂贵的生产工艺的排放量。这样，可以达到用最少费用使排污总量最大限度降低的目的。为有效地实行"抵消政策"和"沧沧政策"，美国专门开辟了一个排污权自由交易市场。国家允许将不使用的排污量，以"信用卡"的形式储存起来，并实行其所有权、使用权的市场自由交易。

美国环境立法的另一特点，是在政府干预下广泛采用了各种经济刺激手段。为使资源得到合理配置并使生产价值达到最大值，就必须充分发挥市场机制的作用，特别是让商品价格充分反映生产成本和效益。但在环境保护领域，普遍存在的"外部不经济性"，对价格规律和市场机制形成扭曲和冲击,因而造成"市场失灵"。其根本解决办法是让外部不经济性内部化。这样就必须在政府干预下,充分采用经济刺激手段。美国在环境立法中广泛采用了如下经济刺激形式:①实行严格的政府管制,制定各种排放标准。②保障污染受害者有获得赔偿的权利;为此美国专门制定了《超级基金法》(又称《综合环境反映赔偿和责任法》),为受害公众设立专项基金。③实行污染者负担原则,包括排污收费和各种征税。④政府为鼓励治理污染和采用先进工艺而实行各种形式的财政补贴和低息贷款。

二、美国环境法的政策与目的

美国《国家环境政策法》第 4331 条规定:"鉴于人类活动对自然环境一切构成部分的内在联系具有深远影响,尤其在人口增长、高度集中的都市化、工业发展、资源开发以及技术日益进步所带来的深远影响,并鉴于恢复和保持环境质量对于全人类的福利与发展所具有的重要性,国会特宣布:联邦政府将与各州、地方政府以及有关公共和私人团体合作采取一切切实可行的手段和措施,包括财政和技术上的援助,发展和增进一般福利,创造和保持人类与自然得以共处与和谐中生存的各种条件,满足当代国民及其子孙后代对于社会、经济以及其他方面的要求。"

为执行本法规定的政策,联邦政府有责任采取一切切实可行、并与国家政策的其他基本考虑相一致的措施,改进并协调联邦的计划、职能、方案和资源,以达到如下目的,即国家应当:

1. 履行每一代人都作为子孙后代的环境保管人的责任;
2. 保证为全体国民创造安全、健康、富有生命力并符合美学和文化上的优美的环境;
3. 最大限度地合理利用环境,不得使其恶化或者对健康和安全造成危害,或者引起其他不良的和不应有的后果;
4. 保护国家历史、文化和自然等方面的重要遗产,并尽可能保持一种能为每个人提供丰富与多样选择的环境;
5. 谋求人口与资源的利用达到平衡,促使国民享受高度的生活水平和广泛舒适的生活;
6. 提高可更新资源的质量,使易枯竭资源达到最高程度的再循环。

国会认为:"每个人都可以享受健康的环境,同时每个人也有责任参与对环境改善与保护。"

(一)国会授权并命令国会机构合作报告,提供咨询,建议国际与国内的合作。

国会授权并命令国家机构应当尽一切可能实现:

1. 国家的各项政策、法律以及公法解释与执行均应当与本法的规定相一致。
2. 所有联邦政府的机关均应当:

(1)在进行可能对人类环境产生影响的规划和决定时,应当采用足以确保综合利用自然科学、社会科学以及环境设计工艺的系统性和多学科的方法。

(2)与依本法第 2 节规定而设立的环境质量委员会进行磋商,确定并开发各种方法与程序,确保在做出决定时使得当前尚不符合要求的环境舒适和环境价值,能与经济和技术问题一并得到适当的考虑。

(3)对人类环境质量具有重大影响的各项提案或法律草案、建议报告以及其他重大联邦行为，均应当由负责经办的官员提供一份包括下列事项的详细说明：

①拟议行为对环境的影响；

②提案行为付诸实施对环境所产生的不可避免的不良影响；

③提案行为的各种替代方案；

④对人类环境的区域性短期使用与维持和加强长期生命力之间的关系；

⑤提案行为付出实施时可能严生的无法恢复和无法补救的资源耗损。

在制作详细说明之前，联邦负责经办的官员应当与依法享有管辖权或者具有特殊专门知识的任何联邦机关进行磋商，并取得他们对可能引起任何环境影响所做的评价。该说明评价应当与负责制定和执行环境标准所相应的联邦、州以及地方机构所做的评价和意见书的副本一并提交总统与环境质量委员会，并依照美国法典第5章第552条的规定向公众公开。这些文件应当与提案一道依现行机构审查办法的规定审查通过。

（4）1970年1月1日以后，在州补助金计划资助下的任何联邦重大行为，因下列情形而由州机构或者官员准备执行的，亦应当依第3条的规定提供详细的说明书：

①由州机构或者其官员作为责任者对全州此类行为享有管辖权的。

②由经办联邦官员提供指导并参与准备工作的。

③在核准与采用前，由经办联邦官员独立评价说明书的。

④在1976年1月1日以后，对其他州或联邦土地管理的实际行为或者可能对州或联邦土地管理产生重大影响的替代方案，联邦经办官员应当提出初步通知书并要求其提出意见。对这类行为的影响有不同意见的，应当准备有关书面的影响评价与意见书，并编入详细说明书内。

执行本项所规定的程序并不减轻联邦官员对整个说明书范围、目标、内容以及本节的任何责任，即本项规定不影响由州政府机构制定缺乏全州性管辖权的说明的合法性。

（5）研究、侧定并用适当的替代方案，并推荐给那些有关选择利用现有资源但至今尚在激烈争论的提案。

（6）确认环境问题具有世界性和长远性的特点，并与美国的外交政策相一致，为预防和阻止人类世界的环境质量衰退而倡仪、决议扩大国际合作，并计划对国际合作给予适当的支持。

（7）对各州、县、市、机关团体与个人提供关于有益于恢复、保持和改善环境质量的建议与资讯。

（8）在制定和开展资源开发的计划中提倡和使用生态学资讯。

（9）协助依照本法第2节规定而建立的环境质量委员会的工作。

（二）与国家环境政策一致的行政程序：

所有联邦政府机构均应当对其现有的法定职权、行政法规定以及各项现行政策和程序进行一次清理，以确定其是否存在有妨害充分执行本法宗旨和规定的任何缺陷或矛盾，并应当就清理结果在不迟于1971年7月1日以前，向总统报告其职权和各项政策符合本法所规定的意图、宗旨和程序。

（三）联邦机构的其他法定义务：

1. 遵守环境质量的规范或标准；

2. 与其他联邦或州机构相协调或进行商量；

3. 根据其他联邦或州机构的建议或证明,采取或禁止采取行动。

三、环境质量委员会

(一)向国会报告立法建议

总统应当自 1970 年 7 月 1 日起,每年度向国会提交环境质量报告(以下简称报告),其中应当说明:

1. 国家各种主要的自然、人为改造过的环境的状况与情况,包括但不限于空气、水(包括海域、海湾及淡水)以及陆地环境(包括但不限于森林、干地、湿地、山脉、城市、郊区及乡村环境);

2. 前项规定的环境质量、管理与使用,在当前与未来的发展趋势,以及这种趋势对国家的社会、经济与其他需要的影响;

3. 按照人口压力的预计,说明可利用的自然资源能否满足国民生活与经济需要;

4. 对联邦政府、州与地方政府以及非政府性质的机关或个人的计划与活动(包括常规活动)的评价,并着重说明其对环境以及自然资源的保护、发展与利用的影响;

5. 对各种现有计划与活动的缺陷提出补救方案和立法建议。

(二)环境质量委员会的成员及任命

总统府设立环境质量委员会(以下简称委员会)。该委员会由三人组成。人选经总统提名,在征得参议院同意后任命,在总统指挥下工作。总统应当指定其中一人担任委员会主席。每个委员都应当具有相应的训练、经验和造诣,有能力分析和解释各种环境发展趋势和信息;按照本法第 4331 条规定的政策对联邦政府的计划和活动进行评价;对国家的科学、经济、社会、美学与文化等方面的需要和利益具有清晰的认识和责任感,并能就促进环境质量的改善提出各项国家政策。

(三)责任与职能

1. 在总统依照本法第 4341 条制作环境质量报告时,提供帮助和建议。

2. 适时收集关于当前和未来环境质量的状况以及发展趋势的正确资讯,并对该资讯进行分析和解释,以确定这种状况与发展趋势是否妨碍本法第 4341 条所规定政策的贯彻执行。编辑关于此项情况与发展趋势的研究报告,并向总统提出建议。

3. 按照本法所规定的政策,对联邦政府的各项计划和活动进行审查和评价,以确定这些计划和活动有助于该政策贯彻执行的程度,并就此向总统提出建议。

4. 研究促进环境质量的改善问题,并向总统提出各项国家政策的建议,以达到环境保护和国家社会、经济、卫生及其他方面的需要与目的。

5. 对生态系统与环境质量进行调查、研究、考察、探讨与分析。

6. 记录并确定自然环境的变化(包括植物系统和动物系统的变化),并积累必要的数据资料及资讯,以便对这些变化与发展趋势进行持续的分析研究,并对其原因作出解释。

7. 就环境的状态和情况每年至少向总统汇报一次。

8. 根据总统的要求,提出有关政策与立法等事项的研究、报告与建议。

(四)征求公民环境质量咨询委员会及其代表的意见

委员会在行使其按本法规定的权力、职能和职责时应当:

1. 征求依据 1969 年 5 月 29 日颁布的第 11472 号行政命令而设立的公民环境质量咨

询委员会和具有提供意见能力的科学、工业、农业、劳工、自然保护组织与州和地方政府以及其他团体代表的意见；

2. 充分利用公共与私人机构组织以及个人提供的服务、设施和资料（包括统计资料），以避免造成措施和开支的重复，保证委员会的活动与有关政府机构依照法律规定进行的同类活动，不发生不必要的重复或冲突。

第三节 英国环境法

一、英国环境法的生产和发展

英国环境法的历史可以追溯到中世纪法律对小范围污染的控制和私法原则对危害像水这种公共财产的处理。但是，作为现代意义上的英国环境法，则是工业革命以后的事情。英国作为工业革命的发源地，同时也是环境问题出现较早的国家。为了解决工业发展过程中日益严重的环境污染和公害问题，先是在1821年关于蒸汽机和火车头的法律中包含了关于防止污染的规定，然后在1847年的自来水厂供水法中对水的保护作出了规定。同年还颁布了《都市改善法》。1848年《公共卫生法》的颁布实施，使英国的环境立法渐具雏形。

19世纪50年代后，英国专项保护环境的立法开始大量制定。相继颁布了几十部有关环境保护的专项法律。从19世纪50年代到20世纪70年代初的100多年的时间里，虽然英国制定了大量的环境保护法，但由于没有把环境作为一个整体来保护，没有一个系统的环境立法规划，因此，这些立法往往是头疼医头，脚疼医脚，立法内容庞杂零乱，缺乏连贯性和系统性，其效果当然不尽如人意，直到20世纪50年代还发生了震惊世界的伦敦烟雾事件。

1972年联合国人类环境会议以后，英国意识到把环境作为一个整体来保护的重要性，开始注意系统的环境立法。1974年制定了比较综合的《污染控制法》（1989年修订），该法共6章109条，外加4个附件。它将空气、水、噪声和固体废物等污染的控制囊括于一体，采取综合的管理控制措施，取得了比较显著的成效。1992年里约环发大会以后，英国的环境立法又按照保障可持续发展的要求进行调整，1994年对1990年《环境保护法》的修改就是最好的说明。除了议会通过的法律外，还有政府为实施法律所制定的大量环境法规。20世纪80年代末以后的英国环境立法与以前的立法相比，有一个显著的特点，就是尽量减少法律的数量，往往是用一部内容广泛的综合性法律取代许多零乱的规定。

目前的英国环境法正由重污染治理向重环境破坏的预防、由重行政手段向发挥市场机制的作用、由减少污染物向缩减污染源方面转变，涉及国际环境保护、自然资源保护、加强环境权保护的规范将越来越多，欧共体环境立法将越来越多地在英国环境立法中起到重要作用。

二、英国环境法的特点

（一）议会立法多为框架法，其实施有赖于依法律授权制定的法规、规章和命令。虽然英国的一些环境立法往往篇幅很长，比如1990年的《环境保护法》连同附件，达235

页之多，但就英国人来说，还嫌规定得不够具体，因此其中便包括了许多授权政府及其有关部门进行立法的规范。那么议会立法也就成了框架法，许多规定必须等政府及其有关部门作出具体规定后才能实施。

（二）环境法律多是迟延生效。英国的环境法律不像我国的环境法律那样，只作出一个生效日期，到规定的日期，全部法律条款都生效，而是对一些条款附加生效的条件。条件不成熟，包括政府有关部门没有依法律授权及时地制定出具体规定或实施措施，都可能影响法律的生效。再加上授权立法的空泛，使得政府难以作出明确的规定，因此导致环境法律经常迟延生效。

（三）授予行政机关广泛的自由裁量权。由于环境问题复杂多样，法律不可能全部预置可能出现的所有应当规范的情况，因此只能允许执法机构相机处理，对行政机关规定广泛的自由裁量权。

（四）一些环境立法受到欧盟环境立法的推动。由于欧盟通常采取较为积极的环境保护政策和立法，而这些立法大多数又必须由成员国转化为国内法。这就使得英国不得不将一些自己本来不愿制定的环境法律或者不愿作出严格规定的方面在欧盟环境立法的推动下作出规定。比如硫氧化物排放的控制、污泥的海洋倾倒、汽车尾气排放的削减等规定的作出，都是由于欧盟立法起了推动作用。

三、英国环境法的实施

英国环境法是通过女王污染巡视专员、环境运输和地区部（DEIR）、全国河流管理局、农业部、渔业和食品部、原子能部、内政部、国家文物局等部门和地方政府负责实施。各部门都分别在自己的权限内负责环境法有关规定的实施。另外，英国的法院在环境法的实施中也有着重要作用。如有关行政机构不履行环境保护的法定职责或者不正确地执行环境法的司法审查、发生了环境侵权纠纷提起的诉讼、对环境犯罪的制裁都是由法院来实施的。而且，英国的法院还可以通过对具体环境案件的判决来创制环境法律规范，补充环境法的内容。

1995 年 7 月 19 日，英国颁布实施了《环境法》。

四、污染控制的一般职能

（一）为了防止、减少、补救或者减缓环境的污染效应，机构可以实施污染控制权。

机构将汇集与环境污染有关的信息，不论是机构通过观察获得的，还是通过其他方式获取的，如果有任一大臣要求这样做，则机构必须：

1. 对现有的或者潜在的环境污染水平的效应或者可能的效应进行评价，并将机构的观点报告该大臣。

2. 编制并向大臣提供与下述目的有关的报告：

（1）筛选机构认为可以用来防止、减少、补救或者减缓环境污染效应的方案（不论是一般的、具体的或者要求详细规定的）；

（2）鉴定机构按照以上第 1 条所确定的方案的成本与效益。

3. 机构将开发防止、减少、补救或者减缓环境污染效应的工艺与技术。

（二）环境保护咨询委员会的职责如下：

1. 为英格兰和威尔士的不同区域建立称之为环境保护咨询委员会的咨询委员会;
2. 同一区域咨询委员会就机构关于在该区域行使职能的方式的提案进行协商;
3. 考虑任一区域委员会向它提交的关于在该区域行使职能的方式的方案(可以是对前述第 2 条协商的或者其他情形下协商的响应)。

在任命一个咨询委员会的主席时,国务大臣必须考虑他在与该委员职能相关事务方面的经验或者已经显示出的能力。

第四节 德国环境法

一、联邦德国环境保护法的特点

(一)很重视保护自然生态系统、维护生态平衡,并且环境保护法律规范的范围逐渐扩大到各个领域。

20 世纪 60 年代以前,保护环境的要求开始提出,到 1959 年底,联邦议会通过了《自然保护法》、《原子能法》等环境法律和法规;进入 60 年代以后,环境污染成了重大的社会问题,到 60 年代末,除对以前通过的一些环境法律、法规进行了修订外,又增订了《水源管理法》、(植物保护法》等,把环保法律规范扩大到工业、交通、城建和水域管理等许多部门。20 世纪 70 年代以来,又制定了《环保基本法》、《消除废物法》、《防止飞机噪声法》、《滴滴涕法》等,把环保法律规范扩大和深入到生产和生活的各个方面。20 世纪 90 年代,又颁布了《环境监测法》、《环境信息法》、《循环经济和废物清除法》、《联邦侵扰防护法》等,使环境保护法律规范渗透的面更广。

(二)环保立法很完备,很具体,要求很严,效果很好。

德国于 1972 年通过第二部环境保护法,现在,环境保护法律规范之完备具体在全世界是名列前茅的。不仅有环保基本法,而且有很具体的环保法规,如《滴滴涕法》、《洗涤剂法》、《飞机噪声法》等,已形成健全的环保法体系。对生态的保护、废物的处理等都有了严格的立法和环境标准。例如《水管理法》(1996 年 11 月 12 日公布,1998 年 8 月 25 日最新修订),共 6 章 45 条。规定的内容很具体、明确,违反本法规定(除违反第 41 条第 1 款第 7 项是罚款 2 万马克外),罚款 10 万马克。还有《洗涤剂法》、《滴滴涕法》、《废水排入水域纳税法》等配套法规,加以执法很严,因而对水域的管理收效很好。在 20 世纪五六十年代,莱茵河水污染严重,鱼绝迹,而今天的莱茵河水已达到饮用水标准。

(三)高科技的投入,由市场带动环保。

1999 年,拥有 17 万 m^2 展览面积的慕尼黑新展览馆展出了世界上最大的治理三废和环境技术博览会,其公关主任西肯格先生说,目前全世界所开发的环境技术中,美、日、英等发达国家占了 25% 左右,德国占 18%。环境技术在德国正成为日益上升的产业,已占 GNP 的 2%。由太阳能提供一切能源的符雷堡足球场,能容纳 27000 人的看台顶部的大面积太阳能设备,1994 年被载入吉尼斯世界纪录大全。德国人认为,应通过技术和立法促进环境质量的提高,而环境技术必须成为整个工商业的一部分,由市场带动它的发展。

(四)人民群众环保意识很高。

德国绿色和平组织于1999年推出"环保电力计划",即这种能源有环保成分:其中至少有一半来自太阳(1%)、风力(8%)、生物和水力(各占约20%)等无污染能源,其余则来自热能生产工厂。环保电价比电力市场最低价每千瓦时贵将近10芬尼(合人民币0.45元)。四口之家,如果使用环保电力,每月须多付电费人民币约90元,单身家庭则需多付人民币45元。多年来争取关闭核电厂的德国人民宁肯多花钱也用环保电力,以保护环境。在科隆市,有世界最先进的垃圾焚化厂。该厂与科隆市政府签订了长期合同,由政府负责提供垃圾,从居民、单位收取垃圾处理费,交给该厂,这是该厂唯一的收入来源。该厂下属单位,包括垃圾分拣和运输等公司,有的是由各社区建立的。该厂负责人说:"这些垃圾公司为抢垃圾打得火热"。德国教育和科学部负责人舒尔茨先生说得好:"1t废物＝700kg的错误条件＋200kg的懒惰思想＋100kg真正的废物。"

联邦德国工业发达,自然环境曾经遭受严重污染。而现在已经大大改观。清澈的河水、茵茵的绿地,比比皆是。在工业区,也是空气清新,环境整洁,处处是鸟语花香,一片田园风光。实现了多年前提出的"变黑色工业为绿色工业"的口号。

德国的经验说明,严格的立法、执法,高科技的投入,人民环境保护意识的大大增强,三者结合,必定能保证环境质量的大大提高。

二、环境监测法（1990年2月12日公布，1997年8月18日最新修改）

(一)本法立法的目的是,在实施《环境监测法》第3条设备计划中,确保有效的环境预防保护按照下列统一的原则进行:

1. 及时并全面地调查、说明和评价对环境的影响作用;
2. 各级政府部门决定批准时,尽早地考虑到环境监测的结果。

(二)环境监测是政府执行管理的一部分,为制定计划服务。环境监测包括报告、描述和评价某一计划对下列对象的影响作用:

1. 人类、动物、植物、土壤、水、空气、气候及风景,包括可能出现的个体间相互作用;
2. 文化及其他物品。

公众参与环境监测的执行。如果某个计划的审批由多个程序决定,那么在审理中进行的部分监测应合并到整体评价环境影响作用中,包括可能出现的个体间相互作用。依据《环境监测法》第3条的设备计划是指:

1. 将要建立和运营的建筑设备;
2. 其他要建立和运营的设备;
3. 其他对自然环境及风景的干预;
4. 根据第1项和第2项的某一设备的重要变动,只要这种变动可能对环境带来明显的影响作用。

(三)吸收公共参与。

主管部门必须听取公众对计划所产生的环境影响的看法。如果计划的承办者在审理中改变了按照《环境监测法》第6条所要求的资料,只要不用担心对环境造成的明显影响,就可以不用听取公众的意见。

主管部门要让有反对意见的和批准计划的有关人员了解决定的理由。如果计划被拒绝，要通知提出反对意见的有关人员。公众通过如下活动参与计划的审理：

1. 公布计划；
2. 在合适的时间内可以查阅《环境监测法》第6条所要求的资料；
3. 给予发表意见的机会；
4. 向公众报告决定情况。

公众参与不能改变法律要求，批准的程序不受公众意见的影响。

（四）临时决定和部分批准。

只有在实施环境监测后，才允许同意临时决定和部分批准。在这种情况下，环境监测必须涉及每个计划认可的总体的环境影响，最后涉及临时决定和部分批准对象的环境影响。在依据《环境监测法》第5条检查范围的报告中，以及在根据《环境监测法》第6条的资料中，要考虑环境监测的范围。

（五）减小噪声的计划。

在噪声造成或可能带来环境危害的地区，社区和主管部门应掌握噪声源的危害，并确定它们对环境的影响。如果噪声造成和可能带来环境危害，为排除或减少环境危害，要求对各种噪声源采取行动，社区和主管部门要为居住区和其他值得保护的地区制定减少噪声计划。在制定计划时，应注意土地规划和州的计划。

（六）减少噪声计划应包括下列说明：

1. 测定的和可能出现的环境危害；
2. 噪声源；
3. 减少噪声的措施或减少噪声危害的措施。

第五节 日 本 环 境 法

一、日本的公害与环境立法

从20世纪50年代初开始，日本相继发生了富山骨痛病事件、新潟水俣病事件、熊本水俣病事件和四日市烟害事件等震惊世界的四大公害事件，公害受害者及其遗属在日本律师团的声援和支持下，纷纷向法院提起损害赔偿的诉讼请求。公害问题，作为一种法律现象，在日本首先是以私法救济的形式出现的。

通过民事裁判追究加害者的损害赔偿责任，是以对受害者的事后救济为目的的，但不能从根本上解决日益严重的公害问题，所以，日本从20世纪50年代后期开始加强了环境立法，并于1967年颁布了《公害对策基本法》。

《公害对策基本法》作为国家保护环境的基本法，它必然要宣布国家的环境政策和环境保护的总目标。日本的《公害对策基本法》，当然也不例外。该法在第1条第1款中规定："本法是为了明确企业、国家和地方公共团体对防治公害的职责，确定基本的防治措施，以全面推进公害防治对策，达到保护国民健康和生活环境的目的。"该法第1条第2款又规定："关于前款规定的保护国民健康和生活环境，要与经济健全发展相协调"，开宗明义地在立法目的中宣布保护国民健康和生活环境，但要以"与经济健全发展相协调"为条件，明显地反映了经济发展优先的立法指导思想。

这部基本法颁布以后，在日本引起了强烈的反响，广大的深受公害之苦的日本人民，特别是环境保护的专家学者和法学界人士强烈反对，纷纷提出尖锐的批评，指出以牺牲国民健康及其生存环境去换取经济的高速发展早已被一切有识之士所唾弃，是本末倒置，认为过去的那种建立在以倾销公害、不顾国民安危基础上的发展，是"虚假的繁荣"，是"空中楼阁"。

在日本人民反对公害，要求获得健康生存环境的强大呼声压力下，在强大舆论的推动下，1970年日本召开了第64届国会，历时一个多月，专门讨论公害问题，所以被称为"公害国会"。会上就公害的犯罪性问题展开了激烈的争论，修订了《公害对策基本法》，删去了"与经济健康发展相协调"的条款。这次国会还修订了《大气污染防治法》、《噪声防治法》、《下水道法》、《道路交通法》、《毒品和剧毒品管理法》和《自然公园法》，新制定了《水污染防治法》、《海洋污染和海上灾害防治法》、《农田土壤污染防治法》、《公害纠纷处理法》、《防治公害事业费企业主负担法》、《关于危害人体健康的公害犯罪制裁法》（简称《公害罪法》）、《废弃物处理与清扫法》等，一次国会会议就修订和制定了14部环境保护的法律，特别是讨论通过了《公害罪法》，开创了世界环境法制史上的先河，堪称是日本环境法制建设上的一个里程碑。

继1970年的"公害国会"之后，1971年日本又制定了《自然环境保护法》、《恶臭防治法》、《公害防治事业国家财政上的特别措施法》和《环境厅设置法》等重要法律，形成了一个以《公害对策基本法》（简称《公害宪法》）为基本法的相当完备的环境法体系。

依据《环境厅设置法》，日本政府于1971年7月撤销了1945年建立的中央公害对策特别委员会，设立了统管全国环境保护工作的环境厅，由内阁总理大臣直接领导，环境厅长官则以内阁大臣身份参加内阁，从而结束了长达6年的由五大臣，即大藏大臣、厚生大臣、农业大臣、通商产业大臣及运输大臣联合执政的那种政出多门、互相推委扯皮的环境管理状态，理顺了环境行政管理体制，开创了环境保护工作的新局面。

如上所述，日本由于建立健全了一套完善的环境保护的法律法规体系，理顺了环境行政管理体制，所以在不太长的时期内，就把一个"公害先进国"变成了"公害治理先进国"。诚如经济合作与发展组织在1977年公布的一份有关日本的环境政策调查报告中所说："日本采取的控制环境污染的政策是成功的"。

二、日本环境法的特点

日本在1967年制定第一部环境法，即《公害对策基本法》时，国家正处于公害四起、民怨沸腾，群众的反公害斗争浪潮一浪高过一浪。在这一严峻的历史背景下，适时制定一部环境法，并且把它定名为《公害对策基本法》，这既顺应了日本人民的民意，也符合日本当时的国情，这是日本环境法的第一个特点。

日本环境法的第二个特点是，它把公害界定为：伴随生产活动及人类的其他活动而发生的在相当范围的大气污染、水体污染、土壤污染、噪声、振动、地面沉降和恶臭，即典型七公害，并由此引起对人体健康和生活环境产生的危害。法律的这一界定，既明确又具体，深刻地阐明危害环境行为是一种特殊的、不同于一般民事侵权行为的损害行为，它是以空气、水、土壤等环境要素为介质致人身和财产损害的。根据这一规定，日本在1972年6月修改《大气污染防治法》和《水污染防治法》时，引进了无过失责任原则，即严格责任原则。

日本环境法的第三个特点是，它既是基本法，又是授权法，它授权政府：
1. 制订环境质量标准，明确国家环境质量目标；
2. 制定污染物排放标准，实行污染物总量控制；
3. 控制国土的开发利用，建立健全环境监视、监测制度；
4. 制定公害防治规划，采取环境综合整治措施；
5. 建立公害防治事业费企业主负担制度；
6. 建立健全环境影响评价制度；
7. 制定公害防治事业国家财政税收上的特别措施和优惠政策；
8. 建立公害纠纷处理制度，惩治公害违法犯罪行为；
9. 建立公害病的认定和公害受害者的补偿救济制度。

日本环境法的第四个特点是，它把100多部环境法律法规分为四大类，即：污染控制类、公害救济类、公害事业类和自然环境保护类。以《公害对策基本法》为核心，形成了一个既有实体法又有程序法的门类齐全、可操作性强的庞大环境法体系，实现了依法治理环境的目的。

日本环境法的第五个特点是，依法设立了有特色的具有准司法性质的中央公害调查委员会和都、道、府、县公害审查会，建立了一套行之有效的环境纠纷处理制度。这种具有准司法性质的行政执法机构，拥有行使职权调解、仲裁和裁定的权力。它们对环境纠纷案件的处理，具有程序简便、案件审结时间短、诉讼费用低等优点。现在日本所发生的环境纠纷案件，绝大部分都是经过公害审查会和公害调查委员会处理的，从而大大减轻了各级法院的负担。

公害调查委员会和公害审查会的办案人员一般都是环保专家、法律专家，业务熟练，办案效率高，质量好。

对公害调查委员会和公害审查会处理的案子不服的，可依法向法院起诉。日本的这条经验也是成功的。

三、从《公害对策基本法》到《环境法》

1993年11月19日，日本颁布了新的《环境法》，废除了原有的《公害对策基本法》，从而使一个作为世界经济大国的日本，从重点解决国内环境问题转向积极参加国际环境合作，共同应付全球环境问题的新挑战。这在日本的环境法制建设进程中，是一个历史性的转斩。

日本的《环境法》，可以说，是在全球环境问题的新发展和1992年里约会议的催产下诞生的。为了迎接1992年里约会议的召开，日本政府决定修订《公害对策基本法》，以适应全球环境问题的新发展。这是一个历史的必然，因为环境问题是没有国界的。当今环境问题的严峻现实已经证明，一个国家的环境问题解决得好坏，必然影响到全球环境问题的解决；而全球环境问题得不到解决，一个国家也很难根本解决本国的环境问题。所以，日本的做法是明智的。

新的《环境法》突出了日本政府全球环境保护中的责任和义务。该法第5条规定："鉴于全球环境保护是人类的共同课题，而且日本的社会经济是在国际性的密切的相互关系中运营的,日本有能力按照本国在国际中的地位,在国际的协调下,积极推进全球环境保护"。该法第2章设专节规定了有关全球环境保护的国际合作,明确了日本作为一个经济大国应尽的国际环境保护的责任和义务。

四、环境资源的享受与继承

把环境作为得天独厚的资源维持在正常的水平上,是人类健康的文化生活所不可缺少的。但是,由于人类的活动增加了环境的负荷,从而使人类存续基础的生态平衡出现被破坏的危险。因此,必须妥善实施环境保护,使当代人和后代人能在世世代代地正常享受得天独厚的环境资源的同时,把作为人类存续基础的环境维持到永远的将来。

(一)构筑对环境负荷影响少的可持续发展社会。

应当本着下述宗旨实施环境保护,即:在可能的限度内,减少因社会经济活动及其他活动而对环境的负荷及其他与环境因素有关的影响,在一切人公平分担的基础上,自主而积极地去实施保护环境的措施。在把得天独厚的环境维持在正常水平的同时,一方面要力求发展对环境负荷影响小的健康经济,另一方面要构筑一个可持续发展的社会,并且要在科学知识充实的基础上,预防环境污染。

(二)通过国际协调积极推进全球环境保护。

鉴于全球环境保护是人类的共同课题,同时也是确保国民未来健康文化生活的课题,而且日本的社会经济是在国际性的密切相互依存关系中运营的。日本有能力按照本国在国际社会中所处的地位,在国际的协调下,积极推进全球环境保护。

五、环境保护的基本政策

有关环境保护政策的制定与实施,应根据基本理念,以确保下列事项为宗旨,既要力求使各种政策相互有机地衔接,又要综合而有计划地推行:

1. 为了保护人的健康和生活环境,并且妥善地保护自然环境,必须使大气、水、土壤及其他环境的自然构成要素保持在良好的状态上。

2. 在谋求确保生态系统的多样性、保存野生生物物种、确保其他生物的多样性的同时,要按照地区的自然社会条件,系统地保护森林、农田、水边地等多样的自然环境,保持人与自然的密切接触。

(一)环境基本规划,应对下列事项作出规定:

1. 有关环境保护的综合性和长期性的政策大纲;

2. 除前项列举的以外,还应该包括旨在综合和有计划地推进有关环境保护政策的必要事项。

内阁总理大臣在听取了中央环境审议会的意见后,应该编制环境基本政策方案,并提请内阁会议作出决定。

内阁总理大臣在内阁会议作出前款规定的决定后,应当立即公布环境基本规划。

前两款的规定适用于环境基本规划的变更。

(二)环境标准。

政府应根据与大气污染、水体污染、土壤污染和噪声有关的环境条件,分别制定出保护人的健康和保全生活环境的理想标准。

前款的标准应该设立两种以上的类型，如果规定应该作为指定适用各自类型的地区或者水域的标准，政府应以政令规定之。可以将这种地区或者水域的指定权限委任给都、道、府、县知事。

六、国家为保护环境应当采取的措施

国家在制定和实施被认为会对环境带来影响的政策时，应当对环境保护作出考虑。

（一）环境影响评价的推进。

国家应当采取必要的措施，推动从事土地形状变更及其他与此相类似事业的企业者，在实施其事业时，要预先对该项事业对环境的影响，亲自进行适当的调查、预测或者评价，并根据其预测和评价结果，妥善解决有关该项事业的环境保护问题。

（二）为了防止发生环境污染，国家应当采取下列控制措施：

1. 关于构成大气污染、水体污染、土壤污染或恶臭的原因物质的排放，噪声或振动的发生，构成地面沉降原因的地下水的采汲及其他行为，应该通过制定有关的企（事）业者都必须遵守的标准，实施对公害防治的必要控制措施；

2. 采取必要的控制措施，旨在防止发生与土地利用有关的公害，以及旨在防止在公害严重或有严重危险的地区设置构成公害原因的设施；

3. 采取必要的控制措施，防止在特别需要实施自然环境保护的区域内，发生由于变更土地形状、采伐竹木及其他可能破坏自然环境的行为；

4. 采取必要的控制措施，防止发生由于采捕、损伤及其他行为，损害需要保护的野生生物、地形、地质或温泉源及其他自然物的行为；

5. 需要采取必要的控制措施，防止出现公害和破坏自然环境保护的行为。

除前款规定的措施外，为防止出现不利于保护人的健康及其生活环境的问题发生，国家应按照同款第1项或第2项所列措施，努力采取必要的控制措施。

（三）旨在防止环境污染的经济措施。

国家应当努力采取必要的措施，促进那些从事能增加环境负荷的活动或能构成污染原因的活动（以下称"负荷活动"）的人，设置必要的设施和采取其他适当的措施，降低其向环境增加的负荷，以防止发生环境污染，并在考虑其经济状况的基础上，实行必要而适当的经济资助。

国家通过对实施负荷活动的人课以适当的且公平的经济负担，实施引导他们自己去降低其负荷活动对环境负荷的影响为目的的政策，期待能有效地防止发生环境污染。鉴于这项政策在国际上也已得到推荐，因此，有关这项政策的问题，应该在认真地调查和研究的基础上，采取与该项政策有关的措施，防止发生环境污染，以及给国民经济带来的影响，同时应尽可能地得到国民对采取这一措施以防止环境污染的理解和协助。这样，在这一措施成为一项与旨在保护全球环境的政策相关联的措施时，为了适当地确保其效果，应当与国际合作。

（四）监视体制的健全。

为了掌握环境状况和妥善实施有关环境保护的政策，国家应当努力健全监视、巡视、观测、测定、实验和检查的体制。

（五）科学技术的振兴。

国家应当谋求振兴有关环境变化机制的说明、环境负荷的降低，以及环境受经济的影响和给经济带来惠泽的综合评价方法而开发的科学技术及其他与环境保护有关的科学技术。

为了谋求振兴有关环境保护的科学技术，国家应当采取健全实验研究体制、推进技术研发及技术推广、培训科研人员及其他必要的措施。

七、有关全球环境保护的国际合作

国家除了为确保有关全球环境保护的国际联合，推进其他与全球环境保护有关的国际合作而努力采取必要的措施外，还应当在发展中的海外地区的环境保护和在国际上被认为有很高价值的环境的保护上为造福人类做出贡献的同时，要为实施有助于确保国民健康的文化生活（以下称"发展中地区的环境保护"）的支援及其他有关发展中地区环境保护的国际合作而努力采取必要的措施。

国家应当采取必要的措施，谋求培养有关全球环境保护及发展中地区的环境保护（以下称"全球环境保护"）的国际合作方面的具有专门知识的人才，收集、整理和分析本国以外地区的环境状况及其他有关全球环境保护的情报，圆满推进有关其他全球环境保护的国际合作。

（一）有关观测等的国际联合。

国家在努力谋求有效推进全球环境保护方面的环境状况的监视、观测和测定的国际联合的同时，还应努力推进全球环境保护的调查与实验的研究。

（二）旨在促进地方公共团体或民间团体发起的活动。

鉴于地方公共团体在推进有关全球环境保护的国际合作方面所起的重要作用，为了谋求促进由地方公共团体发起的有关全球环境保护的国际合作活动，国家应努力采取提供情报及其他必要的措施。

鉴于在推进有关全球环境保护上，由民间团体开展的有关全球环境保护的国际合作的自发活动的重要性，为了谋求促进这一活动，国家应努力采取提供情报及其他必要的措施。

（三）对实施国际合作的关照。

在实施国际合作时，国家应努力对有关与实施其国际合作地区相关联的全球环境保护给予关照。

关于在本国以外地区实施的企（事）业活动，为了使与其企（事）业有关的企（事）业者能对与其所实施的企（事）业活动地区相关联的全球环境保护适当给予关注，国家应努力采取向其企（事）业者提供情报及其他必要的措施。

第十五章 环境保护的法律责任

第一节 环境侵权

一、环境侵权

环境侵权是指因生产活动或其他人为原因造成环境污染和其他公害,并给他人的财产、人身等权益造成损害或损害危险的法律事实。环境侵权包括以下几层含义:

环境侵权是法律事实的一种。法律事实,是指法律规定的,能够导致法律后果,即引起法律关系产生、变更和消灭的情况,它是法律关系产生、变更和消灭的必要条件。环境侵权是一种法律事实,依据有关法律规定,可以在加害人与受害人之间产生一定的法律关系,即侵权行为之债加害人有承担赔偿损失等民事义务,受害人则享有要求加害人赔偿损失等民事权利。

(一)环境侵权产生的主要原因

环境侵权的原因主要是企业的生产活动,但也包括其他一些人为的原因。企业的生产活动、居民的生活活动,都会在一定程度上对环境造成影响,但其中企业的生产活动,如产品制造、加工、存储、运输等对环境造成的影响最为严重。所以,在表述环境侵权的原因行为时,需要突出企业的生产活动。

狭义的环境侵权,就其原因行为所造成的表面现象而言,是指环境污染和其他公害,而不包括环境破坏。企业的生产活动或其他人为原因,不仅会造成环境污染和其他公害,也会造成环境破坏。而且,两种现象均会产生损害或损害危险。

环境侵权的侵害客体主要是他人的财产权益和人身权益。例如,污染养殖水域使养殖的水产品减产,污染空气使设备、器材受到腐蚀而缩短其使用寿命等,此时污染水域、传染空气的行为均为环境侵权行为,其侵害的客体是他人的财产权;违章建筑非法遮蔽邻人窗户,影响他人房屋采光、通风等,该行为亦为环境侵权行为,其侵害的客体则是他人的财产利益;因污染环境而使人患病或致人死亡,侵害的客体则是他人的人身权。

(二)环境侵权实行无过错责任原则

环境侵权的成立并非一定要造成损害结果,如有造成损害结果的危险,行为人也应承担相应的侵权责任。换言之,行为人因其行为造成环境污染,即使尚未造成现实损害,但有发生损害的现实危险时,环境侵权就已成立,行为人应承担侵权的民事责任。例如,某工厂向某村渔塘排放污水,倘若被村民及时发现,尽管此一时尚未造成损害结果,但如果继续向渔塘排放污水,当有害物质达到一定的浓度时就会导致实际损害结果的发生。此时该工厂的排污行为已构成环境侵权,该工厂应承担消除危险等民事责任。若行为人的排污等行为,已造成实际的损害结果,其行为构成环境侵权自无疑问,但不同的是,行为人还应承担赔偿损失的民事责任。即"实际的损害结果"是构成环境侵权损害赔偿责任的构成要件之一。而环境侵权的成立，并不以发生实际损害结果为要件，只要经过科学上的判断，确定其事实具有造成损害的危险盖然性即可。

二、环境侵权的特征

环境侵权作为一种新型的侵权行为，与传统侵权行为相比，有其独特的特征。也正是由于这些特征，决定了环境侵权所导致的民事责任在归责原则、构成要件、承担方式、诉讼时效等方面，与传统侵权行为引发的民事责任相比，存在诸多不同之处。

与传统侵权行为相比，环境侵权在双方主体的地位、原因行为的性质、危害结果及侵害过程等方面有其自身的特点。

（一）加害主体与受害主体的不平等性和不可互换性

环境侵权主体间的不平等性，即环境侵权的加害人与受害人之间的不平等性，是环境侵权行为较之于传统侵权行为一个较明显的特征。

传统侵权行为的主体，即加害人与受害人在其经济地位上、获取信息的能力上以及所拥有的科技知识上，并无太大的差异，往往可以相互转换，具有平等性。换言之，即加害人与受害人只是此一时彼一时的问题。而环境侵权的情形则不同，其加害人通常是具有特殊经济地位及科技与信息能力的工业企业，而受害人则多是资力、财产都十分有限，科技与获取信息的能力等很难与之相抗衡的普通公民。另外，加害人还具有通过价格机制或责任保险等手段分散其损失的功能，而受害人则不具备该功能。因此，加害人与受害人之间不具有平等性，更不具有互换性。受害人在加害人面前明显处于弱势地位。

民事主体具有平等性和互换性，是作为近代民法基础的两个基本判断。近代民法的基本原则和基本制度，如所有权绝对、私法自治、过失责任等，均奠基于这两个基本判断。因此，环境侵权加害人与受害人之间的不平等性和不可互换性，决定了必须对近代民法的基本原则和基本制度加以修改，才能适应对这一新型侵权行为的调整。

（二）原因行为的价值性与复杂性

环境侵权原因行为的价值性，是环境侵权行为与传统侵权行为在质上的不同。

根据传统侵权行为理论，伤人身体、毁人财物等侵权行为都是为法律所明令禁止的，这些行为要么直接违反了法律的禁止性规定，要么违反了公序良俗、诚实信用等法律原则。此类行为对社会来说是一种毫无价值的行为，而且它们还危害了社会安全，扰乱了社会秩序，是一种应受责难的行为。依法对此类行为进行制裁，并要求其主体承担损害赔偿等民事责任，体现了法律对该种行为的否定性的评价。

而环境侵权行为则不同。环境侵权行为主要是人们在生产活动中附带产生的一种侵权行为。由于科学技术水平的限制，人们在其生产活动中难免会排放一些煤烟、废液，倾倒一些废物等等，尤其对于一些工业活动来说，要想对环境毫无影响，至少在今后相当长的一段时间里还很难做到。环境侵权行为与经济的发展、人类文明的进步总是相伴相随的。

环境侵权的原因行为具有相当的复杂性。首先表现在其形态的多样性，它包括大气污染、水质污染、噪声污染、固体废物污染、放射性污染、海洋污染等等。环境侵权原因行为的复杂性还表现为该原因行为可能是主观上有过错的行为，也可能是主观上无过错的行为。有时企业即使尽了相当的注意，其主观上并无过错，但损害仍然会发生。

第二节 环境民事法律责任

一、环境民事责任

环境侵权民事责任属于侵权责任的范畴，它是指环境侵权行为人因其环境侵权行为所应承担的对其不利的法律后果。环境侵权民事责任作为环境侵权行为人对受害人所应承担的一种责任，其首要的目的和功能在于赔偿受害人的损害，使受害人得到相应的民事救济。环境侵权民事责任作为一个特殊侵权行为的民事责任，由于其原因行为、危害结果、致害过程的特殊性，决定了它在归责原则、构成要件、责任承担方式、诉讼时效等方面，与传统侵权行为的民事责任有明显的不同。

二、环境民事责任的主要构成要素

（一）环境主体造成环境污染和破坏、并侵害他人环境权益和财产安全的行为的存在。

与传统民事责任不同的是，环境民事责任不是一定要求行为的违法性，这是由环境问题的复杂性决定的。环境侵权行为时常存在着已经损害了他人的权益和财产安全，但并不存在违法的情况，如果还同以往一样强调行为的违法性，无疑不能全面地维护环境权益。

（二）损害结果的存在。

环境行为产生的损害后果是行为主体承担民事责任的必要条件。因为环境民事责任不以行为的违法性作为其必要条件，那么便必须以行为造成的损害后果作为其应承担责任的衡量标准。同时环境行为与损害结果的因果关系也不再要求像传统民事责任那么严格，并且不再考虑行为人的主观是否过错。由此可见，环境民事责任是一种特殊的民事责任。

三、无过错责任的免除条件

无过错责任原则是指对于一切造成环境污染或破坏的单位和个人，只要他们的行为侵害了他人的环境权益或造成了他人的财产损失，无论主观上行为人是故意还是过失，都需要承担对其造成损害进行赔偿的责任。无过错免责则是指在无过错责任的前提下，对其具体的承担范围也做了规定。在一些特殊情况下，如果事实符合一定的条件，便可以申请免除民事责任。如《环境保护法》第四十一条规定："完全由于不可抗拒的自然灾害，并经及时采取合理措施，仍然不能避免造成环境污染损害的，免于承担责任。"

无过错责任的免除条件有：

（一）不可抗力。即独立于人的行为之外，不以人的意志为转移且人力无法抗拒的客观情况，如地震、旱涝灾、洪水、台风、战争等。显然，这些因素导致的环境污染是人力无法控制、无法避免的，因此，由这些因素直接导致的危害后果可以不需要相关环境行为人承担民事责任。

（二）受害人过错。即受害人在有能力避免承受损失的情况下没有采取措施或因自身的某些过错才导致损害的发生，这样造成的后果由受害人自己承担。这种免责条件成立的前提是受害人的过错是后果的唯一原因，唯有如此才能免除侵权人的责任。

（三）第三人过错。即损害结果是由行为主体和受害人之外的第三人的过错导致的，这种情况下，如果第三人的过错是导致损害结果的唯一原因，环境行为主体便可以免于承担民事责任。

四、环境民事责任承担的方式

（一）赔偿损失

赔偿损失，是指行为人因其环境侵权行为而给他人造成人身和财产权益的损害，应以其财产赔偿受害人所受的损失。

1. 环境侵权具有隐蔽性。由于环境侵权具有相当的隐蔽性，在侵权的早期往往不易被发现，待人们有所察觉时为时已晚，其财产、健康甚至生命已遭受严重损害。所以，赔偿损失就成为环境侵权民事责任中广泛适用的一种责任形式，也是最基本的一种责任形式。对于污染环境，造成他人人身和财产损失的行为，受害人都可以向加害人提出经济赔偿的要求。这种责任形式对有效地保护受害人的利益、维护社会的安定、消除因环境侵权行为而产生的后果具有重要意义。

采用赔偿损失这一民事责任形式，应以给受害人造成实际的财产损失或人身损害为前提，如未造成实际的损害，则不可采用此种责任形式。

2. 环境侵权一般赔偿直接损失。我国《民法通则》第一百二十四条、《环境保护法》第四十一条及各环境保护单行法规，对于环境污染损害赔偿作了规定。但在我国的司法实践中，对环境侵权的受害人所受财产损失，一般只赔偿受害人所遭受的直接损害，即现有财产的损害，间接损害一般不予赔偿。对于受害人所受的人身损害，赔偿范围也极为狭窄。目前，对于受害人所受人身损害是按照《民法通则》第一百一十九条之规定，决定加害人的赔偿范围。该条规定："侵害公民身体造成伤害的，应当赔偿医疗费、因误工减少的收入、残废者生活补助费等费用；造成死亡的，应当支付丧葬费、死者生前扶养的人必要的生活费等费用。"以及受害人治疗期间的护理费、营养费、转院治疗的交通费和住宿费、残疾者的生活费，由其抚养的人所必需的生活费等。

3. 环境侵权应当赔偿可得利益损失。对于环境侵权受害人的物质损害赔偿，应贯彻全部赔偿的原则，即加害人不仅应赔偿受害人所遭受的直接损失，即现有财产的损失，也要赔偿间接损失，即"可得利益"损失。可得利益是指当事人尚未得到，在未来应当得到的，但因环境污染而未能得到的收入。例如，工厂排放污水毒死鱼苗，计算损失时，直接损失是鱼塘被毒死的鱼苗的价值和清除被污染鱼塘的费用。而鱼苗长成成鱼后可以得到的实际收入即为间接损失。当然在计算间接损失时，应注意按照成鱼计算赔偿额再减去成鱼过程中的投入。如果仅赔偿受害人所受的直接损失，不赔偿受害人所受的间接损害，这对受害人来说是不公平的。

4. 环境侵权应当赔偿精神损失。在环境侵权案件中，若因加害企业的排污行为造成受害人残疾或死亡的，还应当对环境侵权受害人的精神损害给予赔偿。因为，这种损害对受害人或其家人所造成的精神痛苦，往往较财产上的损失给受害人造成的伤害更大，影响也更久远。通过精神损害赔偿，在一定程度上可以弥补、受害人及其家人所受到的心灵伤害，尽最大可能恢复其精神健康。2000年7月，经修改后重新颁布的《中华人民共和国产品质量法》已将残疾赔偿金、死亡赔偿金列入了因产品缺陷造成的损害赔偿范围，这是一个进步，也是一个趋势。另外，2001年2月26日，最高人民法院公布了《关于确定民事侵权精神损害赔偿责任若干问题的解释》，规定自然人因生命权、健康权、身体权等权利遭受非法侵害，可以向人民法院提起精神损害赔偿诉讼。这一规定使环境侵权案件中的精神损害赔偿问题得到解决。

（二）排除危害

排除危害，是指消除污染环境所带来的危害后果。在《民法通则》第一百三十四条规定的10种承担民事责任的方式中，并没有明确规定"排除危害"这种方式。它实际上是一种综合性的民事责任形式。根据环境污染所带来的危害后果的不同，排除危害分别是指停止侵害、排除妨碍、消除危险等民事责任形式。在环境侵权案件中，停止侵害是指当排污企业侵害他人财产和人身的排污行为仍在继续进行时，受害人可以请求法院责令加害企业停止其排污行为的责任形式。在许多场合，停止侵害对排污企业来说，就意味着该企业生产活动的停止。排除妨碍，则常用于因环境侵权行为使受害人无法行使或不能正常行使其财产权利、人身权利的场合。例如，遮蔽、损害邻人采光权的建设烟囱的行为，受害人有权要求排除妨碍，即要求加害人拆除该烟囱。消除危险，用于环境侵权行为人的排污行为尚未给他人造成财产或人身损害，但已对他人人身或财产安全构成威胁，受到威胁之人有权要求消除危险。如排污企业为降低开支，未经处理径直将污水排向河流、水渠等，对附近居民人身或财产安全构成威胁，此时，附近居民即可要求消除危险。

排除危害对于保护环境侵权行为的受害人来说，有着特殊的意义。其意义具体体现在两个方面：

1. 赔偿损失，就其性质而言，是一种事后补救的措施，是一种不得已而为之的方法。《大气污染防治法》第六十二条规定："造成大气污染危害的单位，有责任排除危害，并对直接遭受损失的单位或者个人赔偿损失。"由于环境侵权是一种危害性极大的侵权行为，往往侵害相当地区不特定的多数人的人身或财产权益，而且一旦出现对生命健康和环境的损害，后果往往无法弥补和消除。所以，对这一危害范围大、程度严重的侵权行为，不仅应当强调"救济已然"，而且更应当注重事先预防，尽量做到"防患于未然"。

2. 在环境侵权案件中，存在着这样一些侵权行为，尽管尚未造成实际的损害后果，但在将来有造成损害发生的极大可能，此时如果采取适当措施，就可以避免损害的发生或损害的扩大，在此情况下，仅仅要求加害人赔偿损失，而不采取排除、危害的措施是不妥当的。另外，在一些环境侵权案件中，行为人尽管已对其造成的损害进行了赔偿，但侵权行为对他人的损害仍在持续进行之中，此时，仅仅要求加害人赔偿已造成的损失是不足以保护受害人利益的。

第三节 环境保护的行政法律责任

一、环境行政违法的概念与特征

行政违法行为是指行为人违反行政法律规范的行为。主要特征包括以下三个方面：

（一）环境行政违法的主体包括环境行政管理主体、环境行政管理的受委托组织、环境行政管理的公务人员以及环境行政管理相对方；

（二）环境行政违法在客观方面表现为作为行为与不作为行为；

（三）环境行政违法行为是违反环境行政法律规范的行为。

二、环境行政法责任的归责

环境行政法律责任的归责是一项严肃而认真的工作，应遵循下列基本原则：

1. 环境行政责任只能由特定的国家机关或被授权组织归结和确认，这是环境行政责任作为一种法律责任与道德责任的重要区别之一；

2. 环境行政责任的归责必须要有明确的法律依据，防止责任擅断和"非法执法"，国家的任何归责主体都无权追究行为人法律明文规定以外的责任；

3. 要反对有害追溯，不能根据事后的法律追究在先行为的责任或加重责任。

三、环境行政处罚的种类与形式

根据有关法律规定，环境行政处罚主要有下列种类与形式：

（一）声誉罚

声誉罚，是对违法者的名誉、荣誉、信誉或精神上的利益，造成一定损害的行政处罚。环境行政处罚中声誉罚的主要形式是警告。警告是指环境保护监督管理部门对违法者的警示和谴责。它是行政处罚形式中最轻微的一种，只能针对违法程度轻微者适用。警告必须以书面形式作出，并送达给被处罚对象。它既适用于个人，也适用于法人或其他组织。

（二）财产罚

财产罚，是指使被处罚人的财产权利和利益受到损害的行政处罚。在环境行政处罚中，财产罚的最主要形式是罚款。罚款是指环境保护监督管理部门强令违法者向国家缴纳一定数额金钱的处罚形式。根据《行政处罚法》第四十六至四十九条的规定，除依照该法第四十七、四十八条的规定可以当场收缴罚款以外，作出罚款决定的行政机关应当与收缴罚款的机构分离，作出行政处罚决定的行政机关及其执法人员不得自行收缴罚款。如果行政机关及其执法人员当场收缴罚款的，必须向当事人出具省、自治区、直辖市财政部门统一制定的罚款收据；不出具财政部门统一制定的罚款收据的，当事人有权拒绝缴纳罚款。

（三）行为罚

行为罚亦称能力罚，是指剥夺或限制环境违法者某种行为能力或资格的处罚措施。环境行政处罚中的行为罚主要包括：责令重新安装使用、责令停止生产、责令停止使用、责令停业、责令关闭等。

1. 责令重新安装使用，是指环境保护行政主管部门对未经其同意而擅自拆除或者闲置防治污染的设施，污染物排放超过规定的排放标准的单位，由环境保护行政主管部门责令重新安装使用。

2. 责令停止生产或者使用，即指有关环境保护行政主管部门，对建设项目的防治污染设施没有建成或者没有达到国家规定的要求而投入生产或者使用的企事业单位，责令其停止生产或者使用。

3. 责令停业或者关闭，是指作出限期治理的人民政府对经限期治理逾期未完成治理任务的企业事业单位。有权作出限期治理决定的是县级以上人民政府。责令停业或者关闭的适用条件是：

（1）严重污染环境的企业事业单位被县级以上人民政府责令限期治理；

（2）该企事业单位逾期未能完成治理任务；

（3）作出该种处罚决定的只能是县级以上人民政府，而不能是环境保护行政主管部门。

根据相关环境法律的规定，责令停业、关闭，由作出限期治理决定的人民政府决定；责令中央直接管辖的企业事业单位停业、关闭，须报国务院批准。

四、环境行政诉讼的程序

环境行政诉讼的程序，是指人民法院受理、审理、裁判、执行行政案件必须遵循的时限、步骤、方式等要求的总和，是环境行政诉讼的时间和空间表现形式。

（一）关于起诉与复议的关系

环境行政复议与环境行政诉讼是解决环境行政纠纷的两条重要法律途径，我国《行政诉讼法》规定了复议当事人选择原则，同时授权法律、法规可以作出复议前置的规定。具体而言，环境行政复议与行政诉讼存在如下几种衔接关系：

1. 复议前置

法律、法规规定应当先申请复议，对复议决定不服时再向人民法院提起行政诉讼的；环境行政相对人未申请复议直接提起诉讼的，人民法院不予受理。如果环境行政相对人提出复议申请，复议机关不受理复议申请或者在法定期限内不作出复议决定，环境行政相对人依法向人民法院提起行政诉讼的，人民法院应当依法受理。

根据有关法律的规定，环境行政诉讼中复议前置主要有下列情形：

（1）相关环境法律法规授权公安机关对环境违法行为人实施治安管理处罚的，相对人若不服该处罚，根据《治安管理处罚法》规定，应当先申请复议，不能直接提起行政诉讼。

（2）根据《行政复议法》第十四条之规定，环境行政相对人对国务院部门或者省、自治区、直辖市人民政府的具体环境行政行为不服的，应当先向作出该具体行政行为的国务院部门或者省、自治区、直辖市人民政府申请行政复议。对复议决定不服的，可以向法院提起行政诉讼。

（3）《行政复议法》第三十条第一款规定："公民、法人或者其他组织认为行政机关的具体行政行为侵犯其已经依法取得的土地、矿藏、水流、森林、山岭、草原、荒地、滩涂、海域等自然资源的所有权或者使用权的，应当先申请行政复议；对行政复议决定不服的，可以依法向人民法院提起行政诉讼。"

2. 复议与诉讼的选择关系

当事人的自由选择是环境行政复议与行政诉讼的常态关系，其具体情形如下：

（1）先复议后诉讼。环境行政相对人对具体环境行政行为不服，可以先申请复议，对复议决定不服的，再向人民法院提起诉讼。《环境保护法》等许多法律都有这样的规定。

（2）直接起诉。即当事人不服具体环境行政行为，不选择复议而直接向人民法院提起行政诉讼，即未经过行政复议程序。我国许多环境法律均有直接起诉的规定。

（3）只复议不起诉。即环境相对人不服具体行政行为，既可以向行政复议机关申请复议，也可以直接向人民法院起诉；但是当事人如果选择了复议，而这种复议又为法律规定为终局裁决的,则当事人不能再向人民法院起诉。例如,根据《行政复议法》第十四条的规定,环境相对人对国务院部门或省一级政府的具体行政行为不服,向作出该行为的国务院部门或省一级申请行政复议。对行政复议决定这一具体行政行为不服的,这时有两种法律途径可供选择:一是直接向人民法院提起行政诉讼;二是向国务院申请裁决,但是国务院的裁决是终局性的,当事人将不能再向法院起诉。

需注意的是,如果法律、法规未规定复议前置程序的,环境行政相对人既提起行政诉讼又申请行政复议的,应由先受理的机关管辖;同时受理的,由该相对人选择。公民、法人或其他组织已经申请行政复议,在法定复议期间内又向人民法院提起诉讼的,人民法院不予受理。

(二)环境行政诉讼的起诉期限

《行政诉讼法》第三十八条规定:"公民、法人或者其他组织向行政机关申请复议的,复议机关应当在收到申请书之日起两个月内作出决定。法律、法规另有规定的除外。申请人不服复议决定的,可以在收到复议决定书之日起十五日内向人民法院提起诉讼。复议机关逾期不作决定的,申请人可以在复议期满之日起十五日内向人民法院提起诉讼。法律另有规定的除外。"《行政诉讼法》第三十九条规定了直接起诉的期限,"公民、法人或者其他组织直接向人民法院提起诉讼的,应当在知道作出具体行政行为之日起三个月内提出。法律另有规定的除外。"根据这两条规定及相关环境法律、法规的规定,环境行政诉讼的起诉期限分为下列两种:

1. 直接起诉的期限

《行政诉讼法》规定了直接起诉的一般期限,即知道作出具体行政行为之日起三个月,如果环境法律另有规定的,根据《行政诉讼法》第三十九条和特别法优于普通法的适用规则,应适用环境法律的规定。具体而言,环境行政诉讼中直接起诉的期限包括下列情形:

(1)一般环境法律均明确规定对环境行政处罚行为不服的,直接起诉的期限为15日,自当事人接到处罚通知之日起算;

(2)直接起诉的期限为30日。《渔业法》第三十三条规定,当事人对行政处罚决定不服的,可以在接到通知之日起30日内,向人民法院起诉;

(3)环境法律明确规定可诉的行政行为仅限于行政处罚行为,处罚以外的其他具体行政行为根据行政诉讼法的规定若是可诉的,此时由于相关环境法律并未规定对这种行为不服的起诉期限,其直接起诉的期限应适用《行政诉讼法》的一般规定,即3个月的期限。

2. 经过复议程序的起诉期限

《行政诉讼法》规定的经过复议程序的一般起诉期限为15日,自收到复议决定书之日起算;如果复议机关逾期不作决定的,从复议期满之日起算。如果相关环境法律有特殊规定的,则应适用该特殊规定。具体而言,环境行政诉讼中经过复议程序的起诉期限的具体情形如下:

(1)有的环境法律规定的经过复议的起诉期限与《行政诉讼法》的规定是一致的,即15日。如《水法》第四十八条、《水土保护法》第三十八条第二款。另外,相当数量的环境法律没有有关复议的规定,如果根据《行政复议法》的规定,当事人对具体环境行政行为不服的可申请复议。当事人若对复议决定不服的,其起诉期限应适用《行政诉讼法》的一般规定,即15日。

（2）相关环境法律授权公安机关依照《治安管理处罚法》进行行政处罚的，根据该法规定，当事人对处罚决定不服的，应先申请复议；不服复议决定的，其起诉期限为15日，自接到复议决定书之日起算。

（3）根据环境法律的授权，海关依据《海关法》对环境违法者进行行政处罚的，根据《海关法》第五十三条的规定，当事人对海关的处罚决定不服的，可以先申请复议；对复议决定仍然不服的，可以自收到复议决定书之日起30日内，向人民法院起诉。即此时当事人的起诉期限应为30日。

第四节 环境刑事法律责任

一、环境刑事责任概述

危害环境的刑事责任与危害环境的民事责任、行政责任相并列，共同构成了完整的环境法律责任体系。同时，危害环境的刑事责任又从属于刑事责任体系。环境法律责任的特点和刑事责任的一般原理，共同决定了危害环境刑事责任的相关内容。

刑事法律责任是刑事违法行为的法律后果，即犯罪的法律后果；犯罪是刑事责任存在的根据。刑事责任与民事责任、行政责任的区别，归根结底，在于其存在的根据不同，也就是其对应的违法行为的种类不同。

根据《刑法》第十三条规定："一切危害国家主权、领土完整和安全，分裂国家、颠覆人民民主专政的政权和推翻社会主义制度，破坏社会秩序和经济秩序，侵犯国有财产或者劳动群众集体所有的财产，侵犯公民私人所有的财产，侵犯公民的人身权利、民主权利和其他权利，以及其他危害社会的行为，依照法律应当受刑罚处罚的，都是犯罪，但是情节显著轻微危害不大的，不认为是犯罪。"

二、环境犯罪的客体

在我国刑法学理论中，犯罪客体是指为刑法保护而为犯罪所侵害的社会关系。一切犯罪之所以要被追究刑事责任，予以最严厉的法律制裁，就是因为它侵害了刑法所要保护的社会关系。没有侵害刑法保护的社会关系的行为不构成犯罪，因此，犯罪客体是一切犯罪构成的必要要件。

三、环境犯罪的主体

犯罪主体是指犯罪行为的行为人，即刑事责任的承担者。这个人可以是自然人，也可以是法人或其他组织。

在现实生活中，自然人从事个体生产经营所实施的排污行为往往是小规模的、分散的，因而社会危害性不是很大，即使有抗拒环保监管的行为，情节通常也不会很严重。污染环境造成严重危害、抗拒环保监管情节严重等行为，往往发生在法人或其他企业组织形式所进行的大规模的生产经营活动过程中，而根据现代大多数国家的环境刑法理论和实践，法人可以成为环境犯罪的主体，因此，在环境犯罪的三种类型当中，污染环境罪和抗拒环保监管罪的主体通常都是法人，而且是企业法人。而例如，非法猎捕、杀害珍贵、濒危野生动物,非法狩猎等破坏资源罪,却往往由自然人直接实施,因此,破坏资源罪的主体通常是自然人。

自然人作为危害环境刑事责任的承担者,并不仅仅局限于破坏资源犯罪当中,至少还包括以下两种需要特别注意的情形:

一是国家环境资源行政管理部门犯有渎职罪的工作人员。例如,我国现行刑法规定的林业主管工作人员滥发林木采伐许可证罪、环境保护监管人员重大失职罪和检疫人员徇私舞弊罪等犯罪。这一类犯罪,不但侵害了国家机关的正常工作秩序以及公众对国家机关职务活动的信赖,还侵犯了国家的环境资源行政管理秩序,因此,在性质上也属于环境犯罪,其犯罪主体也是环境犯罪的主体。

二是在污染环境犯罪和抗拒环保监管罪中,作为犯罪主体法人内部的主要负责人或直接责任人员。根据两罚原则,法人实施环境犯罪的,除了处罚法人以外,还要处罚法人内部的有关成员。其理由是,法人作为一种社会组织体,其整体本身并不能直接实施具体的犯罪行为,只能通过其内部成员来实施具体行为。由于具体实施环境危害的排污行为通常是企业生产经营活动中正常的操作行为,因此,在法人环境犯罪当中,判断其内部成员有无责任以及责任大小,不应以具体行为的实施为标准,而应以是否有权力或能力采取防范措施为标准。如果重大污染发生的根本原因在于企业生产系统或污染防治系统存在缺陷,那么,现场操作人员即使有过失,也仅仅是事故发生的导火线而已。因此,环境犯罪在处罚法人成员时,原则上应以法人的代表人及其他有权决定采取防治措施的高级管理人员为限。

在涉及非自然人的法人环境犯罪当中,应当弄清法人刑事责任能力的合法存在性与自身的完整性。合法存在性,是指法人依法成立且在正常存续期间,如果在此期间以法人的形式实施了严重危害环境的行为,应当认定法人是环境犯罪的主体;如果是以非法成立的或不存在的法人的名义进行环境犯罪,则应当认定相关的自然人为犯罪的主体。完整性是指将法人作为一个整体追究其刑事责任,法人的某一部分或某几个成员并不具有法人的责任能力,若其实施严重危害环境的行为,应当以自然人的身份独自承担刑事责任。

区分严重危害环境行为是法人行为还是个人行为的标准有两条:一是看决定实施行为的主体,如果是由法人集体决定或者由主要负责人决定的,那么应当视为法人行为,追究法人的刑事责任;如果行为不是由法人集体决定或者由负责人决定,而是法人内部的个别人员以法人名义实施的,则不应追究法人的刑事责任,而应认定为是个人行为,追究个人的刑事责任。二是看实施行为的目的,如果行为的目的是为法人谋取非法利益,则应追究法人的刑事责任;如果实施行为的目的不是为了法人的利益,而是为个人利益或其他人利益,即使行为是以法人名义进行的,也不应追究法人的刑事责任。

非自然人中不具有法人资格的"其他组织",如个人独资企业、合伙企业等,由于不具备独立的财产,因而法律通常不承认其是独立的利益主体,也不承认其具有独立的民事行为能力和主体资格,仅仅是出于行政管理的需要或民事诉讼程序上的便利,才承认其在行政管理法和民事诉讼法上的准主体资格。在民法上,这些"其他组织"实施的民事行为所产生的民事责任,通常都是由组成该组织的自然人或法人来承担的;法人因为具有独立财产,因而具备独立的民事责任的主体资格。因此,民事责任的主体实际上只有两大类,即自然人和法人。但在刑法上,法人的刑事责任能力尚且受到理论界的质疑,更不用说不具备法人资格的其他组织。无论从犯罪能力的角度看，还是从受刑事能力的角度看，这些非法人组织都不具有独立性，因此，在环境犯罪中，如果严重危害环境的行为是以这些非法人组织的形式作出的，那么仍应当按照自然人犯罪来处罚。我国刑法中"单位犯罪"中的单位，在严格意义上应当等同于"法人"，而不包括非法人的其他组织。

四、危害环境的犯罪行为特点

（一）后果严重

这是由环境保护和自然资源的重要性决定的。无论是保护环境使其免受污染，还是合理开发和利用自然资源使其能够满足现代以及子孙后代的需要，都是为维持社会发展和维护人类生存的根本。环境犯罪行为可能直接导致环境的严重污染，或某种自然资源的严重匮乏甚至枯竭，这种结果很多都是人力无法逆转的，其中的损失也是无法估量和挽回的。

（二）犯罪主体多为企业事业单位

环境的严重污染和资源的不合理开发利用多是伴随着经济发展发生的。如企业盲目追求经济效益，污染物不达标排放、产品不合理生产、资源浪费严重等情况是造成环境问题的最主要因素。在这种情况下，犯罪行为人的犯罪心理状态也以过失犯罪较多些。

（三）大多附带民事责任

环境刑事责任是对环境违法行为中最严重行为的惩罚，惩罚措施也最为严厉。这种环境犯罪行为大多在造成人身安全损害的同时，还造成了大量的经济损失。按照环境民事责任的追究原则，行为人必须先赔偿所造成的经济损失，然后构成犯罪的再承担刑事责任。因此，环境刑事责任多数与环境民事责任同时出现。

五、破坏环境资源保护罪的主要罪名及承担形式

（一）破坏环境资源保护罪的主要罪名

破坏环境资源保护罪是于1997年第八届全国人大修订刑法时写入的，主要包括：

1. 重大环境污染事故罪。是指公民个人或单位违反国家规定，向土地、水体、大气排放、倾倒或者处置有放射性的废物、含传染病病原体的废物、有毒物质或者其他危险废物，造成重大环境污染事故，致使公私财产遭受重大损失或者人身伤亡的严重后果的行为。

2. 非法进境倾倒、堆放、处置固体废物罪。是指公民个人或单位违反国家规定，将境外的固体废物进境倾倒、堆放、处置的行为。

3. 擅自进口固体废物罪，是指公民个人或单位未经国务院有关主管部门许可，擅自进口固体废物用作原料，造成重大环境污染事故的行为。

4. 非法捕捞水产品罪，是指公民个人或单位违反保护水产资源法规，在禁渔区、禁渔期或者使用禁用的工具、方法捕捞水产品的行为。

5. 非法猎捕、杀害珍贵、濒危野生动物罪和非法收购、运输、出售珍贵、濒危野生动物及珍贵、濒危野生动物制品罪。

6. 非法狩猎罪。是指公民个人或单位违反《狩猎法》规定，在禁猎区、禁猎期或者使用禁用的工具、方法进行狩猎，破坏野生动物资源的行为。

7. 非法占用耕地罪。公民个人或单位违反《土地管理法》规定，非法占用耕地改作

他用，数量较大，造成耕地大量毁坏的行为。

8. 非法采矿罪。

9. 破坏性采矿罪。是指公民个人或单位违反《矿产资源法》的规定，采取破坏性的方法开采矿产资源，造成矿产资源严重破坏的行为。

10. 非法采伐、毁坏珍贵树木罪。

11. 盗伐林木罪。

12. 滥伐林木罪。

13. 非法收购盗伐、滥伐的林木罪。

（二）环境刑事法律责任及其承担形式

1. 重大环境污染事故罪。《刑法》第三百三十八条规定了向土地、水体、大气违法排放、倾倒或处置有毒有害废物造成重大污染事故要承担刑事责任。排放废物包括放射性废物、含传染病病原体的废物、有毒物质或其他危险废物。污染事故罪以造成公私财产的重大损失或人身伤亡的严重后果为犯罪构成要件，处刑为 3 年以下有期徒刑或者拘役，并处或单处罚金；后果特别严重的，处 3 年以上 7 年以下有期徒刑，并处罚金。

2. 非法处置或擅自进口固体废物罪。《刑法》增加了违法进口固体废物要承担刑事责任的规定。第《刑法》第三百三十九条规定，违法将境外固体废物进口倾倒、堆放、放置，处 5 年以下有期徒刑或者拘役，并处罚金；造成重大环境污染事故，致使公私财产遭受重大损失或严重危害人体健康的，处 5 年以上 10 年以下有期徒刑，并处罚金；后果特别严重的，处 10 年以上有期徒刑，并处罚金。未经主管部门许可，擅自进口固体废物用作原料而造成重大环境污染事故，并造成重大财产损失、严重危害人体健康的，处 5 年以下有期徒刑或者拘役，并处罚金；后果特别严重的，处 5 年以上 10 年以下有期徒刑，并处罚金。

3. 破坏自然资源罪。《刑法》第三百四十至三百四十五条分别规定了破坏水产资源、野生动物、土地、矿产和森林资源的刑事责任。为保护水产资源，《刑法》设定了第三百四十条规定，违法在禁渔区、禁渔期或者使用禁用工具、方法捕捞水产品，情节严重的，处 3 年以下有期徒刑、拘役、管制或者罚金。针对非法猎捕野生动物且屡禁不止的情况，《刑法》第三百四十一条规定，非法猎捕、杀害国家重点保护的珍贵、濒危野生动物的，或者非法收购、运输、出售上述野生动物及制品的，处 5 年以下有期徒刑或者拘役，并处罚金；情节特别严重的，处 10 年以上有期徒刑，并处罚金或者没收财产。违法在禁猎区、禁猎期或者使用禁用的工具、方法进行狩猎，破坏野生动物资源，情节严重的，处 3 年以下有期徒刑、拘役、管制或者罚金。为保护土地特别是耕地资源，《刑法》第三百四十二条规定，非法占用耕地改作他用，数量较大，造成耕地大量毁坏的，处 5 年以下有期徒刑或者拘役，并处或者单处罚金。

4. 破坏矿产资源追究刑事责任的，分为两种情况。一种是未取得采矿许可证擅自采矿的，擅自进入国家规划矿区、对国民经济具有重要价值的矿区和他人矿区范围采矿的，擅自开采国家规定实行保护性开采的特定矿种，经责令停止开采后拒不停止开采，造成矿产资源破坏的，处 3 年以下有期徒刑、拘役或者管制，并处或者单处罚金；造成矿产资源严重破坏的，处 3 年以上 7 年以下有期徒刑，并处罚金。另一种是违法采取破坏性的开采方法开采矿产资源，造成矿产资源严重破坏的，处 5 年以下有期徒刑或者拘役，并处罚金。

    5. 破坏森林资源的犯罪，区别三种情况：对非法采伐、滥伐森林或其他林木，数量较大的，处 3 年以下有期徒刑；数量巨大的，处 7 年以下有期徒刑；数量特别巨大的，处刑 7 年以上。盗伐、滥伐国家自然保护区内林木的，加重处罚。以牟利为目的，非法收购明知是盗伐、滥伐的林木，情节严重的，处刑 3 年以下；情节特别严重的，处刑 7 年以下。

附录：法律法规

中华人民共和国环境保护法

（1989年12月26日第七届全国人民代表大会常务委员会第十一次会议通过，1989年12月26日中华人民共和国主席令第二十二号公布施行）

目 录

第一章　总则
第二章　环境监督管理
第三章　保护和改善环境
第四章　防治环境污染和其他公害
第五章　法律责任
第六章　附则

第一章　总　则

第一条　为保护和改善生活环境与生态环境，防治污染和其他公害，保障人体健康，促进社会主义现代化建设的发展，制定本法。

第二条　本法所称环境，是指影响人类生存和发展的各种天然的和经过人工改造的自然因素的总体，包括大气、水、海洋、土地、矿藏、森林、草原、野生生物、自然遗迹、人文遗迹、自然保护区、风景名胜区、城市和乡村等。

第三条　本法适用于中华人民共和国领域和中华人民共和国管辖的其他海域。

第四条　国家制定的环境保护规划必须纳入国民经济和社会发展计划，国家采取有利于环境保护的经济、技术政策和措施，使环境保护工作同经济建设和社会发展相协调。

第五条　国家鼓励环境保护科学教育事业的发展，加强环境保护科学技术的研究和开发，提高环境保护科学技术水平，普及环境保护的科学知识。

第六条　一切单位和个人都有保护环境的义务，并有权对污染和破坏环境的单位和个人进行检举和控告。

第七条　国务院环境保护行政主管部门，对全国环境保护工作实施统一监督管理。

县级以上地方人民政府环境保护行政主管部门，对本辖区的环境保护工作实施统一监督管理。

国家海洋行政主管部门、港务监督、渔政渔港监督、军队环境保护部门和各级公安、交通、铁道、民航管理部门，依照有关法律的规定对环境污染防治实施监督管理。

县级以上人民政府的土地、矿产、林业、农业、水利行政主管部门，依照有关法律的规定对资源的保护实施监督管理。

第八条 对保护环境有显著成绩的单位和个人，由人民政府给予奖励。

第二章 环境监督管理

第九条 国务院环境保护行政主管部门制定国家环境质量标准。

省、自治区、直辖市人民政府对国家环境质量标准中未作规定的项目，可以制定地方环境质量标准，并报国务院环境保护行政主管部门备案。

第十条 国务院环境保护行政主管部门根据国家环境质量标准和国家经济、技术条件，制定国家污染物排放标准。

省、自治区、直辖市人民政府对国家污染物排放标准中未作规定的项目，可以制定地方污染物排放标准；对国家污染物排放标准中已作规定的项目，可以制定严于国家污染物排放标准的地方污染物排放标准。地方污染物排放标准须报国务院环境保护行政主管部门备案。

凡是向已有地方污染物排放标准的区域排放污染物的，应当执行地方污染物排放标准。

第十一条 国务院环境保护行政主管部门建立监测制度，制定监测规范，会同有关部门组织监测网络，加强对环境监测和管理。国务院和省、自治区、直辖市人民政府的环境保护行政主管部门，应当定期发布环境状况公报。

第十二条 县级以上人民政府环境保护行政主管部门，应当会同有关部门对管辖范围内的环境状况进行调查和评价，拟订环境保护规划，经计划部门综合平衡后，报同级人民政府批准实施。

第十三条 建设污染环境的项目，必须遵守国家有关建设项目环境保护管理的规定。

建设项目的环境影响报告书，必须对建设项目产生的污染和对环境的影响作出评价，规定防治措施，经项目主管部门预审并依照规定的程序报环境保护行政主管部门批准。环境影响报告书经批准后，计划部门方可批准建设项目设计任务书。

第十四条 县级以上人民政府环境保护行政主管部门或者其他依照法律规定行使环境监督管理权的部门，有权对管辖范围内的排污单位进行现场检查。被检查的单位应当如实反映情况，提供必要的资料。检查机关应当为被检查的单位保守技术秘密和业务秘密。

第十五条 跨行政区的环境污染和环境破坏的防治工作，由有关地方人民政府协商解决，或者由上级人民政府协调解决，作出决定。

第三章 保护和改善环境

第十六条 地方各级人民政府，应当对本辖区的环境质量负责，采取措施改善环境质量。

第十七条 各级人民政府对具有代表性的各种类型的自然生态系统区域，珍稀、濒危的野生动植物自然分布区域，重要的水源涵养区域，具有重大科学文化价值的地质构造、著名溶洞和化石分布区、冰川、火山、温泉等自然遗迹，以及人文遗迹、古树名木，应当采取措施加以保护，严禁破坏。

第十八条 在国务院、国务院有关主管部门和省、自治区、直辖市人民政府划定的风景名胜区、自然保护区和其他需要特别保护的区域内，不得建设污染环境的工业生产设施；建设其他设施，其污染物排放不得超过规定的排放标准。已经建成的设施，其污染物排放超过规定的排放标准的，限期治理。

第十九条 开发利用自然资源，必须采取措施保护生态环境。

第二十条 各级人民政府应当加强对农业环境的保护，防治土壤污染、土地沙化、盐渍化、贫瘠化、沼泽化、地面沉降和防治植被破坏、水土流失、水源枯竭、种源灭绝以及其他生态失调现象的发生和发展，推广植物病虫害的综合防治，合理使用化肥、农药及植物生长激素。

第二十一条 国务院和沿海地方各级人民政府应当加强对海洋环境的保护。向海洋排放污染物、倾倒废弃物，进行海岸工程建设和海洋石油勘探开发，必须依照法律的规定，防止对海洋环境的污染损害。

第二十二条 制定城市规划，应当确定保护和改善环境的目标和任务。

第二十三条 城乡建设应当结合当地自然环境的特点，保护植被、水域和自然景观，加强城市园林、绿地和风景名胜区的建设。

第四章 防治环境污染和其他公害

第二十四条 产生环境污染和其他公害的单位，必须把环境保护工作纳入计划，建立环境保护责任制度；采取有效措施，防治在生产建设或者其他活动中产生的废气、废水、废渣、粉尘、恶臭气体、放射性物质以及噪声、振动、电磁波辐射等对环境的污染和危害。

第二十五条 新建工业企业和现有工业企业的技术改造，应当采用资源利用率高、污染物排放量少的设备和工艺，采用经济合理的废弃物综合利用技术和污染物处理技术。

第二十六条 建设项目中防治污染的设施，必须与主体工程同时设计、同时施工、同时投产使用。防治污染的设施必须经原审批环境影响报告书的环境保护行政主管部门验收合格后，该建设项目方可投入生产或者使用。

防治污染的设施不得擅自拆除或者闲置，确有必要拆除或者闲置的，必须征得所在地的环境保护行政主管部门同意。

第二十七条 排放污染物的企业事业单位，必须依照国务院环境保护行政主管部门的规定申报登记。

第二十八条 排放污染物超过国家或者地方规定的污染物排放标准的企业事业单位，依照国家规定缴纳超标准排污费，并负责治理。水污染防治法另有规定的，依照水污染防治法的规定执行。

征收的超标准排污费必须用于污染的防治，不得挪作他用，具体使用办法由国务院规定。

第二十九条 对造成环境严重污染的企业事业单位，限期治理。

中央或者省、自治区、直辖市人民政府直接管辖的企业事业单位的限期治理，由省、自治区、直辖市人民政府决定。市、县或者市、县以下人民政府管辖的企业事业单位的限期治理，由市、县人民政府决定。被限期治理的企业事业单位必须如期完成治理任务。

第三十条 禁止引进不符合我国环境保护规定要求的技术和设备。

第三十一条 因发生事故或者其他突然性事件，造成或者可能造成污染事故的单位，必须立即采取措施处理，及时通报可能受到污染危害的单位和居民，并向当地环境保护行政主管部门和有关部门报告，接受调查处理。

可能发生重大污染事故的企业事业单位，应当采取措施，加强防范。

第三十二条 县级以上地方人民政府环境保护行政主管部门，在环境受到严重污染威胁居民生命财产安全时，必须立即向当地人民政府报告，由人民政府采取有效措施，解除或者减轻危害。

第三十三条 生产、储存、运输、销售、使用有毒化学物品和含有放射性物质的物品，必须遵守国家有关规定，防止污染环境。

第三十四条 任何单位不得将产生严重污染的生产设备转移给没有污染防治能力的单位使用。

第五章 法 律 责 任

第三十五条 违反本法规定，有下列行为之一的，环境保护行政主管部门或者其他依照法律规定行使环境监督管理权的部门可以根据不同情节，给予警告或者处以罚款：

（一）拒绝环境保护行政主管部门或者其他依照法律规定行使环境监督管理权的部门现场检查或者在被检查时弄虚作假的。

（二）拒报或者谎报国务院环境保护行政主管部门规定的有关污染物排放申报事项的。

（三）不按国家规定缴纳超标准排污费的。

（四）引进不符合我国环境保护规定要求的技术和设备的。

（五）将产生严重污染的生产设备转移给没有污染防治能力的单位使用的。

第三十六条 建设项目的防治污染设施没有建成或者没有达到国家规定的要求，投入生产或者使用的，由批准该建设项目的环境影响报告书的环境保护行政主管部门责令停止生产或者使用，可以并处罚款。

第三十七条 未经环境保护行政主管部门同意，擅自拆除或者闲置防治污染的设施，污染物排放超过规定的排放标准的，由环境保护行政主管部门责令重新安装使用，并处罚款。

第三十八条 对违反本法规定，造成环境污染事故的企业事业单位，由环境保护行政主管部门或者其他依照法律规定行使环境监督管理权的部门根据所造成的危害后果处以罚款；情节较重的，对有关责任人员由其所在单位或者政府主管机关给予行政处分。

第三十九条 对经限期治理逾期未完成治理任务的企业事业单位，除依照国家规定加收超标准排污费外，可以根据所造成的危害后果处以罚款，或者责令停业、关闭。

前款规定的罚款由环境保护行政主管部门决定。责令停业、关闭，由作出限期治理决定的人民政府决定；责令中央直接管辖的企业事业单位停业、关闭，须报国务院批准。

第四十条 当事人对行政处罚决定不服的，可以在接到处罚通知之日起十五日内，向作出处罚决定的机关的上一级机关申请复议；对复议决定不服的，可以在接到复议决定之日起十五日内，向人民法院起诉。当事人也可以在接到处罚通知之日起十五日内，直接向人民法院起诉。当事人逾期不申请复议、也不向人民法院起诉、又不履行处罚决定的，由作出处罚决定的机关申请人民法院强制执行。

第四十一条 造成环境污染危害的，有责任排除危害，并对直接受到损害的单位或者个人赔偿损失。

　　赔偿责任和赔偿金额的纠纷，可以根据当事人的请求，由环境保护行政主管部门或者其他依照本法律规定行使环境监督管理权的部门处理；当事人对处理决定不服的，可以向人民法院起诉。当事人也可以直接向人民法院起诉。

　　完全由于不可护拒的自然灾害，并经及时采取合理措施，仍然不能避免造成环境污染损害的，免予承担责任。

　　第四十二条　因环境污染损害赔偿提起诉讼的时效期间为三年，从当事人知道或者应当知道受到污染损害时起计算。

　　第四十三条　违反本法规定，造成重大环境污染事故，导致公私财产重大损失或者人身伤亡的严重后果的，对直接责任人员依法追究刑事责任。

　　第四十四条　违反本法规定，造成土地、森林、草原、水、矿产、渔业、野生动植物等资源的破坏的，依照有关法律的规定承担法律责任。

　　第四十五条　环境保护监督管理人员滥用职权、玩忽职守、徇私舞弊的，由其所在单位或者上级主管机关给予行政处分；构成犯罪的，依法追究刑事责任。

第六章　附　　则

　　第四十六条　中华人民共和国缔结或者参加的与环境保护有关的国际条约，同中华人民共和国法律有不同规定的，适用国际条约的规定，但中华人民共和国声明保留的条款除外。

　　第四十七条　本法自公布之日起施行。《中华人民共和国环境保护法（试行）》同时废止。

中华人民共和国水污染防治法

（1984年5月11日第六届全国人民代表大会常务委员会第五次会议通过，根据1996年5月15日第八届全国人民代表大会常务委员会第十九次会议《关于修改〈中华人民共和国水污染防治法〉的决定》修正，2008年2月28日第十届全国人民代表大会常务委员会第三十二次会议修订）

目　　录

第一章　总则
第二章　水污染防治的标准和规划
第三章　水污染防治的监督管理
第四章　水污染防治措施
　第一节　一般规定
　第二节　工业水污染防治
　第三节　城镇水污染防治
　第四节　农业和农村水污染防治
　第五节　船舶水污染防治
第五章　饮用水水源和其他特殊水体保护
第六章　水污染事故处置
第七章　法律责任
第八章　附则

第一章　总　　则

第一条　为了防治水污染，保护和改善环境，保障饮用水安全，促进经济社会全面协调可持续发展，制定本法。

第二条　本法适用于中华人民共和国领域内的江河、湖泊、运河、渠道、水库等地表水体以及地下水体的污染防治。

海洋污染防治适用《中华人民共和国海洋环境保护法》。

第三条　水污染防治应当坚持预防为主、防治结合、综合治理的原则，优先保护饮用水水源，严格控制工业污染、城镇生活污染，防治农业面源污染，积极推进生态治理工程建设，预防、控制和减少水环境污染和生态破坏。

第四条　县级以上人民政府应当将水环境保护工作纳入国民经济和社会发展规划。

县级以上地方人民政府应当采取防治水污染的对策和措施，对本行政区域的水环境质量负责。

第五条　国家实行水环境保护目标责任制和考核评价制度，将水环境保护目标完成情况作为对地方人民政府及其负责人考核评价的内容。

第六条　国家鼓励、支持水污染防治的科学技术研究和先进适用技术的推广应用，加强水环境保护的宣传教育。

第七条 国家通过财政转移支付等方式，建立健全对位于饮用水水源保护区区域和江河、湖泊、水库上游地区的水环境生态保护补偿机制。

第八条 县级以上人民政府环境保护主管部门对水污染防治实施统一监督管理。

交通主管部门的海事管理机构对船舶污染水域的防治实施监督管理。

县级以上人民政府水行政、国土资源、卫生、建设、农业、渔业等部门以及重要江河、湖泊的流域水资源保护机构，在各自的职责范围内，对有关水污染防治实施监督管理。

第九条 排放水污染物，不得超过国家或者地方规定的水污染物排放标准和重点水污染物排放总量控制指标。

第十条 任何单位和个人都有义务保护水环境，并有权对污染损害水环境的行为进行检举。

县级以上人民政府及其有关主管部门对在水污染防治工作中做出显著成绩的单位和个人给予表彰和奖励。

第二章 水污染防治的标准和规划

第十一条 国务院环境保护主管部门制定国家水环境质量标准。

省、自治区、直辖市人民政府可以对国家水环境质量标准中未作规定的项目，制定地方标准，并报国务院环境保护主管部门备案。

第十二条 国务院环境保护主管部门会同国务院水行政主管部门和有关省、自治区、直辖市人民政府，可以根据国家确定的重要江河、湖泊流域水体的使用功能以及有关地区的经济、技术条件，确定该重要江河、湖泊流域的省界水体适用的水环境质量标准，报国务院批准后施行。

第十三条 国务院环境保护主管部门根据国家水环境质量标准和国家经济、技术条件，制定国家水污染物排放标准。

省、自治区、直辖市人民政府对国家水污染物排放标准中未作规定的项目，可以制定地方水污染物排放标准；对国家水污染物排放标准中已作规定的项目，可以制定严于国家水污染物排放标准的地方水污染物排放标准。地方水污染物排放标准须报国务院环境保护主管部门备案。

向已有地方水污染物排放标准的水体排放污染物的，应当执行地方水污染物排放标准。

第十四条 国务院环境保护主管部门和省、自治区、直辖市人民政府，应当根据水污染防治的要求和国家或者地方的经济、技术条件，适时修订水环境质量标准和水污染物排放标准。

第十五条 防治水污染应当按流域或者按区域进行统一规划。国家确定的重要江河、湖泊的流域水污染防治规划，由国务院环境保护主管部门会同国务院经济综合宏观调控、水行政等部门和有关省、自治区、直辖市人民政府编制，报国务院批准。

前款规定外的其他跨省、自治区、直辖市江河、湖泊的流域水污染防治规划，根据国家确定的重要江河、湖泊的流域水污染防治规划和本地实际情况，由有关省、自治区、直辖市人民政府环境保护主管部门会同同级水行政等部门和有关市、县人民政府编制，经有关省、自治区、直辖市人民政府审核，报国务院批准。

省、自治区、直辖市内跨县江河、湖泊的流域水污染防治规划，根据国家确定的重要江河、湖泊的流域水污染防治规划和本地实际情况，由省、自治区、直辖市人民政府环境保护主管部门会同同级水行政等部门编制，报省、自治区、直辖市人民政府批准，并报国务院备案。

经批准的水污染防治规划是防治水污染的基本依据，规划的修订须经原批准机关批准。

县级以上地方人民政府应当根据依法批准的江河、湖泊的流域水污染防治规划，组织制定本行政区域的水污染防治规划。

第十六条 国务院有关部门和县级以上地方人民政府开发、利用和调节、调度水资源时，应当统筹兼顾，维持江河的合理流量和湖泊、水库以及地下水体的合理水位，维护水体的生态功能。

第三章 水污染防治的监督管理

第十七条 新建、改建、扩建直接或者间接向水体排放污染物的建设项目和其他水上设施，应当依法进行环境影响评价。

建设单位在江河、湖泊新建、改建、扩建排污口的，应当取得水行政主管部门或者流域管理机构同意；涉及通航、渔业水域的，环境保护主管部门在审批环境影响评价文件时，应当征求交通、渔业主管部门的意见。

建设项目的水污染防治设施，应当与主体工程同时设计、同时施工、同时投入使用。水污染防治设施应当经过环境保护主管部门验收，验收不合格的，该建设项目不得投入生产或者使用。

第十八条 国家对重点水污染物排放实施总量控制制度。

省、自治区、直辖市人民政府应当按照国务院的规定削减和控制本行政区域的重点水污染物排放总量，并将重点水污染物排放总量控制指标分解落实到市、县人民政府。市、县人民政府根据本行政区域重点水污染物排放总量控制指标的要求，将重点水污染物排放总量控制指标分解落实到排污单位。具体办法和实施步骤由国务院规定。

省、自治区、直辖市人民政府可以根据本行政区域水环境质量状况和水污染防治工作的需要，确定本行政区域实施总量削减和控制的重点水污染物。

对超过重点水污染物排放总量控制指标的地区，有关人民政府环境保护主管部门应当暂停审批新增重点水污染物排放总量的建设项目的环境影响评价文件。

第十九条 国务院环境保护主管部门对未按照要求完成重点水污染物排放总量控制指标的省、自治区、直辖市予以公布。省、自治区、直辖市人民政府环境保护主管部门对未按照要求完成重点水污染物排放总量控制指标的市、县予以公布。

县级以上人民政府环境保护主管部门对违反本法规定、严重污染水环境的企业予以公布。

第二十条 国家实行排污许可制度。

直接或者间接向水体排放工业废水和医疗污水以及其他按照规定应当取得排污许可证方可排放的废水、污水的企业事业单位，应当取得排污许可证；城镇污水集中处理设施的运营单位，也应当取得排污许可证。排污许可的具体办法和实施步骤由国务院规定。

禁止企业事业单位无排污许可证或者违反排污许可证的规定向水体排放前款规定的废水、污水。

第二十一条 直接或者间接向水体排放污染物的企业事业单位和个体工商户，应当按照国务院环境保护主管部门的规定，向县级以上地方人民政府环境保护主管部门申报登记拥有的水污染物排放设施、处理设施和在正常作业条件下排放水污染物的种类、数量和浓度，并提供防治水污染方面的有关技术资料。

企业事业单位和个体工商户排放水污染物的种类、数量和浓度有重大改变的，应当及时申报登记；其水污染物处理设施应当保持正常使用；拆除或者闲置水污染物处理设施的，应当事先报县级以上地方人民政府环境保护主管部门批准。

第二十二条 向水体排放污染物的企业事业单位和个体工商户，应当按照法律、行政法规和国务院环境保护主管部门的规定设置排污口；在江河、湖泊设置排污口的，还应当遵守国务院水行政主管部门的规定。

禁止私设暗管或者采取其他规避监管的方式排放水污染物。

第二十三条 重点排污单位应当安装水污染物排放自动监测设备，与环境保护主管部门的监控设备联网，并保证监测设备正常运行。排放工业废水的企业，应当对其所排放的工业废水进行监测，并保存原始监测记录。具体办法由国务院环境保护主管部门规定。

应当安装水污染物排放自动监测设备的重点排污单位名录，由设区的市级以上地方人民政府环境保护主管部门根据本行政区域的环境容量、重点水污染物排放总量控制指标的要求以及排污单位排放水污染物的种类、数量和浓度等因素，商同级有关部门确定。

第二十四条 直接向水体排放污染物的企业事业单位和个体工商户，应当按照排放水污染物的种类、数量和排污费征收标准缴纳排污费。

排污费应当用于污染的防治，不得挪作他用。

第二十五条 国家建立水环境质量监测和水污染物排放监测制度。国务院环境保护主管部门负责制定水环境监测规范，统一发布国家水环境状况信息，会同国务院水行政等部门组织监测网络。

第二十六条 国家确定的重要江河、湖泊流域的水资源保护工作机构负责监测其所在流域的省界水体的水环境质量状况，并将监测结果及时报国务院环境保护主管部门和国务院水行政主管部门；有经国务院批准成立的流域水资源保护领导机构的，应当将监测结果及时报告流域水资源保护领导机构。

第二十七条 环境保护主管部门和其他依照本法规定行使监督管理权的部门，有权对管辖范围内的排污单位进行现场检查，被检查的单位应当如实反映情况，提供必要的资料。检查机关有义务为被检查的单位保守在检查中获取的商业秘密。

第二十八条 跨行政区域的水污染纠纷，由有关地方人民政府协商解决，或者由其共同的上级人民政府协调解决。

第四章　水污染防治措施

第一节　一　般　规　定

第二十九条 禁止向水体排放油类、酸液、碱液或者剧毒废液。

禁止在水体清洗装贮过油类或者有毒污染物的车辆和容器。

第三十条 禁止向水体排放、倾倒放射性固体废物或者含有高放射性和中放射性物质的废水。

向水体排放含低放射性物质的废水，应当符合国家有关放射性污染防治的规定和标准。

第三十一条 向水体排放含热废水，应当采取措施，保证水体的水温符合水环境质量标准。

第三十二条 含病原体的污水应当经过消毒处理；符合国家有关标准后，方可排放。

第三十三条 禁止向水体排放、倾倒工业废渣、城镇垃圾和其他废弃物。

禁止将含有汞、镉、砷、铬、铅、氰化物、黄磷等的可溶性剧毒废渣向水体排放、倾倒或者直接埋入地下。

存放可溶性剧毒废渣的场所，应当采取防水、防渗漏、防流失的措施。

第三十四条 禁止在江河、湖泊、运河、渠道、水库最高水位线以下的滩地和岸坡堆放、存贮固体废弃物和其他污染物。

第三十五条 禁止利用渗井、渗坑、裂隙和溶洞排放、倾倒含有毒污染物的废水、含病原体的污水和其他废弃物。

第三十六条 禁止利用无防渗漏措施的沟渠、坑塘等输送或者存贮含有毒污染物的废水、含病原体的污水和其他废弃物。

第三十七条 多层地下水的含水层水质差异大的，应当分层开采；对已受污染的潜水和承压水，不得混合开采。

第三十八条 兴建地下工程设施或者进行地下勘探、采矿等活动，应当采取防护性措施，防止地下水污染。

第三十九条 人工回灌补给地下水，不得恶化地下水质。

第二节 工业水污染防治

第四十条 国务院有关部门和县级以上地方人民政府应当合理规划工业布局，要求造成水污染的企业进行技术改造，采取综合防治措施，提高水的重复利用率，减少废水和污染物排放量。

第四十一条 国家对严重污染水环境的落后工艺和设备实行淘汰制度。

国务院经济综合宏观调控部门会同国务院有关部门，公布限期禁止采用的严重污染水环境的工艺名录和限期禁止生产、销售、进口、使用的严重污染水环境的设备名录。

生产者、销售者、进口者或者使用者应当在规定的期限内停止生产、销售、进口或者使用列入前款规定的设备名录中的设备。工艺的采用者应当在规定的期限内停止采用列入前款规定的工艺名录中的工艺。

依照本条第二款、第三款规定被淘汰的设备，不得转让给他人使用。

第四十二条 国家禁止新建不符合国家产业政策的小型造纸、制革、印染、染料、炼焦、炼硫、炼砷、炼汞、炼油、电镀、农药、石棉、水泥、玻璃、钢铁、火电以及其他严重污染水环境的生产项目。

第四十三条 企业应当采用原材料利用效率高、污染物排放量少的清洁工艺，并加强管理，减少水污染物的产生。

第三节 城镇水污染防治

第四十四条 城镇污水应当集中处理。

县级以上地方人民政府应当通过财政预算和其他渠道筹集资金，统筹安排建设城镇污水集中处理设施及配套管网，提高本行政区域城镇污水的收集率和处理率。

国务院建设主管部门应当会同国务院经济综合宏观调控、环境保护主管部门，根据城乡规划和水污染防治规划，组织编制全国城镇污水处理设施建设规划。县级以上地方人民政府组织建设、经济综合宏观调控、环境保护、水行政等部门编制本行政区域的城镇污水处理设施建设规划。县级以上地方人民政府建设主管部门应当按照城镇污水处理设施建设规划，组织建设城镇污水集中处理设施及配套管网，并加强对城镇污水集中处理设施运营的监督管理。

城镇污水集中处理设施的运营单位按照国家规定向排污者提供污水处理的有偿服务，收取污水处理费用，保证污水集中处理设施的正常运行。向城镇污水集中处理设施排放污水、缴纳污水处理费用的，不再缴纳排污费。收取的污水处理费用应当用于城镇污水集中处理设施的建设和运行，不得挪作他用。

城镇污水集中处理设施的污水处理收费、管理以及使用的具体办法，由国务院规定。

第四十五条 向城镇污水集中处理设施排放水污染物，应当符合国家或者地方规定的水污染物排放标准。

城镇污水集中处理设施的出水水质达到国家或者地方规定的水污染物排放标准的，可以按照国家有关规定免缴排污费。

城镇污水集中处理设施的运营单位，应当对城镇污水集中处理设施的出水水质负责。

环境保护主管部门应当对城镇污水集中处理设施的出水水质和水量进行监督检查。

第四十六条 建设生活垃圾填埋场，应当采取防渗漏等措施，防止造成水污染。

第四节 农业和农村水污染防治

第四十七条 使用农药，应当符合国家有关农药安全使用的规定和标准。

运输、存贮农药和处置过期失效农药，应当加强管理，防止造成水污染。

第四十八条 县级以上地方人民政府农业主管部门和其他有关部门，应当采取措施，指导农业生产者科学、合理地施用化肥和农药，控制化肥和农药的过量使用，防止造成水污染。

第四十九条 国家支持畜禽养殖场、养殖小区建设畜禽粪便、废水的综合利用或者无害化处理设施。

畜禽养殖场、养殖小区应当保证其畜禽粪便、废水的综合利用或者无害化处理设施正常运转，保证污水达标排放，防止污染水环境。

第五十条 从事水产养殖应当保护水域生态环境，科学确定养殖密度，合理投饵和使用药物，防止污染水环境。

第五十一条 向农田灌溉渠道排放工业废水和城镇污水，应当保证其下游最近的灌溉取水点的水质符合农田灌溉水质标准。

利用工业废水和城镇污水进行灌溉，应当防止污染土壤、地下水和农产品。

第五节 船舶水污染防治

第五十二条 船舶排放含油污水、生活污水，应当符合船舶污染物排放标准。从事海洋航运的船舶进入内河和港口的，应当遵守内河的船舶污染物排放标准。

船舶的残油、废油应当回收，禁止排入水体。

禁止向水体倾倒船舶垃圾。

船舶装载运输油类或者有毒货物，应当采取防止溢流和渗漏的措施，防止货物落水造成水污染。

第五十三条 船舶应当按照国家有关规定配置相应的防污设备和器材，并持有合法有效的防止水域环境污染的证书与文书。

船舶进行涉及污染物排放的作业，应当严格遵守操作规程，并在相应的记录簿上如实记载。

第五十四条 港口、码头、装卸站和船舶修造厂应当备有足够的船舶污染物、废弃物的接收设施。从事船舶污染物、废弃物接收作业，或者从事装载油类、污染危害性货物船舱清洗作业的单位，应当具备与其运营规模相适应的接收处理能力。

第五十五条 船舶进行下列活动，应当编制作业方案，采取有效的安全和防污染措施，并报作业地海事管理机构批准：

（一）进行残油、含油污水、污染危害性货物残留物的接收作业，或者进行装载油类、污染危害性货物船舱的清洗作业；

（二）进行散装液体污染危害性货物的过驳作业；

（三）进行船舶水上拆解、打捞或者其他水上、水下船舶施工作业。

在渔港水域进行渔业船舶水上拆解活动，应当报作业地渔业主管部门批准。

第五章 饮用水水源和其他特殊水体保护

第五十六条 国家建立饮用水水源保护区制度。饮用水水源保护区分为一级保护区和二级保护区；必要时，可以在饮用水水源保护区外围划定一定的区域作为准保护区。

饮用水水源保护区的划定，由有关市、县人民政府提出划定方案，报省、自治区、直辖市人民政府批准；跨市、县饮用水水源保护区的划定，由有关市、县人民政府协商提出划定方案，报省、自治区、直辖市人民政府批准；协商不成的，由省、自治区、直辖市人民政府环境保护主管部门会同同级水行政、国土资源、卫生、建设等部门提出划定方案，征求同级有关部门的意见后，报省、自治区、直辖市人民政府批准。

跨省、自治区、直辖市的饮用水水源保护区，由有关省、自治区、直辖市人民政府商有关流域管理机构划定；协商不成的，由国务院环境保护主管部门会同同级水行政、国土资源、卫生、建设等部门提出划定方案，征求国务院有关部门的意见后，报国务院批准。

国务院和省、自治区、直辖市人民政府可以根据保护饮用水水源的实际需要，调整饮用水水源保护区的范围，确保饮用水安全。有关地方人民政府应当在饮用水水源保护区的边界设立明确的地理界标和明显的警示标志。

第五十七条 在饮用水水源保护区内,禁止设置排污口。

第五十八条 禁止在饮用水水源一级保护区内新建、改建、扩建与供水设施和保护水源无关的建设项目;已建成的与供水设施和保护水源无关的建设项目,由县级以上人民政府责令拆除或者关闭。

禁止在饮用水水源一级保护区内从事网箱养殖、旅游、游泳、垂钓或者其他可能污染饮用水水体的活动。

第五十九条 禁止在饮用水水源二级保护区内新建、改建、扩建排放污染物的建设项目;已建成的排放污染物的建设项目,由县级以上人民政府责令拆除或者关闭。

在饮用水水源二级保护区内从事网箱养殖、旅游等活动的,应当按照规定采取措施,防止污染饮用水水体。

第六十条 禁止在饮用水水源准保护区内新建、扩建对水体污染严重的建设项目;改建建设项目,不得增加排污量。

第六十一条 县级以上地方人民政府应当根据保护饮用水水源的实际需要,在准保护区内采取工程措施或者建造湿地、水源涵养林等生态保护措施,防止水污染物直接排入饮用水水体,确保饮用水安全。

第六十二条 饮用水水源受到污染可能威胁供水安全的,环境保护主管部门应当责令有关企业事业单位采取停止或者减少排放水污染物等措施。

第六十三条 国务院和省、自治区、直辖市人民政府根据水环境保护的需要,可以规定在饮用水水源保护区内,采取禁止或者限制使用含磷洗涤剂、化肥、农药以及限制种植养殖等措施。

第六十四条 县级以上人民政府可以对风景名胜区水体、重要渔业水体和其他具有特殊经济文化价值的水体划定保护区,并采取措施,保证保护区的水质符合规定用途的水环境质量标准。

第六十五条 在风景名胜区水体、重要渔业水体和其他具有特殊经济文化价值的水体的保护区内,不得新建排污口。在保护区附近新建排污口,应当保证保护区水体不受污染。

第六章 水污染事故处置

第六十六条 各级人民政府及其有关部门,可能发生水污染事故的企业事业单位,应当依照《中华人民共和国突发事件应对法》的规定,做好突发水污染事故的应急准备、应急处置和事后恢复等工作。

第六十七条 可能发生水污染事故的企业事业单位,应当制定有关水污染事故的应急方案,做好应急准备,并定期进行演练。

生产、储存危险化学品的企业事业单位,应当采取措施,防止在处理安全生产事故过程中产生的可能严重污染水体的消防废水、废液直接排入水体。

第六十八条 企业事业单位发生事故或者其他突发性事件,造成或者可能造成水污染事故的,应当立即启动本单位的应急方案,采取应急措施,并向事故发生地的县级以上地方人民政府或者环境保护主管部门报告。环境保护主管部门接到报告后,应当及时向本级人民政府报告,并抄送有关部门。

造成渔业污染事故或者渔业船舶造成水污染事故的,应当向事故发生地的渔业主管部门报告,接受调查处理。其他船舶造成水污染事故的,应当向事故发生地的海事管理机构报告,接受调查处理;给渔业造成损害的,海事管理机构应当通知渔业主管部门参与调查处理。

第七章 法律责任

第六十九条 环境保护主管部门或者其他依照本法规定行使监督管理权的部门,不依法作出行政许可或者办理批准文件的,发现违法行为或者接到对违法行为的举报后不予查处的,或者有其他未依照本法规定履行职责的行为的,对直接负责的主管人员和其他直接责任人员依法给予处分。

第七十条 拒绝环境保护主管部门或者其他依照本法规定行使监督管理权的部门的监督检查,或者在接受监督检查时弄虚作假的,由县级以上人民政府环境保护主管部门或者其他依照本法规定行使监督管理权的部门责令改正,处一万元以上十万元以下的罚款。

第七十一条 违反本法规定,建设项目的水污染防治设施未建成、未经验收或者验收不合格,主体工程即投入生产或者使用的,由县级以上人民政府环境保护主管部门责令停止生产或者使用,直至验收合格,处五万元以上五十万元以下的罚款。

第七十二条 违反本法规定,有下列行为之一的,由县级以上人民政府环境保护主管部门责令限期改正;逾期不改正的,处一万元以上十万元以下的罚款:

(一)拒报或者谎报国务院环境保护主管部门规定的有关水污染物排放申报登记事项的;

(二)未按照规定安装水污染物排放自动监测设备或者未按照规定与环境保护主管部门的监控设备联网,并保证监测设备正常运行的;

(三)未按照规定对所排放的工业废水进行监测并保存原始监测记录的。

第七十三条 违反本法规定,不正常使用水污染物处理设施,或者未经环境保护主管部门批准拆除、闲置水污染物处理设施的,由县级以上人民政府环境保护主管部门责令限期改正,处应缴纳排污费数额一倍以上三倍以下的罚款。

第七十四条 违反本法规定,排放水污染物超过国家或者地方规定的水污染物排放标准,或者超过重点水污染物排放总量控制指标的,由县级以上人民政府环境保护主管部门按照权限责令限期治理,处应缴纳排污费数额二倍以上五倍以下的罚款。

限期治理期间,由环境保护主管部门责令限制生产、限制排放或者停产整治。限期治理的期限最长不超过一年;逾期未完成治理任务的,报经有批准权的人民政府批准,责令关闭。

第七十五条 在饮用水水源保护区内设置排污口的,由县级以上地方人民政府责令限期拆除,处十万元以上五十万元以下的罚款;逾期不拆除的,强制拆除,所需费用由违法者承担,处五十万元以上一百万元以下的罚款,并可以责令停产整顿。

除前款规定外,违反法律、行政法规和国务院环境保护主管部门的规定设置排污口或者私设暗管的,由县级以上地方人民政府环境保护主管部门责令限期拆除,处二万元以上十万元以下的罚款;逾期不拆除的,强制拆除,所需费用由违法者承担,处十万元以上五十万元以下的罚款;私设暗管或者有其他严重情节的,县级以上地方人民政府环境保护主管部门可以提请县级以上地方人民政府责令停产整顿。

未经水行政主管部门或者流域管理机构同意，在江河、湖泊新建、改建、扩建排污口的，由县级以上人民政府水行政主管部门或者流域管理机构依据职权，依照前款规定采取措施、给予处罚。

第七十六条 有下列行为之一的，由县级以上地方人民政府环境保护主管部门责令停止违法行为，限期采取治理措施，消除污染，处以罚款；逾期不采取治理措施的，环境保护主管部门可以指定有治理能力的单位代为治理，所需费用由违法者承担：

（一）向水体排放油类、酸液、碱液的；

（二）向水体排放剧毒废液，或者将含有汞、镉、砷、铬、铅、氰化物、黄磷等的可溶性剧毒废渣向水体排放、倾倒或者直接埋入地下的；

（三）在水体清洗装贮过油类、有毒污染物的车辆或者容器的；

（四）向水体排放、倾倒工业废渣、城镇垃圾或者其他废弃物，或者在江河、湖泊、运河、渠道、水库最高水位线以下的滩地、岸坡堆放、存贮固体废弃物或者其他污染物的；

（五）向水体排放、倾倒放射性固体废物或者含有高放射性、中放射性物质的废水的；

（六）违反国家有关规定或者标准，向水体排放含低放射性物质的废水、热废水或者含病原体的污水的；

（七）利用渗井、渗坑、裂隙或者溶洞排放、倾倒含有毒污染物的废水、含病原体的污水或者其他废弃物的；

（八）利用无防渗漏措施的沟渠、坑塘等输送或者存贮含有毒污染物的废水、含病原体的污水或者其他废弃物的。

有前款第三项、第六项行为之一的，处一万元以上十万元以下的罚款；有前款第一项、第四项、第八项行为之一的，处二万元以上二十万元以下的罚款；有前款第二项、第五项、第七项行为之一的，处五万元以上五十万元以下的罚款。

第七十七条 违反本法规定，生产、销售、进口或者使用列入禁止生产、销售、进口、使用的严重污染水环境的设备名录中的设备，或者采用列入禁止采用的严重污染水环境的工艺名录中的工艺的，由县级以上人民政府经济综合宏观调控部门责令改正，处五万元以上二十万元以下的罚款；情节严重的，由县级以上人民政府经济综合宏观调控部门提出意见，报请本级人民政府责令停业、关闭。

第七十八条 违反本法规定，建设不符合国家产业政策的小型造纸、制革、印染、染料、炼焦、炼硫、炼砷、炼汞、炼油、电镀、农药、石棉、水泥、玻璃、钢铁、火电以及其他严重污染水环境的生产项目的，由所在地的市、县人民政府责令关闭。

第七十九条 船舶未配置相应的防污染设备和器材，或者未持有合法有效的防止水域环境污染的证书与文书的，由海事管理机构、渔业主管部门按照职责分工责令限期改正，处二千元以上二万元以下的罚款；逾期不改正的，责令船舶临时停航。

船舶进行涉及污染物排放的作业，未遵守操作规程或者未在相应的记录簿上如实记载的，由海事管理机构、渔业主管部门按照职责分工责令改正，处二千元以上二万元以下的罚款。

第八十条 违反本法规定，有下列行为之一的，由海事管理机构、渔业主管部门按照职责分工责令停止违法行为，处以罚款；造成水污染的，责令限期采取治理措施，消除污染；逾期不采取治理措施的，海事管理机构、渔业主管部门按照职责分工可以指定有治理能力的单位代为治理，所需费用由船舶承担：

（一）向水体倾倒船舶垃圾或者排放船舶的残油、废油的；

（二）未经作业地海事管理机构批准，船舶进行残油、含油污水、污染危害性货物残留物的接收作业，或者进行装载油类、污染危害性货物船舱的清洗作业，或者进行散装液体污染危害性货物的过驳作业的；

（三）未经作业地海事管理机构批准，进行船舶水上拆解、打捞或者其他水上、水下船舶施工作业的；

（四）未经作业地渔业主管部门批准，在渔港水域进行渔业船舶水上拆解的。

有前款第一项、第二项、第四项行为之一的，处五千元以上五万元以下的罚款；有前款第三项行为的，处一万元以上十万元以下的罚款。

第八十一条　有下列行为之一的，由县级以上地方人民政府环境保护主管部门责令停止违法行为，处十万元以上五十万元以下的罚款；并报经有批准权的人民政府批准，责令拆除或者关闭：

（一）在饮用水水源一级保护区内新建、改建、扩建与供水设施和保护水源无关的建设项目的；

（二）在饮用水水源二级保护区内新建、改建、扩建排放污染物的建设项目的；

（三）在饮用水水源准保护区内新建、扩建对水体污染严重的建设项目，或者改建建设项目增加排污量的。

在饮用水水源一级保护区内从事网箱养殖或者组织进行旅游、垂钓或者其他可能污染饮用水水体的活动的，由县级以上地方人民政府环境保护主管部门责令停止违法行为，处二万元以上十万元以下的罚款。个人在饮用水水源一级保护区内游泳、垂钓或者从事其他可能污染饮用水水体的活动的，由县级以上地方人民政府环境保护主管部门责令停止违法行为，可以处五百元以下的罚款。

第八十二条　企业事业单位有下列行为之一的，由县级以上人民政府环境保护主管部门责令改正；情节严重的，处二万元以上十万元以下的罚款：

（一）不按照规定制定水污染事故的应急方案的；

（二）水污染事故发生后，未及时启动水污染事故的应急方案，采取有关应急措施的。

第八十三条　企业事业单位违反本法规定，造成水污染事故的，由县级以上人民政府环境保护主管部门依照本条第二款的规定处以罚款，责令限期采取治理措施，消除污染；不按要求采取治理措施或者不具备治理能力的，由环境保护主管部门指定有治理能力的单位代为治理，所需费用由违法者承担；对造成重大或者特大水污染事故的，可以报经有批准权的人民政府批准，责令关闭；对直接负责的主管人员和其他直接责任人员可以处上一年度从本单位取得的收入百分之五十以下的罚款。

对造成一般或者较大水污染事故的，按照水污染事故造成的直接损失的百分之二十计算罚款；对造成重大或者特大水污染事故的，按照水污染事故造成的直接损失的百分之三十计算罚款。

造成渔业污染事故或者渔业船舶造成水污染事故的，由渔业主管部门进行处罚；其他船舶造成水污染事故的,由海事管理机构进行处罚。

第八十四条 当事人对行政处罚决定不服的,可以申请行政复议,也可以在收到通知之日起十五日内向人民法院起诉;期满不申请行政复议或者起诉,又不履行行政处罚决定的,由作出行政处罚决定的机关申请人民法院强制执行。

第八十五条 因水污染受到损害的当事人,有权要求排污方排除危害和赔偿损失。

由于不可抗力造成水污染损害的,排污方不承担赔偿责任;法律另有规定的除外。

水污染损害是由受害人故意造成的,排污方不承担赔偿责任。水污染损害是由受害人重大过失造成的,可以减轻排污方的赔偿责任。

水污染损害是由第三人造成的,排污方承担赔偿责任后,有权向第三人追偿。

第八十六条 因水污染引起的损害赔偿责任和赔偿金额的纠纷,可以根据当事人的请求,由环境保护主管部门或者海事管理机构、渔业主管部门按照职责分工调解处理;调解不成的,当事人可以向人民法院提起诉讼。当事人也可以直接向人民法院提起诉讼。

第八十七条 因水污染引起的损害赔偿诉讼,由排污方就法律规定的免责事由及其行为与损害结果之间不存在因果关系承担举证责任。

第八十八条 因水污染受到损害的当事人人数众多的,可以依法由当事人推选代表人进行共同诉讼。

环境保护主管部门和有关社会团体可以依法支持因水污染受到损害的当事人向人民法院提起诉讼。

国家鼓励法律服务机构和律师为水污染损害诉讼中的受害人提供法律援助。

第八十九条 因水污染引起的损害赔偿责任和赔偿金额的纠纷,当事人可以委托环境监测机构提供监测数据。环境监测机构应当接受委托,如实提供有关监测数据。

第九十条 违反本法规定,构成违反治安管理行为的,依法给予治安管理处罚;构成犯罪的,依法追究刑事责任。

第八章 附 则

第九十一条 本法中下列用语的含义:

(一)水污染,是指水体因某种物质的介入,而导致其化学、物理、生物或者放射性等方面特性的改变,从而影响水的有效利用,危害人体健康或者破坏生态环境,造成水质恶化的现象。

(二)水污染物,是指直接或者间接向水体排放的,能导致水体污染的物质。

(三)有毒污染物,是指那些直接或者间接被生物摄入体内后,可能导致该生物或者其后代发病、行为反常、遗传异变、生理机能失常、机体变形或者死亡的污染物。

(四)渔业水体,是指划定的鱼虾类的产卵场、索饵场、越冬场、洄游通道和鱼虾贝藻类的养殖场的水体。

第九十二条 本法自 2008 年 6 月 1 日起施行。

中华人民共和国海洋环境保护法

(1982年8月23日第五届全国人民代表大会常务委员会第二十四次会议通过，1999年12月25日第九届全国人民代表大会常务委员会第十三次会议修订通过，1999年12月25日中华人民共和国主席令第26号公布，自2000年4月1日起施行)

目　录

第一章　总则
第二章　海洋环境监督管理
第三章　海洋生态保护
第四章　防治陆源污染物对海洋环境的污染损害
第五章　防治海岸工程建设项目对海洋环境的污染损害
第六章　防治海洋工程建设项目对海洋环境的污染损害
第七章　防治倾倒废弃物对海洋环境的污染损害
第八章　防治船舶及有关作业活动对海洋环境的污染损害
第九章　法律责任
第十章　附则

第一章　总　则

第一条　为了保护和改善海洋环境，保护海洋资源，防治污染损害，维护生态平衡，保障人体健康，促进经济和社会的可持续发展，制定本法。

第二条　本法适用于中华人民共和国内水、领海、毗连区、专属经济区、大陆架以及中华人民共和国管辖的其他海域。

在中华人民共和国管辖海域内从事航行、勘探、开发、生产、旅游、科学研究及其他活动，或者在沿海陆域内从事影响海洋环境活动的任何单位和个人，都必须遵守本法。

在中华人民共和国管辖海域以外，造成中华人民共和国管辖海域污染的，也适用本法。

第三条　国家建立并实施重点海域排污总量控制制度，确定主要污染物排海总量控制指标，并对主要污染源分配排放控制数量。具体办法由国务院制定。

第四条　一切单位和个人都有保护海洋环境的义务，并有权对污染损害海洋环境的单位和个人，以及海洋环境监督管理人员的违法失职行为进行监督和检举。

第五条　国务院环境保护行政主管部门作为对全国环境保护工作统一监督管理的部门，对全国海洋环境保护工作实施指导、协调和监督，并负责全国防治陆源污染物和海岸工程建设项目对海洋污染损害的环境保护工作。

国家海洋行政主管部门负责海洋环境的监督管理，组织海洋环境的调查、监测、监视、评价和科学研究，负责全国防治海洋工程建设项目和海洋倾倒废弃物对海洋污染损害的环境保护工作。

国家海事行政主管部门负责所辖港区水域内非军事船舶和港区水域外非渔业、非军事船舶污染海洋环境的监督管理，并负责污染事故的调查处理；对在中华人民共和国管辖海域航行、停泊和作业的外国籍船舶造成的污染事故登轮检查处理。船舶污染事故给渔业造成损害的，应当吸收渔业行政主管部门参与调查处理。

国家渔业行政主管部门负责渔港水域内非军事船舶和渔港水域外渔业船舶污染海洋环境的监督管理，负责保护渔业水域生态环境工作，并调查处理前款规定的污染事故以外的渔业污染事故。

军队环境保护部门负责军事船舶污染海洋环境的监督管理及污染事故的调查处理。

沿海县级以上地方人民政府行使海洋环境监督管理权的部门的职责，由省、自治区、直辖市人民政府根据本法及国务院有关规定确定。

第二章　海洋环境监督管理

第六条　国家海洋行政主管部门会同国务院有关部门和沿海省、自治区、直辖市人民政府拟定全国海洋功能区划，报国务院批准。

沿海地方各级人民政府应当根据全国和地方海洋功能区划，科学合理地使用海域。

第七条　国家根据海洋功能区划制定全国海洋环境保护规划和重点海域区域性海洋环境保护规划。

毗邻重点海域的有关沿海省、自治区、直辖市人民政府及行使海洋环境监督管理权的部门，可以建立海洋环境保护区域合作组织，负责实施重点海域区域性海洋环境保护规划、海洋环境污染的防治和海洋生态保护工作。

第八条　跨区域的海洋环境保护工作，由有关沿海地方人民政府协商解决，或者由上级人民政府协调解决。

跨部门的重大海洋环境保护工作，由国务院环境保护行政主管部门协调；协调未能解决的，由国务院作出决定。

第九条　国家根据海洋环境质量状况和国家经济、技术条件，制定国家海洋环境质量标准。

沿海省、自治区、直辖市人民政府对国家海洋环境质量标准中未作规定的项目，可以制定地方海洋环境质量标准。

沿海地方各级人民政府根据国家和地方海洋环境质量标准的规定和本行政区近岸海域环境质量状况，确定海洋环境保护的目标和任务，并纳入人民政府工作计划，按相应的海洋环境质量标准实施管理。

第十条　国家和地方水污染物排放标准的制定，应当将国家和地方海洋环境质量标准作为重要依据之一。在国家建立并实施排污总量控制制度的重点海域，水污染物排放标准的制定，还应当将主要污染物排海总量控制指标作为重要依据。

第十一条　直接向海洋排放污染物的单位和个人，必须按照国家规定缴纳排污费。

向海洋倾倒废弃物，必须按照国家规定缴纳倾倒费。

根据本法规定征收的排污费、倾倒费，必须用于海洋环境污染的整治，不得挪作他用。具体办法由国务院规定。

第十二条　对超过污染物排放标准的，或者在规定的期限内未完成污染物排放削减任务的，或者造成海洋环境严重污染损害的，应当限期治理。

限期治理按照国务院规定的权限决定。

第十三条 国家加强防治海洋环境污染损害的科学技术的研究和开发，对严重污染海洋环境的落后生产工艺和落后设备，实行淘汰制度。

企业应当优先使用清洁能源，采用资源利用率高、污染物排放量少的清洁生产工艺，防止对海洋环境的污染。

第十四条 国家海洋行政主管部门按照国家环境监测、监视规范和标准，管理全国海洋环境的调查、监测、监视，制定具体的实施办法，会同有关部门组织全国海洋环境监测、监视网络，定期评价海洋环境质量，发布海洋巡航监视通报。

依照本法规定行使海洋环境监督管理权的部门分别负责各自所辖水域的监测、监视。

其他有关部门根据全国海洋环境监测网的分工，分别负责对入海河口、主要排污口的监测。

第十五条 国务院有关部门应当向国务院环境保护行政主管部门提供编制全国环境质量公报所必需的海洋环境监测资料。

环境保护行政主管部门应当向有关部门提供与海洋环境监督管理有关的资料。

第十六条 国家海洋行政主管部门按照国家制定的环境监测、监视信息管理制度，负责管理海洋综合信息系统，为海洋环境保护监督管理提供服务。

第十七条 因发生事故或者其他突发性事件，造成或者可能造成海洋环境污染事故的单位和个人，必须立即采取有效措施，及时向可能受到危害者通报，并向依照本法规定行使海洋环境监督管理权的部门报告，接受调查处理。

沿海县级以上地方人民政府在本行政区域近岸海域的环境受到严重污染时，必须采取有效措施，解除或者减轻危害。

第十八条 国家根据防止海洋环境污染的需要，制定国家重大海上污染事故应急计划。

国家海洋行政主管部门负责制定全国海洋石油勘探开发重大海上溢油应急计划，报国务院环境保护行政主管部门备案。

国家海事行政主管部门负责制定全国船舶重大海上溢油污染事故应急计划，报国务院环境保护行政主管部门备案。

沿海可能发生重大海洋环境污染事故的单位，应当依照国家的规定，制定污染事故应急计划，并向当地环境保护行政主管部门、海洋行政主管部门备案。

沿海县级以上地方人民政府及其有关部门在发生重大海上污染事故时，必须按照应急计划解除或者减轻危害。

第十九条 依照本法规定行使海洋环境监督管理权的部门可以在海上实行联合执法，在巡航监视中发现海上污染事故或者违反本法规定的行为时，应当予以制止并调查取证，必要时有权采取有效措施，防止污染事态的扩大，并报告有关主管部门处理。

依照本法规定行使海洋环境监督管理权的部门，有权对管辖范围内排放污染物的单位和个人进行现场检查。被检查者应当如实反映情况，提供必要的资料。

检查机关应当为被检查者保守技术秘密和业务秘密。

第三章 海洋生态保护

第二十条 国务院和沿海地方各级人民政府应当采取有效措施，保护红树林、珊瑚礁、滨海湿地、海岛、海湾、入海河口、重要渔业水域等具有典型性、代表性的海洋生态系统，珍稀、濒危海洋生物的天然集中分布区，具有重要经济价值的海洋生物生存区域及有重大科学文化价值的海洋自然历史遗迹和自然景观。

对具有重要经济、社会价值的已遭到破坏的海洋生态，应当进行整治和恢复。

第二十一条 国务院有关部门和沿海省级人民政府应当根据保护海洋生态的需要，选划、建立海洋自然保护区。

国家级海洋自然保护区的建立，须经国务院批准。

第二十二条 凡具有下列条件之一的，应当建立海洋自然保护区：

（一）典型的海洋自然地理区域、有代表性的自然生态区域，以及遭受破坏但经保护能恢复的海洋自然生态区域；

（二）海洋生物物种高度丰富的区域，或者珍稀、濒危海洋生物物种的天然集中分布区域；

（三）具有特殊保护价值的海域、海岸、岛屿、滨海湿地、入海河口和海湾等；

（四）具有重大科学文化价值的海洋自然遗迹所在区域；

（五）其他需要予以特殊保护的区域。

第二十三条 凡具有特殊地理条件、生态系统、生物与非生物资源及海洋开发利用特殊需要的区域，可以建立海洋特别保护区，采取有效的保护措施和科学的开发方式进行特殊管理。

第二十四条 开发利用海洋资源，应当根据海洋功能区划合理布局，不得造成海洋生态环境破坏。

第二十五条 引进海洋动植物物种，应当进行科学论证，避免对海洋生态系统造成危害。

第二十六条 开发海岛及周围海域的资源，应当采取严格的生态保护措施，不得造成海岛地形、岸滩、植被以及海岛周围海域生态环境的破坏。

第二十七条 沿海地方各级人民政府应当结合当地自然环境的特点，建设海岸防护设施、沿海防护林、沿海城镇园林和绿地，对海岸侵蚀和海水入侵地区进行综合治理。

禁止毁坏海岸防护设施、沿海防护林、沿海城镇园林和绿地。

第二十八条 国家鼓励发展生态渔业建设，推广多种生态渔业生产方式，改善海洋生态状况。

新建、改建、扩建海水养殖场，应当进行环境影响评价。

海水养殖应当科学确定养殖密度，并应当合理投饵、施肥，正确使用药物，防止造成海洋环境的污染。

第四章 防治陆源污染物对海洋环境的污染损害

第二十九条 向海域排放陆源污染物，必须严格执行国家或者地方规定的标准和有关规定。

第三十条 入海排污口位置的选择，应当根据海洋功能区划、海水动力条件和有关规定，经科学论证后，报设区的市级以上人民政府环境保护行政主管部门审查批准。

环境保护行政主管部门在批准设置入海排污口之前，必须征求海洋、海事、渔业行政主管部门和军队环境保护部门的意见。

在海洋自然保护区、重要渔业水域、海滨风景名胜区和其他需要特别保护的区域，不得新建排污口。

在有条件的地区，应当将排污口深海设置，实行离岸排放。设置陆源污染物深海离岸排放排污口，应当根据海洋功能区划、海水动力条件和海底工程设施的有关情况确定，具体办法由国务院规定。

第三十一条　省、自治区、直辖市人民政府环境保护行政主管部门和水行政主管部门应当按照水污染防治有关法律的规定，加强入海河流管理，防治污染，使入海河口的水质处于良好状态。

第三十二条　排放陆源污染物的单位，必须向环境保护行政主管部门申报拥有的陆源污染物排放设施、处理设施和在正常作业条件下排放陆源污染物的种类、数量和浓度，并提供防治海洋环境污染方面的有关技术和资料。

排放陆源污染物的种类、数量和浓度有重大改变的，必须及时申报。

拆除或者闲置陆源污染物处理设施的，必须事先征得环境保护行政主管部门的同意。

第三十三条　禁止向海域排放油类、酸液、碱液、剧毒废液和高、中水平放射性废水。

严格限制向海域排放低水平放射性废水；确需排放的，必须严格执行国家辐射防护规定。

严格控制向海域排放含有不易降解的有机物和重金属的废水。

第三十四条　含病原体的医疗污水、生活污水和工业废水必须经过处理，符合国家有关排放标准后，方能排入海域。

第三十五条　含有机物和营养物质的工业废水、生活污水，应当严格控制向海湾、半封闭海及其他自净能力较差的海域排放。

第三十六条　向海域排放含热废水，必须采取有效措施，保证邻近渔业水域的水温符合国家海洋环境质量标准，避免热污染对水产资源的危害。

第三十七条　沿海农田、林场施用化学农药，必须执行国家农药安全使用的规定和标准。

沿海农田、林场应当合理使用化肥和植物生长调节剂。

第三十八条　在岸滩弃置、堆放和处理尾矿、矿渣、煤灰渣、垃圾和其他固体废物的，依照《中华人民共和国固体废物污染环境防治法》的有关规定执行。

第三十九条　禁止经中华人民共和国内水、领海转移危险废物。

经中华人民共和国管辖的其他海域转移危险废物的，必须事先取得国务院环境保护行政主管部门的书面同意。

第四十条　沿海城市人民政府应当建设和完善城市排水管网，有计划地建设城市污水处理厂或者其他污水集中处理设施，加强城市污水的综合整治。

建设污水海洋处置工程，必须符合国家有关规定。

第四十一条　国家采取必要措施，防止、减少和控制来自大气层或者通过大气层造成的海洋环境污染损害。

第五章　防治海岸工程建设项目对海洋环境的污染损害

第四十二条　新建、改建、扩建海岸工程建设项目，必须遵守国家有关建设项目环境保护管理的规定，并把防治污染所需资金纳入建设项目投资计划。

在依法划定的海洋自然保护区、海滨风景名胜区、重要渔业水域及其他需要特别保护的区域，不得从事污染环境、破坏景观的海岸工程项目建设或者其他活动。

第四十三条　海岸工程建设项目的单位，必须在建设项目可行性研究阶段，对海洋环境进行科学调查，根据自然条件和社会条件，合理选址，编报环境影响报告书。环境影响报告书经海洋行政主管部门提出审核意见后，报环境保护行政主管部门审查批准。

环境保护行政主管部门在批准环境影响报告书之前，必须征求海事、渔业行政主管部门和军队环境保护部门的意见。

第四十四条　海岸工程建设项目的环境保护设施，必须与主体工程同时设计、同时施工、同时投产使用。环境保护设施未经环境保护行政主管部门检查批准，建设项目不得试运行；环境保护设施未经环境保护行政主管部门验收，或者经验收不合格的，建设项目不得投入生产或者使用。

第四十五条　禁止在沿海陆域内新建不具备有效治理措施的化学制浆造纸、化工、印染、制革、电镀、酿造、炼油、岸边冲滩拆船以及其他严重污染海洋环境的工业生产项目。

第四十六条　兴建海岸工程建设项目，必须采取有效措施，保护国家和地方重点保护的野生动植物及其生存环境和海洋水产资源。

严格限制在海岸采挖砂石。露天开采海滨砂矿和从岸上打井开采海底矿产资源，必须采取有效措施，防止污染海洋环境。

第六章　防治海洋工程建设项目对海洋环境的污染损害

第四十七条　海洋工程建设项目必须符合海洋功能区划、海洋环境保护规划和国家有关环境保护标准，在可行性研究阶段，编报海洋环境影响报告书，由海洋行政主管部门核准，并报环境保护行政主管部门备案，接受环境保护行政主管部门监督。

海洋行政主管部门在核准海洋环境影响报告书之前，必须征求海事、渔业行政主管部门和军队环境保护部门的意见。

第四十八条　海洋工程建设项目的环境保护设施，必须与主体工程同时设计、同时施工、同时投产使用。环境保护设施未经海洋行政主管部门检查批准，建设项目不得试运行；环境保护设施未经海洋行政主管部门验收，或者经验收不合格的，建设项目不得投入生产或者使用。

拆除或者闲置环境保护设施，必须事先征得海洋行政主管部门的同意。

第四十九条　海洋工程建设项目，不得使用含超标准放射性物质或者易溶出有毒有害物质的材料。

第五十条　海洋工程建设项目需要爆破作业时，必须采取有效措施，保护海洋资源。

海洋石油勘探开发及输油过程中，必须采取有效措施，避免溢油事故的发生。

第五十一条　海洋石油钻井船、钻井平台和采油平台的含油污水和油性混合物，必须经过处理达标后排放；残油、废油必须予以回收，不得排放入海。经回收处理后排放的，其含油量不得超过国家规定的标准。

钻井所使用的油基泥浆和其他有毒复合泥浆不得排放入海。水基泥浆和无毒复合泥浆及钻屑的排放，必须符合国家有关规定。

第五十二条 海洋石油钻井船、钻井平台和采油平台及其有关海上设施，不得向海域处置含油的工业垃圾。处置其他工业垃圾，不得造成海洋环境污染。

第五十三条 海上试油时，应当确保油气充分燃烧，油和油性混合物不得排放入海。

第五十四条 勘探开发海洋石油，必须按有关规定编制溢油应急计划，报国家海洋行政主管部门审查批准。

第七章 防治倾倒废弃物对海洋环境的污染损害

第五十五条 任何单位未经国家海洋行政主管部门批准，不得向中华人民共和国管辖海域倾倒任何废弃物。

需要倾倒废弃物的单位，必须向国家海洋行政主管部门提出书面申请，经国家海洋行政主管部门审查批准，发给许可证后，方可倾倒。

禁止中华人民共和国境外的废弃物在中华人民共和国管辖海域倾倒。

第五十六条 国家海洋行政主管部门根据废弃物的毒性、有毒物质含量和对海洋环境影响程度，制定海洋倾倒废弃物评价程序和标准。

向海洋倾倒废弃物，应当按照废弃物的类别和数量实行分级管理。

可以向海洋倾倒的废弃物名录，由国家海洋行政主管部门拟定，经国务院环境保护行政主管部门提出审核意见后，报国务院批准。

第五十七条 国家海洋行政主管部门按照科学、合理、经济、安全的原则选划海洋倾倒区，经国务院环境保护行政主管部门提出审核意见后，报国务院批准。

临时性海洋倾倒区由国家海洋行政主管部门批准，并报国务院环境保护行政主管部门备案。

国家海洋行政主管部门在选划海洋倾倒区和批准临时性海洋倾倒区之前，必须征求国家海事、渔业行政主管部门的意见。

第五十八条 国家海洋行政主管部门监督管理倾倒区的使用，组织倾倒区的环境监测。对经确认不宜继续使用的倾倒区，国家海洋行政主管部门应当予以封闭，终止在该倾倒区的一切倾倒活动，并报国务院备案。

第五十九条 获准倾倒废弃物的单位，必须按照许可证注明的期限及条件，到指定的区域进行倾倒。废弃物装载之后，批准部门应当予以核实。

第六十条 获准倾倒废弃物的单位，应当详细记录倾倒的情况，并在倾倒后向批准部门作出书面报告。倾倒废弃物的船舶必须向驶出港的海事行政主管部门作出书面报告。

第六十一条 禁止在海上焚烧废弃物。

禁止在海上处置放射性废弃物或者其他放射性物质。废弃物中的放射性物质的豁免浓度由国务院制定。

第八章 防治船舶及有关作业活动对海洋环境的污染损害

第六十二条 在中华人民共和国管辖海域，任何船舶及相关作业不得违反本法规定向海洋排放污染物、废弃物和压载水、船舶垃圾及其他有害物质。

从事船舶污染物、废弃物、船舶垃圾接收、船舶清舱、洗舱作业活动的，必须具备相应的接收处理能力。

第六十三条 船舶必须按照有关规定持有防止海洋环境污染的证书与文书，在进行涉及污染物排放及操作时，应当如实记录。

第六十四条 船舶必须配置相应的防污设备和器材。

载运具有污染危害性货物的船舶，其结构与设备应当能够防止或者减轻所载货物对海洋环境的污染。

第六十五条 船舶应当遵守海上交通安全法律、法规的规定，防止因碰撞、触礁、搁浅、火灾或者爆炸等引起的海难事故，造成海洋环境的污染。

第六十六条 国家完善并实施船舶油污损害民事赔偿责任制度；按照船舶油污损害赔偿责任由船东和货主共同承担风险的原则，建立船舶油污保险、油污损害赔偿基金制度。

实施船舶油污保险、油污损害赔偿基金制度的具体办法由国务院规定。

第六十七条 载运具有污染危害性货物进出港口的船舶，其承运人、货物所有人或者代理人，必须事先向海事行政主管部门申报。经批准后，方可进出港口、过境停留或者装卸作业。

第六十八条 交付船舶装运污染危害性货物的单证、包装、标志、数量限制等，必须符合对所装货物的有关规定。

需要船舶装运污染危害性不明的货物，应当按照有关规定事先进行评估。

装卸油类及有毒有害货物的作业，船岸双方必须遵守安全防污操作规程。

第六十九条 港口、码头、装卸站和船舶修造厂必须按照有关规定备有足够的用于处理船舶污染物、废弃物的接收设施，并使该设施处于良好状态。

装卸油类的港口、码头、装卸站和船舶必须编制溢油污染应急计划，并配备相应的溢油污染应急设备和器材。

第七十条 进行下列活动，应当事先按照有关规定报经有关部门批准或者核准：

（一）船舶在港区水域内使用焚烧炉；

（二）船舶在港区水域内进行洗舱、清舱、驱气、排放压载水、残油、含油污水接收、舷外拷铲及油漆等作业；

（三）船舶、码头、设施使用化学消油剂；

（四）船舶冲洗沾有污染物、有毒有害物质的甲板；

（五）船舶进行散装液体污染危害性货物的过驳作业；

（六）从事船舶水上拆解、打捞、修造和其他水上、水下船舶施工作业。

第七十一条 船舶发生海难事故，造成或者可能造成海洋环境重大污染损害的，国家海事行政主管部门有权强制采取避免或者减少污染损害的措施。

对在公海上因发生海难事故，造成中华人民共和国管辖海域重大污染损害后果或者具有污染威胁的船舶、海上设施，国家海事行政主管部门有权采取与实际的或者可能发生的损害相称的必要措施。

第七十二条 所有船舶均有监视海上污染的义务，在发现海上污染事故或者违反本法规定的行为时，必须立即向就近的依照本法规定行使海洋环境监督管理权的部门报告。

民用航空器发现海上排污或者污染事件,必须及时向就近的民用航空空中交通管制单位报告。接到报告的单位,应当立即向依照本法规定行使海洋环境监督管理权的部门通报。

第九章　法　律　责　任

第七十三条　违反本法有关规定,有下列行为之一的,由依照本法规定行使海洋环境监督管理权的部门责令限期改正,并处以罚款:

（一）向海域排放本法禁止排放的污染物或者其他物质的;

（二）不按照本法规定向海洋排放污染物,或者超过标准排放污染物的;

（三）未取得海洋倾倒许可证,向海洋倾倒废弃物的;

（四）因发生事故或者其他突发性事件,造成海洋环境污染事故,不立即采取处理措施的。

有前款第（一）、（三）项行为之一的,处三万元以上二十万元以下的罚款;有前款第（二）、（四）项行为之一的,处二万元以上十万元以下的罚款。

第七十四条　违反本法有关规定,有下列行为之一的,由依照本法规定行使海洋环境监督管理权的部门予以警告,或者处以罚款:

（一）不按照规定申报,甚至拒报污染物排放有关事项,或者在申报时弄虚作假的;

（二）发生事故或者其他突发性事件不按照规定报告的;

（三）不按照规定记录倾倒情况,或者不按照规定提交倾倒报告的;

（四）拒报或者谎报船舶载运污染危害性货物申报事项的。

有前款第（一）、（三）项行为之一的,处二万元以下的罚款;有前款第（二）、（四）项行为之一的,处五万元以下的罚款。

第七十五条　违反本法第十九条第二款的规定,拒绝现场检查,或者在被检查时弄虚作假的,由依照本法规定行使海洋环境监督管理权的部门予以警告,并处二万元以下的罚款。

第七十六条　违反本法规定,造成珊瑚礁、红树林等海洋生态系统及海洋水产资源、海洋保护区破坏的,由依照本法规定行使海洋环境监督管理权的部门责令限期改正和采取补救措施,并处一万元以上十万元以下的罚款;有违法所得的,没收其违法所得。

第七十七条　违反本法第三十条第一款、第三款规定设置入海排污口的,由县级以上地方人民政府环境保护行政主管部门责令其关闭,并处二万元以上十万元以下的罚款。

第七十八条　违反本法第三十二条第三款的规定,擅自拆除、闲置环境保护设施的,由县级以上地方人民政府环境保护行政主管部门责令重新安装使用,并处一万元以上十万元以下的罚款。

第七十九条　违反本法第三十九条第二款的规定,经中华人民共和国管辖海域,转移危险废物的,由国家海事行政主管部门责令非法运输该危险废物的船舶退出中华人民共和国管辖海域,并处五万元以上五十万元以下的罚款。

第八十条　违反本法第四十三条第一款的规定,未持有经审核和批准的环境影响报告书,兴建海岸工程建设项目的,由县级以上地方人民政府环境保护行政主管部门责令其停止违法行为和采取补救措施,并处五万元以上二十万元以下的罚款;或者按照管理权限,由县级以上地方人民政府责令其限期拆除。

第八十一条 违反本法第四十四条的规定，海岸工程建设项目未建成环境保护设施，或者环境保护设施未达到规定要求即投入生产、使用的，由环境保护行政主管部门责令其停止生产或者使用，并处二万元以上十万元以下的罚款。

第八十二条 违反本法第四十五条的规定，新建严重污染海洋环境的工业生产建设项目的，按照管理权限，由县级以上人民政府责令关闭。

第八十三条 违反本法第四十七条第一款、第四十八条的规定，进行海洋工程建设项目，或者海洋工程建设项目未建成环境保护设施、环境保护设施未达到规定要求即投入生产、使用的，由海洋行政主管部门责令其停止施工或者生产、使用，并处五万元以上二十万元以下的罚款。

第八十四条 违反本法第四十九条的规定，使用含超标准放射性物质或者易溶出有毒有害物质材料的，由海洋行政主管部门处五万元以下的罚款，并责令其停止该建设项目的运行，直到消除污染危害。

第八十五条 违反本法规定进行海洋石油勘探开发活动，造成海洋环境污染的，由国家海洋行政主管部门予以警告，并处二万元以上二十万元以下的罚款。

第八十六条 违反本法规定，不按照许可证的规定倾倒，或者向已经封闭的倾倒区倾倒废弃物的，由海洋行政主管部门予以警告，并处三万元以上二十万元以下的罚款；对情节严重的，可以暂扣或者吊销许可证。

第八十七条 违反本法第五十五条第三款的规定，将中华人民共和国境外废弃物运进中华人民共和国管辖海域倾倒的，由国家海洋行政主管部门予以警告，并根据造成或者可能造成的危害后果，处十万元以上一百万元以下的罚款。

第八十八条 违反本法规定，有下列行为之一的，由依照本法规定行使海洋环境监督管理权的部门予以警告，或者处以罚款：

（一）港口、码头、装卸站及船舶未配备防污设施、器材的；

（二）船舶未持有防污证书、防污文书，或者不按照规定记载排污记录的；

（三）从事水上和港区水域拆船、旧船改装、打捞和其他水上、水下施工作业，造成海洋环境污染损害的；

（四）船舶载运的货物不具备防污适运条件的。

有前款第（一）、（四）项行为之一的，处二万元以上十万元以下的罚款；有前款第（二）项行为的，处二万元以下的罚款；有前款第（三）项行为的，处五万元以上二十万元以下的罚款。

第八十九条 违反本法规定，船舶、石油平台和装卸油类的港口、码头、装卸站不编制溢油应急计划的，由依照本法规定行使海洋环境监督管理权的部门予以警告，或者责令限期改正。

第九十条 造成海洋环境污染损害的责任者，应当排除危害，并赔偿损失；完全由于第三者的故意或者过失，造成海洋环境污染损害的，由第三者排除危害，并承担赔偿责任。

对破坏海洋生态、海洋水产资源、海洋保护区，给国家造成重大损失的，由依照本法规定行使海洋环境监督管理权的部门代表国家对责任者提出损害赔偿要求。

第九十一条　对违反本法规定，造成海洋环境污染事故的单位，由依照本法规定行使海洋环境监督管理权的部门根据所造成的危害和损失处以罚款；负有直接责任的主管人员和其他直接责任人员属于国家工作人员的，依法给予行政处分。

前款规定的罚款数额按照直接损失的百分之三十计算，但最高不得超过三十万元。

对造成重大海洋环境污染事故，致使公私财产遭受重大损失或者人身伤亡严重后果的，依法追究刑事责任。

第九十二条　完全属于下列情形之一，经过及时采取合理措施，仍然不能避免对海洋环境造成污染损害的，造成污染损害的有关责任者免予承担责任：

（一）战争；

（二）不可抗拒的自然灾害；

（三）负责灯塔或者其他助航设备的主管部门，在执行职责时的疏忽，或者其他过失行为。

第九十三条　对违反本法第十一条、第十二条有关缴纳排污费、倾倒费和限期治理规定的行政处罚，由国务院规定。

第九十四条　海洋环境监督管理人员滥用职权、玩忽职守、徇私舞弊，造成海洋环境污染损害的，依法给予行政处分；构成犯罪的，依法追究刑事责任。

第十章　附　　则

第九十五条　本法中下列用语的含义是：

（一）海洋环境污染损害，是指直接或者间接地把物质或者能量引入海洋环境，产生损害海洋生物资源、危害人体健康、妨害渔业和海上其他合法活动、损害海水使用素质和减损环境质量等有害影响。

（二）内水，是指我国领海基线向内陆一侧的所有海域。

（三）滨海湿地，是指低潮时水深浅于六米的水域及其沿岸浸湿地带，包括水深不超过六米的永久性水域、潮间带（或洪泛地带）和沿海低地等。

（四）海洋功能区划，是指依据海洋自然属性和社会属性，以及自然资源和环境特定条件，界定海洋利用的主导功能和使用范畴。

（五）渔业水域，是指鱼虾类的产卵场、索饵场、越冬场、洄游通道和鱼虾贝藻类的养殖场。

（六）油类，是指任何类型的油及其炼制品。

（七）油性混合物，是指任何含有油份的混合物。

（八）排放，是指把污染物排入海洋的行为，包括泵出、溢出、泄出、喷出和倒出。

（九）陆地污染源（简称陆源），是指从陆地向海域排放污染物，造成或者可能造成海洋环境污染的场所、设施等。

（十）陆源污染物，是指由陆地污染源排放的污染物。

（十一）倾倒，是指通过船舶、航空器、平台或者其他载运工具，向海洋处置废弃物和其他有害物质的行为，包括弃置船舶、航空器、平台及其辅助设施和其他浮动工具的行为。

（十二）沿海陆域，是指与海岸相连，或者通过管道、沟渠、设施，直接或者间接向海洋排放污染物及其相关活动的一带区域。

（十三）海上焚烧，是指以热摧毁为目的，在海上焚烧设施上，故意焚烧废弃物或者其他物质的行为，但船舶、平台或者其他人工构造物正常操作中，所附带发生的行为除外。

第九十六条 涉及海洋环境监督管理的有关部门的具体职权划分，本法未作规定的，由国务院规定。

第九十七条 中华人民共和国缔结或者参加的与海洋环境保护有关的国际条约与本法有不同规定的，适用国际条约的规定；但是，中华人民共和国声明保留的条款除外。

第九十八条 本法自 2000 年 4 月 1 日起施行。

中华人民共和国环境噪声污染防治法

(1996年10月29日第八届全国人民代表大会常务委员会第二十二次会议通过，1996年10月29日中华人民共和国主席令第77号公布，自1997年3月1日起施行)

目　　录

第一章　总则
第二章　环境噪声污染防治的监督管理
第三章　工业噪声污染防治
第四章　建筑施工噪声污染防治
第五章　交通运输噪声污染防治
第六章　社会生活噪声污染防治
第七章　法律责任
第八章　附则

第一章　总　　则

第一条　为防治环境噪声污染，保护和改善生活环境，保障人体健康，促进经济和社会发展，制定本法。

第二条　本法所称环境噪声，是指在工业生产、建筑施工、交通运输和社会生活中所产生的干扰周围生活环境的声音。

本法所称环境噪声污染，是指所产生的环境噪声超过国家规定的环境噪声排放标准，并干扰他人正常生活、工作和学习的现象。

第三条　本法适用于中华人民共和国领域内环境噪声污染的防治。

因从事本职生产、经营工作受到噪声危害的防治，不适用本法。

第四条　国务院和地方各级人民政府应当将环境噪声污染防治工作纳入环境保护规划，并采取有利于声环境保护的经济、技术政策和措施。

第五条　地方各级人民政府在制定城乡建设规划时，应当充分考虑建设项目和区域开发、改造所产生的噪声对周围生活环境的影响，统筹规划，合理安排功能区和建设布局，防止或者减轻环境噪声污染。

第六条　国务院环境保护行政主管部门对全国环境噪声污染防治实施统一监督管理。

县级以上地方人民政府环境保护行政主管部门对本行政区域内的环境噪声污染防治实施统一监督管理。

各级公安、交通、铁路、民航等主管部门和港务监督机构，根据各自的职责，对交通运输和社会生活噪声污染防治实施监督管理。

第七条　任何单位和个人都有保护声环境的义务，并有权对造成环境噪声污染的单位和个人进行检举和控告。

第八条　国家鼓励、支持环境噪声污染防治的科学研究、技术开发，推广先进的防治技术和普及防治环境噪声污染的科学知识。

第九条 对在环境噪声污染防治方面成绩显著的单位和个人，由人民政府给予奖励。

第二章 环境噪声污染防治的监督管理

第十条 国务院环境保护行政主管部门分不同的功能区制定国家声环境质量标准。

县级以上地方人民政府根据国家声环境质量标准，划定本行政区域内各类声环境质量标准的适用区域，并进行管理。

第十一条 国务院环境保护行政主管部门根据国家声环境质量标准和国家经济、技术条件，制定国家环境噪声排放标准。

第十二条 城市规划部门在确定建设布局时，应当依据国家声环境质量标准和民用建筑隔声设计规范，合理划定建筑物与交通干线的防噪声距离，并提出相应的规划设计要求。

第十三条 新建、改建、扩建的建设项目，必须遵守国家有关建设项目环境保护管理的规定。

建设项目可能产生环境噪声污染的，建设单位必须提出环境影响报告书，规定环境噪声污染的防治措施，并按照国家规定的程序报环境保护行政主管部门批准。

环境影响报告书中，应当有该建设项目所在地单位和居民的意见。

第十四条 建设项目的环境噪声污染防治设施必须与主体工程同时设计、同时施工、同时投产使用。

建设项目在投入生产或者使用之前，其环境噪声污染防治设施必须经原审批环境影响报告书的环境保护行政主管部门验收；达不到国家规定要求的，该建设项目不得投入生产或者使用。

第十五条 产生环境噪声污染的企业事业单位，必须保持防治环境噪声污染的设施的正常使用；拆除或者闲置环境噪声污染防治设施的，必须事先报经所在地的县级以上地方人民政府环境保护行政主管部门批准。

第十六条 产生环境噪声污染的单位，应当采取措施进行治理，并按照国家规定缴纳超标准排污费。

征收的超标准排污费必须用于污染的防治，不得挪作他用。

第十七条 对于在噪声敏感建筑物集中区域内造成严重环境噪声污染的企业事业单位，限期治理。

被限期治理的单位必须按期完成治理任务。限期治理由县级以上人民政府按照国务院规定的权限决定。

对小型企业事业单位的限期治理，可以由县级以上人民政府在国务院规定的权限内授权其环境保护行政主管部门决定。

第十八条 国家对环境噪声污染严重的落后设备实行淘汰制度。

国务院经济综合主管部门应当会同国务院有关部门公布限期禁止生产、禁止销售、禁止进口的环境噪声污染严重的设备名录。

生产者、销售者或者进口者必须在国务院经济综合主管部门会同国务院有关部门规定的期限内分别停止生产、销售或者进口列入前款规定的名录中的设备。

第十九条 在城市范围内从事生产活动确需排放偶发性强烈噪声的，必须事先向当地公安机关提出申请，经批准后方可进行。当地公安机关应当向社会公告。

第二十条 国务院环境保护行政主管部门应当建立环境噪声监测制度，制定监测规范，并会同有关部门组织监测网络。

环境噪声监测机构应当按照国务院环境保护行政主管部门的规定报送环境噪声监测结果。

第二十一条 县级以上人民政府环境保护行政主管部门和其他环境噪声污染防治工作的监督管理部门、机构，有权依据各自的职责对管辖范围内排放环境噪声的单位进行现场检查。被检查的单位必须如实反映情况，并提供必要的资料。检查部门、机构应当为被检查的单位保守技术秘密和业务秘密。

检查人员进行现场检查，应当出示证件。

第三章 工业噪声污染防治

第二十二条 本法所称工业噪声，是指在工业生产活动中使用固定的设备时产生的干扰周围生活环境的声音。

第二十三条 在城市范围内向周围生活环境排放工业噪声的，应当符合国家规定的工业企业厂界环境噪声排放标准。

第二十四条 在工业生产中因使用固定的设备造成环境噪声污染的工业企业，必须按照国务院环境保护行政主管部门的规定，向所在地的县级以上地方人民政府环境保护行政主管部门申报拥有的造成环境噪声污染的设备的种类、数量以及在正常作业条件下所发出的噪声值和防治环境噪声污染的设施情况，并提供防治噪声污染的技术资料。

造成环境噪声污染的设备的种类、数量、噪声值和防治设施有重大改变的，必须及时申报，并采取应有的防治措施。

第二十五条 产生环境噪声污染的工业企业，应当采取有效措施，减轻噪声对周围生活环境的影响。

第二十六条 国务院有关主管部门对可能产生环境噪声污染的工业设备，应当根据声环境保护的要求和国家的经济、技术条件，逐步在依法制定的产品的国家标准、行业标准中规定噪声限值。

前款规定的工业设备运行时发出的噪声值，应当在有关技术文件中予以注明。

第四章 建筑施工噪声污染防治

第二十七条 本法所称建筑施工噪声，是指在建筑施工过程中产生的干扰周围生活环境的声音。

第二十八条 在城市市区范围内向周围生活环境排放建筑施工噪声的，应当符合国家规定的建筑施工场界环境噪声排放标准。

第二十九条 在城市市区范围内，建筑施工过程中使用机械设备，可能产生环境噪声污染的，施工单位必须在工程开工十五日以前向工程所在地县级以上地方人民政府环境保护行政主管部门申报该工程的项目名称、施工场所和期限、可能产生的环境噪声值以及所采取的环境噪声污染防治措施的情况。

第三十条 在城市市区噪声敏感建筑物集中区域内，禁止夜间进行产生环境噪声污染的建筑施工作业，但抢修、抢险作业和因生产工艺上要求或者特殊需要必须连续作业的除外。

因特殊需要必须连续作业的，必须有县级以上人民政府或者其有关主管部门的证明。

前款规定的夜间作业，必须公告附近居民。

第五章 交通运输噪声污染防治

第三十一条 本法所称交通运输噪声，是指机动车辆、铁路机车、机动船舶、航空器等交通运输工具在运行时所产生的干扰周围生活环境的声音。

第三十二条 禁止制造、销售或者进口超过规定的噪声限值的汽车。

第三十三条 在城市市区范围内行使的机动车辆的消声器和喇叭必须符合国家规定的要求。机动车辆必须加强维修和保养，保持技术性能良好，防治环境噪声污染。

第三十四条 机动车辆在城市市区范围内行驶，机动船舶在城市市区的内河航道航行，铁路机车驶经或者进入城市市区、疗养区时，必须按照规定使用声响装置。

警车、消防车、工程抢险车、救护车等机动车辆安装、使用警报器，必须符合国务院公安部门的规定；在执行非紧急任务时，禁止使用警报器。

第三十五条 城市人民政府公安机关可以根据本地城市市区区域声环境保护的需要，划定禁止机动车辆行驶和禁止其使用声响装置的路段和时间，并向社会公告。

第三十六条 建设经过已有的噪声敏感建筑物集中区域的高速公路和城市高架、轻轨道路，有可能造成环境噪声污染的，应当设置声屏障或者采取其他有效的控制环境噪声污染的措施。

第三十七条 在已有的城市交通干线的两侧建设噪声敏感建筑物的，建设单位应当按照国家规定间隔一定距离，并采取减轻、避免交通噪声影响的措施。

第三十八条 在车站、铁路编组站、港口、码头、航空港等地指挥作业时使用广播喇叭的，应当控制音量，减轻噪声对周围生活环境的影响。

第三十九条 穿越城市居民区、文教区的铁路，因铁路机车运行造成环境噪声污染的，当地城市人民政府应当组织铁路部门和其他有关部门，制定减轻环境噪声污染的规划。铁路部门和其他有关部门应当按照规划的要求，采取有效措施，减轻环境噪声污染。

第四十条 除起飞、降落或者依法规定的情形以外，民用航空器不得飞越城市市区上空。城市人民政府应当在航空器起飞、降落的净空周围划定限制建设噪声敏感建筑物的区域；在该区域内建设噪声敏感建筑物的，建设单位应当采取减轻、避免航空器运行时产生的噪声影响的措施。民航部门应当采取有效措施，减轻环境噪声污染。

第六章 社会生活噪声污染防治

第四十一条 本法所称社会生活噪声，是指人为活动所产生的除工业噪声、建筑施工噪声和交通运输噪声之外的干扰周围生活环境的声音。

第四十二条 在城市市区噪声敏感建筑物集中区域内，因商业经营活动中使用固定设备造成环境噪声污染的商业企业，必须按照国务院环境保护行政主管部门的规定，向所在地的县级以上地方人民政府环境保护行政主管部门申报拥有的造成环境噪声污染的设备的状况和防治环境噪声污染的设施的情况。

第四十三条 新建营业性文化娱乐场所的边界噪声必须符合国家规定的环境噪声排放标准;不符合国家规定的环境噪声排放标准的,文化行政主管部门不得核发文化经营许可证,工商行政管理部门不得核发营业执照。

经营中的文化娱乐场所,其经营管理者必须采取有效措施,使其边界噪声不超过国家规定的环境噪声排放标准。

第四十四条 禁止在商业经营活动中使用高音广播喇叭或者采用其他发出高噪声的方法招揽顾客。

在商业经营活动中使用空调器、冷却塔等可能产生环境噪声污染的设备、设施的,其经营管理者应当采取措施,使其边界噪声不超过国家规定的环境噪声排放标准。

第四十五条 禁止任何单位、个人在城市市区噪声敏感建设物集中区域内使用高音广播喇叭。

在城市市区街道、广场、公园等公共场所组织娱乐、集会等活动,使用音响器材可能产生干扰周围生活环境的过大音量的,必须遵守当地公安机关的规定。

第四十六条 使用家用电器、乐器或者进行其他家庭室内娱乐活动时,应当控制音量或者采取其他有效措施,避免对周围居民造成环境噪声污染。

第四十七条 在已竣工交付使用的住宅楼进行室内装修活动,应当限制作业时间,并采取其他有效措施,以减轻、避免对周围居民造成环境噪声污染。

第七章 法 律 责 任

第四十八条 违反本法第十四条的规定,建设项目中需要配套建设的环境噪声污染防治设施没有建成或者没有达到国家规定的要求,擅自投入生产或者使用的,由批准该建设项目的环境影响报告书的环境保护行政主管部门责令停止生产或者使用,可以并处罚款。

第四十九条 违反本法规定,拒报或者谎报规定的环境噪声排放申报事项的,县级以上地方人民政府环境保护行政主管部门可以根据不同情节,给予警告或者处以罚款。

第五十条 违反本法第十五条的规定,未经环境保护行政主管部门批准,擅自拆除或者闲置环境噪声污染防治设施,致使环境噪声排放超过规定标准的,由县级以上地方人民政府环境保护行政主管部门责令改正,并处罚款。

第五十一条 违反本法第十六条的规定,不按照国家规定缴纳超标准排污费的,县级以上地方人民政府环境保护行政主管部门可以根据不同情节,给予警告或者处以罚款。

第五十二条 违反本法第十七条的规定,对经限期治理逾期未完成治理任务的企业事业单位,除依照国家规定加收超标准排污费外,可以根据所造成的危害后果处以罚款,或者责令停业、搬迁、关闭。

前款规定的罚款由环境保护行政主管部门决定。责令停业、搬迁、关闭由县级以上人民政府按照国务院规定的权限决定。

第五十三条 违反本法第十八条的规定,生产、销售、进口禁止生产、销售、进口的设备的,由县级以上人民政府经济综合主管部门责令改正;情节严重的,由县级以上人民政府经济综合主管部门提出意见,报请同级人民政府按照国务院规定的权限责令停业、关闭。

第五十四条 违反本法第十九条的规定,未经当地公安机关批准,进行产生偶发性强烈噪声活动的,由公安机关根据不同情节给予警告或者处以罚款。

第五十五条 排放环境噪声的单位违反本法第二十一条的规定,拒绝环境保护行政主管部门或者其他依照本法规定行使环境噪声监督管理权的部门、机构现场检查或者在被检查时弄虚作假的,环境保护行政主管部门或者其他依照本法规定行使环境噪声监督管理权的监督管理部门、机构可以根据不同情节,给予警告或者处以罚款。

第五十六条 建筑施工单位违反本法第三十条第一款的规定,在城市市区噪声敏感建筑的集中区域内,夜间进行禁止进行的产生环境噪声污染的建筑施工作业的,由工程所在地县级以上地方人民政府环境保护行政主管部门责令改正,可以并处罚款。

第五十七条 违反本法第三十四条的规定,机动车辆不按照规定使用声响装置的,由当地公安机关根据不同情节给予警告或者处以罚款。

机动船舶有前款违法行为的,由港务监督机构根据不同情节给予警告或者处以罚款。

铁路机车有第一款违法行为的,由铁路主管部门对有关责任人员给予行政处分。

第五十八条 违反本法规定,有下列行为之一的,由公安机关给予警告,可以并处罚款:

(一)在城市市区噪声敏感建筑物集中区域内使用高音广播喇叭;

(二)违反当地公安机关的规定,在城市市区街道、广场、公园等公共场所组织娱乐、集会等活动,使用音响器材,产生干扰周围生活环境的过大音量的;

(三)未按本法第四十六条和第四十七条规定采取措施,从家庭室内发出严重干扰周围居民生活的环境噪声的。

第五十九条 违反本法第四十三条第二款、第四十四条第二款的规定,造成环境噪声污染的,由县级以上地方人民政府环境保护行政主管部门责令改正,可以并处罚款。

第六十条 违反本法第四十四条第一款的规定,造成环境噪声污染的,由公安机关责令改正,可以并处罚款。

省级以上人民政府依法决定由县级以上地方人民政府环境保护行政主管部门行使前款规定的行政处罚权的,从其决定。

第六十一条 受到环境噪声污染危害的单位和个人,有权要求加害人排除危害;造成损失的,依法赔偿损失。

赔偿责任和赔偿金额的纠纷,可以根据当事人的请求,由环境保护行政主管部门或者其他环境噪声污染防治工作的监督管理部门、机构调解处理;调解不成的,当事人可以向人民法院起诉。当事人也可以直接向人民法院起诉。

第六十二条 环境噪声污染防治监督管理人员滥用职权、玩忽职守、徇私舞弊的,由其所在单位或者上级主管机关给予行政处分;构成犯罪的,依法追究刑事责任。

第八章 附 则

第六十三条 本法中下列用语的含义是:

(一)"噪声排放"是指噪声源向周围生活环境辐射噪声。

(二)"噪声敏感建筑物"是指医院、学校、机关、科研单位、住宅等需要保持安静的建筑物。

(三)"噪声敏感建筑物集中区域"是指医疗区、文教科研区和以机关或者居民住宅为主的区域。

（四）"夜间"是指晚二十二点至晨六点之间的期间。

（五）"机动车辆"是指汽车和摩托车。

第六十四条 本法自1997年3月1日起施行。1989年9月26日国务院发布的《中华人民共和国环境噪声污染防治条例》同时废止。

附：

中华人民共和国城市区域环境噪声标准

1　主题内容与适用范围

本标准规定了城市五类区域的环境噪声最高限值。

本标准适用于城市区域。乡村生活区域可参照本标准执行。

2　标准值

城市5类环境噪声标准值如下：

类别	昼间	夜间
0类	50分贝	40分贝
1类	55分贝	45分贝
2类	60分贝	50分贝
3类	65分贝	55分贝
4类	70分贝	55分贝

3　各类标准的适用区域

（1）0类标准适用于疗养区、高级别墅区、高级宾馆区等特别需要安静的区域。位于城郊和乡村的这一类区域分别按严于0类标准5分贝执行。

（2）1类标准适用于以居住、文教机关为主的区域。乡村居住环境可参照执行该类标准。

（3）2类标准适用于居住、商业、工业混杂区。

（4）3类标准适用于工业区。

（5）4类标准适用于城市中的道路交通干线道路两侧区域，穿越城区的内河航道两侧区域。穿越城区的铁路主、次干线两侧区域的背景噪声（指不通过列车时的噪声水平）限值也执行该类标准。

4　夜间突发噪声

夜间突发的噪声，其最大值不准超过标准值15分贝。

中华人民共和国工业企业厂界噪声标准

1. 标准的适用范围

本标准适用于工厂及有可能造成噪声污染的企事业单位的边界。

2. 标准值

各类厂界噪声标准值如下：

类别	昼间	夜间
一类	55分贝	45分贝

二类	60 分贝	50 分贝
三类	65 分贝	55 分贝
四类	70 分贝	55 分贝

3. 各类标准适用范围的划定

一类标准适用于以居住、文教机关为主的区域。

二类标准适用于居住、商业、工业混杂区及商业中心区。

三类标准适用于工业区。

四类标准适用于交通干线道路两侧区域。

4. 各类标准适用范围由地方人民政府划定。

5. 夜间频繁突发的噪声（如排气噪声）。其峰值不准超过标准值 10 分贝，夜间偶然突发的噪声（如短促鸣笛声），其峰值不准超过标准值 15 分贝。

规划环境影响评价条例

(2009年8月12日国务院第76次常务会议通过,2009年8月17日中华人民共和国国务院令第559号公布,自2009年10月1日起施行)

目 录

第一章　总则
第二章　评价
第三章　审查
第四章　跟踪评价
第五章　法律责任
第六章　附则

第一章　总　　则

第一条　为了加强对规划的环境影响评价工作,提高规划的科学性,从源头预防环境污染和生态破坏,促进经济、社会和环境的全面协调可持续发展,根据《中华人民共和国环境影响评价法》,制定本条例。

第二条　国务院有关部门、设区的市级以上地方人民政府及其有关部门,对其组织编制的土地利用的有关规划和区域、流域、海域的建设、开发利用规划(以下称综合性规划),以及工业、农业、畜牧业、林业、能源、水利、交通、城市建设、旅游、自然资源开发的有关专项规划(以下称专项规划),应当进行环境影响评价。

依照本条第一款规定应当进行环境影响评价的规划的具体范围,由国务院环境保护主管部门会同国务院有关部门拟订,报国务院批准后执行。

第三条　对规划进行环境影响评价,应当遵循客观、公开、公正的原则。

第四条　国家建立规划环境影响评价信息共享制度。

县级以上人民政府及其有关部门应当对规划环境影响评价所需资料实行信息共享。

第五条　规划环境影响评价所需的费用应当按照预算管理的规定纳入财政预算,严格支出管理,接受审计监督。

第六条　任何单位和个人对违反本条例规定的行为或者对规划实施过程中产生的重大不良环境影响,有权向规划审批机关、规划编制机关或者环境保护主管部门举报。有关部门接到举报后,应当依法调查处理。

第二章　评　　价

第七条　规划编制机关应当在规划编制过程中对规划组织进行环境影响评价。

第八条　对规划进行环境影响评价,应当分析、预测和评估以下内容:

(一)规划实施可能对相关区域、流域、海域生态系统产生的整体影响;

(二)规划实施可能对环境和人群健康产生的长远影响;

(三)规划实施的经济效益、社会效益与环境效益之间以及当前利益与长远利益之间的关系。

第九条 对规划进行环境影响评价，应当遵守有关环境保护标准以及环境影响评价技术导则和技术规范。

规划环境影响评价技术导则由国务院环境保护主管部门会同国务院有关部门制定；规划环境影响评价技术规范由国务院有关部门根据规划环境影响评价技术导则制定，并抄送国务院环境保护主管部门备案。

第十条 编制综合性规划，应当根据规划实施后可能对环境造成的影响，编写环境影响篇章或者说明。

编制专项规划，应当在规划草案报送审批前编制环境影响报告书。编制专项规划中的指导性规划，应当依照本条第一款规定编写环境影响篇章或者说明。

本条第二款所称指导性规划是指以发展战略为主要内容的专项规划。

第十一条 环境影响篇章或者说明应当包括下列内容：

（一）规划实施对环境可能造成影响的分析、预测和评估。主要包括资源环境承载能力分析、不良环境影响的分析和预测以及与相关规划的环境协调性分析。

（二）预防或者减轻不良环境影响的对策和措施。主要包括预防或者减轻不良环境影响的政策、管理或者技术等措施。

环境影响报告书除包括上述内容外，还应当包括环境影响评价结论。主要包括规划草案的环境合理性和可行性，预防或者减轻不良环境影响的对策和措施的合理性和有效性，以及规划草案的调整建议。

第十二条 环境影响篇章或者说明、环境影响报告书（以下称环境影响评价文件），由规划编制机关编制或者组织规划环境影响评价技术机构编制。规划编制机关应当对环境影响评价文件的质量负责。

第十三条 规划编制机关对可能造成不良环境影响并直接涉及公众环境权益的专项规划，应当在规划草案报送审批前，采取调查问卷、座谈会、论证会、听证会等形式，公开征求有关单位、专家和公众对环境影响报告书的意见。但是，依法需要保密的除外。

有关单位、专家和公众的意见与环境影响评价结论有重大分歧的，规划编制机关应当采取论证会、听证会等形式进一步论证。

规划编制机关应当在报送审查的环境影响报告书中附具对公众意见采纳与不采纳情况及其理由的说明。

第十四条 对已经批准的规划在实施范围、适用期限、规模、结构和布局等方面进行重大调整或者修订的，规划编制机关应当依照本条例的规定重新或者补充进行环境影响评价。

第三章 审 查

第十五条 规划编制机关在报送审批综合性规划草案和专项规划中的指导性规划草案时，应当将环境影响篇章或者说明作为规划草案的组成部分一并报送规划审批机关。未编写环境影响篇章或者说明的，规划审批机关应当要求其补充；未补充的，规划审批机关不予审批。

第十六条 规划编制机关在报送审批专项规划草案时，应当将环境影响报告书一并附送规划审批机关审查；未附送环境影响报告书的，规划审批机关应当要求其补充；未补充的，规划审批机关不予审批。

第十七条 设区的市级以上人民政府审批的专项规划，在审批前由其环境保护主管部门召集有关部门代表和专家组成审查小组，对环境影响报告书进行审查。审查小组应当提交书面审查意见。

省级以上人民政府有关部门审批的专项规划，其环境影响报告书的审查办法，由国务院环境保护主管部门会同国务院有关部门制定。

第十八条 审查小组的专家应当从依法设立的专家库内相关专业的专家名单中随机抽取。但是，参与环境影响报告书编制的专家，不得作为该环境影响报告书审查小组的成员。

审查小组中专家人数不得少于审查小组总人数的二分之一；少于二分之一的，审查小组的审查意见无效。

第十九条 审查小组的成员应当客观、公正、独立地对环境影响报告书提出书面审查意见，规划审批机关、规划编制机关、审查小组的召集部门不得干预。

审查意见应当包括下列内容：

（一）基础资料、数据的真实性；

（二）评价方法的适当性；

（三）环境影响分析、预测和评估的可靠性；

（四）预防或者减轻不良环境影响的对策和措施的合理性和有效性；

（五）公众意见采纳与不采纳情况及其理由的说明的合理性；

（六）环境影响评价结论的科学性。

审查意见应当经审查小组四分之三以上成员签字同意。审查小组成员有不同意见的，应当如实记录和反映。

第二十条 有下列情形之一的，审查小组应当提出对环境影响报告书进行修改并重新审查的意见：

（一）基础资料、数据失实的；

（二）评价方法选择不当的；

（三）对不良环境影响的分析、预测和评估不准确、不深入，需要进一步论证的；

（四）预防或者减轻不良环境影响的对策和措施存在严重缺陷的；

（五）环境影响评价结论不明确、不合理或者错误的；

（六）未附具对公众意见采纳与不采纳情况及其理由的说明，或者不采纳公众意见的理由明显不合理的；

（七）内容存在其他重大缺陷或者遗漏的。

第二十一条 有下列情形之一的，审查小组应当提出不予通过环境影响报告书的意见：

（一）依据现有知识水平和技术条件，对规划实施可能产生的不良环境影响的程度或者范围不能作出科学判断的；

（二）规划实施可能造成重大不良环境影响，并且无法提出切实可行的预防或者减轻对策和措施的。

第二十二条　规划审批机关在审批专项规划草案时，应当将环境影响报告书结论以及审查意见作为决策的重要依据。

规划审批机关对环境影响报告书结论以及审查意见不予采纳的，应当逐项就不予采纳的理由作出书面说明，并存档备查。有关单位、专家和公众可以申请查阅；但是，依法需要保密的除外。

第二十三条　已经进行环境影响评价的规划包含具体建设项目的，规划的环境影响评价结论应当作为建设项目环境影响评价的重要依据，建设项目环境影响评价的内容可以根据规划环境影响评价的分析论证情况予以简化。

第四章　跟　踪　评　价

第二十四条　对环境有重大影响的规划实施后，规划编制机关应当及时组织规划环境影响的跟踪评价，将评价结果报告规划审批机关，并通报环境保护等有关部门。

第二十五条　规划环境影响的跟踪评价应当包括下列内容：

（一）规划实施后实际产生的环境影响与环境影响评价文件预测可能产生的环境影响之间的比较分析和评估；

（二）规划实施中所采取的预防或者减轻不良环境影响的对策和措施有效性的分析和评估；

（三）公众对规划实施所产生的环境影响的意见；

（四）跟踪评价的结论。

第二十六条　规划编制机关对规划环境影响进行跟踪评价，应当采取调查问卷、现场走访、座谈会等形式征求有关单位、专家和公众的意见。

第二十七条　规划实施过程中产生重大不良环境影响的，规划编制机关应当及时提出改进措施，向规划审批机关报告，并通报环境保护等有关部门。

第二十八条　环境保护主管部门发现规划实施过程中产生重大不良环境影响的，应当及时进行核查。经核查属实的，向规划审批机关提出采取改进措施或者修订规划的建议。

第二十九条　规划审批机关在接到规划编制机关的报告或者环境保护主管部门的建议后，应当及时组织论证，并根据论证结果采取改进措施或者对规划进行修订。

第三十条　规划实施区域的重点污染物排放总量超过国家或者地方规定的总量控制指标的，应当暂停审批该规划实施区域内新增该重点污染物排放总量的建设项目的环境影响评价文件。

第五章　法　律　责　任

第三十一条　规划编制机关在组织环境影响评价时弄虚作假或者有失职行为，造成环境影响评价严重失实的，对直接负责的主管人员和其他直接责任人员，依法给予处分。

第三十二条　规划审批机关有下列行为之一的，对直接负责的主管人员和其他直接责任人员，依法给予处分：

（一）对依法应当编写而未编写环境影响篇章或者说明的综合性规划草案和专项规划中的指导性规划草案，予以批准的；

（二）对依法应当附送而未附送环境影响报告书的专项规划草案，或者对环境影响报告书未经审查小组审查的专项规划草案，予以批准的。

第三十三条　审查小组的召集部门在组织环境影响报告书审查时弄虚作假或者滥用职权，造成环境影响评价严重失实的，对直接负责的主管人员和其他直接责任人员，依法给予处分。

审查小组的专家在环境影响报告书审查中弄虚作假或者有失职行为，造成环境影响评价严重失实的，由设立专家库的环境保护主管部门取消其入选专家库的资格并予以公告；审查小组的部门代表有上述行为的，依法给予处分。

第三十四条　规划环境影响评价技术机构弄虚作假或者有失职行为，造成环境影响评价文件严重失实的，由国务院环境保护主管部门予以通报，处所收费用 1 倍以上 3 倍以下的罚款；构成犯罪的，依法追究刑事责任。

第六章　附　　则

第三十五条　省、自治区、直辖市人民政府可以根据本地的实际情况，要求本行政区域内的县级人民政府对其组织编制的规划进行环境影响评价。具体办法由省、自治区、直辖市参照《中华人民共和国环境影响评价法》和本条例的规定制定。

第三十六条　本条例自 2009 年 10 月 1 日起施行。

中华人民共和国自然保护区条例

(1994年9月2日国务院第24次常务会议讨论通过，1994年10月9日中华人民共和国国务院令第167号发布)

目 录

第一章　总则
第二章　自然保护区的建设
第三章　自然保护区的管理
第四章　法律责任
第五章　附则

第一章 总 则

第一条　为了加强自然保护区的建设和管理，保护自然环境和自然资源，制定本条例。

第二条　本条例所称自然保护区，是指对有代表性的自然生态系统、珍稀濒危野生动植物物种的天然集中分布区、有特殊意义的自然遗迹等保护对象所在的陆地、陆地水体或者海域，依法划出一定面积予以特殊保护和管理的区域。

第三条　凡在中华人民共和国领域和中华人民共和国管辖的其他海域内建设和管理自然保护区，必须遵守本条例。

第四条　国家采取有利于发展自然保护区的经济、技术政策和措施，将自然保护区的发展规划纳入国民经济和社会发展计划。

第五条　建设和管理自然保护区，应当妥善处理与当地经济建设和居民生产、生活的关系。

第六条　自然保护区管理机构或者其行政主管部门可以接受国内外组织和个人的捐赠，用于自然保护区的建设和管理。

第七条　县级以上人民政府应当加强对自然保护区工作的领导。

一切单位和个人都有保护自然保护区内自然环境和自然资源的义务，并有权对破坏、侵占自然保护区的单位和个人进行检举、控告。

第八条　国家对自然保护区实行综合管理与分部门管理相结合的管理体制。

国务院环境保护行政主管部门负责全国自然保护区的综合管理。

国务院林业、农业、地质矿产、水利、海洋等有关行政主管部门在各自的职责范围内，主管有关的自然保护区。

县级以上地方人民政府负责自然保护区管理的部门的设置和职责，由省、自治区、直辖市人民政府根据当地具体情况确定。

第九条　对建设、管理自然保护区以及在有关的科学研究中做出显著成绩的单位和个人，由人民政府给予奖励。

第二章 自然保护区的建设

第十条 凡具有下列条件之一的,应当建立自然保护区:

(一) 典型的自然地理区域、有代表性的自然生态系统区域以及已经遭受破坏但经保护能够恢复的同类自然生态系统区域;

(二) 珍稀、濒危野生动植物物种的天然集中分布区域;

(三) 具有特殊保护价值的海域、海岸、岛屿、湿地、内陆水域、森林、草原和荒漠;

(四) 具有重大科学文化价值的地质构造、著名溶洞、化石分布区、冰川、火山、温泉等自然遗迹;

(五) 经国务院或者省、自治区、直辖市人民政府批准,需要予以特殊保护的其他自然区域。

第十一条 自然保护区分为国家级自然保护区和地方级自然保护区。

在国内外有典型意义、在科学上有重大国际影响或者有特殊科学研究价值的自然保护区,列为国家级自然保护区。

除列为国家级自然保护区的外,其他具有典型意义或者重要科学研究价值的自然保护区列为地方级自然保护区。地方级自然保护区可以分级管理,具体办法由国务院有关自然保护区行政主管部门或者省、自治区、直辖市人民政府根据实际情况规定,报国务院环境保护行政主管部门备案。

第十二条 国家级自然保护区的建立,由自然保护区所在的省、自治区、直辖市人民政府或者国务院有关自然保护区行政主管部门提出申请,经国家级自然保护区评审委员会评审后,由国务院环境保护行政主管部门进行协调并提出审批建议,报国务院批准。

地方级自然保护区的建立,由自然保护区所在的县、自治县、市、自治州人民政府或者省、自治区、直辖市人民政府有关自然保护区行政主管部门提出申请,经地方级自然保护区评审委员会评审后,由省、自治区、直辖市人民政府环境保护行政主管部门进行协调并提出审批建议,报省、自治区、直辖市人民政府批准,并报国务院环境保护行政主管部门和国务院有关自然保护区行政主管部门备案。

跨两个以上行政区域的自然保护区的建立,由有关行政区域的人民政府协商一致后提出申请,并按照前两款规定的程序审批。

建立海上自然保护区,须经国务院批准。

第十三条 申请建立自然保护区,应当按照国家有关规定填报建立自然保护区申报书。

第十四条 自然保护区的范围和界线由批准建立自然保护区的人民政府确定,并标明区界,予以公告。

确定自然保护区的范围和界线,应当兼顾保护对象的完整性和适度性,以及当地经济建设和居民生产、生活的需要。

第十五条 自然保护区的撤销及其性质、范围、界线的调整或者改变,应当经原批准建立自然保护区的人民政府批准。

任何单位和个人,不得擅自移动自然保护区的界标。

第十六条 自然保护区按照下列方法命名:

国家级自然保护区：自然保护区所在地地名加"国家级自然保护区"。

地方级自然保护区：自然保护区所在地地名加"地方级自然保护区"。

有特殊保护对象的自然保护区，可以在自然保护区所在地地名后加特殊保护对象的名称。

第十七条 国务院环境保护行政主管部门应当会同国务院有关自然保护区行政主管部门，在对全国自然环境和自然资源状况进行调查和评价的基础上，拟订国家自然保护区发展规划，经国务院计划部门综合平衡后，报国务院批准实施。

自然保护区管理机构或者该自然保护区行政主管部门应当组织编制自然保护区的建设规划，按照规定的程序纳入国家的、地方的或者部门的投资计划，并组织实施。

第十八条 自然保护区可以分为核心区、缓冲区和实验区。

自然保护区内保存完好的天然状态的生态系统以及珍稀、濒危动植物的集中分布地，应当划为核心区，禁止任何单位和个人进入；除依照本条例第二十七条的规定经批准外，也不允许进入从事科学研究活动。

核心区外围可以划定一定面积的缓冲区，只准进入从事科学研究观测活动。

缓冲区外围划为实验区，可以进入从事科学试验、教学实习、参观考察、旅游以及驯化、繁殖珍稀、濒危野生动植物等活动。

原批准建立自然保护区的人民政府认为必要时，可以在自然保护区的外围划定一定面积的外围保护地带。

第三章 自然保护区的管理

第十九条 全国自然保护区管理的技术规范和标准，由国务院环境保护行政主管部门组织国务院有关自然保护区行政主管部门制定。

国务院有关自然保护区行政主管部门可以按照职责分工，制定有关类型自然保护区管理的技术规范，报国务院环境保护行政主管部门备案。

第二十条 县级以上人民政府环境保护行政主管部门有权对本行政区域内各类自然保护区的管理进行监督检查；县级以上人民政府有关自然保护区行政主管部门有权对其主管的自然保护区的管理进行监督检查。被检查的单位应当如实反映情况，提供必要的资料。检查者应当为被检查的单位保守技术秘密和业务秘密。

第二十一条 国家级自然保护区，由其所在地的省、自治区、直辖市人民政府有关自然保护区行政主管部门或者国务院有关自然保护区行政主管部门管理。地方级自然保护区，由其所在地的县级以上地方人民政府有关自然保护区行政主管部门管理。

有关自然保护区行政主管部门应当在自然保护区内设立专门的管理机构，配备专业技术人员，负责自然保护区的具体管理工作。

第二十二条 自然保护区管理机构的主要职责是：

（一）贯彻执行国家有关自然保护的法律、法规和方针、政策；

（二）制定自然保护区的各项管理制度，统一管理自然保护区；

（三）调查自然资源并建立档案，组织环境监测，保护自然保护区内的自然环境和自然资源；

（四）组织或者协助有关部门开展自然保护区的科学研究工作；

（五）进行自然保护的宣传教育；

（六）在不影响保护自然保护区的自然环境和自然资源的前提下，组织开展参观、旅游等活动。

第二十三条 管理自然保护区所需经费，由自然保护区所在地的县级以上地方人民政府安排。国家对国家级自然保护区的管理，给予适当的资金补助。

第二十四条 自然保护区所在地的公安机关，可以根据需要在自然保护区设置公安派出机构，维护自然保护区内的治安秩序。

第二十五条 在自然保护区内的单位、居民和经批准进入自然保护区的人员，必须遵守自然保护区的各项管理制度，接受自然保护区管理机构的管理。

第二十六条 禁止在自然保护区内进行砍伐、放牧、狩猎、捕捞、采药、开垦、烧荒、开矿、采石、挖沙等活动；但是，法律、行政法规另有规定的除外。

第二十七条 禁止任何人进入自然保护区的核心区。因科学研究的需要，必须进入核心区从事科学研究观测、调查活动的，应当事先向自然保护区管理机构提交申请和活动计划，并经省级以上人民政府有关自然保护区行政主管部门批准；其中，进入国家级自然保护区核心区的，必须经国务院有关自然保护区行政主管部门批准。

自然保护区核心区内原有居民确有必要迁出的，由自然保护区所在地的地方人民政府予以妥善安置。

第二十八条 禁止在自然保护区的缓冲区开展旅游和生产经营活动。因教学科研的目的，需要进入自然保护区的缓冲区从事非破坏性的科学研究、教学实习和标本采集活动的，应当事先向自然保护区管理机构提交申请和活动计划，经自然保护区管理机构批准。

从事前款活动的单位和个人，应当将其活动成果的副本提交自然保护区管理机构。

第二十九条 在国家级自然保护区的实验区开展参观、旅游活动的，由自然保护区管理机构提出方案，经省、自治区、直辖市人民政府有关自然保护区行政主管部门审核后，报国务院有关自然保护区行政主管部门批准；在地方级自然保护区的实验区开展参观、旅游活动的，由自然保护区管理机构提出方案，经省、自治区、直辖市人民政府有关自然保护区行政主管部门批准。

在自然保护区组织参观、旅游活动的，必须按照批准的方案进行，并加强管理；进入自然保护区参观、旅游的单位和个人，应当服从自然保护区管理机构的管理。

严禁开设与自然保护区保护方向不一致的参观、旅游项目。

第三十条 自然保护区的内部未分区的，依照本条例有关核心区和缓冲区的规定管理。

第三十一条 外国人进入地方级自然保护区的，接待单位应当事先报经省、自治区、直辖市人民政府有关自然保护区行政主管部门批准；进入国家级自然保护区的，接待单位应当报经国务院有关自然保护区行政主管部门批准。

进入自然保护区的外国人，应当遵守有关自然保护区的法律、法规和规定。

第三十二条 在自然保护区的核心区和缓冲区内，不得建设任何生产设施。在自然保护区的实验区内，不得建设污染环境、破坏资源或者景观的生产设施；建设其他项目，其污染物排放不得超过国家和地方规定的污染物排放标准。在自然保护区的实验区内已经建成的设施，其污染物排放超过国家和地方规定的排放标准的，应当限期治理；造成损害的，必须采取补救措施。

在自然保护区的外围保护地带建设的项目，不得损害自然保护区内的环境质量；已造成损害的，应当限期治理。

限期治理决定由法律、法规规定的机关作出，被限期治理的企业事业单位必须按期完成治理任务。

第三十三条 因发生事故或者其他突然性事件，造成或者可能造成自然保护区污染或者破坏的单位和个人，必须立即采取措施处理，及时通报可能受到危害的单位和居民，并向自然保护区管理机构、当地环境保护行政主管部门和自然保护区行政主管部门报告，接受调查处理。

第四章 法律责任

第三十四条 违反本条例规定，有下列行为之一的单位和个人，由自然保护区管理机构责令其改正，并可以根据不同情节处以100元以上5000元以下的罚款：

（一）擅自移动或者破坏自然保护区界标的；

（二）未经批准进入自然保护区或者在自然保护区内不服从管理机构管理的；

（三）经批准在自然保护区的缓冲区内从事科学研究、教学实习和标本采集的单位和个人，不向自然保护区管理机构提交活动成果副本的。

第三十五条 违反本条例规定，在自然保护区进行砍伐、放牧、狩猎、捕捞、采药、开垦、烧荒、开矿、采石、挖沙等活动的单位和个人，除可以依照有关法律、行政法规规定给予处罚的以外，由县级以上人民政府有关自然保护区行政主管部门或者其授权的自然保护区管理机构没收违法所得，责令停止违法行为，限期恢复原状或者采取其他补救措施；对自然保护区造成破坏的，可以处以300元以上10000元以下的罚款。

第三十六条 自然保护区管理机构违反本条例规定，拒绝环境保护行政主管部门或者有关自然保护区行政主管部门监督检查，或者在被检查时弄虚作假的，由县级以上人民政府环境保护行政主管部门或者有关自然保护区行政主管部门给予300元以上3000元以下的罚款。

第三十七条 自然保护区管理机构违反本条例规定，有下列行为之一的，由县级以上人民政府有关自然保护区行政主管部门责令限期改正；对直接责任人员，由其所在单位或者上级机关给予行政处分：

（一）未经批准在自然保护区开展参观、旅游活动的；

（二）开设与自然保护区保护方向不一致的参观、旅游项目的；

（三）不按照批准的方案开展参观、旅游活动的。

第三十八条 违反本条例规定，给自然保护区造成损失的，由县级以上人民政府有关自然保护区行政主管部门责令赔偿损失。

第三十九条 妨碍自然保护区管理人员执行公务的，由公安机关依照《中华人民共和国治安管理处罚条例》的规定给予处罚；情节严重，构成犯罪的，依法追究刑事责任。

第四十条 违反本条例规定，造成自然保护区重大污染或者破坏事故，导致公私财产重大损失或者人身伤亡的严重后果，构成犯罪的，对直接负责的主管人员和其他直接责任人员依法追究刑事责任。

第四十一条 自然保护区管理人员滥用职权、玩忽职守、徇私舞弊,构成犯罪的,依法追究刑事责任;情节轻微,尚不构成犯罪的,由其所在单位或者上级机关给予行政处分。

第五章 附 则

第四十二条 国务院有关自然保护区行政主管部门可以根据本条例,制定有关类型自然保护区的管理办法。

第四十三条 各省、自治区、直辖市人民政府可以根据本条例,制定实施办法。

第四十四条 本条例自1994年12月1日起施行。

参 考 文 献

[1] 夏云．生态与可持续建筑．北京：中国建筑工业出版社，2001．
[2] 吴良镛．人居环境科学导论．北京：中国建筑工业出版社，2001．
[3] 姚先成．建筑工程与环境保护．北京：中国建筑工业出版社，2005．
[4] 钟华楠，张钦楠．全球化可持续发展跨文化建筑．北京：中国建筑工业出版社，2007．
[5] 陈仁．环境法概论．北京：法律出版社，1996．
[6] 汪劲．环境法律的理念与价值追求．北京：法律出版社，2000．
[7] 周珂．生态环境法论．北京：法律出版社，2001．
[8] 王曦．国际环境法与比较环境法评论．北京：法律出版社，2005．
[9] 韩德培．环境保护法教程．北京：法律出版社，2007．
[10] 吴卫星．环境权研究．北京：法律出版社，2007．
[11] 刘国涛．环境与资源保护法学．北京：中国法制出版社，2004．
[12] 百平则．人与自然和谐关系的构建——环境法基本问题的研究．北京：中国法制出版社，2006．
[13] 张梓太．环境法律责任研究．北京：商务印书馆，2004．
[14] 刘建辉．环境法价值论．北京：人民出版社，2006．
[15] 杨兴、谭涌涛．环境犯罪专论．北京：知识产权出版社，2007．
[16] 杨春洗．危害环境罪的理论与实务．北京：高等教育出版社，1999．
[17] 郭怀成．环境规划学．北京：高等教育出版社，2003．
[18] 汪劲．中国环境法原理．北京：北京大学出版社，2000．
[19] 汪劲．中外环境影响评介制度比较研究．北京：北京大学出版社，2006．
[20] 刘飞．城市规划行政法．北京：北京大学出版社，2007．
[21] 张梓太．环境法法典化研究．北京：北京大学出版社，2008．
[22] 吕忠梅．环境法导论．北京：北京大学出版社，2008．
[23] 吕忠梅．环境法新视野（修订版）．北京：中国政法大学出版社，2007．
[24] 中新环境管理咨询有限公司．外国环境法选编．北京：中国政法大学出版社，2000．
[25] （日）浅见泰司．居住环境评介方法与理论．北京：清华大学出版社，2006．
[26] （日）加腾一郎，王家福．民法和环境法的诸问题．北京：中国人民大学出版社，1995．
[27] （英）Randall Mcmullan．建筑环境学．张振南，李溯译．北京：机械工业出版社，2003．
[28] 吕忠梅．环境法新视野．北京：中国政法大学出版社，2000．
[29] 宋德萱．建筑环境控制学．南京：东南大学出版社，2003．
[30] 赵学清．生态环境保护的国际法理论与实践．厦门：厦门大学出版社，2006．
[31] 陈凯峰．建筑文化学．上海：同济大学出版社，1996．
[32] 刘文华．环境损害赔偿．北京：中国经济出版社，1997．
[33] 高家伟．欧洲环境法．北京：工商出版社，2000．
[34] 尚金城．环境规划与管理．北京：科学出版社，2005．
[35] 白志刚，邱莉莉．外国城市环境与保护研究．北京：世界知识出版社，2005．
[36] 步士全．环境法法规与标准．北京：北京化学工业出版社，2006．

[37] 李白战．绿色环境概论．北京：化学工业出版社，2007．
[38] 国务院法制办农业资源环保法制司、住房和城乡建设部法规司、建筑节能与科技司．民用建筑节能条例．北京：知识产权出版社，2008．
[39] 中国环境报（2007年6月～2009年6月）．
[40] 生态环境与保护（2008年1月～2009年6月）．
[41] 环境与可持续发展（2008年1月～2009年6月）．
[42] 城市与环境（2008年1月～2009年6月）．
[43] 建筑学报（2008年1月～2009年8月）．
[44] 城市发展研究（2008年6月～2009年8月）．

说明：其他参考文献见书中注释。

尊敬的读者：

感谢您选购我社图书！建工版图书按图书销售分类在卖场上架，共设22个一级分类及43个二级分类，根据图书销售分类选购建筑类图书会节省您的大量时间。现将建工版图书销售分类及与我社联系方式介绍给您，欢迎随时与我们联系。

★ 建工版图书销售分类表（详见下表）。

★ 欢迎登陆中国建筑工业出版社网站www.cabp.com.cn，本网站为您提供建工版图书信息查询，网上留言、购书服务，并邀请您加入网上读者俱乐部。

★ 中国建筑工业出版社总编室　电　话：010—58934845
　　　　　　　　　　　　　　　传　真：010—68321361

★ 中国建筑工业出版社发行部　电　话：010—58933865
　　　　　　　　　　　　　　　传　真：010—68325420
　　　　　　　　　　　　　　　E-mail：hbw@cabp.com.cn

建工版图书销售分类表

一级分类名称（代码）	二级分类名称（代码）	一级分类名称（代码）	二级分类名称（代码）
建筑学（A）	建筑历史与理论（A10）	园林景观（G）	园林史与园林景观理论（G10）
	建筑设计（A20）		园林景观规划与设计（G20）
	建筑技术（A30）		环境艺术设计（G30）
	建筑表现·建筑制图（A40）		园林景观施工（G40）
	建筑艺术（A50）		园林植物与应用（G50）
建筑设备·建筑材料（F）	暖通空调（F10）	城乡建设·市政工程·环境工程（B）	城镇与乡（村）建设（B10）
	建筑给水排水（F20）		道路桥梁工程（B20）
	建筑电气与建筑智能化技术（F30）		市政给水排水工程（B30）
	建筑节能·建筑防火（F40）		市政供热、供燃气工程（B40）
	建筑材料（F50）		环境工程（B50）
城市规划·城市设计（P）	城市史与城市规划理论（P10）	建筑结构与岩土工程（S）	建筑结构（S10）
	城市规划与城市设计（P20）		岩土工程（S20）
室内设计·装饰装修（D）	室内设计与表现（D10）	建筑施工·设备安装技术（C）	施工技术（C10）
	家具与装饰（D20）		设备安装技术（C20）
	装修材料与施工（D30）		工程质量与安全（C30）
建筑工程经济与管理（M）	施工管理（M10）	房地产开发管理（E）	房地产开发与经营（E10）
	工程管理（M20）		物业管理（E20）
	工程监理（M30）	辞典·连续出版物（Z）	辞典（Z10）
	工程经济与造价（M40）		连续出版物（Z20）
艺术·设计（K）	艺术（K10）	旅游·其他（Q）	旅游（Q10）
	工业设计（K20）		其他（Q20）
	平面设计（K30）	土木建筑计算机应用系列（J）	
执业资格考试用书（R）		法律法规与标准规范单行本（T）	
高校教材（V）		法律法规与标准规范汇编/大全（U）	
高职高专教材（X）		培训教材（Y）	
中职中专教材（W）		电子出版物（H）	

注：建工版图书销售分类已标注于图书封底。